SCIENCES ÉCONOMIQUES

Secondaire II et
formation continue

Aymo Brunetti

Édition 2022

Version originale: **Volkswirtschaftslehre**
Lehrmittel für die Sekundarstufe II und die Weiterbildung

ISBN Print: 978-3-0355-1106-2

Bibliografische Information der Deutschen Nationalbibliothek:
Die Deutsche Nationalbibliothek verzeichnet diese Publikation
in der Deutschen Nationalbibliografie; detaillierte bibliografische
Daten sind im Internet unter http://dnb.dnb.de abrufbar.

14. Auflage 2022
Alle Rechte vorbehalten
© 2022 hep verlag ag, Bern

www.hep-verlag.ch

Traduction française: Katharine Patula, Pierre Zürcher,
Sandrine Lang, Emmanuelle Schraut, Christine Graf

Matériel pédagogique complémentaire sur:
www.manueleco.ch

EPFL PRESS est un label des Presses polytechniques et universitaires romandes (PPUR),
qui publient principalement les travaux d'enseignement et de recherche de l'École poly-
technique fédérale de Lausanne (EPFL), des universités et des hautes écoles francophones.
PPUR, EPFL – Rolex Learning Center, CM Station 10, CH-1015 Lausanne,
info@epflpress.org, tél.: +41 21 693 21 30, fax: +41 21 693 40 27.

www.epflpress.org

Deuxième édition française 2022
Première édition française 2019
ISBN 978-2-88915-471-5
© EPFL PRESS / Presses polytechniques et universitaires romandes

Version électronique (PDF)
ISBN 978-2-88914-764-9

Tous droits réservés
Reproduction, même partielle, sous quelque forme ou sur quelque support
que ce soit, interdite sans l'accord écrit de l'éditeur.

Imprimé en Suisse

Sciences économiques

Préface

L'ouvrage d'Aymo Brunetti est depuis plusieurs années une référence reconnue et incontournable en Suisse alémanique pour l'enseignement de l'économie au niveau secondaire II. Il s'est à juste titre imposé dans ces établissements, car il est à maints égards exceptionnel.

Exceptionnel tout d'abord en raison de sa structure. Cet ouvrage fait le choix de présenter d'entrée les grands facteurs de l'analyse économique, avant d'aborder le corpus microéconomique, puis la macroéconomie nationale et, enfin, la macroéconomie mondiale. Cette organisation éclaire de façon particulièrement pertinente les liens existants entre microéconomie (notamment dans le cadre de l'étude des comportements individuels et des mécanismes de marché) et la macroéconomie. Au niveau microéconomique, l'ouvrage se focalise sur quelques concepts clés essentiels (comme le raisonnement à la marge, les coûts d'opportunité ou les mécanismes d'incitation) et laisse volontairement de côté les notions qui complexifieraient inutilement le propos. Rien ici n'est superflu, et l'exposé se déroule de façon particulièrement claire et didactique.

Exceptionnel, ce manuel l'est également par son honnêteté. Il montre qu'il n'existe pas de réponse simple et schématique aux questions posées par l'économie, et il prend soin dès lors d'éviter tout idéologisme ou parti pris. Il évoque par exemple les limites du marché comme système institutionnel (et expose certaines réglementations correctrices telles que les politiques de concurrence ou environnementales), tout en relevant également les limites de l'intervention des gouvernements. Les incitations divergentes engendrées par certaines formes de réglementations ou les questions liées à la recherche de rente et au lobbying sont aussi mises en lumière, afin de produire une analyse aussi riche et objective que possible des différents systèmes de régulation. Exceptionnel, ce livre l'est en outre par son éclairage sans précédent de l'économie suisse. Il est de ce point de vue particulièrement bien documenté et ses mises à jour régulières en font un outil précieux pour tout étudiant désireux de mieux comprendre l'actualité économique suisse et ses liens avec la réalité internationale.

Exceptionnel, cet ouvrage l'est enfin par sa qualité pédagogique. Il propose pour chaque chapitre des objectifs d'apprentissage ainsi que des questions et exercices d'auto-évaluation qui en font un solide outil de travail.

Pour toutes ces raisons, je suis particulièrement heureux que l'ouvrage du professeur Aymo Brunetti soit désormais disponible en français. Je ne doute pas un instant qu'il connaîtra un large succès auprès des élèves de Suisse romande et de leurs enseignants.

Jean-Philippe Bonardi
Professeur et doyen
HEC Lausanne (Faculté des hautes études
commerciales de l'Université de Lausanne)

Avant-propos de l'auteur

L'économie est un domaine aux multiples facettes. Aucune autre matière n'est plus proche des sujets qui font la une des journaux. Mais l'économie s'intéresse aussi aux comportements individuels. Les questions qu'elle aborde sont donc aussi diverses que variées : pourquoi le niveau de vie des Chinois augmente-t-il à un rythme effréné ? Devrais-je m'inscrire à une formation continue ? Pourquoi le chômage est-il relativement bas en Suisse ? Quel a été le rôle des banques dans la dernière crise économique et financière ? Quel est l'impact du prix du baril sur la conjoncture et l'environnement ? Autant de questions auxquelles l'étude de l'économie permet de répondre, tout en fournissant de précieuses clés pour pouvoir discuter de nombreux sujets d'actualité. En bref, et pour le dire dans le jargon économique, apprendre les fondements de l'économie est un investissement rentable.

J'ai pu le constater tout au long de ma carrière d'enseignant : il est possible de susciter durablement l'intérêt des élèves en prenant quelques concepts essentiels, en les appliquant à la Suisse et en s'appuyant sur des exemples concrets. C'est cette expérience qui m'a conduit, en 2006, à publier en allemand un premier manuel d'introduction, qui était destiné aux étudiants des universités et des hautes écoles spécialisées.

J'ai reçu des retours encourageants de différents enseignants du secondaire, qui m'ont dit qu'ils aimeraient bien utiliser cet ouvrage, mais qu'il était trop approfondi pour leur degré et, dans certains domaines, trop complexe. Je me suis aussi rendu compte qu'aujourd'hui les élèves découvrent souvent l'économie au secondaire et non plus, comme à mon époque, à l'université ou lors d'une formation continue. Et je remarque avec plaisir que les thèmes économiques sont désormais abordés dans la plupart des écoles. Fort de ce constat, j'ai publié en 2008 une première version largement raccourcie de mon manuel, adaptée aux objectifs d'apprentissage standard d'une école du secondaire II.

J'aimerais remercier tous ceux qui ont grandement contribué à l'élaboration du présent ouvrage. Du côté de l'éditeur alémanique, Beatrice Sager a été une responsable de projet extrêmement compétente et engagée, y compris pour la version abrégée. Elle a bénéficié du soutien efficace de Damian Künzi, qui, grâce à ses nombreux commentaires de fond et à ses propositions pertinentes, a permis d'améliorer notablement l'ouvrage et ses annexes. J'ai également pu bénéficier des précieux retours de trois enseignants qui ont aimablement accepté d'accompagner ce projet à titre d'experts. Il s'agit de Marcel Bühler, ancien professeur au Centre de formation en économie de Weinfelden, en Thurgovie, de Marco Caluori, professeur d'économie au gymnase de Kirchenfeld, à Berne, et de Christian Seewer, directeur de l'école de maturité professionnelle de l'École professionnelle des arts et métiers de Berne. Leurs excellentes remarques, largement fondées sur leur pratique, ont permis d'adapter encore davantage le texte à son public cible. Enfin, j'ai aussi bénéficié des précieux conseils de mon ancien camarade d'études, Peter Gees, professeur d'économie au gymnase de Münchenstein.

Préface à l'édition en français

Je suis très heureux que nous puissions éditer ce manuel en français. En tant que professeur d'université passionné, la formation économique en Suisse me tient très à cœur, et j'ai toujours été un peu attristé par le fait que mon ouvrage ne soit disponible que dans une seule des langues nationales. J'ai donc été ravi lorsque les Presses polytechniques et universitaires romandes se sont déclarées prêtes, non seulement à organiser la traduction, mais aussi à constituer une équipe motivée et compétente en vue de la réalisation du présent ouvrage.

Mes remerciements vont tout particulièrement à Marc Bachmann qui, du côté de l'éditeur, s'est pleinement engagé pour mener ce projet à bien. Sans son enthousiasme, ses compétences et ses capacités organisationnelles, nous n'aurions pas pu réaliser ce projet complexe impliquant de nombreux intervenants.

Je souhaite aussi remercier de tout cœur Didier Poretti, enseignant d'économie au gymnase de Morges et président des chefs de file vaudois de l'enseignement de l'économie, qui a relu l'intégralité du manuscrit et dont les nombreux commentaires m'ont aidé à améliorer encore l'ouvrage et à l'adapter au public romand. Je remercie enfin David Folly, enseignant au Collège de Gambach et au Collège Sainte-Croix, dans le canton de Fribourg, qui m'a également donné de précieux retours.

Cet ouvrage n'aurait pu paraître sans le concours de traducteurs de haut niveau : Katharine Patula, économiste de formation, traductrice principale et coordinatrice du projet, et son équipe composée de Pierre Zürcher, Sandrine Lang, Emmanuelle Schraut et Christine Graf. Tous ont travaillé d'arrache-pied pour fournir dans les temps un texte français d'excellente qualité et relever le défi consistant à rendre notions et concepts dans un langage à la fois précis et compréhensible pour des jeunes en formation.

Contenu et annexes

Pour commencer, le manuel se penche sur les données qui permettent d'évaluer la situation économique d'un pays (chapitre 1). Il présente ensuite les concepts qui sont à la base de l'enseignement de l'économie et qui sont utilisés dans les chapitres suivants (chapitre 2). Puis le manuel aborde le fonctionnement d'une économie de marché et présente le rôle du cadre réglementaire posé par l'État et de la politique économique, en mettant l'accent sur la politique de la concurrence et la politique environnementale (chapitre 3). Les cinq chapitres suivants portent chacun sur l'un des grands objectifs économiques et sur les thèmes associés : la prospérité, la croissance et la conjoncture (chapitre 4), le plein-emploi et le chômage (chapitre 5), la stabilité des prix et la fonction de l'argent (chapitre 6), la stabilité financière et le rôle spécifique des banques (chapitre 7) et, enfin, le financement durable de l'État, la fiscalité, la dette publique et la politique sociale (chapitre 8). En dernier lieu, le manuel aborde la dimension internationale de l'économie en s'intéressant aux affaires économiques extérieures et à la division internationale du travail (chapitre 9). Tous les chapitres, la terminologie et les concepts sont adaptés à la réalité de notre pays et axés sur l'économie suisse.

Le manuel comprend différents éléments didactiques axés sur une utilisation en classe. Tous les chapitres commencent par une liste d'objectifs d'apprentissage concrets et se terminent par un résumé qui reprend ces derniers point par point. À la fin de chaque chapitre figurent également des questions de révision, dont les réponses sont publiées sur le site Internet du manuel. En outre, l'ouvrage contient de nombreux encadrés approfondissant l'un ou l'autre point, des figures de synthèse, sans oublier toute une série de photographies et de caricatures qui illustrent le propos avec humour. Enfin, vous trouverez en marge, sous le logo iconomix, des renvois à des contenus Internet externes en lien avec certains domaines thématiques. Iconomix est une offre de formation de la Banque nationale suisse consistant dans la mise à disposition gratuite de matériel pédagogique pour l'enseignement de l'économie.

Pour leur cours, les enseignants peuvent s'appuyer sur différentes annexes, constituées du cahier des solutions, publié séparément, et de présentations Powerpoint pour chaque chapitre. Par ailleurs, je conseille aux personnes intéressées mon manuel d'économie destiné aux universités et aux hautes écoles (disponible uniquement en allemand), qui approfondit la plupart des thèmes du présent ouvrage et en aborde d'autres que j'ai sciemment laissés de côté ici.

Il me tient à cœur que ce manuel soit un précieux outil d'enseignement. C'est d'ailleurs ce qui m'a motivé à élaborer cette version raccourcie du manuel universitaire que j'ai publié. Je me réjouirais donc de discuter avec les enseignants qui le souhaitent des possibilités d'améliorer le présent ouvrage et ses annexes et les remercie d'ores et déjà de leurs retours.

Aymo Brunetti

Table des matières

1	**De quoi traitent les sciences économiques ?**	**13**
1.1	Comment évaluer la situation économique d'un pays ?	16
1.2	L'exemple de l'économie suisse	17
	1.2.1 Prospérité : une Suisse riche, mais pas très dynamique	17
	1.2.2 Emploi : un chômage faible en Suisse	20
	1.2.3 Stabilité des prix : un niveau des prix stable en Suisse	22
	1.2.4 Stabilité financière : des crises bancaires rares en Suisse	24
	1.2.5 Stabilité du financement étatique : un endettement modéré de la Suisse	25
1.3	Qu'analyse-t-on en sciences économiques ?	26
2	**Décisions individuelles, marché et économie globale**	**33**
2.1	Décisions en situation de rareté	36
	Encadré : L'effet cobra ou l'importance des incitations	38
2.2	La demande	39
	2.2.1 Besoins et comportement des consommateurs	39
	Encadré : La loi de l'utilité marginale décroissante	39
	Encadré : La pyramide des besoins	40
	2.2.2 La courbe de la demande	41
	2.2.3 Déplacement de la courbe de la demande	42
2.3	L'offre	44
	2.3.1 La courbe de l'offre	44
	2.3.2 Déplacement de la courbe de l'offre	45
2.4	Le marché	47
	2.4.1 L'équilibre du marché	48
	2.4.2 Variations du point d'équilibre	49
	Encadré : Concurrence parfaite	50
	2.4.3 L'élasticité	50
2.5	L'économie globale	52
	2.5.1 Le circuit économique simplifié	52
	2.5.2 Le circuit économique élargi	53
	2.5.3 Offre et demande en macroéconomie	54
	2.5.4 Un concept macroéconomique simple	56
3	**L'économie de marché et le rôle de l'État**	**63**
3.1	Systèmes économiques : économie de marché ou économie planifiée ?	66
	Encadré : L'homo œconomicus ou le rôle des intérêts individuels	67
3.2	Prix et efficience	68
	3.2.1 Le rôle central des prix	68
	Encadré : Adam Smith	69
	3.2.2 Efficience et bien-être	71
	Encadré : Efficience de production	73

Table des matières

3.3	**Le rôle de l'État dans une économie de marché**	**74**
	3.3.1 Garantir les droits contractuels et les droits de propriété	74
	3.3.2 Veiller à l'efficience des réglementations	75
	3.3.3 Corriger une défaillance du marché	75
	Encadré : Types de biens	78
3.4	**Externalités et politique environnementale**	**79**
	3.4.1 Les coûts économiques des externalités	79
	3.4.2 Les approches de politique environnementale	80
	3.4.3 Politique climatique	81
	Encadré : La politique environnementale de la Suisse	82
3.5	**Répartition des revenus et redistribution**	**84**
	3.5.1 Répartition *versus* efficience	84
	3.5.2 Comment mesurer la répartition des revenus ?	85
	Encadré : Répartition des revenus de la Suisse en comparaison internationale	86
	3.5.3 Formes de la redistribution	87
3.6	**La politique économique**	**87**
	3.6.1 Le monde politique et l'administration face aux incitations	88
	3.6.2 Les groupes d'intérêts et la recherche d'avantages par le biais de la politique	88

4	**Croissance et conjoncture**	**95**
4.1	**Mesurer la prospérité économique**	**98**
	4.1.1 Le produit intérieur brut (PIB) : instrument de comparaison internationale	98
	Encadré : Prospérité ou bien-être ?	98
	4.1.2 Calculer le PIB	99
	Encadré : Le PIB, un instrument approprié pour évaluer la prospérité ?	101
	4.1.3 Le PIB de la Suisse	102
4.2	**Croissance : tendance à long terme**	**103**
	4.2.1 Importance de la croissance tendancielle	103
	4.2.2 Facteurs de production et sources de croissance	104
	4.2.3 Le rôle déterminant du progrès technique	107
	Encadré : Une croissance durable	107
	4.2.4 Changement structurel	108
4.3	**Politique de croissance**	**110**
	Encadré : Les perspectives de croissance des pays en développement	112
4.4	**Conjoncture : variations à court terme**	**113**
	4.4.1 Qu'est-ce qu'un cycle conjoncturel ?	113
	4.4.2 L'origine des cycles conjoncturels	114
	4.4.3 Observation de la conjoncture et prévisions conjoncturelles	116
	Encadré : Le corona-choc	116
4.5	**Politique conjoncturelle**	**118**
	4.5.1 La politique anticyclique	118
	Encadré : John Maynard Keynes	119

	4.5.2 Les limites de la politique anticyclique	122
	Encadré : Économie de la demande versus économie de l'offre	123
	4.5.3 Stabilisateurs automatiques	124
4.6	**La politique de croissance et la politique conjoncturelle de la Suisse**	**125**
	4.6.1 La politique de croissance de la Suisse	125
	4.6.2 La politique conjoncturelle de la Suisse	127
	Encadré : La politique conjoncturelle de la Suisse pendant la crise économique et financière	129

5 Emploi et chômage — 135

5.1	**Évaluer la situation sur le marché du travail**	**138**
	Encadré : Comment mesure-t-on le taux de chômage ?	139
5.2	**Les formes de chômage**	**140**
5.3	**Le chômage conjoncturel**	**143**
5.4	**Le chômage structurel**	**144**
	Encadré : La fin du travail ?	145
5.5	**Les causes du chômage structurel**	**147**
	5.5.1 La réglementation du marché du travail	147
	Encadré : Productivité et salaires	149
	5.5.2 Formation de base et formation continue	150
5.6	**La politique de l'emploi en Suisse**	**151**
	5.6.1 La réglementation du marché suisse du travail	151
	5.6.2 Apprentissage et chômage des jeunes	152
	5.6.3 L'assurance-chômage	153
	Encadré : Le chômage partiel, un puissant stabilisateur	153

6 Monnaie et stabilité des prix — 161

6.1	**Mesurer la stabilité des prix**	**164**
	Encadré : Pourquoi les primes d'assurance-maladie ne figurent-elles pas dans l'indice suisse des prix à la consommation (IPC) ?	165
6.2	**Qu'est-ce que la monnaie ?**	**166**
	6.2.1 Pourquoi la monnaie est-elle nécessaire ?	166
	6.2.2 Masses monétaires	167
	Encadré : Les crypto-monnaies	169
6.3	**La création de monnaie**	**170**
	6.3.1 Comment la banque centrale met-elle de la monnaie en circulation ?	170
	6.3.2 Le multiplicateur monétaire	172
	Encadré : Que signifie l'expression « La banque centrale abaisse ses taux »	172
6.4	**La relation entre la monnaie et l'inflation**	**173**
	Encadré : L'inflation décrite à l'aide du schéma macroéconomique	174
6.5	**Pourquoi l'inflation et la déflation sont-elles nuisibles ?**	**175**
	6.5.1 Les coûts de l'inflation	175
	Encadré : Pourquoi la création monétaire massive actuelle ne provoque-t-elle pas d'inflation ?	175

Table des matières

	6.5.2 Les coûts de la lutte contre l'inflation	178
	6.5.3 Les coûts de la déflation	179
6.6	**Les stratégies de politique monétaire**	**181**
	6.6.1 Ciblage du taux de change	181
	6.6.2 Ciblage monétaire	182
	6.6.3 Ciblage de l'inflation	183
6.7	**La politique monétaire de la Suisse**	**184**
	6.7.1 La Banque nationale suisse (BNS)	184
	6.7.2 La stratégie de politique monétaire actuelle de la BNS	184
	6.7.3 Mise en œuvre de la politique monétaire par des opérations de pension de titres	187
6.8	**La politique monétaire extraordinaire depuis la crise financière de 2008**	**187**
	6.8.1 La limite inférieure des taux à court terme	188
	6.8.2 Politique monétaire non conventionnelle : assouplissement quantitatif	189
	Encadré : Suisse : taux plancher face à l'euro et intérêts négatifs	190

7	**Les banques et la stabilité financière**	**195**
7.1	**Les marchés financiers et les banques**	**198**
7.2	**Le rôle économique des banques**	**199**
7.3	**Le financement bancaire et les principales opérations bancaires**	**201**
	7.3.1 Pourquoi les banques sont-elles des entreprises particulières ?	201
	7.3.2 L'octroi de crédits	202
	7.3.3 Autres opérations bancaires	203
7.4	**Les risques liés aux activités bancaires**	**204**
	7.5.1 Règles microprudentielles	206
	7.5.2 Règles macroprudentielles	206
7.5	**Les formes de la réglementation bancaire**	**206**
7.6	**La réglementation bancaire en Suisse**	**207**
	7.6.1 La FINMA, instance de surveillance microprudentielle	208
	7.6.2 La BNS, instance de surveillance macroprudentielle	208

8	**Finances publiques**	**213**
8.1	**Analyser les finances publiques**	**216**
	8.1.1 Les principaux indicateurs et leur fonction	216
	Encadré : Le fédéralisme budgétaire suisse	218
	8.1.2 L'exemple de la Suisse	216
8.2	**Impôts**	**219**
	8.2.1 Les types de recettes publiques	219
	Encadré : L'impôt d'inflation	221
	8.2.2 Coûts de la fiscalité et rôle de l'élasticité	222
	8.2.3 Qui paie les impôts ?	223
	Encadré : Qui paie l'« impôt sur le luxe » ?	224

8.3 Déficits et endettement public — 225
    8.3.1 Conséquences de l'endettement interne et de l'endettement externe de l'État — 225
    8.3.2 Avantages et inconvénients de l'endettement public — 226

8.4 Les finances publiques et institutions sociales suisses — 228
    Encadré : La durabilité de l'endettement étatique — 228
    8.4.1 Les principaux impôts en Suisse — 229
    8.4.2 Aperçu des finances publiques suisses — 230
    8.4.3 Le frein à l'endettement — 230
    8.4.4 Un survol des institutions sociales en Suisse — 232
    8.4.5 Les trois piliers de la prévoyance vieillesse en Suisse — 233
    8.4.6 L'AVS et le défi démographique — 235
    Encadré : L'évolution démographique et le 2e pilier — 235

9 Division internationale du travail — 243

9.1 Mesurer l'interconnexion internationale — 246
    Encadré : Application de la balance des paiements — 249

9.2 La mondialisation — 249
    Encadré : Les critiques de la globalisation — 250

9.3 Spécialisation et avantages comparatifs — 251
    9.3.1 Spécialisation et taille du marché — 251
    9.3.2 Le principe de l'avantage comparatif — 252

9.4 Taux de change — 253
    9.4.1 Taux de change et politique monétaire — 254
    Encadré : Théories des taux de change — 254
    9.4.2 Taux de change fixe, taux de change flottant — 255

9.5 Protectionnisme et libre-échange — 256
    9.5.1 Formes de protectionnisme — 256
    9.5.2 Pourquoi le protectionnisme ? — 257
    Encadré : Quelques célèbres méprises sur le commerce extérieur — 259
    9.5.3 Les différents niveaux de libéralisation des échanges — 260
    9.5.4 L'organisation mondiale du commerce (OMC) — 261

9.6 Accords commerciaux régionaux (intégration régionale) — 262
    9.6.1 Les effets de l'intégration en termes de bien-être — 262
    9.6.2 Les formes d'accords régionaux — 263
    9.6.3 L'Union européenne — 265

9.7 La politique économique extérieure de la Suisse — 269
    9.7.1 Une Suisse largement tournée vers l'international — 269
    9.7.2 La politique suisse d'intégration — 270

Glossaire — 277

Index — 285

Crédits des illustrations — 288

De quoi traitent les sciences économiques ?

« *En économie, la première leçon est celle de la rareté : on n'a jamais assez de tout pour satisfaire entièrement les besoins de chacun. Et en politique, la première leçon est de ne pas tenir compte de la première leçon de l'économie.* »

Thomas SOWELL, économiste et chroniqueur américain (*1930)

1.1	Comment évaluer la situation économique d'un pays ?	16
1.2	L'exemple de l'économie suisse	17
1.3	Qu'analyse-t-on en sciences économiques ?	26

Les illustrations en entame de chapitres présentent la diversité de l'économie de Suisse romande, canton par canton.

Fribourg : le pont de la Poya, et en dessous à droite l'école primaire de l'Auge. Ouvert à la circulation en 2014, le pont contribue au développement économique de l'ensemble du canton.

OBJECTIFS D'APPRENTISSAGE

Après avoir lu ce chapitre, vous devriez pouvoir :

1	citer les cinq principaux paramètres permettant de mesurer le succès économique d'un pays ;
2	décrire la situation économique de la Suisse en comparaison internationale ;
3	expliquer les trois principaux domaines analysés en sciences économiques.

De quoi traitent les sciences économiques ?

L'économie s'intéresse indéniablement à des questions essentielles. Dans les sondages, la situation économique fait souvent partie des sujets qui préoccupent particulièrement les personnes interrogées. Lorsque la population est appelée aux urnes, il n'est pas rare que les résultats se jouent sur des facteurs économiques tels que le chômage ou la conjoncture. Il est également difficile de feuilleter un journal sans être confronté à des questions économiques, et pas seulement depuis la crise financière mondiale de 2008.

Dans ce chapitre, nous allons d'abord nous familiariser avec les thématiques centrales de l'économie. Nous constaterons que quelques paramètres suffisent pour évaluer la situation économique d'un pays. Pour ce faire, nous allons comparer l'économie suisse à celle d'autres pays en utilisant justement ces chiffres clés.

Ce premier chapitre est structuré de la manière suivante :

La **section 1.1** présente les paramètres permettant de mesurer le succès économique d'un pays.

La **section 1.2** décrit la situation économique de la Suisse en comparaison internationale.

La **section 1.3** explique ce qu'on analyse en économie ainsi que les notions de microéconomie et de macroéconomie.

1.1 Comment évaluer la situation économique d'un pays ?

Supposons que vous deviez évaluer la situation économique d'un pays en ne disposant que de très peu d'informations. Il vous faudrait alors résumer une situation d'une grande complexité – celle d'une collectivité de millions de personnes – en quelques données. Pour y parvenir, vous devriez avant tout définir ce qui fait le succès économique d'un pays et l'évaluer à l'aide de critères universels, clairement définis et mesurables.

Du point de vue des individus, le bien-être économique dépend essentiellement de trois facteurs : la prospérité, le pouvoir d'achat et l'emploi. La situation est jugée favorable lorsque les individus peuvent acquérir en quantité des biens de qualité et que cette possibilité s'améliore dans le temps. Le niveau du revenu et sa croissance sont donc importants. Encore faut-il être en mesure de réaliser un revenu et donc, pour qui souhaite travailler, de trouver un emploi. La prospérité moyenne et la situation de l'emploi constituent des paramètres déterminants pour mesurer le succès d'une économie dans son ensemble. L'avantage de ces deux paramètres, c'est qu'ils sont incontestés : un bas niveau de revenu ou un taux de chômage élevé ne sont jamais bon signe. Voici un exemple connu qui suffit à démontrer leur importance : deux informations permettent de prédire avec une quasi-certitude l'issue des élections présidentielles américaines, à savoir la croissance économique et le taux de chômage durant l'année électorale. Si l'évolution de ces deux paramètres est bonne, le président ou le candidat de son parti est à peu près sûr d'être élu.

Mais trois autres paramètres entrent en ligne de compte pour évaluer le succès économique d'un pays : la stabilité des prix, la stabilité du secteur financier et l'état du financement publique. En temps normal, ces trois facteurs jouent un moins grand rôle que la prospérité et l'emploi. Mais il suffit qu'ils deviennent incontrôlables pour revenir très vite au premier plan.

Prenons d'abord la stabilité des prix. Si elle n'est pas assurée, c'est toute l'activité économique du pays qui est sérieusement perturbée. Les effets d'une hyperinflation, autrement dit d'une dépréciation galopante de la monnaie, sont particulièrement graves. Lorsqu'un pays se retrouve dans cette situation, la stabilisation des prix devient immédiatement l'objectif économique prioritaire. Imaginons ensuite une crise bancaire majeure. La déstabilisation financière qui s'ensuit est très lourde de conséquences, comme on a pu le constater lors de la crise de 2008.

Et si ce sont les finances publiques qui prennent l'eau, en particulier lorsqu'elles sont déficitaires des années durant, les effets sont tout aussi catastrophiques : l'État concerné doit faire face à l'augmentation massive de sa dette et donc du coût de son financement. La situation dramatique qu'a connu la Grèce dans les années suivant la crise financière et économique illustre parfaitement l'impact désastreux d'un effondrement des finances publiques. La situation économique d'un pays peut donc être évaluée à l'aide de cinq paramètres clairement observables :

De quoi traitent les sciences économiques ?

> **→ Prospérité**
> Niveau de vie matériel au sein d'une économie.
>
> **→ Emploi**
> Part des personnes en âge de travailler qui exercent une activité rémunérée.
>
> **→ Stabilité des prix**
> Situation dans laquelle les prix de l'ensemble des biens n'augmentent (inflation) ni ne baissent (déflation) significativement.
>
> **→ Stabilité financière**
> Situation dans laquelle les marchés financiers et les banques exercent leurs fonctions sans difficulté.
>
> **→ Financement étatique**
> Le financement des dépenses d'un État par les recettes ou l'endettement.

- la prospérité ;
- l'emploi ;
- la stabilité des prix ;
- la stabilité financière ;
- la stabilité du financement étatique.

Pour ces cinq paramètres, ce n'est pas seulement la situation à un moment donné qui compte, mais aussi son évolution dans le temps, telle que la croissance économique dans le cas de la prospérité.

Par la suite, nous allons étudier ces cinq paramètres de manière approfondie. Un chapitre entier sera dédié à chacun : le chapitre 4 sera consacré à la prospérité, le chapitre 5 à l'emploi, le chapitre 6 à la stabilité des prix, le chapitre 7 à la stabilité financière et le chapitre 8 à l'endettement de l'État. Nous aurons également l'occasion de constater que les évolutions de ces valeurs de référence sont clairement liées : un pays dont la santé économique est bonne affiche généralement de bons résultats dans les cinq domaines.

1.2 L'exemple de l'économie suisse

Pour rendre cela plus concret, nous prendrons un exemple et verrons comment évaluer la situation économique d'un pays grâce aux cinq paramètres cités. Nous analyserons l'évolution à long terme de l'économie suisse et la comparerons avec celle d'autres pays. Sans tout expliquer en détail, nous proposerons en guise d'introduction un aperçu des thèmes qui seront approfondis au cours des chapitres suivants. Les concepts et notions que nous ne ferons que survoler ici seront définis et développés par la suite.

Aux sections suivantes, nous commencerons à chaque fois par présenter le cas de la Suisse, avant de le comparer à trois pays : l'Allemagne, l'Italie et les États-Unis.

1.2.1 Prospérité : une Suisse riche, mais pas très dynamique

> **→ Produit intérieur brut (PIB)**
> Valeur totale des biens et services produits en une année dans un pays donné, déduction faite des intrants.

Commençons par examiner la prospérité de la Suisse et son évolution. La prospérité se mesure au moyen du produit intérieur brut (PIB) par habitant, qui correspond à la valeur des biens et services produits par habitant en une année.

La Suisse a longtemps été considérée – à raison – comme le pays le plus riche de la planète. Bien qu'elle ait perdu de son avance ces dernières décennies, elle continue de figurer parmi les pays les plus prospères.

L'exemple de l'économie suisse

La **figure 1.1** montre l'évolution à long terme du PIB réel suisse par habitant (PIB corrigé de l'inflation). On constate deux choses : premièrement, le PIB affiche une tendance à la hausse durant tout le 20ᵉ siècle et, deuxièmement, cette évolution n'est pas régulière mais présente d'importantes fluctuations. Nous reconnaissons ici deux phénomènes fondamentaux de l'évolution que connaît toute économie :

- La croissance tendancielle : à long terme, le produit intérieur brut s'élève de manière continue.
- Les fluctuations conjoncturelles : à court terme, cette croissance évolue irrégulièrement.

Les fluctuations conjoncturelles sont moins importantes pour l'évolution de la prospérité d'un pays que la croissance tendancielle. En regardant la **figure 1.1**, on pourrait croire que la croissance continue du PIB réel par habitant est une loi naturelle. En réalité, jusqu'au début du 19ᵉ siècle environ, la prospérité de la Suisse et des autres pays industrialisés n'a pratiquement pas augmenté pendant des millénaires, restant à peu près stable sur une très longue période. Ce n'est que depuis la révolution industrielle (depuis environ 200 ans) que le PIB manifeste cette claire tendance à la hausse.

Au cours de la période considérée dans la **figure 1.1**, soit de 1901 à 2021, on distingue globalement trois phases dans l'évolution économique de la Suisse :

Durant la première phase, qui va jusqu'au milieu des années 1940, on observe une croissance relativement faible. Celle-ci s'accélère un peu après la Première Guerre mondiale, puis recule à la suite du krach boursier de 1929, avant de faire place à une longue période de stagnation. À cette époque, la croissance tendancielle connaît un net ralentissement dans la plupart des pays.

Durant la deuxième phase, qui débute à la fin de la Seconde Guerre mondiale, la croissance s'accélère sensiblement : son niveau moyen est nettement plus haut que durant la phase précédente. Cette phase se poursuit jusqu'au début des années 1970.

La troisième phase s'ouvre sur une crise marquée. S'il s'agit d'un épisode de courte durée comparé à l'ensemble de la période, ce recul du PIB a été perçu sur le moment comme un événement majeur. On constate généralement que dans une perspective à long terme, le fléchissement conjoncturel est en réalité la contraction à peine perceptible d'un PIB dont la tendance est croissante. Durant la phase de récession elle-même, ce fléchissement temporaire domine le débat économique. Jusqu'à la fin des années 1980, l'économie suisse continue de croître, mais on voit bien que le taux de croissance est plus faible que dans les années d'après-guerre. Ce ralentissement s'accentue encore dans les années 1990, avant que la Suisse ne renoue avec la croissance durant la première décennie du nouveau millénaire. Les effets de la crise financière mondiale se manifestent par une évolution conjoncturelle clairement négative en 2009. L'année 2020 révèle une nette cassure du développement économique en raison de la crise liée au coronavirus.

De quoi traitent les sciences économiques ?

Figure 1.1
PIB réel suisse par habitant aux prix de 2015 (en CHF)

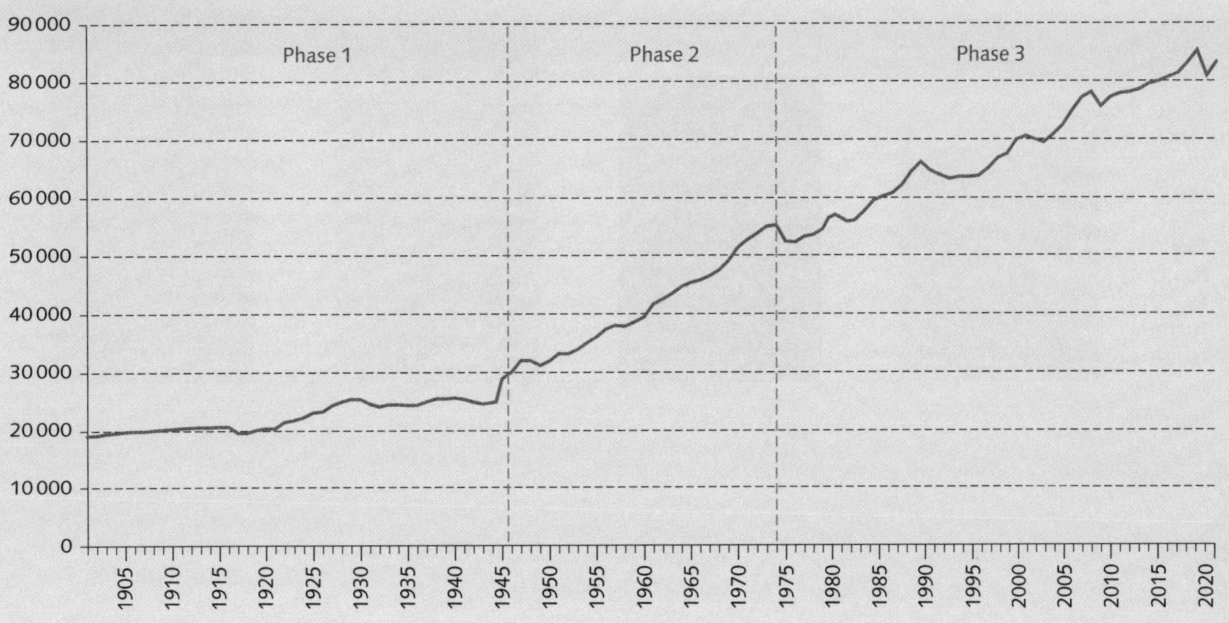

Source : Maddison, Angus (www.ggdc.net /maddison) ; Secrétariat d'État à l'économie (SECO) ; Office fédéral de la statistique (OFS)

Comment se situe la prospérité de la Suisse en comparaison internationale ?

La **figure 1.2** compare les BIP réels par habitant réalisés par la Suisse, par nos deux principaux partenaires commerciaux, l'Allemagne et les États-Unis, et par notre voisin transalpin, l'Italie. Afin de comparer les niveaux de prospérité effectifs, le PIB par habitant est à la fois converti en une seule monnaie, le dollar, et corrigé du pouvoir d'achat. La correction du pouvoir d'achat permet de tenir compte des différences entre les niveaux des prix des biens et des services des pays considérés. Pour la Suisse, caractérisée par un niveau élevé des prix, cela signifie que le revenu exprimé en dollars ne permet pas d'acheter autant que dans les autres pays. Du fait de la correction du pouvoir d'achat, le PIB suisse est donc plus bas que s'il était simplement exprimé en dollars. Pourtant, comme le montre la **figure 1.2**, la Suisse est un pays riche en dépit du niveau élevé de ses prix : même dans ce groupe de pays particulièrement aisés, elle occupe la tête du classement. Aucun des pays considérés n'affiche un PIB par habitant corrigé du pouvoir d'achat plus élevé.

L'exemple de l'économie suisse

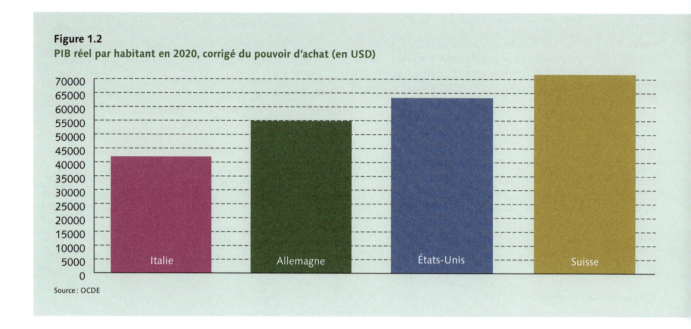

Figure 1.2
PIB réel par habitant en 2020, corrigé du pouvoir d'achat (en USD)

Source : OCDE

À noter qu'au cours des dernières décennies, l'avance de la Suisse en termes de prospérité a progressivement diminué en raison d'une croissance économique en moyenne légèrement inférieure à celle des autres pays.

1.2.2 Emploi : un chômage faible en Suisse

Le deuxième critère déterminant pour évaluer la situation économique globale d'un pays concerne la situation du marché du travail et en particulier l'évolution du chômage. Celui-ci se mesure au moyen du taux de chômage, qui correspond au pourcentage des personnes désireuses de travailler, mais ne trouvant pas d'emploi. En matière de chômage aussi, la Suisse a longtemps constitué un « Sonderfall », un cas particulier au sens positif du terme.

→ **Taux de chômage**
Part des personnes sans emploi dans la population active.

La **figure 1.3** montre que le taux de chômage de la Suisse connait une évolution remarquable depuis le début des années 1970. Avant les années 1990, ce paramètre n'a pratiquement jamais dépassé 1 %, un taux de chômage inhabituellement bas en comparaison internationale. Dans la plupart des pays, on parlerait ici de plein-emploi caractérisé, puisque dans une économie dynamique où règne la division du travail, il est normal qu'à tout moment une certaine partie de la population active soit à la recherche d'un emploi.

Mais au début des années 1990, on observe une rupture nette. Contrairement à ce qui s'est passé dans les années 1970, le recul de l'ensemble de l'économie a cette fois un impact massif sur le marché du travail : en peu de temps, entre 1990 et 1992, le taux de chômage passe de moins de 1 % à près de 5 %. Cette flambée est inhabituelle en comparaison internationale et ébranle la population suisse par son ampleur. Malgré tout, un taux de 5 % reste qualifiable de chômage modéré.

De quoi traitent les sciences économiques ?

Le chômage se maintient ensuite à ce niveau jusqu'en 1997 environ. Étonnamment, il recule ensuite nettement, grâce à une reprise économique pourtant modeste. Entre 1997 et fin 1999, le taux de chômage passe ainsi de plus de 5 % à moins de 2 %, ce qui est presque aussi inhabituel que la forte hausse enregistrée quelques années plus tôt. Alors que vers le milieu des années 1990, de nombreux observateurs prédisaient à la Suisse que ses faibles taux de chômage appartenaient au passé. L'évolution de 1997 à 2000 leur a donné tort. Le marché suisse du travail a montré qu'il pouvait créer efficacement de nouveaux emplois, et le chômage moyen en Suisse est resté relativement bas.

À partir de 2001, le chômage augmente de nouveau, sans toutefois atteindre les valeurs records des années 1990. Il se maintient à près de 4 % jusqu'à fin 2005, avant de reculer sensiblement sous l'effet d'une très bonne évolution conjoncturelle. Les effets de la crise financière se signalent par une nette poussée du chômage dans les années 2009 et 2010. Ensuite, le nombre de chômeurs a sensiblement baissé, pour remonter en 2020 en raison de la crise liée au coronavirus.

La **figure 1.4** montre, pour le groupe de pays déjà évoqué, que la Suisse affiche un taux de chômage très bas en comparaison internationale. Ses grands voisins – représentés ici par l'Allemagne et l'Italie – ont été longtemps confrontés à des taux de chômage durablement élevés. À signaler l'importante progression du chômage aux États-Unis en raison de la crise du coronavirus. L'Italie présente le plus haut taux avec 10 %. À noter que les chiffres des **figures 1.3** et **1.4** ne peuvent être comparés directement, car les taux de chômage pour comparaison internationale sont mesurés un peu différemment des taux nationaux officiels.

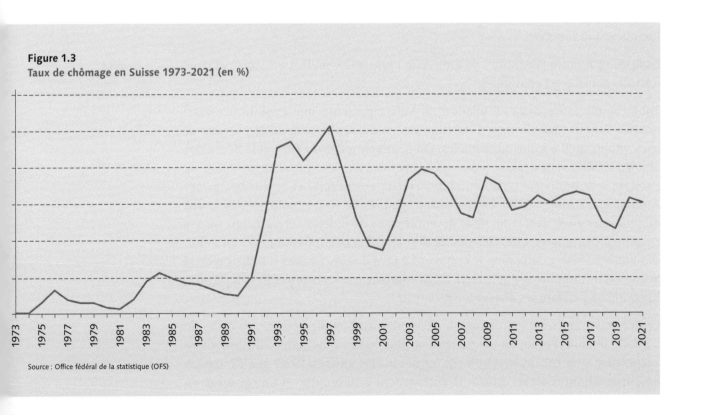

Figure 1.3
Taux de chômage en Suisse 1973-2021 (en %)

Source : Office fédéral de la statistique (OFS)

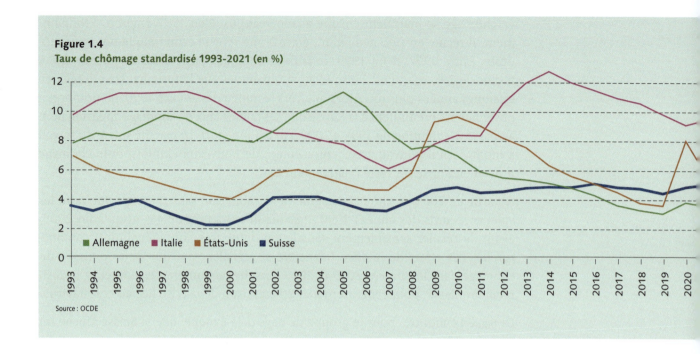

1.2.3 Stabilité des prix : un niveau des prix stable en Suisse

Le troisième grand paramètre économique est la stabilité des prix et, par conséquent, l'évolution de l'inflation. À noter qu'on entend par stabilité des prix non pas la stabilité de chaque prix, mais celle de l'ensemble des prix. L'évolution des prix est mesurée grâce à l'indice des prix à la consommation, qui renseigne sur l'évolution des prix d'une sélection de biens représentative. On parle d'inflation lorsque cet indice s'élève.

La **figure 1.5** montre l'évolution de l'inflation entre 1971 et 2021 en Suisse et dans les trois autres pays considérés.

Tout comme le chômage, l'inflation en Suisse présente une évolution remarquable. Aujourd'hui, le taux d'inflation est en moyenne nettement plus bas et varie moins qu'il y a quelques années. On peut voir qu'entre 1971 et le début des années 1990, ce taux dépasse plusieurs fois la barre des 5 % et frôle même les 10 %. Pendant cette période, l'inflation est donc relativement forte et fluctue beaucoup. Au milieu des années 1970, elle passe ainsi de près de 10 % à moins de 2 %, avant de remonter à 6 % vers la fin de la décennie, puis de redescendre à moins de 1 % au milieu des années 1980. Lors de la dernière flambée inflationniste, au début des années 1980, le taux monte à nouveau à près de 6 %. Le taux d'inflation de la Suisse est néanmoins toujours resté faible comparé à celui d'autres pays industrialisés, même pendant les phases inflationnistes.

Le début des années 1990 marque le début d'une nouvelle période, au cours de laquelle le taux d'inflation est nettement plus bas et plus stable. Il n'est guère surprenant que ce soit précisément au début des années 1990 que l'inflation en Suisse diminue ainsi : un fort ralentissement économique et un chômage en hausse tels qu'observés durant cette période sont en effet fréquemment asso-

→ **Inflation**
Hausse durable du niveau général des prix, exprimée généralement par la variation en pourcentage des prix d'une sélection de biens représentative.
→ Panier-type

ciés à une faible inflation. Nous constatons pourtant que cette stabilité des prix ne se manifeste pas uniquement durant la phase de récession de la première moitié des années 1990, mais se maintient après aussi, le taux d'inflation ne franchissant plus guère la barre des 2%. Dans cette décennie, il y a eu de petites variations annuelles de plus ou moins 1% qui se sont annulées.

Une telle stabilité des prix, qui perdure pendant plus de dix ans indépendamment des cycles conjoncturels, est étonnante. Ce phénomène ne se limite d'ailleurs pas à la Suisse, comme le montre la **figure 1.5**, mais s'observe dans la plupart des pays riches. Entre l'après-guerre et le début des années 1990, les phases de forte inflation sont tout à fait courantes et atteignent parfois même des taux à deux chiffres. Ces taux élevés et fluctuants disparaissent toutefois dans les années 1990 pour laisser la place à une phase de stabilité exceptionnelle des prix. Les prix ont néanmoins progressé en 2021, particulièrement aux USA. Le taux d'inflation de la Suisse est toujours resté relativement bas au sein du groupe des pays considérés. Le constat reste le même lorsque l'on étend la comparaison à l'ensemble des pays de l'OCDE : la Suisse fait partie des pays présentant la plus grande constance dans ce domaine.

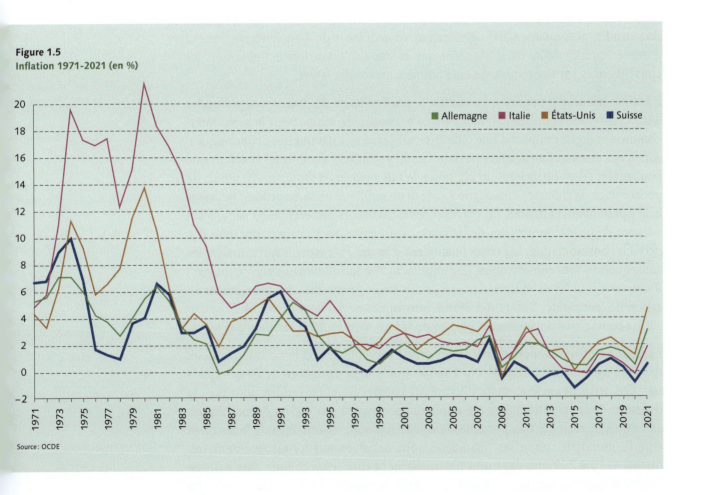

Figure 1.5
Inflation 1971-2021 (en %)

Source : OCDE

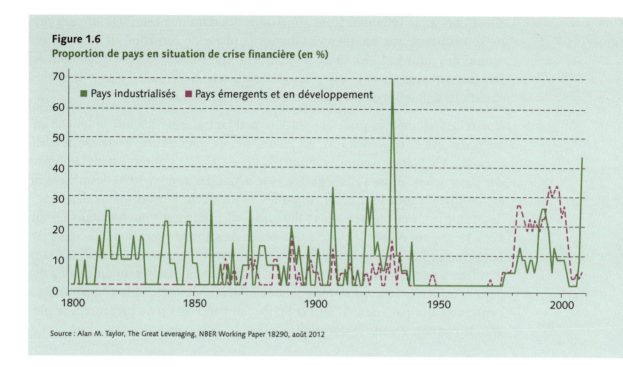

Figure 1.6
Proportion de pays en situation de crise financière (en %)

Source : Alan M. Taylor, The Great Leveraging, NBER Working Paper 18290, août 2012

1.2.4 Stabilité financière : des crises bancaires rares en Suisse

Le quatrième paramètre économique significatif est la stabilité du secteur financier. Celui-ci diffère car ne varie pas fortement à court terme. Il constitue plutôt une condition fondamentale – généralement acquise – du bon fonctionnement d'une économie de marché. Mais dès que la stabilité financière est ébranlée, les conséquences sur l'ensemble de l'économie sont incalculables.

L'analyse historique montre qu'une crise financière laisse des traces très profondes dans l'économie concernée. Il faut parfois beaucoup de temps pour la surmonter, comme témoigne l'impact d'une telle crise sur les autres paramètres économiques. Ainsi, des études comparatives portant sur de « grandes » économies révèlent que pendant les crises financières du 20e siècle, le PIB a perdu en moyenne 10 points de pourcentage, le chômage en a gagné 7 et la dette publique en % du produit intérieur brut a pratiquement doublé. Les graves crises financières s'accompagnent par ailleurs souvent de phases prolongées de déflation, autrement dit de baisses durables des prix à la consommation. Les crises financières sont des événements rares, mais leurs conséquences sont considérables. Contrairement aux autres domaines économiques, il n'y a pas d'unité de mesure universelle des crises financières, principalement en raison de leur rareté. Différentes études historiques permettent toutefois de savoir s'il y a eu une crise financière ; la plupart du temps, ce n'est bien entendu pas le cas.

La **figure 1.6** offre un aperçu parlant des crises survenues dans le monde ces deux derniers siècles. Elle indique pour chaque année le pourcentage de pays frappés par une crise financière. Cette illustration permet de comprendre pourquoi la question de la stabilité financière a longtemps disparu des radars économiques, alors qu'elle avait été très présente dans le débat auparavant. Jusqu'à la Seconde Guerre mondiale, les crises financières sont des événements relativement fréquents et 10 à 20 % des pays sont habituellement concernés chaque année. L'instabilité financière atteint son paroxysme dans les années 1930, période noire où près des trois quarts des économies traversent une crise financière. Après la Seconde Guerre mondiale, plus aucune crise financière ne survient pendant plus de deux décennies. Il s'agit là, et de loin, de la plus longue période d'accalmie depuis le début des mesures. Dans les années 1980, mais aussi et surtout dans les années 1990, le nombre de pays connaissant une crise bancaire réaugmente nettement jusqu'à atteindre 40% pendant la grande crise financière de 2008, soit la proportion la plus élevée depuis les années 1930. Rien d'étonnant à ce que ce sujet soit à nouveau au cœur des préoccupations économiques depuis cet épisode.

En Suisse aussi, les grandes crises bancaires sont des événements très rares, mais lourds de conséquences. Dans les années 1930, sur les huit grandes banques de l'époque, cinq doivent être assainies et deux autres bénéficient de l'aide de la Confédération. En 2008, les deux grandes banques restantes subissent des pertes sensibles et l'une d'elles, UBS, doit solliciter l'aide de l'État. Au cours du siècle passé, le secteur bancaire helvétique connait une autre phase de turbulences, conséquence de la grave crise immobilière du début des années 1990. À l'époque, les banques ont subi d'importantes pertes liées aux marchés des crédits, par quoi la moitié des banques régionales et caisses d'épargne ont perdu leur indépendance économique. Certaines banques cantonales ont survécu grâce aux soutiens étatiques.

1.2.5 Stabilité du financement étatique : un endettement modéré de la Suisse

L'état des finances publiques est le cinquième grand paramètre économique. Nous allons nous intéresser ici à l'endettement de l'État, qui constitue une bonne mesure de la durabilité du financement public. Car un endettement croissant sur le long terme est le signe de l'incapacité d'un pays à financer ses dépenses par le biais des recettes publiques ordinaires. Sans compter qu'un déficit budgétaire chronique doit être couvert par des emprunts par l'État sur le marché des capitaux, avec à la clé une nouvelle hausse de l'endettement.

→ **Taux d'endettement (de l'État)**
Totalité de la dette publique, mesurée en % du PIB nominal annuel du pays.

La **figure 1.7** présente l'évolution du taux d'endettement de l'État, autrement dit de la dette publique en % du PIB dès 1991, pour la Suisse (Confédération, cantons et communes) et les trois pays de référence.

Entre 1971 et la fin des années 1980, l'endettement de la Suisse est stable, voire en léger recul. Au début des années 1990, le taux est d'environ 30%, mais au cours de la décennie suivante, il passe à plus de 50%. Cette forte hausse est due à la situation économique difficile des années 1990. Comme nous l'avons vu, notre pays connaît alors une évolution négative de la croissance et une hausse du chômage. Cette situation s'accompagne généralement d'un déficit budgétaire, qui entraîne à son tour une hausse de l'endettement. À la fin des années 1990, l'amélioration des conditions économiques permet une légère diminution du taux d'endettement. Puis la tendance à la hausse semble stoppée et la Suisse reste clairement sous la barre des 60%, qui est une valeur clé. Les pays qui souhaitent adhérer à la zone euro doivent par exemple afficher un taux d'endettement inférieur ou égal à 60%. Bien qu'arbitraire, ce taux est considéré comme une sorte de valeur de référence internationale, une limite au-delà de laquelle la situation en matière d'endettement est jugée critique.

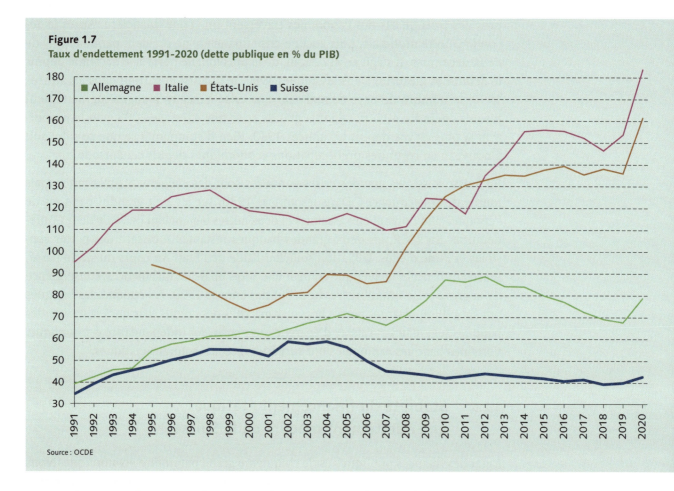

Figure 1.7
Taux d'endettement 1991-2020 (dette publique en % du PIB)
Source : OCDE

Comme le montre la **figure 1.7**, la Suisse présente sur toute la période le plus faible taux d'endettement en comparaison internationale. La crise financière mondiale de 2008 a provoqué une hausse marquée du taux d'endettement dans de nombreux pays, mais pas en Suisse, où il y est en recul depuis deux décennies.

Mais en 2020, le taux d'endettement suisse a sensiblement augmenté; tendance qui devrait se poursuivre sur 2021. La confédération a tenté d'adoucir le choc lié à la crise du coronavirus en soutenant l'économie par l'injection de 100 miliards de CHF. Vu que d'autres gouvernements ont procédés à la même intervention, la Suisse devrait maintenir son bas taux d'endettement en comparaison internationale.

1.3 Qu'analyse-t-on en sciences économiques ?

Avant de nous intéresser aux concepts fondamentaux des sciences économiques, nous devons d'abord nous demander quels en sont les grands thèmes, c'est-à-dire ce que nous allons étudier concrètement. Pour faire simple, on distingue trois domaines, étroitement liés les uns aux autres :

- Premièrement, les sciences économiques s'occupent des décisions des individus.
- Deuxièmement, elles s'intéressent aux interactions des individus dans les multiples relations économiques qu'ils nouent sur ce qu'on appelle des marchés.
- Et troisièmement, elles étudient l'économie dans sa globalité, autrement dit l'ensemble des décisions, des transactions et des processus des marchés.

De quoi traitent les sciences économiques ?

→ **Ressources**
Moyens matériels ou immatériels susceptibles d'être utilisés pour produire des biens ou satisfaire les besoins des consommateurs.

→ **Offreur**
Agent économique proposant des biens à la vente sur un marché.

→ **Demandeur**
Agent économique souhaitant acquérir un bien et agissant en qualité d'acheteur sur un marché.

→ **Bien**
Moyen de satisfaire un besoin. En économie, la notion de bien peut recouvrir les deux notions de bien matériel et de service.

→ **Marché**
Institution ou lieu où se rencontrent l'offre et la demande de biens, de services ou de facteurs de production.

→ **Transaction**
Opération d'échange économique, par exemple d'un bien contre de l'argent.

Les décisions des individus sont à la base de toute analyse économique. Comme nous ne vivons pas dans un paradis terrestre, les ressources dont nous disposons ne sont pas illimitées. Il faut donc sans cesse faire des choix : aller au cinéma ou au restaurant ? S'acheter un smartphone ou un vélo ? Aller jouer au foot ou étudier deux heures de plus ? Pour ce genre de décisions, nous comparons – consciemment ou inconsciemment – le coût et l'utilité des différentes options. L'économie fournit les bases de l'analyse de telles décisions. Pour ce faire, elle distingue deux groupes d'individus : les offreurs et les demandeurs.

- Les offreurs doivent décider comment utiliser les moyens à leur disposition pour produire ce qu'ils peuvent vendre en réalisant un bénéfice.
- Les demandeurs doivent décider comment utiliser les moyens à leur disposition pour acheter ce dont ils ont besoin. Les exemples concernant la demande sont en général faciles à trouver, car nous sommes nous-mêmes demandeurs de dizaines de produits chaque jour. Il est plus rare que nous vendions directement des produits : nous participons plutôt de manière indirecte à l'offre en travaillant au sein d'entreprises qui produisent et vendent des biens. Pour la compréhension des processus économiques, les décisions sont toutefois aussi importantes en matière d'offre qu'en matière de demande, et nous aborderons tant les unes que les autres.

Le fait qu'il y ait des offreurs et des demandeurs indique déjà que l'échange de biens constitue la base des relations économiques. Celles-ci sont le deuxième domaine qu'on analyse en économie. Rien ne sert d'offrir un bien si celui-ci n'est pas demandé. Une part importante de l'analyse économique s'intéresse donc à ces transactions, qui ont lieu sur ce qu'on appelle le marché. Ce terme désigne ici différentes formes de rencontre de l'offre et de la demande. Lorsque vous achetez une pomme, le prix que vous payez est déterminé par l'offre globale et par la demande globale de ce fruit. Lorsque vous cherchez un emploi, vous et d'autres personnes présentant des qualifications comparables, offrez vos compétences sur le marché du travail, sur lequel on trouve des entreprises qui sont demandeuses. Il en va de même lorsqu'une personne souhaite obtenir un crédit pour acheter une maison : elle est alors demandeuse sur le marché du crédit, où l'on trouve d'autres emprunteurs en tant que demandeurs et des épargnants en tant qu'offreurs (par l'intermédiaire des banques). Comprendre les processus du marché va nous permettre d'analyser toutes sortes de transactions économiques. À noter que le fait même que la plupart des économies soient aujourd'hui qualifiées d'« économies de marché » souligne l'importance de la notion de marché.

Mais il ne suffit pas toujours d'analyser les décisions des individus ou les processus des différents marchés. Si nous voulons par exemple comprendre pourquoi la Suisse est plus prospère que la Grèce, il nous faut comparer la performance globale de chacune de ces deux économies. Idem si nous voulons comprendre le chômage ou l'inflation dans un pays. Nous devons alors obtenir des informations sur cette économie dans son ensemble, même si, au final, cette économie est le résultat de toutes les décisions prises individuellement sur les différents marchés.

Qu'analyse-t-on en sciences économiques ?

Il est cependant impossible de recenser les milliards de transactions effectuées sur des milliers de marchés. Il faut donc schématiser et essayer de comprendre les principaux liens qui existent entre les paramètres économiques. C'est dans ce but que des instruments permettant de faire abstraction des détails et de saisir le fonctionnement de l'économie dans son ensemble ont été développés.

En économie, on distingue souvent microéconomie et macroéconomie.

- La microéconomie s'intéresse aux deux premiers domaines cités, les décisions individuelles et les interactions entre ces décisions sur les marchés. Autrement dit, comme l'indique le préfixe « micro », elle se concentre sur les petites unités qui, ensemble, font l'économie.
- De son côté, la macroéconomie étudie l'économie dans sa globalité ; elle traite donc du troisième domaine qu'on analyse en économie. Dans ce manuel, nous adoptons une approche tantôt microéconomique, tantôt macroéconomique, en fonction de la thématique abordée. L'analyse de l'inflation et de la politique monétaire, par exemple, est principalement macroéconomique, tandis que celle de la politique en matière de concurrence impose surtout une observation microéconomique des différents marchés. Très souvent, il faudra recourir simultanément aux deux approches, notamment pour le chômage ou les finances publiques.

→ **Microéconomie**
Branche des sciences économiques qui étudie les décisions des ménages et des entreprises ainsi que leurs interactions sur différents marchés.

→ **Macroéconomie**
Branche des sciences économiques qui étudie les phénomènes économiques à grande échelle tels que l'inflation, les fluctuations conjoncturelles ou la croissance à long terme.

Synthèse

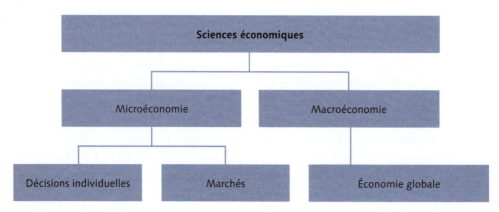

Dans le prochain chapitre nous aborderons les concepts fondamentaux des sciences économiques, qui seront à la base des sujets traités par la suite.

De quoi traitent les sciences économiques ? 1

RÉSUMÉ FONDÉ SUR LES OBJECTIFS D'APPRENTISSAGE

1 Évaluer la situation économique d'un pays
Plus un pays affiche une prospérité élevée, un taux de chômage bas, des prix et des marchés financiers stables et un endettement publique faible, meilleure sera sa situation économique. Ces cinq paramètres sont relativement faciles à mesurer et se prêtent par conséquent bien aux comparaisons internationales. Un pays dont la santé économique est bonne obtient généralement de bons résultats dans les cinq domaines.

2 La Suisse en comparaison internationale
La Suisse est une économie performante. Les valeurs sont bonnes pour les cinq paramètres évoqués. Sa prospérité est élevée en comparaison internationale, le chômage, l'inflation et l'endettement publique sont exceptionnellement bas par rapport à d'autres pays riches, et les crises financières très rares.

3 Les domaines d'analyse des sciences économiques
Les sciences économiques s'intéressent principalement à trois domaines. Premièrement, elles cherchent à comprendre les décisions des individus. Deuxièmement, elles étudient les interactions de ces individus sur les marchés en tant qu'offreurs et demandeurs. Troisièmement, elles s'intéressent à l'économie dans son ensemble, autrement dit au résultat de toutes les décisions individuelles prises sur les nombreux marchés.

De quoi traitent les sciences économiques ?

NOTIONS FONDAMENTALES

Prospérité →17
Emploi →17
Stabilité des prix →17
Stabilité financière →17
Financement étatique →17
Produit intérieur brut (PIB) →17
Taux de chômage →20
Inflation →22
Taux d'endettement →25
Ressources →27
Offreur →27
Demandeur →27
Bien →27
Marché →27
Transaction →27
Microéconomie →28
Macroéconomie →28

De quoi traitent les sciences économiques ? 1

QUESTIONS DE RÉVISION DU CHAPITRE 1

1 Quels sont les cinq paramètres macroéconomiques permettant d'évaluer la situation économique d'un pays ?

2 Quelle est la situation de la Suisse en comparaison internationale en matière de prospérité ?

3 Quelle est la situation de la Suisse en comparaison internationale en matière de chômage ?

4 Quelle est la situation de la Suisse en comparaison internationale en matière de stabilité des prix ?

5 Mentionnez les trois principaux domaines étudiés en économie et donnez pour chacun un exemple approprié tiré de votre quotidien.

2

Décisions individuelles, marché et économie globale

« S'il ne fallait savoir qu'une chose sur les marchés libres, c'est qu'un échange n'aura lieu que s'il profite aux deux parties concernées. »

Milton FRIEDMAN (1912-2006), économiste américain

2.1	Décisions en situation de rareté	36
2.2	La demande	39
2.3	L'offre	44
2.4	Le marché	47
2.5	L'économie globale	52

Jura bernois : un mouvement de la marque horlogère Longines®, dont la manufacture est à Saint-Imier et qui évolue sur le marché très mondialisé du luxe.

OBJECTIFS D'APPRENTISSAGE

Après avoir lu ce chapitre, vous devriez pouvoir :

1	exposer le problème de la rareté et le rôle des incitations, des coûts d'opportunité et des prix dans le comportement des agents économiques ;
2	représenter la demande sous forme graphique et expliquer dans quelles circonstances la courbe de la demande se déplace ;
3	représenter l'offre sous forme graphique et expliquer dans quelles circonstances la courbe de l'offre se déplace ;
4	représenter un marché sous forme graphique et expliquer pourquoi l'intersection de la courbe de l'offre et de la courbe de la demande représente un point d'équilibre ;
5	expliquer les répercussions des différents niveaux d'élasticité-prix ;
6	représenter le circuit économique simplifié et le circuit économique élargi et les interpréter ;
7	interpréter un concept simple d'analyse économique globale.

2 Décisions individuelles, marché et économie globale

La description et plus encore la compréhension des mécanismes économiques nécessitent de recourir à des outils d'analyse. Ce chapitre définit les concepts fondamentaux sur lesquels nous nous appuierons pour analyser les décisions individuelles, les marchés et l'économie globale. Nous verrons que les sciences économiques reposent sur des représentations simplifiées de la réalité, des modèles. Même si ceux-ci peuvent paraître abstraits, ils n'ont rien de compliqué ni même de mathématique. Surtout, ils permettent de répondre à une multitude de questions à l'aide d'un même outil. Une fois les concepts intégrés, ces modèles d'une grande simplicité permettent de comprendre la vie économique bien mieux qu'en apprenant par cœur des centaines de pages de données économiques.

Le chapitre est structuré de la manière suivante:

La **section 2.1** est consacrée aux décisions économiques des individus et explique la problématique de la rareté, élément central de l'analyse économique.
Nous ferons la connaissance des concepts d'incitations et de coûts d'opportunité.

La **section 2.2** montre comment les besoins des agents économiques donnent naissance à la demande.
Nous dessinerons la courbe de la demande, qui représente la demande d'un bien en fonction de son prix.

La **section 2.3** expose le rôle des coûts de production dans l'analyse de l'offre.
Nous dessinerons la courbe de l'offre, qui représente l'offre d'un bien en fonction de son prix.

La **section 2.4** réunit l'offre et la demande et explique comment fonctionne un marché.

La **section 2.5** présente les principaux instruments d'analyse de l'économie globale. Elle explique d'abord le circuit économique, qui représente les flux physiques et monétaires entre les ménages, les entreprises, l'État et l'étranger, puis la signification de l'offre et la demande dans l'économie globale, pour terminer par un concept d'analyse macroéconomique simplifié.

2.1 Décisions en situation de rareté

La prospérité est le fruit du comportement des individus. Comment réagissent-ils aux incitations? Font-ils un usage approprié des ressources? Pour répondre à ces questions, il faut tout d'abord comprendre comment les individus prennent leurs décisions en situation de rareté. La rareté s'explique par le fait que les besoins sont illimités, tandis que les ressources, elles, sont limitées. On ne pourra donc toujours acquérir qu'une quantité restreinte de biens (marchandises ou services). Ce qui vaut pour l'individu vaut aussi pour l'État: chacun est limité par le budget dont il dispose, son revenu au sens large. Il faut donc décider comment répartir ce budget limité en fonction des diverses utilisations que l'on veut en faire. Le comportement des individus en situation de rareté est la question centrale des sciences économiques.

→ **Besoin**
Désir de combler ou d'atténuer un manque.

→ **Marchandise**
Bien tangible qui a une existence physique.

→ **Service**
Bien intangible qui n'a pas d'existence physique.

Comme le revenu, le temps est une ressource limitée. Une journée ne compte que 24 heures. Là aussi, il faut constamment décider comment répartir son temps en fonction des innombrables activités auxquelles on pourrait s'adonner. Qu'il s'agisse de revenu ou de temps, l'individu est toujours confronté à de multiples possibilités d'utilisation.

C'est là qu'intervient le concept central de coût d'opportunité: le coût effectif d'une activité réside dans les avantages que l'on perd en ayant choisi l'autre activité; on parle aussi de coût de renoncement.

→ **Coût d'opportunité**
Coût lié à la non-réalisation d'une action B (manque à gagner), lorsqu'on a opté pour l'action A.

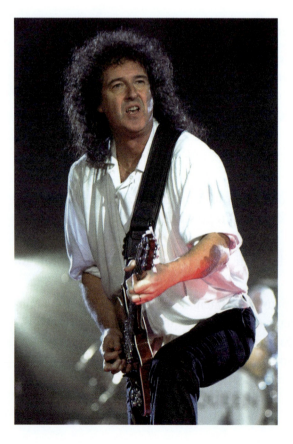

Brian May: le guitariste de Queen a été confronté à des coûts d'opportunité élevés lorsque son groupe était au sommet de sa gloire; il n'a pu obtenir son titre de docteur en astrophysique qu'en 2007, à l'âge de 60 ans.

Décisions individuelles, marché et économie globale

On peut par exemple se demander si cela vaut la peine de faire des études. Pour répondre à cette question, il faut déterminer le coût effectif. Celui-ci se compose des écolages ou encore des dépenses liées à l'achat de livres. Or on pourrait utiliser cet argent autrement, c'est ce qu'on appelle les coûts d'opportunité de cette formation. Ceux-ci sont d'ailleurs globalement bien plus élevés. La ressource la plus précieuse engloutie dans la formation supérieure est en réalité le temps : je pourrais en effet utiliser le temps passé à étudier à fournir un travail rémunéré. Si je mets le salaire auquel je renonce dans la balance, j'arriverai à un montant considérablement plus élevé que les seuls frais directs évoqués.

Toute variation des coûts d'opportunité modifie notre comportement et influence nos décisions. En règle générale, elle n'affecte pas la décision de faire quelque chose ou non, mais détermine plutôt l'ampleur de cette activité (décision marginale). Les coûts d'opportunité nous poussent à adapter nos décisions marginales : faut-il consommer une unité supplémentaire ou non ? Pour revenir à notre exemple : si les écolages augmentent, ma décision de faire des études en sera très vraisemblablement influencée. Je ne me demanderai peut-être pas si je dois suivre cette formation, mais je réfléchirai à deux fois quant au choix du lieu et de la durée de la formation.

→ **Décision marginale**
Décision prise après comparaison de la valeur ajoutée d'une décision avec les coûts supplémentaires qui en résultent. Si le gain d'utilité est supérieur au coût occasionné, la décision est positive.

Étudier l'économie aide à savoir comment les individus réagissent face aux variations des coûts d'opportunité. Ceux-ci reflètent la rareté relative d'un bien, par le biais de son prix. Le prix d'un bien que j'ai décidé d'acquérir correspond au coût que représente pour moi le fait de renoncer à d'autres biens que j'aurais pu acquérir. Plus un bien est rare, plus son prix augmente, ce qui constitue une incitation pour les individus à modifier leur comportement. L'augmentation du prix d'un bien entraîne en règle générale un recul de la consommation de ce bien parce que les coûts d'opportunité liés à cette dernière augmentent, comme nous le verrons dans la prochaine section. En effet, si je continue à consommer autant de ce bien, je devrai consommer une quantité inférieure d'autres biens. Il y a donc une incitation à moins consommer un certain bien lorsque son prix augmente.

→ **Incitation**
Facteur motivant un agent économique à adopter un comportement.

Les incitations sont une notion centrale de la théorie économique, l'essence même de toute analyse. Les économistes sont toujours sceptiques lorsqu'on essaie d'induire un changement des comportements sans toucher aux incitations (prix au sens large). Si, pour des motifs écologiques, on veut limiter l'usage de l'automobile, on considérera en sciences économiques qu'appeler à moins utiliser sa voiture pour préserver l'environnement aura moins de chances de produire un effet qu'introduire une taxe sur le carburant. Seule la variation du prix garantira que l'individu perçoit l'évolution de la rareté relative et l'incitera effectivement à changer de comportement.

L'analyse des décisions relatives à l'utilisation des ressources qui, rappelons-le, se caractérisent par leur rareté, constitue le fondement de la perspective économique. Le prix fournit des informations sur la rareté d'un bien, c'est un signal qui influence les acteurs du marché. Lorsqu'un bien se fait plus rare, son prix augmente ou, autrement dit, les coûts d'opportunité de son utilisation s'accroissent. Les individus sont dès lors incités à en consommer moins. En règle générale, lorsque le prix d'un bien augmente, on ne renoncera pas totalement à le consommer, mais on se limitera. C'est ce que nous avons décrit plus haut comme une décision marginale. Dans le même temps, l'augmentation du prix incitera le producteur à fabriquer davantage de ce bien.

L'effet cobra ou l'importance des incitations

On repère souvent un économiste au fait qu'il parle tout le temps d'incitations. Lorsque les économistes analysent des mesures de politique économique, ils insistent souvent sur la nécessité d'examiner les effets incitatifs de mesures qui sont a priori bonnes. Prenons un exemple connu et particulièrement pertinent pour illustrer ce souci constant des économistes.

À une époque, l'Inde est infestée par les cobras. Le gouverneur britannique en poste croit avoir trouvé la solution au problème en promettant une récompense à quiconque éliminera un cobra. Cette mesure porte immédiatement ses fruits, puisqu'on lui livre de plus en plus de cobras morts. Mais au lieu de s'améliorer, la situation empire, car la population a décidé d'élever des serpents, puis de les tuer pour obtenir la récompense. Lorsque le gouverneur s'en rend compte, il suspend la mesure. Les cobras d'élevage sont alors remis en liberté, car leurs propriétaires n'en ont plus besoin. Au final, la mesure coûteuse mise en place par le gouverneur produit donc exactement l'effet contraire de celui visé. Au lieu de limiter l'infestation, elle ne fait que la renforcer.

L'effet cobra est une illustration des problèmes auxquels on peut être confronté si l'on omet d'analyser de manière approfondie les effets incitatifs d'une mesure. Avant d'adopter une mesure de politique économique, il faut être sûr du comportement qu'elle va induire. Le risque, sinon, est de se trouver dans une situation semblable à celle de notre malheureux gouverneur. Si l'on se concentre trop sur la réaction que les individus devraient avoir, sans être suffisamment lucide sur la manière dont ils vont réagir effectivement, la mesure adoptée aura souvent des effets inattendus et contre-productifs.

- Ainsi, un salaire minimum élevé ou une protection renforcée contre le licenciement peut justement affaiblir les travailleurs particulièrement vulnérables et accroître le chômage. Ne pas pouvoir licencier du personnel lorsque la situation économique se dégrade décourage les entreprises d'engager lorsque la situation est bonne (chap. 5).
- Les taxes sur les produits de luxe peuvent nuire aux couches sociales moins aisées. La raison en est que les couches aisées peuvent échapper à ces taxes en consommant d'autres biens et que les biens de luxe sont produits par des couches moins favorisées qui ne peuvent pas facilement trouver un autre travail. (chap. 8).
- Une couverture d'assurance trop favorable peut pousser les individus à adopter un comportement risqué.

Pour analyser les effets incitatifs d'une mesure, le mieux est de s'appuyer sur les mécanismes décrits dans la présente section, dont le principal est l'évolution des prix. Une mesure qui implique une modification des prix induira vraisemblablement un changement de comportement. Offrir une récompense pour les cobras tués fait grimper le prix de ces animaux, ce qui signale que ce bien est rare et incite donc à le proposer en plus grande quantité. Pour se protéger de l'effet cobra, il faut tenir compte des incitations induites par l'évolution des prix.

2 Décisions individuelles, marché et économie globale

2.2 La demande

2.2.1 Besoins et comportement des consommateurs

Nous allons à présent nous appuyer sur ces réflexions fondamentales quant au comportement des individus en situation de rareté pour comprendre la demande de biens. Partons pour ce faire du constat que les actes des individus, au sens large, sont guidés par la volonté de satisfaire leurs besoins, c'est-à-dire de combler ou d'atténuer les manques qu'ils ressentent. Les besoins sont de plusieurs ordres : ils vont des besoins de base, liés à la survie, au besoin d'accomplissement de soi. La pyramide des besoins (encadré p. 40) illustre cette hiérarchie des besoins.

Les besoins sont illimités. Les ressources, elles, ne le sont pas, ni celles des individus ni celles de l'économie tout entière. Aussi riche qu'une personne soit, elle aura toujours un certain budget à disposition, que l'on parle d'argent ou de temps. C'est justement parce que nos besoins sont illimités que nous devons décider quels biens nous souhaitons consommer et à quels biens nous pouvons renoncer. Pour ce faire, il faut déterminer quelle utilité nous retirons de la consommation de tel ou tel bien. Cette utilité varie d'un individu à l'autre, en fonction de ses préférences. Un amateur de vin attribuera une plus grande valeur à un bordeaux classé qu'un buveur de thé. La consommation de ce bien aura pour lui une plus grande utilité et sa propension à payer pour la bouteille en question sera plus élevée.

Lorsqu'il s'agit de décider quels biens nous souhaitons consommer, nous devons évaluer, en fonction de nos préférences, si nous retirerons un gain d'utilité de l'achat d'une unité supplémentaire de ces biens ou si nous ferions mieux d'y renoncer. En sciences économiques, ce gain d'utilité est appelé utilité marginale.

→ **Utilité**
Unité de mesure du bien-être et de la satisfaction d'un agent économique.

→ **Propension à payer**
Montant maximal que le client est disposé à payer pour acquérir un certain bien.

→ **Utilité marginale**
Gain d'utilité résultant de la consommation d'une unité supplémentaire d'un bien.

La loi de l'utilité marginale décroissante

Un exemple : quelqu'un qui a faim retire une très grande utilité du premier bout de pain qu'il mange. Il savourera aussi le deuxième et le troisième bout de pain, mais le gain d'utilité qu'il retirera du pain consommé diminuera à chaque nouveau morceau. L'utilité marginale, soit le gain d'utilité résultant de la consommation d'une unité supplémentaire d'un bien, joue un rôle déterminant dans l'analyse des comportements individuels. L'utilité a tendance à diminuer lorsque la quantité consommée augmente. C'est la loi de l'utilité marginale décroissante.

Une fois que l'individu en question aura le ventre bien rempli, chaque nouveau bout de pain risque même de réduire l'utilité qu'il a retirée du pain déjà mangé. La consommation produira alors une utilité marginale négative.

→ **Loi de l'utilité marginale décroissante**
Principe selon lequel plus on consomme un bien, plus l'utilité que procure une unité supplémentaire de ce bien diminue.

La demande

La pyramide des besoins

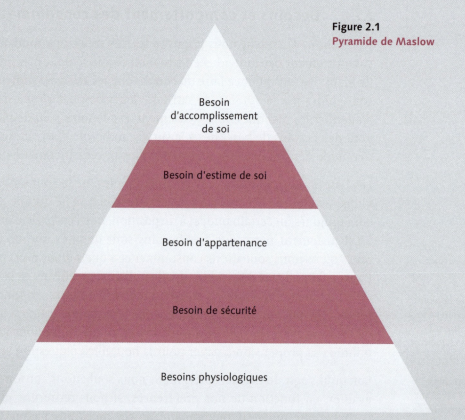

Figure 2.1
Pyramide de Maslow

Le psychologue américain Abraham Maslow a établi une hiérarchie des besoins humains, connue sous le nom de pyramide de Maslow. Elle classe les besoins en catégories aisément compréhensibles allant des besoins de base aux besoins de luxe. Cette pyramide est reproduite dans la **figure 2.1**.

À la base de la pyramide, on trouve les besoins physiologiques, soit les besoins élémentaires du corps, comme manger ou dormir. Satisfaire ces besoins est indispensable pour survivre ; ils constituent par conséquent l'impulsion majeure de l'action humaine.

Une fois qu'ils sont satisfaits vient le besoin de sécurité : l'individu aspire à la stabilité, à la protection et à une vie sans peur. Après ces besoins de base viennent le besoin d'appartenance ou d'amitié, puis le besoin d'estime lié au statut, à la carrière, au pouvoir ou aux distinctions. Au sommet de la pyramide, on trouve le besoin d'accomplissement de soi : l'individu a envie de faire ce qu'il aime et d'exploiter ses talents.

Pour satisfaire les besoins physiologiques, il faut en règle générale des biens matériels. Plus on grimpe dans la pyramide, plus la satisfaction de nos besoins passe par des biens immatériels.

2 Décisions individuelles, marché et économie globale

2.2.2 La courbe de la demande

Pour étudier la réaction de la demande, il suffit d'observer ses propres réactions lorsque les prix varient: si le coût des appels téléphoniques baisse, on a tendance à téléphoner plus; si le prix des billets augmente, on va voir moins de matches de football. Car si le prix d'un bien est à la hausse et que nous en consommons toujours la même quantité, nous ne pouvons pas consommer autant d'autres biens qu'avant. On dit alors que les coûts d'opportunité du premier bien sont plus élevés. En général, lorsque le prix d'un bien augmente, les individus réagissent par une demande plus faible; la quantité demandée diminue. Si, au contraire, le prix d'un bien diminue, les individus achètent plus de ce bien, car ses coûts d'opportunité ont baissé. La quantité demandée s'accroît donc lorsque les prix baissent. C'est la loi de la demande. Fondement de l'analyse économique, elle postule que la quantité demandée d'un bien diminue lorsque son prix augmente, toutes choses étant égales par ailleurs.

La courbe de la demande illustre cette relation entre prix et quantité consommée. La quantité d'un bien figure sur l'axe des abscisses, son prix sur l'axe des ordonnées. Admettons que tous les autres facteurs qui influencent la demande, par exemple le prix des biens semblables ou le revenu des acheteurs, ne changent pas. Il est alors possible d'analyser à l'aide du graphique l'effet d'une variation de prix sur la quantité demandée. La **figure 2.2** nous fournit un exemple.

Le tableau indique le niveau de la demande hebdomadaire de lait dans un pays en fonction de différents prix. Sur l'axe horizontal figure la demande hebdomadaire de lait en milliers de litres. Sur l'axe vertical figure le prix du lait par litre en francs suisses. Considérons plusieurs rapports quantité-prix. Si le prix est par exemple de 2 francs, les consommateurs achètent 100 000 litres de lait par semaine. S'il passe à 3 francs, la quantité demandée baisse à 50 000 litres par semaine. La courbe de la demande D représente ces deux rapports quantité-prix, ainsi que tous les

→ **Loi de la demande**
Loi postulant que la quantité demandée d'un bien diminue lorsque son prix augmente, toutes choses étant égales par ailleurs.

→ **Courbe de la demande**
Représentation graphique de la relation entre la quantité demandée (quantité désirée) d'un bien et le prix de ce dernier.

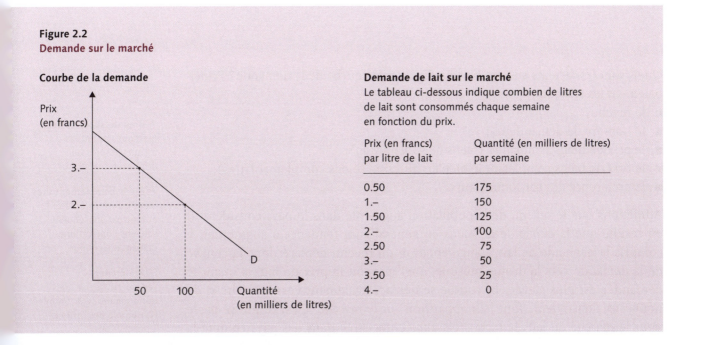

Figure 2.2
Demande sur le marché

Courbe de la demande

Demande de lait sur le marché
Le tableau ci-dessous indique combien de litres de lait sont consommés chaque semaine en fonction du prix.

Prix (en francs) par litre de lait	Quantité (en milliers de litres) par semaine
0.50	175
1.–	150
1.50	125
2.–	100
2.50	75
3.–	50
3.50	25
4.–	0

autres. Plus le prix est élevé, plus la quantité demandée est faible. Si tous les autres facteurs sont négligés ou restent stables, il se passe la chose suivante: lorsque le prix augmente, il y a un déplacement vers la gauche le long de la courbe de la demande, lorsqu'il baisse, vers la droite.

2.2.3 Déplacement de la courbe de la demande

Mais la demande est aussi influencée par d'autres facteurs, par exemple le revenu des acheteurs ou le prix d'autres biens. Que se passe-t-il lorsque ces facteurs évoluent? Puisque ce n'est pas le prix qui change, nous ne pouvons pas représenter cette évolution sur la courbe de la demande. C'est la courbe de la demande tout entière qui va se déplacer, ce qui signifie que, quel que soit le prix, c'est une autre quantité qui sera demandée.

Figure 2.3
Déplacement de la courbe de la demande

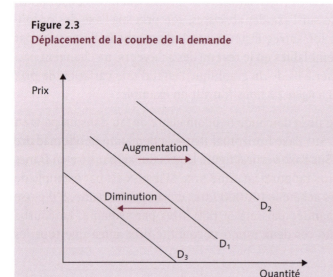

Une augmentation de la demande entraîne un déplacement de la courbe vers la droite. Cela signifie que la quantité demandée sur la courbe D_2 est toujours supérieure à celle demandée sur la courbe D_1 à un prix donné.
Une diminution de la demande entraîne un déplacement de la courbe vers la gauche. La quantité demandée sur la courbe D_3 est toujours inférieure à celle demandée sur la courbe D_1 à un prix donné.

Quels sont les facteurs susceptibles de déplacer la courbe de la demande? Principalement les suivants:
- le revenu;
- le nombre de demandeurs;
- le prix de biens semblables (biens de substitution);
- le prix de biens complétant le bien en question (biens complémentaires);
- la préférence des consommateurs.

Admettons que le revenu de la population augmente dans le pays considéré. Il en résulte que la demande de biens en général aura tendance à augmenter, y compris la demande de lait. L'augmentation du revenu déplace donc la courbe de la demande vers la droite, puisque, quel que soit le prix du lait, la quantité demandée est plus élevée. La courbe se déplace également vers la droite si de nouveaux demandeurs font leur apparition sur le marché. C'est ce qui se passe pour le marché du lait: la forte croissance enregistrée dans des pays comme la

→ **Bien de substitution**
Bien qui satisfait les mêmes besoins ou des besoins similaires.

→ **Biens complémentaires**
Biens qui se complètent et font par conséquent souvent l'objet d'une demande conjointe.

→ **Préférence**
Fait de privilégier une option après avoir examiné l'ensemble des options à disposition.

Décisions individuelles, marché et économie globale 2

Le prix du lait atteint un niveau record.

Chine et l'Inde a occasionné une hausse de la demande de lait et d'autres matières premières sur le marché mondial. Quel que soit le prix, les consommateurs demandent plus de lait. C'est à ce phénomène que le dessin ci-dessus fait référence.

À l'inverse, lorsque le revenu diminue ou que le nombre de demandeurs recule, la courbe de la demande se déplace vers la gauche, car la demande de lait baisse quel que soit son prix. La **figure 2.3** montre les déplacements de la courbe de la demande.

Outre le revenu, d'autres facteurs peuvent entraîner le déplacement de la courbe de la demande, tels que le prix de biens semblables pouvant remplacer le bien en question. Admettons que le prix d'une autre boisson, par exemple le lait de soja, baisse considérablement. Cette baisse incite certains consommateurs à se tourner vers ce produit de substitution. La demande de lait recule alors, quel que soit son prix, et la courbe de la demande se déplace vers la gauche. Le prix des biens complémentaires, souvent consommés en même temps que le lait, a également une influence sur la demande de lait : si le prix de ces biens augmente, la courbe de la demande se déplace de la même manière que si c'était le prix du lait qui augmentait. Si le prix du cacao en poudre augmente, par exemple, les consommateurs vont non seulement acheter moins de cacao, mais aussi moins de lait.

Les préférences sont un autre facteur déterminant de la demande. À quel point les consommateurs aiment-ils boire du lait ? Si une nouvelle étude démontre que boire du lait est encore plus sain qu'on ne le pensait, la demande augmentera quel que soit le prix et la courbe de la demande se déplacera vers la droite.

Résumons : décroissante, la courbe de la demande représente le rapport entre le prix et la quantité demandée en admettant que tous les autres facteurs sont constants. Si, au lieu du prix, c'est un autre facteur déterminant qui varie, c'est la courbe tout entière qui se déplace.

L'offre

Synthèse

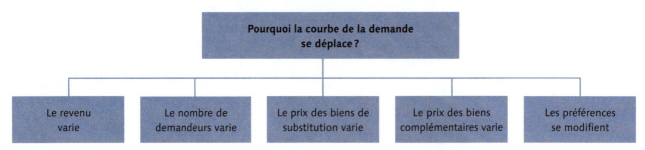

2.3 L'offre

2.3.1 La courbe de l'offre

Comme pour la demande, analysons la réaction de la quantité offerte lorsque les prix varient. Ici aussi, elle est relativement intuitive : si le prix d'un bien augmente, les producteurs ont intérêt à en offrir davantage, car le rendement par unité vendue augmente. Par conséquent, si le prix augmente, la quantité offerte va elle aussi s'accroître. Reprenons l'exemple du prix du lait : s'il augmente fortement, les agriculteurs seront incités à opter pour l'élevage de vaches laitières. Et l'offre de lait augmentera avec chaque agriculteur qui prendra cette décision.

Dans notre exemple, nous nous mettons cette fois à la place de l'offreur, ici, un agriculteur. La **figure 2.4** présente l'évolution de l'offre de lait en fonction du prix du lait.

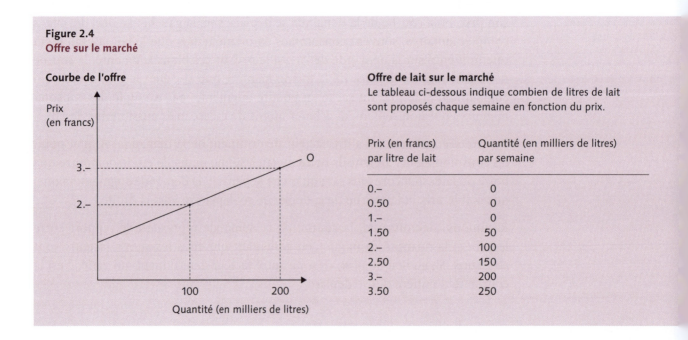

Figure 2.4
Offre sur le marché

Courbe de l'offre

Offre de lait sur le marché
Le tableau ci-dessous indique combien de litres de lait sont proposés chaque semaine en fonction du prix.

Prix (en francs) par litre de lait	Quantité (en milliers de litres) par semaine
0.–	0
0.50	0
1.–	0
1.50	50
2.–	100
2.50	150
3.–	200
3.50	250

→ **Courbe de l'offre**
Représentation graphique du lien entre la quantité offerte et le prix.

Ici aussi, la quantité est indiquée sur l'axe des abscisses et le prix sur l'axe des ordonnées. La 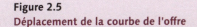 O est croissante : plus le prix augmente, plus la quantité offerte est importante. Considérons deux rapports quantité-prix : si le prix du lait est de 2 francs le litre, la quantité offerte sera de 100 000 litres par semaine. Lorsque le prix augmente à 3 francs, la quantité offerte augmente aussi, à 200 000 litres. La courbe de l'offre présente ces deux rapports quantité-prix, ainsi que tous les autres. Si tous les autres facteurs sont négligeables ou restent stables, il se passe la chose suivante : lorsque le prix augmente, il y a un déplacement vers la droite le long de la courbe de l'offre, lorsqu'il baisse, vers la gauche.

2.3.2 Déplacement de la courbe de l'offre

Comme pour la demande, il faut distinguer les déplacements sur la courbe de l'offre et son déplacement dans son ensemble. Car la courbe de l'offre telle que dessinée suppose que tous les autres facteurs influençant l'offre restent constants. En cas de variation d'un autre facteur que le prix, elle se déplace dans son ensemble, comme le montre la **figure 2.5**.

Figure 2.5
Déplacement de la courbe de l'offre

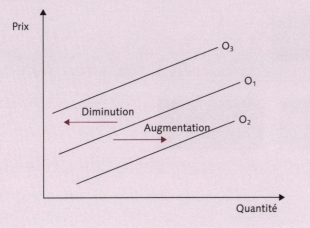

Une augmentation de l'offre entraîne un déplacement de la courbe vers la droite. Cela signifie que la quantité offerte sur la courbe O_2 est toujours supérieure à celle offerte sur la courbe O_1 à un prix donné. Une réduction de l'offre entraîne un déplacement de la courbe vers la gauche. La quantité offerte sur la courbe O_3 est toujours inférieure à celle offerte sur la courbe O_1 à un prix donné.

Si la courbe se déplace vers la droite, cela signifie que la quantité offerte augmente pour un prix donné. Si elle se déplace vers la gauche, c'est l'inverse : à un prix donné, l'offre diminue.

Quels sont les facteurs susceptibles de déplacer la courbe de l'offre ? Principalement les suivants :

- le prix des intrants (coûts de production) ;
- la productivité ;
- le prix des productions de substitution ;
- le nombre d'offreurs.

L'offre

Le coût de production est la variable principale mais dépend fortement du prix des intrants. Par exemple, si le prix du fourrage pour les vaches augmente, les coûts de l'agriculteur vont augmenter et, à un prix donné, la quantité de lait offerte sera inférieure. La courbe se déplacera alors vers la gauche.

La productivité a également un impact sur le coût de production. Admettons qu'elle augmente grâce à une nouvelle technologie; la courbe de l'offre se déplacera alors vers la droite. Si les trayeuses deviennent plus efficaces, le coût de production diminue et, à un prix donné, l'offre augmente.

Le prix des autres biens que pourrait offrir notre producteur de lait joue lui aussi un rôle : si le prix des céréales augmente, par exemple, l'agriculteur sera enclin à utiliser ses champs pour cultiver des céréales plutôt que pour y faire paître ses vaches. Si le prix d'une production de substitution augmente, l'offre de lait diminuera, entraînant un déplacement de la courbe de l'offre vers la gauche.

→ **Production de substitution**
Autres biens que pourrait produire une entreprise avec les ressources dont elle dispose.

Enfin, la courbe de l'offre se déplace également, vers la droite, lorsque le nombre d'entreprises offrant le produit sur le marché augmente.

Pour résumer : la courbe de l'offre, croissante, représente le rapport entre le prix et la quantité offerte dans l'hypothèse où tous les autres facteurs sont constants. Si, au lieu du prix, c'est un autre facteur exerçant une influence déterminante sur l'offre qui varie, c'est la courbe tout entière qui se déplace.

Synthèse

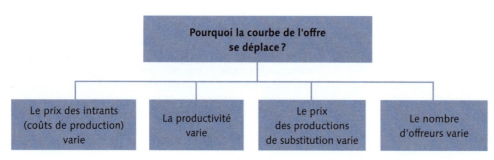

2.4 Le marché

Maintenant que nous avons intégré les principaux mécanismes de l'offre et de la demande, attaquons-nous au concept majeur des sciences économiques : le marché. Pour faire simple, un marché naît de la rencontre de l'offre et de la demande. Les personnes qui ont quelque chose à offrir y rencontrent les personnes qui ont quelque chose à demander. Imaginons un marché dans un village : les agriculteurs y offrent leurs fruits et légumes, que les habitants du village souhaitent acheter. La rencontre de ces agents économiques donne naissance au « marché ». Un marché est un lieu d'échanges. En règle générale, on n'y échange pas des marchandises contre d'autres marchandises – même si ce serait tout à fait possible – mais contre de l'argent. Un échange se fait de plein gré et n'a lieu que s'il profite aux deux parties. L'offreur donne ses marchandises et obtient une contrepartie monétaire du demandeur. Il peut ensuite à son tour être demandeur sur d'autres marchés et acheter lui aussi des marchandises : le paysan propose ses pommes sur le marché et reçoit en retour de l'argent qu'il utilise pour acheter des saucisses chez le boucher. Tout agent économique est aussi bien offreur que demandeur, selon le marché considéré.

→ **Agent économique**
Personne ou groupe de personnes, entreprise ou groupe d'entreprises, autorité ou pouvoirs publics qui effectuent des opérations économiques.

Dans une économie de marché moderne où il y a division du travail, la plupart des individus ne proposent pas directement un bien, mais principalement leur force de travail. Les entreprises en sont demandeuses sur le marché du travail et l'utilisent pour produire des marchandises qu'elles vendent sur les marchés des biens. La notion de « marché » ne se limite donc pas aux biens. Les ménages et les entreprises se rencontrent sur des marchés très divers : les marchés des biens sont consacrés aux marchandises et aux services, le marché du travail à la main-d'œuvre, le marché des capitaux à l'argent sous la forme de prêts. Tous ces marchés ont deux points communs : premièrement, il est toujours question des quantités offertes et demandées et du prix qui s'établit. Celui-ci est appelé simplement prix sur les marchés des biens, salaire sur le marché du travail et taux d'intérêt sur le marché des capitaux. Deuxièmement, les choses s'échangent de plein gré contre de l'argent.

→ **Division du travail**
Fractionnement du processus de production en plusieurs étapes, chacune étant exécutée par une personne ou une entreprise différente.

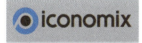

Discrimination par les prix
« Simulation Excel »
iconomix.ch/fr/materiel/a010

Marché et formation des prix
« Jeu éducatif de la corbeille »
iconomix.ch/fr/materiel/m03

L'offre et la demande en action.

Le marché

2.4.1 L'équilibre du marché

Nous allons maintenant réunir les deux courbes des sections précédentes. La **figure 2.6** représente un marché complet, avec ses deux aspects : l'offre et la demande. Reprenons les courbes de l'offre et de la demande de lait.

Comme on peut le voir sur la figure, il y a, là où les deux courbes se croisent, un point d'équilibre sur le marché, qui correspond au rapport quantité-prix. Dans notre exemple, le prix d'équilibre est de 2 francs. À ce prix, les consommateurs achètent 100 000 litres de lait par semaine, tandis que les producteurs en proposent autant. Là où les courbes se croisent, la quantité offerte correspond exactement à la quantité demandée. Un équilibre de marché s'est établi. Ce point de rencontre est appelé équilibre car, dans une économie de marché, il existe des forces qui poussent à l'établissement de ce rapport quantité-prix. Pourquoi ?

Prenons la **figure 2.6** et admettons que le prix de départ ne correspond pas au prix d'équilibre, mais est de 3 francs. À ce prix-là, la demande est plus faible, seulement 50 000 litres de lait par semaine. Pour les offreurs, ce prix est plus intéressant, raison pour laquelle ils souhaitent vendre plus de lait, concrètement 200 000 litres, et augmente leur production. Il en résulte un excédent d'offre, puisque l'offre est de 200 000 litres alors que la demande est de 50 000 litres. Comment réagit un marché sur lequel l'offre est excédentaire ? Quelques producteurs vont quitter le marché, ce qui réduit la quantité jusqu'à ce que le prix d'équilibre soit à nouveau atteint et que la demande atteigne le niveau de la quantité offerte. Concrètement, les producteurs qui ont des coûts trop élevés pour que le prix d'équilibre suffise à les rémunérer quittent le marché. Celui-ci a alors tendance à se stabiliser autour des 2 francs et des 100 000 litres. La situation est la même avec un prix de départ trop bas et donc un excédent de demande. Les consommateurs, n'obtenant pas suffisamment de lait, sont prêts à payer davantage jusqu'à ce que la quantité demandée corresponde à la quantité offerte.

→ **Équilibre**
Situation dans laquelle aucun agent économique n'a de raison de modifier son comportement.

→ **Équilibre de marché**
Point de rencontre de l'offre et de la demande. L'équilibre de marché est atteint lorsque le prix du marché correspond au prix d'équilibre.

→ **Excédent d'offre**
Situation dans laquelle la quantité offerte est supérieure à la quantité demandée parce que le prix en vigueur est supérieur au prix d'équilibre du marché.

→ **Excédent de demande**
Situation dans laquelle la quantité demandée est supérieure à la quantité offerte, parce que le prix en vigueur est inférieur au prix d'équilibre du marché.

Figure 2.6
L'équilibre de marché

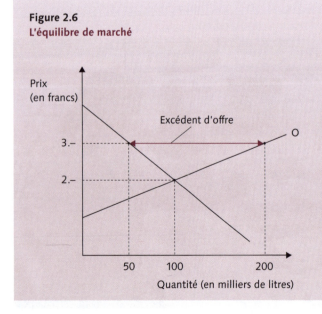

Le marché s'équilibre là où la courbe de l'offre et la courbe de la demande se rencontrent. Au prix de 2 francs, l'offre et la demande sont toutes les deux de 100 000 litres. C'est ce qu'on appelle l'équilibre de marché.

Lorsque le prix est supérieur au prix d'équilibre de 2 francs, par exemple 3 francs, il y a un déséquilibre dû à un excédent d'offre. Lorsque le prix est inférieur au prix d'équilibre, le déséquilibre est dû à un excédent de demande.

Décisions individuelles, marché et économie globale

« Pourquoi dit-on que les mots ne valent rien ? »
« C'est parce que l'offre excède toujours la demande. »

2.4.2 Variations du point d'équilibre

Sur un marché libre, le prix d'équilibre s'établit automatiquement en fonction du comportement des offreurs et des demandeurs. Le point d'équilibre du marché se modifie donc lorsque la courbe de la demande ou la courbe de l'offre se déplace.

Imaginons, pour continuer avec notre exemple, que les mauvaises conditions climatiques fassent grimper le prix du foin. Les coûts de production du lait augmentent pour les agriculteurs ; quel que soit le prix du marché, ils vont donc produire moins de lait. La courbe de l'offre se déplacera vers la gauche de O_1 à O_2, comme le montre la **figure 2.7**.

Offre et demande
iconomix.ch/fr/modules/v07

Figure 2.7
Déplacement du point d'équilibre

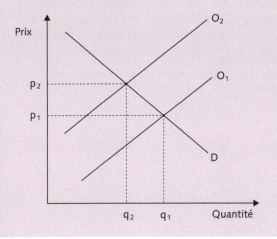

Lorsque la courbe de l'offre O_1 se décale en O_2, par exemple parce que les ressources sont devenues plus coûteuses, un nouvel équilibre s'établit : au départ, le point d'équilibre correspond au prix p_1 et à la quantité q_1. Une fois que la courbe de l'offre s'est déplacée, les producteurs proposent une quantité inférieure à q_1 pour un prix p_1. Les demandeurs qui ont une propension à payer plus importante réagissent à cette raréfaction en proposant un prix plus élevé. Il en découle une incitation pour les producteurs à accroître l'offre, et ce jusqu'à ce que le nouvel équilibre s'établisse au prix p_2 et à la quantité q_2.

Comment parvient-on au nouvel équilibre ? En raison de l'augmentation de leurs coûts, les agriculteurs ne sont plus prêts à offrir la quantité de lait q_1 que les consommateurs demandent au prix p_1. Il en résulte un excédent de demande. Les consommateurs qui ont une propension à payer plus élevée réagissent à la raréfaction de l'offre de lait en proposant un prix supérieur aux agriculteurs. Si le prix passe au-dessus de p_1, les agriculteurs sont à nouveau prêts à produire un peu plus de lait ; les producteurs qui ont des coûts légèrement supérieurs aux autres sont incités à entrer sur le marché. Ce processus se poursuit jusqu'à ce que l'offre corresponde à la demande : au prix p_2, les consommateurs demandent une quantité inférieure q_2. Le recul de l'offre induit ainsi un nouvel équilibre auquel une quantité plus faible est vendue à un prix plus élevé. En cas d'augmentation de l'offre, c'est l'inverse qui se produit : une quantité plus importante est vendue à un prix plus bas.

Concurrence parfaite

Ces interactions entre l'offre et la demande reposent sur un postulat, celui d'une concurrence parfaite, c'est-à-dire sans entraves. Les conditions sont les suivantes :

- les biens sont homogènes sur le marché considéré, c'est-à-dire qu'ils sont perçus comme identiques, totalement substituables ;
- le nombre d'offreurs et de demandeurs est si élevé que le comportement d'un seul ne peut pas influencer le prix. On parle d'atomicité ;
- l'accès au marché est libre et les offreurs ne peuvent empêcher de nouveaux concurrents de s'y établir ;
- les acteurs du marché sont parfaitement informés de son évolution.

À voir ces conditions, on pourrait penser qu'un marché en situation de concurrence parfaite n'existe que dans les manuels.

S'il est effectivement rare que ces conditions soient entièrement remplies, elles le sont généralement suffisamment. Ainsi, même sur un marché où les biens ne sont pas entièrement homogènes, où le nombre d'acteurs est restreint, auquel il est difficile d'accéder et où l'information n'est pas parfaite, l'échange est si avantageux que l'offre et la demande se rencontreront à plus ou moins long terme quasiment de la même manière qu'en situation de concurrence parfaite. Toutes les conditions n'étant pas remplies, le marché ne présentera simplement pas tous les avantages qu'il présenterait en cas de concurrence parfaite. Cela dit, même là, les avantages existent et ils sont bien réels : les expériences d'économie planifiée dans l'ancien bloc d'Europe de l'Est ont démontré à quel point il était difficile de dompter les forces du marché. Les individus réagissaient eux aussi aux signes de rareté. Chaque fois que c'était possible, des « marchés » se créaient pour permettre des échanges profitant à l'offreur et au demandeur.

→ **Concurrence parfaite**
Situation d'un marché dans laquelle ni les producteurs ni les consommateurs n'ont suffisamment de pouvoir de marché pour influer sur les prix.

→ **Biens homogènes**
Biens dont la qualité est la même et qui sont totalement substituables.

2.4.3 L'élasticité

La variation de la quantité échangée au point d'équilibre après déplacement de la courbe de l'offre ou de la demande dépend, pour le dire de manière simplifiée, de la pente de la courbe. Celle-ci dépend à son tour de l'élasticité, concept fondamental de l'analyse microéconomique que nous expliquons dans cette section. Nous considérons sa principale application, l'élasticité-prix de la demande. Celle-ci indique à quel point la quantité demandée réagit lorsque le prix varie.

→ **Élasticité**
Indicateur de la réaction d'une variable aux fluctuations d'une autre variable économique.

Décisions individuelles, marché et économie globale

Figure 2.8
Effets d'une variation de l'offre selon l'élasticité de la demande

Demande inélastique

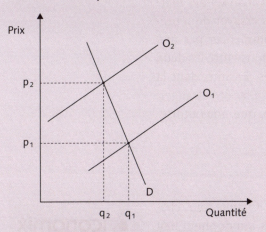

Lorsque la demande est très inélastique, la quantité réagit relativement faiblement au déplacement de la courbe de l'offre d'O_1 en O_2. Elle baisse de q_1 à q_2.

Demande élastique

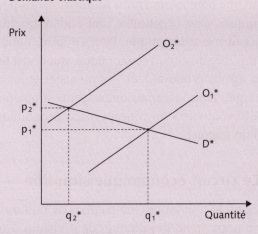

Lorsque la demande est très élastique, la quantité réagit relativement fortement au déplacement de la courbe de l'offre d'O_1^* en O_2^*. Elle baisse de q_1^* à q_2^*.

La **figure 2.8** présente deux graphiques qui ne se distinguent que par l'élasticité de la demande. Dans les deux cas, la courbe de l'offre suit exactement la même trajectoire.

Le graphique de gauche représente une demande très inélastique. Le déplacement de la courbe de l'offre d'O_1 en O_2 entraîne une forte augmentation du prix de p_1 à p_2. Il ne se traduit que par une faible réduction de la demande de q_1 à q_2. La demande de cigarettes est un bon exemple : il faut une augmentation de prix marquée pour qu'un gros fumeur commence à réduire sa consommation.

Le graphique de droite représente quant à lui une demande extrêmement élastique. Même une petite augmentation de prix de p_1^* à p_2^* – causée par le déplacement de la courbe de l'offre d'O_1^* en O_2^* – a des effets sensibles sur la quantité demandée, qui baisse de q_1^* à q_2^*. C'est généralement ce qui arrive pour des biens qui peuvent aisément être remplacés par d'autres. Ainsi, lorsque le prix d'une seule marque de cigarettes augmente, même faiblement, la quantité demandée baisse nettement, car les fumeurs peuvent facilement opter pour une autre marque.

La question de l'élasticité de la demande se pose toujours pour les économistes qui doivent prévoir l'effet d'une augmentation de prix sur la quantité demandée.

2.5 L'économie globale

Maintenant que nous avons étudié les instruments permettant d'analyser des marchés spécifiques, c'est l'économie tout entière que nous allons essayer de représenter sous forme schématique. Pour ce faire, nous allons commencer par une version simplifiée du circuit économique, qui décrit les interactions entre les deux principaux agents économiques : les ménages et les entreprises. Ensuite, dans la version élargie, nous inclurons deux agents supplémentaires : l'État et l'étranger. Enfin, nous évoquerons un concept macroéconomique simple, que nous utiliserons au fil du manuel.

2.5.1 Le circuit économique simplifié

L'économie est le résultat des interactions de millions d'agents. Chaque jour, chacun d'entre nous prend des dizaines de décisions économiques qui donnent lieu à des transactions avec d'autres agents économiques. Ces décisions vont du plat que nous allons choisir ou du livre que nous allons acheter aux menus que le restaurateur va proposer ou aux romans que le libraire va placer dans sa devanture.

Circuit économique
iconomix.ch/fr/modules/v10

Si nous voulons analyser l'économie de manière globale, nous ne pouvons pas nous attarder sur chacune de ces décisions individuelles ni essayer de les expliquer. Ce serait un travail de titan. Nous pouvons par contre identifier des modèles simples pour décrire le comportement typique du restaurateur et de son client et leurs interactions. L'idée est d'observer les marchés importants, d'essayer de délimiter des groupes cohérents d'agents économiques et de décrire leurs interactions de manière à mieux comprendre les processus à la base de ce nombre infini de décisions économiques.

Au cœur de l'analyse économique, deux acteurs se partagent le rôle principal : les ménages et les entreprises. En règle générale, les ménages demandent des biens, tandis que les entreprises en proposent. La **figure 2.9** nous permet de visualiser ces flux.

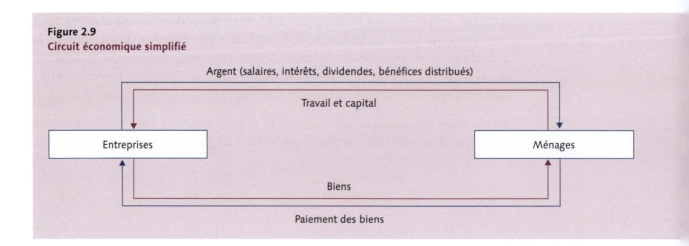

Figure 2.9
Circuit économique simplifié

Décisions individuelles, marché et économie globale 2

Les entreprises produisent des biens et les vendent aux ménages. L'échange doit profiter aux deux parties pour qu'elles acceptent d'y participer. Dans la figure, nous voyons que les flux vont dans les deux sens. Par exemple, le flux de biens (ou flux physique ; en rouge) va des entreprises aux ménages, tandis que le flux d'argent (ou flux monétaire ; en bleu) va des ménages aux entreprises. Pour prendre un exemple concret : le client obtient un repas de la part du restaurateur (flux physique) et lui paie en retour le prix de ce repas (flux monétaire).

Mais ces flux ne représentent qu'une partie des échanges entre les ménages et les entreprises. Car les entreprises ont besoin de ressources, appelées facteurs de production, pour produire. Ces ressources, c'est-à-dire le travail et le capital, leur sont fournies par les ménages. Dans ce second type d'échange, on se retrouve dans la situation inverse de l'échange de biens : les ménages possèdent quelque chose qu'ils vendent aux entreprises. Les premiers sont les offreurs, les seconds les demandeurs. Le flux monétaire (en bleu) va des entreprises aux ménages, tandis que le flux de ressources (en rouge) va des ménages aux entreprises. Concrètement, le restaurateur bénéficie du travail de son cuisinier (flux de ressources) et lui paie un salaire en contrepartie (flux monétaire).

→ **Facteurs de production**
Éléments matériels et immatériels nécessaires à la fabrication d'un bien.

Les relations économiques entre les ménages et les entreprises ne sont pas directes ; elles s'établissent en général par l'intermédiaire de marchés, tels que nous les avons décrits plus haut dans ce chapitre. Les marchandises et les services s'échangent sur les marchés des biens. Les facteurs de production s'échangent sur les marchés dédiés : le facteur de production « travail » sur le marché du travail et le facteur de production « capital », sous la forme de prêts, sur le marché des capitaux.

2.5.2 Le circuit économique élargi

Le circuit économique simplifié, qui représente les interactions entre les ménages et les entreprises, permet d'illustrer un nombre considérable des principales transactions économiques. Pour procéder à une analyse économique globale, il est cependant utile d'ajouter deux agents économiques : l'État, qui joue un rôle important du fait de ses transactions avec les ménages et les entreprises, et l'étranger, avec lequel les échanges des ménages et des entreprises sont particulièrement importants pour un petit pays ouvert sur le monde comme la Suisse.

La **figure 2.10** représente le circuit économique élargi. Par souci de clarté, seuls les flux monétaires apparaissent. En réalité, à chaque flux monétaire correspond un flux réel sous forme de biens ou de facteurs de production.

Les transactions avec l'État et l'étranger viennent donc s'ajouter aux interactions entre ménages et entreprises représentées dans le circuit économique simplifié. Prenons tout d'abord l'État. Il se finance à travers les impôts qu'il perçoit auprès des ménages et des entreprises. Il utilise ces fonds d'une part pour acheter des biens aux entreprises (des ordinateurs pour les élèves, p. ex.) et d'autre part pour payer les ménages qui mettent du travail ou des capitaux à sa disposition (le salaire de votre professeur d'économie, p. ex.). Par ailleurs, l'État verse à certains ménages des prestations sans contrepartie, les retraites par exemple, que l'on appelle transferts.

→ **Transfert**
Revenu, provenant le plus souvent de l'État, versé sans contrepartie directe.

L'économie globale

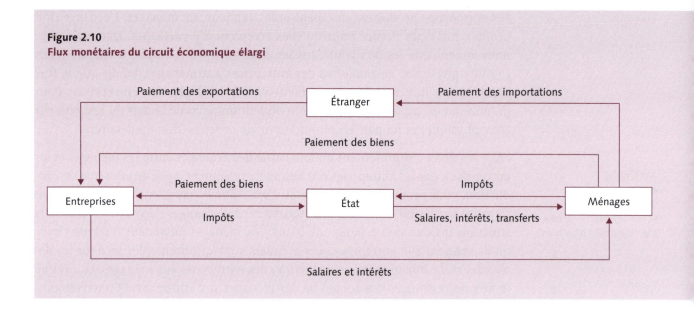

Figure 2.10
Flux monétaires du circuit économique élargi

Quand on étudie l'économie, on étudie principalement l'économie d'un État. Or tous les acteurs importants ne se trouvent pas dans l'État considéré – il y a aussi des échanges internationaux – raison pour laquelle l'analyse élargie du circuit économique fait intervenir un quatrième agent économique : l'étranger. D'une part, les entreprises vendent une partie de leurs biens à l'étranger et reçoivent en retour des paiements pour ces exportations. D'autre part, les ménages achètent des biens étrangers en plus des biens nationaux, ce qui donne lieu à une demande d'importations. Il y a dès lors un flux monétaire des ménages vers l'étranger.

Le concept de circuit économique nous a permis de représenter schématiquement les principaux échanges qui interviennent dans une économie. Comme pour tout modèle, il s'agit d'une forte simplification de la réalité. On pourrait y ajouter une série d'autres flux : l'État importe lui aussi des biens depuis l'étranger et les entreprises achètent de nombreux biens à d'autres entreprises. On pourrait aussi ajouter les banques, qui reçoivent les économies des ménages et les prêtent aux entreprises. Mais toute précision supplémentaire rend la chose plus complexe. Le passage du circuit économique simplifié au circuit économique élargi rend déjà le schéma plus difficile à comprendre. Si l'on voulait inclure tous les flux monétaires imaginables ou procéder à une différenciation plus poussée des agents, le schéma ne remplirait plus sa fonction, qui est de représenter la réalité sous une forme simplifiée. Un modèle réellement complet serait à peu près aussi utile qu'une carte à l'échelle 1:1. La simplification doit permettre de visualiser les principaux agents et flux monétaires. Le circuit économique élargi ci-dessus répond à cette exigence.

2.5.3 Offre et demande en macroéconomie

Les notions d'offre et de demande – approfondies à la section 4.2 – sont également usitées en macroéconomie. Dans ce cas, elles ne sont pas appliquées à des biens spécifiques, mais à tous les biens d'une économie. C'est pour cela que l'on

Décisions individuelles, marché et économie globale

→ **Demande économique globale**
Ensemble des biens achetés durant une certaine période.

→ **Offre économique globale**
Ensemble des biens produits durant une certaine période.

→ **Technologie**
Connaissances quant aux possibilités de combiner le travail, le capital, le sol et les ressources naturelles pour produire un bien.

→ **Dépenses publiques**
Dépenses de consommation et d'investissement de l'État.

parle de demande économique globale et d'offre économique globale. Même si les mots sont semblables, les deux notions revêtent une signification différente en macroéconomie. Alors que la microéconomie analyse la relation entre le prix et la quantité de certains biens – supposé que, à part le prix, tous les facteurs d'influence (revenus, prix d'autres biens…) sont constants – la macroéconomie, elle, considère simultanément la globalité du marché en incluant tous les facteurs d'influence.

Considérons d'abord le point de vue de l'offre. Dans une économie, l'offre globale est la quantité de biens produits pendant une période définie. Cette offre est déterminée par l'équipement en facteurs de production et subdivisée en catégories : travail, capital, technologie, sols et ressources naturelles. La technologie étant la capacité de l'humain à combiner le travail, le capital, le sol et les ressources naturelles.

Voyons à présent le point de vue de la demande en macroéconomie. La demande globale est la quantité de biens achetés durant une certaine période. Nous distinguons quatre groupes d'acheteurs :
- Les consommatrices et consommateurs qui acquièrent des biens de consommation ;
- Les entreprises qui demandent avant tout des biens d'investissement ;
- L'État qui, par ses dépenses publiques, acquiert tant des biens de consommation que d'investissement ;
- L'étranger qui achète des biens d'exportation.

Du côté de l'offre, c'est la disponibilité des facteurs de production qui détermine *ce* qui est produit globalement, ainsi que la *quantité* de biens produits (optique de la production du PIB). Du côté de la demande, ce sont les comportements des consommatrices et consommateurs, des entreprises, de l'État et de l'étranger qui déterminent où iront les biens produits (optique des revenus du PIB). La **figure 2.11** schématise ces deux versants.

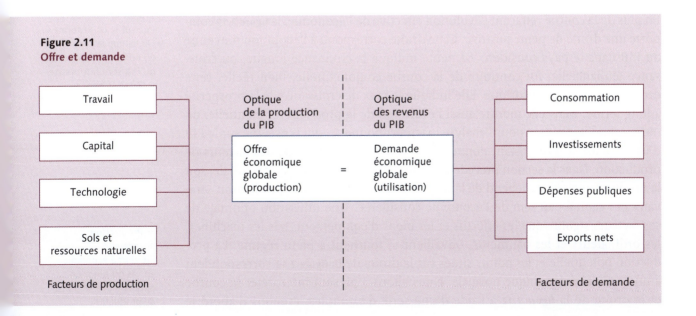

Figure 2.11
Offre et demande

La demande globale d'un pays ne traite pas des exportations, mais spécifiquement des exportations nettes, recouvrant l'ensemble des exportations déduit de l'ensemble des importations. La raison est que la demande interne détermine l'utilisation des facteurs nationaux de production. Néanmoins, tous les groupes d'acheteurs acquièrent également des biens à l'étranger (la Suisse importe par exemple des ananas à titre de biens de consommation et des avions de ligne comme biens d'investissement). Ainsi, pour déterminer la demande qui sera pertinente au niveau macroéconomique (globale), c'est-à-dire la demande nationale de biens nationaux, on retire les importations des exportations pour obtenir les exportations nettes. Du point de vue macroéconomique, le PIB réel se compose ainsi :

PIB réel d'un pays = consommation + investissements + dépenses publiques + exportations nettes

2.5.4 Un concept macroéconomique simple

Croissance et conjoncture traitent du même objet : la modification du PIB dans le temps. En langage courant, le mot « croissance » regroupe souvent les deux significations. Mais si l'on souhaite comprendre le développement du PIB et, surtout, analyser les effets des décisions politiques conjoncturelles sur le PIB, alors la distinction entre « croissance » et « conjoncture » devient essentielle. La croissance rend compte du développement du PIB à long terme, alors que la conjoncture relève du court terme. Et les facteurs qui influencent le développement du PIB à long terme sont tout autre que ceux qui influencent son développement à court terme. Nous allons comprendre ces différences à l'aide d'un schéma simplifié. Ce schéma macro sera présenté à chaque fois que nous évoquerons les phénomènes macroéconomiques (globaux à l'échelle d'un pays).

La courbe rouge de la **figure 2.12** montre l'évolution modélisée du PIB au fil du temps. Elle est modélisée, car la croissance du PIB réel ne présente jamais des fluctuations aussi régulières. Ce qu'il faut retenir, c'est que le taux de croissance du PIB varie fortement au fil du temps. Des périodes de croissance forte succèdent à des périodes de croissance lente, voire négative. Ces fluctuations rapides du PIB représentent ce qu'on appelle la conjoncture.

En plus de la courbe retraçant l'évolution effective de l'économie, la **figure 2.12** comporte une droite de pente positive. Cette droite correspond à l'évolution moyenne du PIB dans le pays considéré. Sa pente indique la croissance longue, ou croissance tendancielle. Au contraire de la courbe conjoncturelle, bien réelle, cette droite est purement théorique. Elle indique le taux de croissance de la prospérité à long terme. Mais elle montre aussi l'évolution de la production potentielle, un indicateur déterminant pour l'analyse macroéconomique, qui renseigne sur le PIB d'une économie à un instant donné en cas d'utilisation optimale des facteurs de production. Dans la section précédente, nous avons appris que l'offre globale, soit la production globale, dépend de la disponibilité des facteurs de production « travail » et « capital » au sein de l'économie considérée. Une utilisation optimale de ces facteurs signifie que les effectifs et les biens d'équipement, tels les machines, les ordinateurs et les bâtiments, travaillent et tournent à plein régime. La production potentielle et les points situés sur la droite de la **figure 2.12** correspondent à une activité économique normale. Nous allons à présent interpréter la courbe et la droite de la **figure 2.12** à l'aide d'une série d'exemples. Prenons d'abord le

→ **Croissance**
Évolution à long terme de l'économie d'un pays mesurée au moyen de la variation de son PIB réel.

→ **Conjoncture**
Évolution d'une économie sur le court terme. On estime la conjoncture en observant l'évolution du PIB sur un trimestre ou sur une année.

→ **Production potentielle**
PIB d'une économie en cas d'utilisation optimale des facteurs de production.

Décisions individuelles, marché et économie globale

Figure 2.12
Schéma macroéconomique: tendance de croissance et évolution de la conjoncture

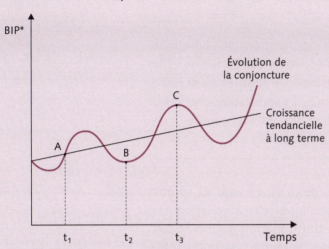

L'évolution de la conjoncture est faite de fluctuations. L'économie peut par exemple faire temporairement une utilisation beaucoup trop faible des facteurs de production, avec pour conséquence l'augmentation du chômage. Mais c'est la croissance tendancielle à long terme qui détermine la prospérité d'un pays. Elle correspond à la croissance de la production potentielle en cas d'utilisation optimale des facteurs de production. C'est en fait la croissance moyenne d'une économie.

* Le PIB est exprimé de manière logarithmique afin que la croissance tendancielle à long terme corresponde à la croissance moyenne du PIB.

→ **Récession**
Période pendant laquelle les facteurs de production sont insuffisamment exploités. Le revenu réel baisse et le chômage augmente.

→ **Haute conjoncture**
Situation économique générale dans laquelle les facteurs de production sont fortement exploités en raison d'une forte demande. On parle aussi de boom économique.

moment t_1 où la courbe et la droite se recoupent. À ce moment-là, le PIB effectif correspond à celui que l'on peut réaliser en exploitant pleinement le potentiel de production. Dans ce cas, on dit que la conjoncture est équilibrée. Prenons ensuite le moment t_2; le PIB effectif (point B sur la courbe) est bien en dessous du PIB potentiel. En pareille situation, l'économie n'utilise pas la totalité des ressources disponibles, le chômage est élevé et il y a des biens d'équipement inutilisés, par exemple des usines vides. Au moment t_2, la conjoncture est mauvaise et l'économie est en récession. Voyons enfin le moment t_3: le PIB effectif (point C) y est supérieur au PIB potentiel. Il y a une surutilisation des ressources, les travailleurs font des heures supplémentaires et les machines tournent jour et nuit. Le moment t_3 correspond à une période de haute conjoncture. En résumé, la **figure 2.12** nous montre la croissance tendancielle (pente de la droite) et les fluctuations conjoncturelles (courbe). La relation entre la courbe et la droite nous permet de déterminer la situation conjoncturelle à un moment donné.

Au chapitre 4, nous expliquerons ce qui se cache derrière les deux éléments de la **figure 2.12**. Nous ferons plus explicitement la différence entre croissance tendancielle (ligne droite) et évolution conjoncturelle (courbe)

L'économie globale

RÉSUMÉ FONDÉ SUR LES OBJECTIFS D'APPRENTISSAGE

1. Rareté, coûts d'opportunité et prix

Le problème de la rareté des ressources et des réactions qu'elle suscite chez les individus est au cœur de l'analyse économique. Du fait de cette rareté, chaque action a ses coûts d'opportunité. Ce sont les coûts liés à la non-réalisation d'une autre action. Les coûts d'opportunité se reflètent dans le prix. Les variations de prix sont autant d'incitations pour les individus à modifier leur comportement.

2. Courbe de la demande

La demande d'un bien croît lorsque le prix de ce bien baisse. La courbe de la demande représente sous forme graphique cette corrélation négative entre prix et quantité demandée. Une variation du prix induit un déplacement sur la courbe de la demande, tandis que toute autre variation d'un facteur déterminant de la quantité demandée (comme le revenu ou le prix de biens semblables) entraîne le déplacement de toute la courbe.

3. Courbe de l'offre

L'offre d'un bien croît lorsque le prix de ce bien augmente. La courbe de l'offre représente sous forme graphique cette corrélation positive entre prix et quantité demandée. Une variation du prix induit un déplacement sur la courbe de l'offre, tandis que toute autre variation d'un facteur déterminant de la quantité offerte (comme les coûts de production ou le nombre d'offreurs) entraîne le déplacement de toute la courbe.

4. Marché

La représentation sur un seul et même graphique de la courbe de la demande et de la courbe de l'offre permet de modéliser le marché d'un bien. La quantité offerte et la quantité demandée sont identiques à l'intersection des deux courbes; un prix d'équilibre s'établit.

5. Élasticité

L'ampleur de la variation du point d'équilibre après déplacement de la courbe de l'offre dépend de l'élasticité de la demande à la variation du prix. Plus la demande est élastique (moins la courbe de la demande est pentue), plus la quantité demandée réagit fortement en cas de variation du prix. Lorsque c'est la courbe de la demande qui se déplace, c'est l'élasticité de l'offre à la variation du prix qui détermine l'ampleur de la variation du point d'équilibre sur le marché.

Décisions individuelles, marché et économie globale

6 Circuits économiques

Les circuits économiques schématisent l'économie. Dans le circuit économique simplifié, les ménages demandent des biens et offrent leur force de travail et leurs capitaux. Les entreprises, à l'inverse, proposent des biens et sont demandeuses de travail et de capital. Dans une analyse approfondie, on ajoute deux agents économiques : l'État et l'étranger. La prise en compte de ces agents et de leurs interactions avec les ménages et les entreprises transforme le circuit économique simplifié en circuit économique élargi.

7 Concept d'analyse macroéconomique

Le concept d'analyse macroéconomique simple permet d'appréhender graphiquement l'évolution de l'économie dans le temps. Une ligne droite de pente positive montre l'évolution à long terme du PIB. Cette croissance tendancielle mesure le développement de la quantité de biens produits (offre économique globale). Le PIB réel varie autour de cette ligne droite, influencé par la disposition des agents d'acquérir les biens produits (demande économique globale).

Décisions individuelles, marché et économie globale

NOTIONS FONDAMENTALES

Besoin →**36**	Division du travail →**47**
Marchandise →**36**	Équilibre →**48**
Service →**36**	Équilibre de marché →**48**
Coût d'opportunité →**36**	Excédent d'offre →**48**
Décision marginale →**37**	Excédent de demande →**48**
Incitation →**37**	Concurrence parfaite →**50**
Utilité →**39**	Biens homogènes →**50**
Propension à payer →**39**	Élasticité →**50**
Utilité marginale →**39**	Facteurs de production →**53**
Loi de l'utilité marginale décroissante →**39**	Transfert →**53**
Loi de la demande →**41**	Demande économique globale →**55**
Courbe de la demande →**41**	Offre économique globale →**55**
Bien de substitution →**42**	Technologie →**55**
Biens complémentaires →**42**	Dépenses publiques →**55**
Préférence →**42**	Croissance →**56**
Courbe de l'offre →**45**	Conjoncture →**56**
Production de substitution →**46**	Production potentielle →**56**
Agent économique →**47**	Récession →**57**
	Haute conjoncture →**57**

Décisions individuelles, marché et économie globale

QUESTIONS DE RÉVISION DU CHAPITRE 2

1 Expliquez pourquoi l'expression « Le temps, c'est de l'argent » a tout son sens en économie. Utilisez la notion correspondante.

2 a) Que postule la loi de l'utilité marginale décroissante ? Expliquez.
b) Un avocat gagnant bien sa vie lance une pièce de cinq francs dans le chapeau d'un musicien de rue. Bien qu'il ne s'agisse que d'un transfert d'argent d'une personne à une autre, celui-ci peut être de nature à accroître l'utilité dans son ensemble. Expliquez pourquoi.

3 La récolte de pommes a été mauvaise et leur prix a fortement augmenté. En conséquence, la quantité demandée a nettement diminué.
a) La situation évoquée entraîne-t-elle le déplacement de la courbe de la demande dans son ensemble ou un déplacement sur cette courbe ?
b) Illustrez ces changements par un graphique mettant en relation le prix et la quantité et décrivez étape par étape le passage de l'ancien équilibre au nouveau.

4 Énumérez les principaux facteurs qui peuvent entraîner un déplacement de la courbe de la demande et ceux qui peuvent entraîner un déplacement de la courbe de l'offre.

5 Prenons un marché sur lequel le prix du marché est inférieur au prix d'équilibre.
a) Quelle notion utilise-t-on pour désigner une telle situation ?
b) Pourquoi une telle situation ne peut perdurer ? Décrivez les étapes qui conduisent au rétablissement du prix d'équilibre sur le marché.

6 Le concept d'élasticité est central en microéconomie. Citez quelques facteurs influençant l'élasticité de la courbe de la demande.

7 Dans le circuit économique, les transactions entre agents interviennent en général sur des marchés (marchés des biens, des capitaux ou du travail). Indiquez, pour chacun des flux monétaires représentés dans le circuit économique élargi, sur lequel des marchés précités les transactions ont lieu.

L'économie de marché et le rôle de l'État

« Ce n'est pas de la bonne volonté du boucher, du brasseur ou du boulanger que nous devons attendre notre dîner, mais du fait qu'ils recherchent leur propre intérêt. [...] L'individu ne pense qu'à sa propre sécurité et à son propre intérêt. Mais en cherchant à atteindre son propre objectif, il est conduit par une main invisible à en atteindre un autre qui n'entrait nullement dans ses intentions. C'est-à-dire qu'en ne recherchant que son intérêt personnel, il travaille souvent aussi dans l'intérêt de la société, et d'une manière bien plus efficace que s'il en avait vraiment eu l'intention. »

Adam Smith, économiste et philosophe écossais (1723-1790)

3.1	Systèmes économiques : économie de marché ou économie planifiée ?	66
3.2	Prix et efficience	68
3.3	Le rôle de l'État dans une économie de marché	74
3.4	Externalités et politique environnementale	79
3.5	Répartition des revenus et redistribution	83
3.6	La politique économique	87

Valais : la Foire du Valais à Martigny dure environ dix jours entre la fin du mois de septembre et le début du mois d'octobre. Cet événement annuel permet aux offreurs de rencontrer personnellement les demandeurs, dans un cadre fixé par les organisateurs et selon des règles établies par l'État.

OBJECTIFS D'APPRENTISSAGE

Après avoir lu ce chapitre, vous devriez pouvoir :

1	exposer la différence entre une économie de marché et une économie planifiée ;
2	expliquer pourquoi les prix jouent un rôle essentiel dans une économie de marché et décrire le principe de la « main invisible » ;
3	indiquer pourquoi, sur un marché efficient, toute intervention sur les prix a pour effet de réduire la prospérité ;
4	présenter les trois fonctions centrales de l'État qui permettent de garantir l'efficience d'une économie de marché ;
5	citer les principaux objectifs de la politique économique ;
6	expliquer pourquoi les décideurs publics défendent aussi leurs intérêts personnels et comment cette réalité peut déboucher sur une défaillance de l'État en matière de politique économique ;
7	expliquer en quoi un monopole constitue une défaillance du marché, quel rôle jouent à cet égard les obstacles entravant l'accès au marché et ce qu'est une politique de la concurrence ;
8	décrire le fonctionnement de la politique de la concurrence actuelle de la Suisse ;
9	analyser la défaillance du marché due aux effets externes en prenant l'exemple de la pollution et citer les principaux instruments de politique environnementale ;
10	présenter les défis auxquels la politique mondiale de l'environnement est confrontée.

3 L'économie de marché et le rôle de l'État

S'il fallait inventer un système économique à même d'assurer un niveau de vie aussi élevé que possible, il y a peu de chances que l'on pense à l'économie de marché : un système dans lequel les entreprises et les individus agissent avant tout dans leur propre intérêt et où les échanges se déroulent sur des marchés anonymes ; un système dans lequel personne n'est chargé de coordonner les millions de décisions prises chaque jour. Comment cela pourrait-il bien fonctionner ?

Si Adam Smith est considéré comme le père de l'économie moderne, c'est parce qu'il a été le premier, à la fin du 18e siècle, à expliquer de manière convaincante pourquoi ce système apparemment chaotique était le mieux à même d'orchestrer efficacement l'incroyable complexité d'une économie fondée sur la division du travail. Dirigés par une « main invisible » – pour reprendre son image – les prix guident l'utilisation de ressources limitées de manière à ce que les décisions prises par les individus dans leur propre intérêt servent efficacement le bien-être économique général. Pour comprendre comment cela peut marcher, il est nécessaire de comprendre les mécanismes fondamentaux à l'œuvre derrière cette « main invisible » dans une économie de marché reposant sur la division du travail.

Ce chapitre est structuré de la manière suivante :

La **section 3.1** explique les grandes différences entre économie de marché et économie planifiée.

La **section 3.2** analyse le rôle décisif joué par les prix et met en évidence le coût des interventions sur les prix dans des marchés efficients.

La **section 3.3** explique le rôle que l'État doit jouer pour que l'économie de marché fonctionne de manière efficiente ; elle précise également les cas où une intervention étatique peut corriger une défaillance du marché et en améliorer le fonctionnement.

La **section 3.4** analyse les externalités, un deuxième type de défaillance du marché, qui joue un rôle important dans les questions environnementales. Nous verrons là aussi comment une intervention de politique économique peut améliorer la situation.

La **section 3.5** discute la répartition de la richesse, question qui est au centre de nombreuses interventions économique étatiques.

La **section 3.6** évoque le risque d'une défaillance de l'État lors d'interventions de politique économique, un risque qui se réalise surtout lorsque des intérêts particuliers sont en jeu.

3.1 Systèmes économiques : économie de marché ou économie planifiée ?

Pour identifier les conditions de la prospérité d'une société, nous devons nous demander comment se coordonnent les innombrables décisions des individus. Comment une économie doit-elle être organisée pour que les décisions individuelles se rejoignent et qu'en fin de compte les ressources limitées soient utilisées avec efficience ? La question du système économique idéal fait l'objet de grandes discussions jusqu'à la fin des années 1960 : il s'agit en particulier de savoir si c'est, l'économie de marché ou l'économie planifiée qui génère la plus grande prospérité. L'effondrement économique de l'Union soviétique à la fin des années 1980 apportera une réponse claire à cette question, réponse connue depuis longtemps de la plupart des économistes. On sait aujourd'hui que pour maîtriser la complexité d'une organisation économique fondée sur la division du travail et inciter ses acteurs à utiliser le mieux possible des moyens par nature limités, mieux vaut miser sur le libre fonctionnement du marché que sur un contrôle centralisé. Mais attention : l'État joue également un rôle important dans la plupart des économies de marché, en particulier dans la répartition des revenus. C'est pourquoi on parle aussi souvent d'économie sociale de marché. L'essentiel est toutefois qu'en dépit des diverses interventions de l'État, le système reste clairement celui d'une économie de marché, où l'utilisation des ressources ne fait pas l'objet d'une planification centralisée.

Une économie planifiée est une organisation dans laquelle les processus économiques sont contrôlés de manière centralisée. Deux éléments la caractérisent : premièrement, les ressources appartiennent à l'État et donc à la collectivité ; deuxièmement, c'est une autorité centrale de planification qui décide de leur utilisation. L'État détermine qui produit quoi, en quelle quantité et pour qui.

En comparaison, une économie de marché peut sembler désordonnée : la plupart des moyens n'appartiennent pas à l'État ou à la collectivité, mais aux individus, et il n'y a pas de gestion centralisée de l'utilisation des ressources. Les individus et les entreprises décident eux-mêmes comment ils entendent engager leurs moyens. Ils sont guidés en cela par les prix, qui reflètent la rareté relative des biens.

→ **Économie de marché**
Système économique dans lequel les décisions de production et de consommation sont prises de manière décentralisée et influencées par les prix formés sur des marchés.

→ **Économie planifiée**
Système économique dans lequel c'est une autorité centrale de planification qui prend les décisions relatives à la production et donc à la consommation de biens.

→ **Économie sociale de marché**
Système économique fondé sur l'économie de marché dans lequel l'État procède aux redistributions de revenus et de patrimoine relatives à la politique qu'il a définie. Le but est d'atténuer les différences sociales.

→ **Rareté relative**
Rareté d'un bien par rapport à la rareté d'autres biens.

La naissance de l'économie de marché : « J'aimerais avoir une pierre. » – « J'aimerais avoir un bâton. »

3 L'économie de marché et le rôle de l'État

L'homo œconomicus ou le rôle des intérêts individuels

Dans la discussion sur le comportement économique des consommateurs et des entreprises, il est souvent question de l'intérêt individuel qui conduit à telle ou telle action. On peut se demander si les sciences économiques n'ont pas une piètre image de l'être humain en postulant la recherche systématique de l'intérêt personnel. Mais l'homo œconomicus – comme on nomme souvent ce modèle – n'est que la représentation du comportement de l'individu moyen dans les situations du quotidien. Il est assez réaliste de considérer que personne n'agit systématiquement contre ses propres intérêts et que chacun cherchera plutôt à prendre les décisions qui lui sont favorables. Dans leur majorité, les individus ne sont ni des anges ni des démons : bien que guidés par leur intérêt personnel, ils adoptent un comportement conforme aux normes sociales. D'ailleurs, l'intérêt personnel profite souvent à d'autres personnes, car nous avons intérêt à ce que notre comportement se répercute favorablement sur le bien-être de notre famille ou de nos amis. Cette attitude ne peut être qualifiée d'égoïste au sens courant du terme, même si elle est le fruit de l'intérêt personnel.

L'homo œconomicus est donc simplement quelqu'un qui choisit parmi plusieurs options celle qui lui est la plus utile, au sens le plus large du terme. Dans l'analyse réelle des décisions, ce modèle se révèle la plupart du temps extrêmement pertinent.

→ **Homo œconomicus**
Paradigme comportemental des sciences économiques selon lequel l'individu est rationnel dans sa prise de décision et cherche à maximiser son propre profit/intérêt.

Au vu de cette brève description des deux systèmes, l'économie planifiée peut paraître la plus efficace. Une autorité centrale s'occupe en effet de coordonner les décisions dans le but d'accroître le bien-être général. Dans une économie de marché, en revanche, chacun décide pour lui-même et aucune instance centrale ne veille à une utilisation «raisonnable» des ressources.

C'est précisément dans le caractère décentralisé du système que réside la nette supériorité de l'économie de marché sur l'économie planifiée. Cela semble évident, quand on pense à l'extrême complexité d'une économie : des millions de décisions sont prises quotidiennement en fonction de l'offre et de la demande, de la rareté ou de l'abondance de biens ou de ressources. Une autorité de planification ne serait tout simplement pas capable de collecter et de traiter toutes ces informations et de réagir à temps et efficacement. Cette incapacité est à l'origine des erreurs de planification commises par les anciennes économies communistes d'Europe de l'Est, qui se sont traduites par des files d'attente devant des rayons vides. Au problème du traitement de l'information s'ajoutent les incitations auxquelles l'autorité de planification est elle-même soumise ainsi que la tentation de l'abus découlant d'une mainmise absolue sur les ressources collectives. De plus, la limitation drastique de la propriété privée n'incite guère à la performance : qui veut travailler dur en sachant que le fruit de ce travail ira à la collectivité? L'échec des économies planifiées d'Europe de l'Est a montré que le cumul de tous ces problèmes était insurmontable.

L'autre option est celle de l'économie de marché. Ici, pas d'optimisation par l'État : les individus poursuivent leur intérêt personnel et décident comment ils entendent tirer parti de leurs moyens limités. Mais comment fonctionne la coordination de toutes ces décisions individuelles en l'absence d'instance centrale? C'est à cette question fondamentale que nous allons consacrer la section suivante.

3.2 Prix et efficience

3.2.1 Le rôle central des prix

Voici plus de 200 ans, Adam Smith a présenté, dans son ouvrage sur la richesse des nations, l'image la plus connue de l'économie : celle de la « main invisible ». Dans son analyse du fonctionnement des économies de marché, il observe que chaque acteur économique – individu ou entreprise – agit d'abord dans son propre intérêt. Bien que ce comportement paraisse antisocial, Adam Smith démontre que c'est grâce à lui que la prospérité de l'économie globale, et donc de la collectivité, croît, comme sous l'effet d'une « main invisible ».

Quelle est donc cette force qui, dans une économie de marché, agit comme une « main invisible » ? Ce sont les prix, qui indiquent la rareté relative des biens et des ressources. Ils déterminent ce que l'on appelle la répartition des ressources, autrement dit la manière d'utiliser les moyens disponibles. Le facteur déterminant pour cette répartition n'est pas le prix absolu d'un bien particulier, mais le prix de ce bien par rapport aux prix d'autres biens. C'est pourquoi il est souvent question de prix relatifs.

Les prix indiquent deux choses : du côté de la demande, la valeur que les acheteurs attribuent à un bien et, du côté de l'offre, le coût de la production de ce bien. Comme nous l'avons vu à propos des courbes de l'offre et de la demande au chapitre 2, les prix fournissent aux consommateurs et aux entreprises des indications importantes et orientent ainsi leurs décisions.

Cette fonction d'orientation comprend quatre rôles distincts :

- Premièrement, les prix fournissent des informations sur la rareté : un prix relativement bas (comparé aux prix d'autres biens) indique que le bien est plutôt abondant.
- Deuxièmement, grâce à cette indication concernant la rareté des biens, les prix permettent une répartition efficace des ressources : les moyens sont engagés là où règne la plus grande rareté.
- Troisièmement, les prix ont une fonction de coordination : ils sont les garants de l'efficacité des échanges entre offreurs et demandeurs. Les prix coordonnent les décisions individuelles des offreurs et des demandeurs qui agissent indépendamment les uns des autres, au sens de la « main invisible » de Smith.
- Quatrièmement, les signaux de rareté donnés par les prix indiquent dans quels domaines l'innovation est intéressante et entraînent le progrès technique, lui-même facteur de croissance économique à long terme, comme nous allons le voir au chapitre 4.

Ces quatre rôles sont étroitement liés. Pour le comprendre, prenons un exemple.

Intéressons-nous à la flambée du prix du pétrole en 1973. Cette année-là, l'Organisation des pays exportateurs de pétrole (OPEP), avait décidé de limiter l'offre, entraînant une hausse aussi soudaine que massive du prix du baril. Ce qui s'est passé ensuite illustre de manière exemplaire la fonction d'orientation exercée par le prix.

→ **Prix**
Unité de mesure de la rareté d'un bien.

→ **Répartition des ressources**
Décision portant sur la manière d'utiliser des ressources limitées.

→ **Prix relatif**
Prix d'un bien par rapport aux prix d'autres biens.

→ **Innovation**
Invention ou amélioration d'un produit ou d'une méthode de production et sa pénétration du marché.

→ **OPEP**
Abréviation de l'Organisation des pays exportateurs de pétrole, cartel des principaux pays exportateurs de pétrole.

L'économie de marché et le rôle de l'État 3

Adam Smith

Adam Smith est considéré comme le père de l'économie moderne. En 1776, il publie un ouvrage qui aura une influence inégalée sur le monde économique. Dans ce traité intitulé *Recherches sur la nature et les causes de la richesse des nations*, il énonce avec une exceptionnelle clarté plusieurs grands principes économiques, même lorsqu'il ne fait que les esquisser.

Adam Smith naît en 1723 près d'Édimbourg. À 28 ans à peine, il obtient une chaire de logique à l'Université de Glasgow. Une décennie plus tard, il démissionne pour accompagner comme professeur un riche aristocrate écossais dans un périple de deux ans à travers l'Europe. Il reçoit ensuite une pension annuelle de 300 livres, qui lui offre l'indépendance financière nécessaire à la rédaction étalée sur dix ans de l'œuvre magistrale évoquée plus haut.

La question fondamentale de cet ouvrage se devine à son titre: pourquoi certains pays sont-ils plus riches que d'autres? En ce début du 18e siècle, les prémices de la révolution industrielle offrent à Adam Smith quantité d'exemples pour appuyer sa réflexion. Les secteurs du textile et du transport évoluent de manière spectaculaire grâce aux nouvelles technologies. Smith conclut de ses observations que l'augmentation de la prospérité repose sur deux facteurs clés: la fonction de coordination assurée par les marchés libres, et la division du travail. Il présente ces deux principes de manière particulièrement remarquable en recourant à l'image de la «main invisible» et en décrivant la spécialisation dans une fabrique d'aiguilles.

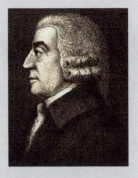

Face à des marchés trop restreints empêchant la division du travail donc la prospérité, Smith plaide pour l'ouverture des marchés. Il est donc hostile au protectionnisme.

→ **Protectionnisme**
Mesure de politique commerciale visant à protéger le producteur indigène de la concurrence étrangère.

→ **Signal-prix**
Information donnée par le biais du prix aux acteurs du marché quant à la rareté relative d'un bien.

Premièrement, la hausse du prix a agi comme un signal: elle a informé les acteurs du marché d'une raréfaction du pétrole sur le marché mondial. Ce signal a incité les demandeurs à modérer leur consommation de pétrole, dont le coût d'opportunité avait augmenté. Les individus ont été influencés dans leurs décisions de consommation, et les entreprises dans leurs décisions de production. Deuxièmement, cette raréfaction du pétrole a provoqué une nouvelle répartition des ressources, l'ancienne n'étant plus pertinente dans ce nouveau contexte. Les individus ont par exemple acheté des voitures plus petites et moins gourmandes en carburant, tandis que les entreprises ont cherché à rendre leur production plus économe. Troisièmement, en raison de la hausse des prix, les réactions individuelles et indépendantes des producteurs de pétrole, des fournisseurs d'énergies de substitution et des consommateurs ont été coordonnées efficacement par le jeu de cette fameuse «main invisible» sans qu'une autorité centrale de planification ait à intervenir. Quatrièmement, l'augmentation du prix du pétrole a provoqué un double élan d'innovation. D'une part, le regain d'intérêt pour les énergies de substitution a renforcé la recherche dans ce domaine. D'autre part, l'exploitation de nouveaux gisements pétroliers (notamment en mer du Nord), jusqu'ici trop coûteuse, est soudain devenue plus intéressante en raison de l'envol du prix du baril. La recherche de méthodes de production moins gourmandes en énergie a également été stimulée. Cet exemple souligne la portée du signal-prix.

Prix et efficience

Les conséquences de la hausse du prix du pétrole : « Veuillez patienter : forage en cours. »

Dans une économie de marché, c'est donc grâce aux prix que les ressources limitées sont utilisées de manière efficiente. En économie, l'efficience est la meilleure utilisation possible des ressources. Elle permet de produire plus d'un bien sans réduire la production d'un autre. La répartition des ressources est donc efficiente lorsque aucune ressource limitée n'est gaspillée. Nous allons maintenant nous intéresser à cette notion d'efficience, essentielle en économie.

→ **Efficience**
Situation dans laquelle il n'est pas possible, compte tenu des ressources disponibles, d'accroître la production d'un bien sans réduire la production d'un autre bien. Dans un autre sens, l'efficience est la situation dans laquelle le bien-être des agents économiques est maximisé.

Synthèse

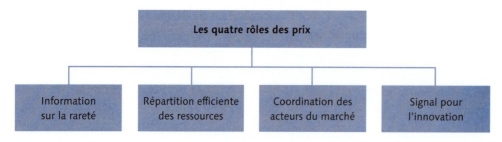

3

L'économie de marché et le rôle de l'État

3.2.2 Efficience et bien-être

Pour mesurer l'efficience des transactions d'un marché, on utilise les concepts de surplus du consommateur et de surplus du producteur. Il s'agit d'une interprétation du schéma de l'offre et de la demande, que nous allons expliquer à l'aide de la **figure 3.1**.

Prenons la courbe de la demande : nous pouvons aussi la considérer comme une représentation de ce que les différents consommateurs sont prêts à payer pour le bien visé – le lait dans notre exemple. Certains aiment particulièrement le lait. Ils sont donc prêts à payer un prix relativement élevé pour s'en procurer. D'autres en sont moins friands et le prix qu'ils acceptent de payer est inférieur. Mais en raison du fonctionnement du marché, le prix est le même pour tous, indépendamment de ce que chacun est disposé à débourser.

Le consommateur A serait prêt à payer le prix p_A pour le bien considéré. Au prix d'équilibre p^*, la différence entre p_A et p^* représente ce que l'on appelle le surplus du consommateur, autrement dit l'avantage que le consommateur A retire de la transaction. En additionnant les surplus individuels de tous les consommateurs, on obtient la surface orange. Cette surface correspond au surplus total des consommateurs (SC).

Le même raisonnement s'applique aux producteurs. Comme le montre la courbe de la demande, certaines entreprises seraient prêtes à vendre le bien considéré à un prix inférieur à celui du marché, de sorte qu'en le vendant au prix du marché, elles retirent un avantage appelé le surplus du producteur (SP). Le surplus du producteur est la différence entre le prix du marché et le prix (inférieur) auquel le producteur aurait été prêt à vendre son bien. Le producteur X serait par exemple déjà disposé à vendre au prix p_X. Lorsque le prix d'équilibre s'établit au point p^*, la différence entre p^* et p_X équivaut au surplus que le producteur X retire de la transaction. Le triangle bleu représente la somme des surplus individuels des producteurs.

→ **Surplus du consommateur**
Différence entre le prix que le consommateur est prêt à payer pour un bien et le prix qu'il paie effectivement pour celui-ci.

→ **Surplus du producteur**
Produit de la vente d'un bien pour le producteur après déduction des coûts d'achat ou de fabrication dudit bien.

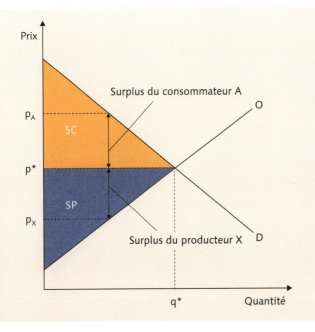

Figure 3.1
Les concepts de surplus du consommateur et de surplus du producteur

Certains consommateurs seraient prêts à payer plus cher que le prix du marché p^*. La différence entre le prix qu'ils seraient disposés à payer et le prix du marché est appelée le surplus du consommateur (SC). Côté producteurs, ceux qui seraient prêts à vendre un bien à un prix inférieur au prix du marché retirent un avantage que l'on nomme le surplus du producteur (SP).

Prix et efficience

La somme des surplus du consommateur et des surplus du producteur équivaut au bien-être économique global. C'est un indicateur de l'efficience d'un marché : les échanges réalisés sur un marché dégagent donc pour les consommateurs et pour les producteurs des surplus équivalant aux deux triangles de couleur. Sans échanges, on n'obtiendrait pas ce supplément de bien-être. On peut prouver l'efficience des prix non faussés par le fait que toute intervention artificielle dans ce mécanisme naturel réduit la somme des surplus du consommateur et des surplus du producteur, ce qui se traduit par une perte de bien-être. Que le prix fixé soit trop haut ou trop bas n'y change rien.

> → **Bien-être**
> Surplus total généré sur un marché. Il correspond à la somme des surplus du consommateur et des surplus du producteur, ainsi qu'au niveau d'approvisionnement économique d'un pays.

Analysons le cas d'un prix minimum à l'aide de la **figure 3.2**. L'État impose un prix minimum p_m pour un bien donné. Comment cela se répercute-t-il sur le bien-être économique global ? Au prix p_m (plus élevé), la demande de ce bien est inférieure, car les consommateurs disposés à le payer à ce prix ou même davantage sont moins nombreux. La demande porte désormais sur la quantité q_m et non plus sur la quantité q^* comme ce serait le cas sans intervention sur le prix. Le surplus du consommateur est ainsi réduit au petit triangle orange, alors que celui du producteur équivaut maintenant à la surface bleue. Un prix plus élevé est donc défavorable aux consommateurs, mais peut être avantageux pour les producteurs si leur surplus augmente du fait de cette intervention.

> → **Prix minimum**
> Valeur minimale d'un bien fixée par la loi. Le bien ne peut alors pas être proposé sur le marché à un prix inférieur.

Mais au final, le surplus total diminue, et avec lui le bien-être économique global. L'intervention sur le prix induit une perte de bien-être équivalant au petit triangle rose. Cette partie du surplus initial n'est pas redistribuée des consommateurs aux producteurs, elle est tout simplement perdue.

> → **Perte de bien-être**
> Diminution du bien-être due à une intervention sur le marché qui entraîne une distorsion des prix.

Sans intervention sur les prix, les offreurs et les demandeurs auraient été disposés à échanger une plus grande quantité du bien considéré. Le prix minimum limite donc les transactions profitables aux deux parties et réduit le bien-être économique global.

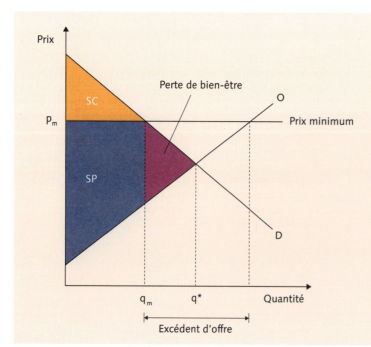

Figure 3.2
Effets d'un prix minimum sur le bien-être économique global

La fixation d'un prix minimum p_m cause une perte de bien-être équivalant à la surface rose. À ce prix maintenu artificiellement haut, la quantité offerte est supérieure à la quantité demandée.

L'économie de marché et le rôle de l'État

Efficience de production

Afin de mieux comprendre l'idée d'efficience, nous allons approfondir la dénommée « efficience de production ». Elle montre le gaspillage éventuel lors de la production de biens. Un modèle simple nous permettra de préciser la différence entre une utilisation efficiente et inefficiente des ressources. Pour ce faire, admettons que les biens d'une économie se répartissent en deux catégories : les « biens de consommation » d'une part, et les « biens d'investissement » de l'autre. La combinaison de production maximale de ces deux catégories de biens est représentée par la courbe des possibilités de production à la **figure 3.3**. Évaluons à présent comment nous pouvons produire ces biens en utilisant les composantes « travail », « capital », « technologie » et « sols » à notre disposition.

Si nous engagions toutes les ressources dans la production de biens de consommation, nous nous retrouverions à l'intersection de la courbe et de l'axe Y (vertical). Mais si nous souhaitons également produire des biens d'investissement, nous devrions y consacrer une partie des ressources, ce qui diminuerait les biens de consommation. Par ce transfert, nous nous déplacons le long de la courbe, vers la droite/bas. Le choix d'une combinaison (consommation *vs* investissement) dépend des préférences de la population. Mais que signifie « efficience » dans ce contexte précis ? L'utilisation des ressources est efficiente lorsque la combinaison des biens produits se situe sur la courbe, mais inefficiente lorsqu'elle se retrouve par exemple au point A, à l'intérieur de la courbe. La combinaison représentée au point A est aisée à atteindre avec les ressources disponibles, mais implique leur gaspillage. Avec ces mêmes ressources, en augmentant l'efficience, nous pourrions produire davantage de biens de consommation et davantage de biens d'investissements. Nous nous déplacerions ainsi du point A vers le point B. Ce schéma montre l'idée d'efficience en sciences économiques, dont la dénomination précise est « Optimum de Pareto ». Une action améliore l'efficience si elle permet de produire davantage d'un certain bien sans diminuer la production d'un autre bien. Si une action nous mène du point A au point B, alors elle accroit l'efficience (ou le bien-être). Le déplacement sur la courbe ne correspond pas à une plus grande efficience car les ressouces sont utilisées sans gaspillage en tout point de la courbe.

Figure 3.3
Efficience

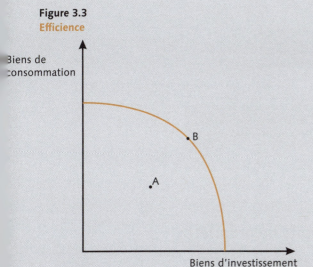

Le graphique présente la courbe des possibilités de production. La courbe indique toutes les combinaisons efficientes de bien de consommation et de biens d'investissement, avec les équipements « travail », « capital », « technolgie » et « sols » donnés. Le point A en revanche expose une situation inefficiente car, avec les équipements donnés, il est possible de produire davantage des deux types de biens.
Le déplacement de A à B entraine une augmentation du bien-être (gain d'efficience), qui néanmoins cesse une fois la courbe atteinte. Ce déplacement est également appelé « effet statique de croissance ».

→ **Courbe des possibilités de production**
Représentation graphique qui montre quelles combinaisons de catégories de biens permettent une production maximale avec les ressources à disposition.

→ **Optimum de Pareto**
Désignation technique du concept économique d'efficience, dénommé ainsi en l'honneur de l'économiste italien Vilfredo Pareto (1848-1923).

3.3 Le rôle de l'État dans une économie de marché

L'analyse précédente a montré que les interventions de l'État sur un marché efficient induisent des pertes de bien-être. L'État n'aurait-il donc aucun rôle à jouer dans une économie de marché ? Toute politique économique nuirait-elle au bien-être ?

Il n'en est rien. Pour qu'une économie de marché fonctionne bien, l'État doit assumer certaines tâches clairement définies et – pour des raisons d'efficience – limitées. S'il ne le fait pas – ou pas bien – il en résulte une diminution considérable du bien-être.

- L'État doit tout d'abord proposer un système juridique définissant précisément et garantissant les droits issus des contrats et les droits de propriété.
- Il doit ensuite s'assurer que les réglementations élaborées pour des raisons politiques nuisent le moins possible à l'efficience économique.
- Enfin, il est appelé, dans certains cas rares et bien définis de défaillance du marché, à prendre des mesures correctrices. On entend par défaillance du marché une situation dans laquelle les prix librement formés donnent une fausse indication de rareté relative, ou dans laquelle les acteurs sont empêchés de réagir à des signaux-prix exacts.

Nous allons maintenant approfondir ces trois tâches de l'État et leur rôle dans une économie de marché performante.

→ **Politique économique**
Ensemble des mesures – normatives ou constitutives – par lesquelles l'État intervient dans l'économie.

→ **Réglementation**
Limitation de la marge de manœuvre des acteurs économiques par des lois et des ordonnances.

→ **Défaillance du marché**
Situation d'un marché incapable d'assurer une répartition efficiente des ressources.

Synthèse

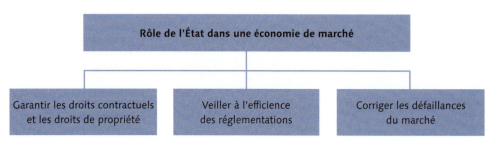

3.3.1 Garantir les droits contractuels et les droits de propriété

Un système juridique garantissant les droits de propriété et les droits contractuels est la première condition pour qu'une économie de marché reposant sur la division du travail puisse fonctionner. La propriété privée constitue en effet le fondement de l'économie de marché : chacun doit pouvoir compter sur le fait que les biens qu'il acquiert lui appartiennent réellement et qu'il peut faire valoir ses droits. C'est ainsi seulement qu'un système tel que l'économie de marché, qui repose sur des transactions profitables aux deux parties, peut fonctionner de manière efficiente.

→ **Droit de propriété**
Droit protégeant les biens des individus.

→ **Droit contractuel**
Droit qui naît d'un contrat signé entre agents économiques.

L'économie de marché et le rôle de l'État 3

Si un tel système juridique constitue une évidence dans des pays développés comme la Suisse, ce n'est pas le cas dans de nombreux pays en développement où l'économie est affaiblie par un dysfonctionnement total ou partiel du système juridique. Corruption omniprésente, expropriations par l'État, menace constante pesant sur la propriété privée, non-respect des contrats ou racket pratiqué par des groupes mafieux sont alors la règle.

Lorsqu'un pays ne garantit pas suffisamment les droits de propriété ou qu'il fait lui-même peser une menace constante sur ces droits, l'individu mène ses activités économiques en ignorant l'État et son système juridique, avec une efficience toutefois nettement réduite. Les échanges économiques informels, caractéristiques de certains pays en développement, sont une réponse à l'incapacité de l'État à offrir un cadre juridique fiable. Ils exigent toutefois l'instauration d'une relation de confiance par des contacts réguliers et personnels, ce qui réduit considérablement le potentiel d'expansion des marchés. Cette limitation des échanges à un cercle restreint de connaissances constitue une entrave importante à la division du travail – que nous étudierons en détail au chapitre 9 – et donc à la prospérité.

3.3.2 Veiller à l'efficience des réglementations

Les interventions de l'État ne sont pas guidées uniquement par un souci d'efficience, mais aussi par des objectifs d'ordre politique. De nombreuses réglementations portent par exemple sur la répartition des ressources entre régions, classes de revenus ou générations. Ce faisant, elles interfèrent dans les processus économiques. Le rôle de l'économie n'est pas de remettre en question les objectifs – légitimés démocratiquement – de toute une société. Mais une fois un objectif posé, il est utile de s'assurer, grâce à une analyse économique, que la réglementation envisagée permet de l'atteindre de manière efficiente.

→ **Analyse coûts-bénéfices**
Comparaison des coûts et des bénéfices escomptés d'une décision donnée.

→ **Analyse d'impact de la réglementation**
Procédure visant à déterminer les conséquences de nouvelles réglementations sur l'économie.

→ **OCDE**
Organisation de 34 pays qui se sont engagés à avoir un régime démocratique et une économie de marché. L'OCDE élabore des documents de référence sous la forme de publications et de statistiques.

Cet examen est appelé analyse coûts-bénéfices. En Suisse, pour toute nouvelle réglementation étatique, on vérifie toujours que celle-ci permet d'atteindre l'objectif visé tout en limitant le moins possible l'efficience économique. Pour ce faire, la Confédération a mis au point l'analyse d'impact de la réglementation en se fondant sur les expériences internationales en la matière. C'est ainsi que tout message du Conseil fédéral adressé au Parlement au sujet d'une modification de la législation expose désormais dans un chapitre spécifique les incidences sur l'économie de la modification envisagée. Dans la plupart des autres pays de l'Organisation de coopération et de développement économiques (OCDE), ce type d'analyse coûts-bénéfices gagne aussi en importance, car les réglementations ont tendance à se multiplier dans nos sociétés complexes fondées sur la division du travail.

3.3.3 Corriger une défaillance du marché

La troisième tâche de l'État pour garantir l'efficience de l'économie de marché consiste à intervenir dans les rares cas où les signaux-prix fournissent des indications erronées. Il s'agit tout d'abord de définir clairement quel phénomène peut être considéré comme une défaillance du marché. Dans le débat public, l'utilisation de ce terme est en effet souvent abusive: les manifestations du marché qui déplaisent à un certain nombre de personnes ne sont pas nécessairement le résultat d'une défaillance du marché.

Le rôle de l'État dans une économie de marché

On est réellement en présence d'une défaillance du marché lorsque les prix ne tiennent pas compte de la rareté des biens ou que les acteurs économiques sont empêchés de répondre à des signaux-prix corrects. L'absence de réglementation favorise alors une répartition inefficiente des ressources et provoque une diminution du bien-être.

On distingue quatre types de défaillance du marché :

- le pouvoir de monopole ;
- les externalités ;
- les biens publics ;
- l'asymétrie d'information.

Nous approfondirons les notions de pouvoir de monopole et d'externalité aux sections 3.6 et 3.7. Celles de biens publics et d'asymétrie d'information ne seront en revanche pas développées, d'où la présentation ci-dessous de leurs principales caractéristiques.

Un « pouvoir de monopole » implique qu'une entreprise est l'unique offreuse sur un certain marché, au contraire de la concurrence parfaite où un grand nombre d'entreprises proposent le même produit. Dans la situation de concurrence parfaite, la décision d'une entreprise de produire plus ou moins de biens n'aura aucune influence sur le prix de marché. Si elle fixe ses prix ne serait-ce qu'un centime plus haut que celui du marché, elle ne pourra pas vendre ses biens et sera écartée. *A contrario*, la concurrence parfaite n'incite pas non plus l'entreprise à proposer ses biens en dessous du prix de marché, puisqu'elle peut à tout moment les vendre à un prix plus élevé et ainsi augmenter ses recettes.

La relation s'inverse en situation de monopole. La quantité produite par le monopoliste, seule entreprise à offrir le bien en question, va fortement en influencer le prix. Il peut en quelque sorte choisir son point idéal sur la courbe de la demande. S'il était exposé à une concurrence parfaite, l'offreur aurait tout loisir de réduire la quantité produite pour augmenter le prix. Au niveau macroéconomique, ce comportement entraîne une baisse du bien-être, car la quantité de biens produits et consommés est plus faible. L'État doit donc combattre les monopoles et s'engager en faveur de la concurrence sur son territoire.

Un bien public est un bien accessible à tous, il est par conséquent impossible de faire payer son usage (voir l'encadré « Types de biens » en page 73). Prenons l'exemple d'un feu d'artifice : chacun peut l'admirer librement, ce qui explique que personne ne soit disposé à payer pour le regarder. Comme personne ne va payer pour ce bien, il n'y a pas d'incitation à le produire. Donc habituellement, dans un marché libre, personne ne produit le bien public ou seulement en faible quantité. Le problème est que le prix ne reflète pas la rareté effective du bien. Le feu d'artifice a une valeur, mais il est la plupart du temps gratuit, ce qui envoie un faux signal quant à sa rareté effective. Une intervention de l'État se justifie donc en termes de bien-être : les autorités organisent un feu d'artifice et associent l'ensemble des citoyens à son financement par le biais de l'impôt.

À noter que la garantie des droits contractuels et de propriété – qui est, rappelons-le, la première tâche de l'État dans une économie de marché – constitue l'un des principaux biens publics. Si l'État n'assure pas ce rôle, l'économie de marché ne peut pas fonctionner, ou seulement de manière imparfaite.

→ **Pouvoir de monopole**
Pouvoir détenu par une entreprise lorsqu'elle est la seule prestataire sur un marché défini et que, faute de concurrence, elle peut influencer les prix sur ce marché.

→ **Externalité**
Conséquence de l'action d'un agent économique sur un autre sans contrepartie monétaire. On parle aussi d'effet externe.

→ **Bien public**
Bien faisant l'objet d'une utilisation non rivale et non exclusive et dont l'offre est par conséquent insuffisante sur un marché libre.

→ **Asymétrie d'information**
Situation dans laquelle l'un des participants à une transaction dispose de meilleures informations que les autres.

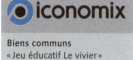

Biens communs
« Jeu éducatif Le vivier »
iconomix.ch/fr/materiel/m06

Biens publics
« Défaillance du marché »
iconomix.ch/fr/materiel/a004

Il y a asymétrie d'information lorsque les personnes qui prennent part à une transaction ne disposent pas des mêmes informations. Le marché des voitures d'occasion est un bon exemple : le vendeur en sait plus sur l'état de sa voiture que l'acheteur. De son côté, ce dernier sait que les propriétaires de véhicules en mauvais état sont tentés de s'en débarrasser. Il n'est donc pas très intéressant d'acheter une voiture d'occasion, raison pour laquelle le prix d'un véhicule d'occasion, même si celui-ci est en parfait état, est souvent bien inférieur à celui d'un véhicule neuf. Le même problème se pose sur le marché des assurances, où le preneur d'assurance en sait beaucoup plus sur ses risques que l'assureur. De plus, une fois son contrat conclu, l'assuré a tendance à faire preuve de moins de prudence. De son côté, l'assureur a connaissance de cette asymétrie d'information et agit prudemment, par exemple en renonçant à proposer certaines formes d'assurance ou en ne les proposant qu'au compte-gouttes.

Dans certaines circonstances, une telle asymétrie d'information peut causer une défaillance du marché justifiant l'intervention de l'État. Mais la plupart du temps, le marché est en mesure de résoudre lui-même le problème : l'acheteur d'une voiture d'occasion à prix raisonnable peut la faire contrôler par un mécanicien indépendant. Pour sa part, l'assureur peut exiger une franchise qui incitera le preneur d'assurance à se montrer prudent. Ces solutions sur mesure permettent de gérer la plupart des situations d'asymétrie d'information, de sorte que ce type de problème requiert moins l'intervention de l'État que les trois autres formes de défaillance du marché.

Les monopoles, les externalités, les biens publics et l'asymétrie d'information sont les seules situations dans lesquelles le marché libre peut se révéler inefficient. Il arrive que d'autres soient qualifiées de défaillances du marché dans le débat public. En réalité, il s'agit la plupart du temps de questions de répartition, en particulier lorsque la répartition des revenus résultant des forces du marché ne répond pas aux attentes de certaines personnes ou de certains groupes. Nous verrons cela plus précisément à la section 3.5. Cela n'a rien à voir avec une défaillance du marché au sens d'un gaspillage de ressources sur un marché libre. En économie, il faut donc toujours faire clairement la différence entre la question de répartition et celle de l'efficience d'une solution.

Synthèse

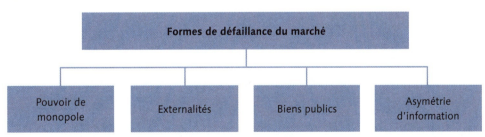

Types de biens

En économie, un bien public ne peut être traité comme un bien « normal ». Dans le présent encadré, nous allons donc expliquer, en nous aidant d'un schéma simplifié, ce qui distingue les différents biens. Pour chaque bien, il s'agit de répondre à deux questions :
1. Celle de la rivalité : le bien fait-il l'objet d'une utilisation rivale ?
2. Celle de l'exclusivité : le bien fait-il l'objet d'une utilisation exclusive ?

Un bien fait l'objet d'une utilisation rivale lorsqu'il ne peut être utilisé simultanément par deux personnes. Si je mange une pomme, personne d'autre ne peut manger la même pomme. La pomme est donc un bien dont l'utilisation est rivale. Un bien fait l'objet d'une utilisation exclusive lorsqu'il est possible d'empêcher une autre personne de l'utiliser. Si j'achète une pomme, je peux empêcher quiconque de manger cette pomme. La pomme est donc un bien dont l'utilisation est exclusive. Les formes extrêmes de ces deux caractéristiques sont les biens purement privés et les biens purement publics. Les biens privés font l'objet d'une utilisation rivale et strictement exclusive. Ils sont situés en haut à gauche de la **figure 3.3**. La pomme présente ces deux caractéristiques et constitue donc un exemple de bien privé.

Les biens publics font l'objet d'une utilisation non rivale et strictement non exclusive. Prenons l'exemple du théorème de Pythagore. Si je l'utilise, cela ne me dérange pas que des milliers d'autres personnes l'utilisent au même instant : il fonctionne toujours, quel que soit le nombre d'utilisateurs. Par ailleurs, le théorème de Pythagore n'est pas exclusif : je ne peux empêcher personne de l'utiliser également. Il s'agit donc d'un bien purement public.

Examinons maintenant les formes intermédiaires. Certains biens font l'objet d'une utilisation rivale, mais strictement non exclusive : ce sont les biens communs. Ils font souvent l'objet d'une utilisation excessive, ce qui s'avère problématique. L'exemple classique est celui des stocks de poissons. Un poisson en particulier est un bien faisant l'objet d'une utilisation rivale : si je pêche un poisson, personne d'autre ne pourra pêcher le même poisson. Mais ce poisson n'est pas exclusif : il est impossible de faire valoir un droit de propriété sur un poisson nageant dans l'océan. Les biens à accès privilégié, dont l'utilisation est non rivale, mais exclusive, constituent une autre forme intermédiaire de biens. Ici, on peut citer une chaîne de télévision payante : une émission payante ne fait pas l'objet d'une utilisation rivale ; tout le monde peut suivre l'émission en même temps que moi, sans que ma propre utilisation de ce bien en pâtisse. Mais elle est exclusive, dans le sens où la chaîne est cryptée et payante.

À noter que la plupart des biens sont des biens privés ; nous pouvons donc limiter notre analyse à ce type de bien.

Figure 3.4
Types de biens

	Rival	Non rival
Exclusif	Bien privé (p. ex. une pomme)	Bien à accès privilégié (p. ex. la télévision payante)
Non exclusif	Bien commun (p. ex. les ressources de pêche)	Bien public (p. ex. le théorème de Pythagore)

→ **Rivalité**
Caractéristique d'un bien dont l'utilisation empêche tout autre acteur économique de l'utiliser.

→ **Exclusivité**
Caractéristique d'un bien selon laquelle un agent économique peut empêcher un autre de l'utiliser.

→ **Bien commun**
Bien faisant l'objet d'une utilisation rivale, mais non exclusive. On parle aussi de ressource commune. Ce type de bien est soumis au risque d'utilisation excessive.

→ **Bien à accès privilégié**
Bien faisant l'objet d'une utilisation exclusive, mais non rivale. On parle aussi de bien de club.

→ **Bien privé**
Bien faisant l'objet d'une utilisation rivale et exclusive. La plupart des biens sont des biens privés.

3.4 Externalités et politique environnementale

Dans cette section nous allons examiner une défaillance de marché qui joue un rôle important dans les débats internationaux actuels: les externalités. La discussion autour du climat et les politiques environnementale y trouvent leurs causes, et les corrections potentielles sont parmi les thèmes saillants des politiques économiques de notre temps. Nous verrons les fondamentaux du problème, suivis des solutions possibles, et enfin expliquerons quelques tenants et aboutissants de la politique environnementale internationale.

3.4.1 Les coûts économiques des externalités

Admettons qu'une aciérie déverse ses eaux usées dans un fleuve sans les traiter. Nous avons affaire ici à une externalité, puisque le pollueur n'assume pas tous les coûts de son activité. Pour l'aciérie, il n'y a pas de prix à payer pour la pollution de l'environnement et elle sous-estime dès lors les coûts réels de sa production. Regardons la **figure 3.5**.

Dans ce graphique, la quantité d'acier produite est représentée en abscisse et son prix en ordonnée. La courbe de la demande a comme d'habitude une pente négative.

Pour l'analyse suivante, la courbe de l'offre joue un rôle important. Comme nous l'avons vu au chapitre 2, les coûts de production sont la principale variable de la courbe de l'offre. Dans le cas des effets externes, nous devons distinguer le coût privé, c'est-à-dire les coûts pour le producteur, et le coût social, c'est-à-dire les coûts pour la société. La pollution des eaux n'occasionne aucun coût pour l'aciérie qui l'a causée. Pour l'ensemble de la société, en revanche, les coûts sont importants. Dans le graphique, la courbe de l'offre O_p déterminée par le coût privé de la production d'acier est donc située au-dessous de la courbe de l'offre O_s déterminée par le coût social. Pourquoi? Comme nous le savons déjà, une hausse des coûts de production entraîne un déplacement vers la gauche de la courbe de l'offre. Si l'aciérie devait assumer aussi bien le coût privé que le coût social,

→ **Coût privé**
Coût de production d'un bien à la charge du producteur.

→ **Coût social**
Coût global lié à la production d'un bien et qui englobe le coût des externalités.

Figure 3.5
Externalité négative

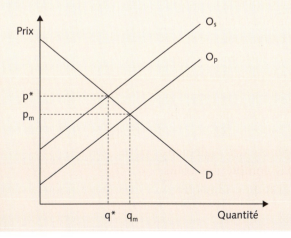

Une externalité négative dans la production signifie que la quantité offerte sur le marché diffère de celle qui serait produite si l'on tenait compte du coût social. Pour la production, on tient compte non pas de la totalité du coût social (O_s), mais seulement du coût privé (représenté par la courbe de l'offre O_p). En conséquence, on produit et on consomme trop, à un prix trop bas.

autrement dit le coût à la charge de la société, elle devrait obligatoirement réduire la quantité d'acier offerte, quel que soit le prix de l'acier. L'écart vertical entre les deux courbes correspond au coût de la pollution des eaux, dont l'aciérie ne tient pas compte. Le prix du marché p_m est donc inférieur au prix véritablement efficient p^*, qui refléterait correctement la rareté relative du bien. C'est pourquoi l'aciérie produit davantage d'acier (q_m) que la quantité q^* optimale du point de vue de l'économie globale, polluant ainsi encore davantage les eaux. Les externalités négatives se caractérisent donc par des prix trop bas et une production excessive.

3.4.2 Les approches de politique environnementale

L'environnement est le domaine où le problème des externalités est le plus marqué. La pollution des eaux, les trous dans la couche d'ozone ou le réchauffement climatique sont directement imputables à cette défaillance du marché. Il y a quatre grandes manières d'aborder les questions environnementales et donc quatre types de politique en la matière, que nous allons expliquer brièvement.

La première approche est celle de la protection volontaire de l'environnement. Lorsqu'un pollueur a connaissance d'un problème d'externalité, il peut décider de prendre en charge les coûts qu'il a lui-même occasionnés et qui incombent injustement à la société.

La deuxième approche est celle de la réhabilitation par l'État: celui-ci tolère une atteinte à l'environnement et remédie ultérieurement aux dommages causés. L'incinération des déchets a longtemps constitué un exemple de cette politique. La production de déchets était gratuite pour les ménages, mais leur élimination entraînait des effets externes négatifs. L'État se chargeait de la réhabilitation et la finançait par l'impôt.

→ **Réhabilitation**
Dans le domaine de l'environnement, opérations généralement organisées par l'État pour supprimer une pollution a posteriori.

La troisième approche, la plus répandue, est celle de la protection réglementaire de l'environnement: les activités polluantes – et par conséquent leurs effets externes – sont limitées par des réglementations. Celles-ci peuvent notamment prendre la forme d'une limitation de la production (p. ex. l'interdiction d'une substance) ou de valeurs limites. Les activités polluantes sont restreintes de manière à atteindre idéalement le même résultat que si le coût (social) effectif était pris en compte.

→ **Protection réglementaire de l'environnement**
Prescriptions de l'État prenant la forme de règles et d'interdictions destinées à limiter les activités polluantes.

Ces trois approches présentent chacune de sérieuses limites:

- Dans le cas de la protection volontaire de l'environnement, le rôle des autorités se limite à fournir des informations sur les coûts de la pollution. Toutefois, comme les entreprises polluantes renoncent dans la majorité des cas à relever leurs prix pour compenser l'impact de leurs activités sur l'environnement, un système reposant sur une base purement volontaire incite fortement les entreprises à jouer les parasites: elles restent passives en espérant que les autres respectent davantage l'environnement.
- La réhabilitation permet de remédier aux dommages écologiques, mais elle ne crée pas d'incitation à réduire l'activité polluante.
- La protection réglementaire de l'environnement, enfin, génère des réglementations rigides, et donc inefficientes, qui ne tiennent pas compte des coûts individuels pour l'entreprise et ne favorisent guère l'innovation écologique.

3 L'économie de marché et le rôle de l'État

→ **Principe du pollueur-payeur**
Principe selon lequel c'est l'auteur d'une pollution qui doit réparer l'atteinte à l'environnement.

→ **Internalisation**
Prise en charge des effets externes par l'agent à l'origine des activités impliquées. Le principe pollueur-payeur constitue un moyen d'internaliser les coûts externes générés par le pollueur et subis par les autres agents économiques.

→ **Taxe d'incitation**
Taxe prélevée sur une activité polluante dans le but d'internaliser les effets externes.

→ **Droit d'émission**
Droit négociable permettant à son détenteur de rejeter une certaine quantité de substances polluantes dans l'environnement. Les certificats d'émission de CO_2 en sont un exemple.

Ces trois approches présentent en outre le défaut majeur de ne pas produire d'incitations par les prix. Leur analyse confirme une fois de plus qu'il n'y a pas, dans une économie de marché, de mécanisme de contrôle plus efficace que les prix, qui signalent la rareté réelle des biens. C'est pourquoi les appels à s'en remettre également aux forces du marché pour assurer la protection de l'environnement se font de plus en plus pressants.

La quatrième approche des questions environnementales – le recours au principe du pollueur-payeur – se propose d'assurer la protection de l'environnement en laissant jouer les forces du marché. Elle consiste à internaliser l'externalité : le pollueur doit répondre des coûts réels que son activité engendre pour la société globale. La dégradation de l'environnement a ainsi un prix. En pratique, ce prix prend principalement deux formes : la taxe d'incitation (p. ex. la taxe sur le CO_2) et le droit d'émission. La taxe d'incitation est un impôt qui devrait dans l'idéal être aussi élevé que les coûts résultant de l'atteinte à l'environnement. Lorsque les recettes de cet impôt sont redistribuées uniformément à la population, on parle d'une taxe d'incitation au sens strict. Celle-ci atteint l'effet incitatif escompté sans augmenter le niveau d'imposition. Dans le cas du droit d'émission, on établit un degré de pollution considéré comme acceptable, qui fait ensuite l'objet d'un droit d'émission négociable. La pollution de l'environnement a dès lors un prix, qui constitue un facteur de coût à prendre en compte dans la production. Le système d'échange de quotas d'émission de l'UE est un bon exemple de droit d'émission.

Synthèse

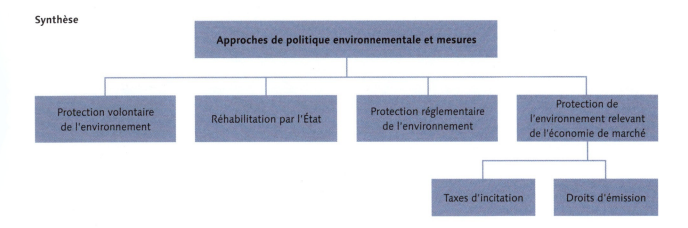

3.4.3 Politique climatique

La plupart du temps, la pollution déploie ses effets par-delà les frontières. Une coordination internationale, voire mondiale des politiques économiques nationales est par conséquent nécessaire pour la combattre. Principal exemple : le réchauffement climatique dû à l'augmentation des émissions de CO_2. Le CO_2 étant nocif quel que soit son lieu d'émission sur la terre, la meilleure stratégie pour y faire face est la conclusion d'accords internationaux. Point de départ de ce processus, le fameux Sommet de la Terre s'est tenu à Rio de Janeiro en 1992 et a donné naissance à la convention-cadre des Nations unies sur les changements climatiques. Cette année-là, 189 pays se sont accordés sur un objectif commun : limiter

Externalités et politique environnementale

La politique environnementale de la Suisse

En Suisse comme dans les autres pays de l'OCDE, la politique environnementale n'occupe une place privilégiée au sein de la politique économique que depuis la fin du siècle dernier. Deux tendances se dégagent. Premièrement, il devient de plus en plus clair que la protection de l'environnement relevant de l'économie de marché se révèle plus efficiente que les autres approches. Deuxièmement, les problématiques environnementales locales sont supplantées par celles d'envergure mondiale, aux répercussions plus étendues et surtout plus difficiles à maîtriser.

Jusqu'au milieu du 20e siècle, la lutte contre la pollution des eaux – une forme plutôt locale de pollution – figurait clairement en tête des priorités de la politique environnementale helvétique. Au cours de la seconde moitié du 20e siècle, d'autres domaines ont gagné en importance, comme la pollution de l'air, puis le bruit, les déchets, la pollution des sols et les substances dangereuses pour l'environnement.

La Suisse élabore toutes sortes d'instruments de politique environnementale pour lutter contre la pollution, dont voici deux exemples :

- L'interdiction de substances dangereuses telles que les chlorofluorocarbones (CFC) fait partie de la protection réglementaire de l'environnement. Celle-ci comprend également d'autres réglementations, notamment celles relatives à l'isolation thermique des bâtiments ou à l'obligation d'équiper les véhicules de catalyseurs.
- Introduites plus récemment, les taxes d'incitation – par exemple sur les composés organiques volatils (COV) ou sur le mazout extra-léger à haute teneur en soufre – sont des instruments relevant de l'économie de marché. Il n'existe pas encore de droits d'émission à l'échelon fédéral, mais les premières expériences en la matière ont été réalisées il y a quelques années dans les cantons de Bâle-Campagne et de Bâle-Ville.

Il est fréquent que les instruments de protection de l'environnement ne relèvent pas d'une seule des quatre approches de politique environnementale, mais de plusieurs. C'est le cas de la taxe au sac, qui associe la protection de l'environnement relevant de l'économie de marché et la réhabilitation par l'État. Le facteur relevant de l'économie de marché est la taxe qui accroît le prix et exerce ainsi un effet d'incitation. L'argent récolté par ce biais est utilisé par l'État pour financer l'élimination des déchets. Les accords sectoriels, eux aussi, combinent les mesures volontaires et les mesures relevant de l'économie de marché. Lorsque les autorités annoncent que des taxes d'incitation vont être introduites si la pollution de l'environnement n'est pas réduite sur une base volontaire, cela incite les entreprises à instaurer des mesures « volontaires » par le biais de leurs associations professionnelles.

Conséquence du réchauffement climatique dans les Alpes : la neige devient rare.

le réchauffement climatique. De nombreux pays industrialisés se sont engagés à prendre des mesures concrètes en signant le Protocole de Kyoto en 1997. Il s'agit d'un traité international que les pays signataires doivent transposer dans leur droit national. Si les États-Unis, de loin le plus important émetteur de CO_2, n'ont jusqu'ici pas pu s'y résoudre, un nombre suffisant de pays ont ratifié le Protocole de Kyoto – dont la Suisse en 2003 – pour que celui-ci entre formellement en vigueur début 2005.

→ **Protocole de Kyoto**
Traité international conclu en 1997 dans la ville japonaise de Kyoto et qui visait à réduire les émissions de CO_2 par la fixation d'objectifs contraignants.

L'économie de marché et le rôle de l'État 3

Comment la Suisse met-elle en œuvre les engagements pris dans ce cadre ? Pour la période 2008-2012, elle s'est engagée à réduire ses émissions de gaz à effet de serre, en particulier de CO_2, de 8 % par rapport à 1990. Pièce maîtresse de notre politique climatique, la loi sur le CO_2 demandait une réduction de 10 % des émissions de CO_2 entre 1990 et 2010. Cet objectif devait être atteint en associant des mesures volontaires et une mesure d'économie de marché : les entreprises étaient invitées à prendre des dispositions pour réduire « volontairement » leurs émissions de CO_2, sous peine de devoir composer avec l'introduction d'une taxe sur le CO_2 si ces mesures ne s'avéraient pas suffisantes. On espérait éviter l'introduction d'une telle taxe.

En 2004, il est toutefois apparu clairement que l'objectif visé ne pourrait être atteint : les émissions de CO_2 des combustibles étaient encore trop élevées par rapport au plan de réduction avec horizon 2010, et celles des carburants étaient même clairement hors cadre. Deux mesures ont alors été proposées pour remplir tout de même le contrat :

- l'introduction d'une taxe sur le CO_2 pour les combustibles correspondant à la taxe d'incitation annoncée initialement ;
- l'introduction du centime climatique, soit un relèvement modeste du prix des carburants d'un centime et demi par litre, dont le produit devait servir à financer des mesures de protection de l'environnement.

→ **Taxe sur le CO_2**
Taxe incitative prélevée par la Confédération sur les combustibles fossiles tels que le mazout et le gaz naturel. Le produit de la taxe est redistribué dans son intégralité à la population et aux entreprises.

→ **Centime climatique**
Taxe modique prélevée sur chaque litre de carburant (essence ou diesel) importé. Le produit de la taxe est investi dans des projets de réduction des gaz à effet de serre en Suisse et à l'étranger.

Effets externes et quarantaines en cas de pandémie

Une pandémie est déclarée lorsque qu'une maladie contagieuse, comme par exemple la COVID-19, touche un grand nombre de personnes dans une zone géographique étendue. Pour la contenir, est-il justifié de limiter l'activité économique ? Puisqu'une pandémie déclenche des effets externes indéniables, certaines restrictions sont effectivement défendables sous l'angle de l'efficience économique.

Face à une maladie virale et dangereuse qui se transmet physiquement entre individus, il est souhaitable de limiter sa propagation en restreignant la fréquence et l'intensité des contacts sociaux. Économiquement, on vise un résultat satisfaisant en interdisant le moins possible. Dans une certaine mesure, quelques actes volontaires accomplis par intérêt personnel, comme le lavage des mains, participent à endiguer la transmission de la maladie. Réduisant les contaminations sans intervention étatique, ces mesures délibérées sont essentielles pour combattre la pandémie.

Ces actes volontaires individuels sont toutefois insuffisants pour contrer une pandémie, justement parce que toute maladie virale comporte des effets externes évidents (morbidité, mortalité). Par intérêt personnel, les indidivus adoptent les mesures réduisant leur propre risque d'infection, mais pas celles protégant autrui. Tandis que la quarantaine affecte durement la personne infectée, ses bénéfices vont à la collectivité. Autrement dit, une personne infectée n'assume qu'une part des coûts engendrés par son état, l'incitant à maintenir ses contacts sociaux, trop nombreux du point de vue de l'efficience économique. Les coûts pour la personne de ce comportement sont donc trop bas pour empêcher le malade de multiplier les relations sociales. S'ajoute à cela le fait que les gestes barrières sont souvent adoptés trop tard dans le contexte très particulier d'une pandémie. Lorsque le nombre de cas est encore faible, notre tendance à sous-estimer la croissance exponentielle de la pandémie nous incite à retarder nos comportements prudents, menaçant ainsi notre système de santé.

La comparaison avec les effets externes liés à l'emission de CO^2 est évidente. De la même manière, il s'agit de retenir que les contraintes volontaires sont certes nécessaires mais insuffisantes pour affronter l'enjeu en termes de bien-être global. C'est pourquoi il apparaît souhaitable que l'État intervienne ; dans le cas présent sous la forme de mises en quarantaine.

La Suisse a donc introduit la taxe sur le CO_2 et le centime climatique. Sur le plan international, il est évidemment vital que, comme elle, les pays respectent les engagements pris. En décembre 2012, les participants à la Conférence de Doha sur les changements climatiques – aussi nommée COP18 pour 18e Conférence des Parties – ont décidé de reconduire le Protocole de Kyoto jusqu'en 2020. La Conférence de Paris ou COP21, qui s'est déroulée en décembre 2015, a constitué une avancée plus importante encore. Tous les États y ont signé un nouvel accord sur le climat, l'Accord de Paris, qui a notamment pour objectif de limiter le réchauffement climatique à moins de 2°C. Pour y arriver, chaque État doit définir à intervalles réguliers des objectifs nationaux et prendre des mesures appropriées pour réduire ses émissions de gaz à effet de serre.

3.5 Répartition des revenus et redistribution

Les économistes distinguent trois variables qui justifient l'intervention étatique dans l'économie : -l'efficience, -la stabilité, -la répartition des revenus. La question fondamentale que pose l'économie est : « Comment gérer efficacement les ressources limitées ? », ce qui explique pourquoi l'efficience était considérée jusqu'ici comme essentielle à une économie de marché saine. La stabilité devient prépondérante lorsque l'économie subit de fortes variations, notamment lors d'une récession ou une crise financière. Nous y reviendrons. Mais dans les débats politiques et dans les médias, c'est la troisième variable, la répartition des revenus, qui reçoit toute l'attention. En clair : comment partager le gâteau – dont la taille est déterminée par l'efficience du marché – au sein de la société ?

3.5.1 Répartition *versus* efficience

Dans une économie de marché, la répartition des revenus repose en premier lieu sur la productivité des travailleurs. Leur prestation est rétribuée, et la hauteur de cette indemnité dépend de l'estimation par le marché de la valeur de leur contribution. Il en résulte une répartition des revenus qui ne tient nullement compte des besoins de chaque individu. Une personne se trouve-t-elle limitée dans sa performance pour une raison ou une autre, alors elle obtiendra un revenu réduit en conséquence, souvent jugé insuffisant. Une société qui n'accepte pas cette conséquence de l'économie de marché doit redistribuer.

Comment redistribuer ? Combien redistribuer ? Voilà des questions intensément débattues. Bien qu'il existe une sorte d'entente collective sur la nature équitable ou non d'une situation, la définition exacte d'équité varie d'une personne à l'autre et se laisse difficilement mesurer. Du point de vue éthique, l'idéal serait une redistribution pleinement équitable, offrant à tous les individus un même bien-être. Tout cela serait merveilleux s'il n'existait pas un conflit d'objectifs entre efficience et redistribution. Car une redistribution absolument équivalente supprime l'incitation des individus à fournir une contribution à l'économie. L'innovation et la volonté d'amélioration seraient paralysées et la croissance tomberait quasiment à zéro. L'effondrement des systèmes communistes illustre bien les problèmes d'incitation générés par la répartition égale des revenus, alors même qu'une égalité absolue n'avait jamais pu être atteinte.

→ **Conflit d'objectifs**
Situation dans laquelle le fait d'atteindre un objectif empêche d'en atteindre un autre.

L'économie de marché et le rôle de l'État 3

La voie médiane n'est pas aisée à atteindre. Une redistribution trop forte risque de récompenser – parallèlement à ceux qui en ont vraiment besoin – des personnes qui recherchent sciemment la passivité. Les incitations sont alors biaisées au point de faire émerger une situation inefficiente, et donc de gaspillage des ressources. À l'inverse, une redistribution trop faible est perçue comme inéquitable, lésant des personnes qui – pour diverses raisons – sont incapables de contribuer davantage à l'économie. La redistribution est l'une des tâches les plus difficiles assumée par l'État, car il doit finement la façonner pour ménager tant la chèvre que le chou, c'est-à-dire l'efficience et l'équité.

3.5.2 Comment mesurer la répartition des revenus ?

Il existe de nombreuses manières de mesurer et juger une redistribution équitable. Un concept s'est néanmoins imposé pour mesurer la répartition des revenus et des fortunes : le coefficient de Gini, présenté graphiquement en **figure 3.6**. L'axe horizontal représente le nombre de ménages (en pourcents cumulés) et l'axe vertical les revenus de ces mêmes ménages (en pourcents cumulés).

→ **Courbe de Lorenz**
Représentation graphique de la répartition des revenus ou de la richesse dans une société.

→ **Coefficient de Gini**
Mesure numérique de l'inégalité de la répartition des revenus. Une valeur de 0 indique une répartition absolument égale, alors qu'une valeur de 100 indique une répartition absolument inégale, lorsqu'une seule personne perçoit tous les revenus.

La ligne droite OB permet de comprendre le concept. Cette droite OB représenterait une répartition absolument égale : par exemple 15 % des ménages perçoivent exactement 15 % des revenus d'un pays. Dans la réalité, une égalité parfaite n'existe pas. Nous constatons en général des répartitions inégales, correspondant à une courbe ventrue, la courbe de Lorenz. Dans le cas concret, comme le montre le point X sur le graphique, 50 % des ménages les plus pauvres ne disposent que de 15 % du revenu total. Si l'on établit cette analyse pour chaque classe de population, alors apparaît la courbe de Lorenz.

Le coefficient de Gini résulte du rapport entre la surface bleue et la surface du triangle OAB. Cette valeur est multipliée par 100, afin que le coefficient de Gini s'établisse à une valeur entre 0 et 100. Plus la courbe de Lorenz est proche de la diagonale OB, plus les revenus d'un pays sont distribués de manière égale, et plus la surface bleue sera petite, réduisant ainsi le coefficient de Gini. La surface bleue

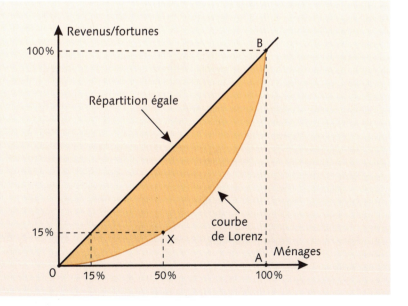

Figure 3.6
Coefficient de Gini

Le coefficient (ou indice) de Gini est une mesure de la répartition des revenus ou des fortunes au sein d'une population donnée. Le nombre de ménages figure sur l'axe horizontal et les revenus/fortunes cumulés des ménages sur l'axe vertical. Au point X, 50% des ménages disposent de 15% des revenus/fortunes globaux. Le coefficient de Gini se calcule de la manière suivante :

$$\text{Coefficient de Gini} = 1 + \frac{\text{Surface bleue}}{\text{Triangle OAB}} \times 100$$

disparaîtrait si la redistribution des revenus était parfaitement égale ; le coefficient de Gini s'établirait alors à 0. À l'opposé, une répartition inégale à l'extrême, c'est-à-dire qu'une seule personne perçoit la totalité des revenus, le coefficient de Gini serait de 100.

Répartition des revenus de la Suisse en comparaison internationale

Nous allons utiliser le coefficient de Gini afin de comparer la répartition des revenus de la Suisse avec quelques autres pays. Les comparaisons internationales sont rendues difficiles par l'hétérogénéité des mesures.

La **figure 3.7** présente les données d'une étude comparative pour l'année 2018. Nous constatons d'emblée qu'un pays en développement comme le Brésil affiche une inégalité de revenus plus forte que les autres pays présentés ; son coefficient de Gini est plus élevé. En outre, nous voyons que les USA présentent une répartition des revenus plus inégale que les États européens.

Ce comparatif montre que, dans l'ensemble, les pays industrialisés occidentaux ont un coefficient de Gini relativement bas – notamment du fait de leurs politiques de redistribution sociale –, alors que les pays émergents accusent de plus fortes inégalités de revenus.

La **figure 3.8** montre plus précisément la répartition des revenus en Suisse. Elle présente deux coefficients de Gini : celui des revenus non corrigés en rose, et les revenus disponibles après redistribution en bleu. Deux éléments sont particulièrement frappants. Premièrement, la redistribution étatique influence le coefficient de manière significative. Sur la période représentée, les revenus non corrigés s'établissent en moyenne à un coefficient de Gini 10% plus haut que les revenus réellement disponibles, après redistribution étatique. Les transferts étatiques sous toutes leurs formes abaissent réellement les inégalités (baisse du coeff. de Gini), ce qui est exactement leur objectif essentiel. Deuxièmement, nous constatons que la répartition des revenus avant et après redistribution est remarquablement stable au fil des années en Suisse. Tel n'est pas le cas dans la plupart des pays. Aux États-Unis, le coefficient de Gini a nettement progressé ces dix dernières années, amenant au premier plan international la discussion sur la croissance des inégalités. En Suisse rien ne laisse supposer une telle tendance en termes de disparité des revenus.

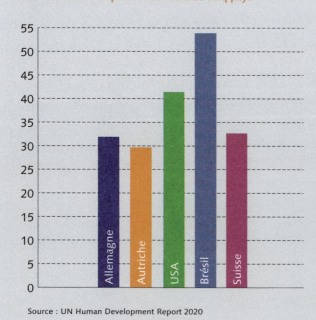

Figure 3.7
Coefficient de Gini pour les revenus de cinq pays

Source : UN Human Development Report 2020

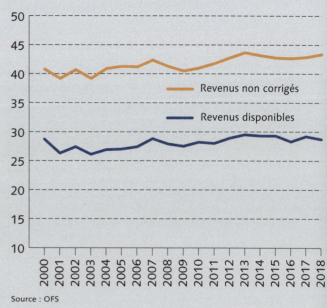

Figure 3.8
Évolution du coefficient de Gini en Suisse, 2000-2018

Source : OFS

3 L'économie de marché et le rôle de l'État

3.5.3 Formes de la redistribution

Une société qui décide de redistribuer ses richesses en son sein, dispose de deux possibilités de le faire : l'État peut opérer la redistribution via ses recettes ou via ses dépenses.

Du côté des recettes, la redistribution se fait essentiellement par une conception spécifique du système fiscal. Dans le cadre d'un impôt proportionnel, les personnes riches paient davantage que les autres, puisque le même pourcentage de taxation est appliqué à un revenu plus élevé. Néanmoins, la redistribution sera encore plus forte dans le cas d'un impôt progressif, car le pourcentage de taxation augmente en même temps que le revenu. Les riches paieront donc proportionnellement plus d'impôts que les moins riches. Il s'agit là d'une redistribution directe des plus riches envers les plus pauvres via les recettes fiscales de l'État, supposé tout de même que l'État ne favorise pas les couches sociales aisées par ses dépenses.

Du côté des dépenses justement, la redistribution peut se faire de deux manières. L'État peut verser de l'argent directement aux personnes défavorisées (par exemple par le moyen de l'aide sociale ou des subsides à l'assurance-maladie), ou alors leur proposer des prestations étatiques à prix réduit. La politique sociale au sens strict embrasse avant tout diverses formes de dépenses monétaires. Le but est d'absorber les risques auxquels sont confrontés les individus à bas revenus. Ces risques sont divers, et il existe de nombreuses manières de les sécuriser. Le chapitre 8 approfondira ces aspects.

> → **Système fiscal**
> Toutes les lois qui déterminent comment et combien d'impôts sont prélevés dans un pays ou une région.
>
> → **Impôt proportionnel**
> Impôt dont le taux fiscal est le même pour tous les revenus.
>
> → **Impôt progressif**
> Impôt dont le taux fiscal s'élève au fur et à mesure que les revenus s'élèvent. Les riches sont proportionnellement taxés davantage.
>
> → **Politique sociale**
> Mesures qui assurent la protection sociale voulue par l'appareil politique.

3.6 La politique économique

Nous avons étudié le rôle de l'État pour qu'une économie de marché fonctionne de manière efficiente. Mais l'État n'agit pas uniquement comme un dictateur bienveillant, car ses représentants sont eux-mêmes soumis à diverses influences et incitations. Même les recommandations économiques les mieux conçues présentent dès lors une fragilité : celle de devoir être appliquées par des acteurs politiques qui, outre l'intérêt général, sont aussi à l'écoute d'intérêts particuliers, voire personnels. Les intérêts des politiques, des administrations et des groupes de pression pèsent donc lourd dans la mise en œuvre de la politique économique. L'analyse économique des processus politiques fournit des indications importantes sur la manière de prendre ces intérêts en compte. Il importe donc, dans toute politique économique, de prêter attention à la possibilité d'une défaillance de l'État. Le risque n'est pas seulement que, en raison d'erreurs « techniques », les mesures de politique économique aboutissent à un résultat plus mauvais que si rien n'avait été fait. Il réside aussi dans les incitations, potentiellement contraires à l'objectif visé, auxquelles sont exposés les individus ou les groupes qui participent à leur mise en œuvre. Dans ce contexte, nous évoquerons brièvement les deux principaux objets de l'analyse économique des processus politiques : les incitations auxquelles les politiques sont soumis et l'importance des différents groupes d'intérêts privés.

> → **Dictateur bienveillant (concept du)**
> Concept selon lequel un décideur bienveillant, omnipotent et parfaitement informé cherche à optimiser le bien-être économique d'un pays.
>
> → **Défaillance de l'État**
> Inaptitude de l'État à corriger les allocations inefficientes d'une économie de marché (*failed state*).

La politique économique

3.6.1 Le monde politique et l'administration face aux incitations

Tout le monde réagit aux incitations. Les politiques ne font pas exception: comme l'un de leurs objectifs est d'être réélus, ils vont, au moment de mettre en œuvre une recommandation économique, réfléchir à son incidence sur leurs chances de réélection. Il peut également arriver que les politiques soient tentés de faire valoir leurs intérêts personnels.

Les employés des administrations publiques constituent un deuxième groupe important: ils influencent la politique économique, voire l'élaborent, et ce faisant, n'échappent pas aux incitations. Ils n'ont pas besoin d'être réélus et sont souvent en situation de monopole. Le scepticisme de nombreux économistes à l'égard des solutions étatiques est lié à l'absence de cette «instance de contrôle» qu'est la concurrence. Il est donc important de mettre en place des incitations adéquates pour l'administration, en particulier en matière d'organisation et de contrôle (hiérarchique). Admettons que j'aie besoin d'une attestation pour ouvrir un commerce. Ici, pas de marché avec différents offreurs qui se concurrencent: une seule et unique instance publique délivre l'attestation requise. Pour que le fonctionnaire malhonnête ne puisse retirer un avantage personnel de cette situation de monopole (par exemple en exigeant un pot-de-vin), il faut un contrôle strict. En effet, en cas d'abus, je ne peux pas m'adresser à une autre instance pour obtenir cette attestation. À défaut de craindre la concurrence, le fonctionnaire malhonnête doit craindre une sanction s'il n'observe pas les règles.

Une analyse rigoureuse ainsi que la prise en compte des incitations auxquelles les élus et l'administration sont exposés permettent d'accroître les chances que les recommandations économiques soient correctement mises en œuvre.

3.6.2 Les groupes d'intérêts et la recherche d'avantages par le biais de la politique

Outre le monde politique et l'administration, les groupes d'intérêts jouent eux aussi un rôle important dans la mise en œuvre de la politique économique. Une grande partie du débat en la matière porte sur l'impact des mesures sur certains groupes comme les travailleurs, une région, des entreprises spécifiques ou un secteur d'activité. Tous ces groupes ou presque sont représentés par des organisations, que l'on appelle aussi des lobbies. Il peut par exemple s'agir d'associations professionnelles, de syndicats ou d'organisations patronales. L'objectif de ces organisations est d'influencer le processus politique en leur faveur. Il est beaucoup plus rare qu'elles s'engagent pour renforcer le bien-être économique global, ce qui est compréhensible.

→ **Groupe d'intérêts**
Groupe non élu, plus ou moins bien organisé, qui tente d'influencer le processus politique en sa faveur. On parle aussi de lobby ou de groupe de pression.

La notion de recherche de rente est étroitement liée à celle de groupe d'intérêts. Elle désigne les efforts déployés par un lobby pour obtenir des avantages en faveur du groupe dont il défend les intérêts, notamment par le biais de réglementations ou de fonds publics. Un secteur d'activité peut par exemple utiliser ses relais politiques pour favoriser l'introduction d'un prix minimum dans le but d'accroître ses bénéfices. Comme nous l'avons vu, une telle politique est contraire aux intérêts de l'économie globale. D'une manière générale d'ailleurs, les intérêts

→ **Recherche de rente**
Approche qui consiste à utiliser les ressources non pour produire, mais pour atteindre une redistribution servant ses propres intérêts/en sa faveur (*rent seeking*). Le lobbying en est un exemple.

L'économie de marché et le rôle de l'État 3

d'un groupe déterminé sont souvent en contradiction avec ceux de l'ensemble de la population ou de l'économie globale.

iconomix
L'art de convaincre
« Jeu sur la défense des intérêts »
iconomix.ch/fr/modules/a040

On pourrait objecter que les groupes d'intérêts ne sont que le reflet des différents groupes composant la société et donc de leur importance relative. Mais il n'en est rien: leur poids ne correspond généralement pas à leur représentation dans la population, car la défense d'intérêts coûte cher et prend du temps, et il n'est pas aussi simple ni aussi intéressant pour tous les groupes de s'organiser efficacement.

L'Union suisse des paysans (USP) a par exemple un poids politique beaucoup plus important que les associations de consommateurs. De prime abord, cela peut paraître surprenant, puisque les agriculteurs sont beaucoup moins nombreux que les consommateurs. Mais en réalité, les intérêts d'un petit groupe très concerné sont nettement plus faciles à organiser.

L'USP représente une population assez restreinte et chaque agriculteur a beaucoup à gagner ou à perdre selon les modifications apportées à la politique agricole. Dans le cas des consommateurs, qui constituent un groupe nettement plus important, c'est exactement l'inverse: l'intérêt d'un consommateur à la suppression d'une réglementation – par exemple à la réduction des droits d'importation sur un produit agricole spécifique – est limité, puisqu'il ne s'agit que d'un seul bien parmi tous ceux qu'il consomme. Le bénéfice de chaque consommateur est donc faible comparé à la perte potentielle de chaque agriculteur. Et pourtant – et c'est là le critère principal du point de vue de l'analyse purement économique – l'ensemble de la société gagnerait à une suppression des obstacles tarifaires, comme nous le verrons au chapitre 9. Plus le nombre de bénéficiaires est élevé et le bénéfice par personne faible, plus il est difficile d'organiser des intérêts politiques. Cela signifie que les actions de politique économique qui profiteraient à l'ensemble de la société échouent généralement au cours du processus politique.

La prise en compte de tels aspects est essentielle lorsqu'il s'agit d'élaborer la politique économique. Si cette analyse n'est pas faite correctement, toute mesure prise dans une bonne intention peut très vite conduire à une aggravation de la situation qu'elle était censée améliorer. Une défaillance de l'État représente un risque à ne pas sous-estimer lors de toute décision de politique économique.

« Monsieur le sénateur, quel est votre plan contre un pétrole à 100 $ le baril ? » – « Utiliser des barils plus petits. »

L'économie de marché et le rôle de l'État

RÉSUMÉ FONDÉ SUR LES OBJECTIFS D'APPRENTISSAGE

1. Économie de marché versus économie planifiée

Dans une économie de marché, les décisions relatives à l'utilisation des ressources sont prises de manière décentralisée, alors que dans une économie planifiée, elles proviennent d'une autorité centrale de planification étatique. Les économies planifiées sont vouées à l'échec, parce qu'il est impossible de planifier efficacement une économie complexe fondée sur la division du travail : il est en effet inconcevable de coordonner de manière centralisée les millions de décisions individuelles prises à chaque instant.

2. Rôle des prix et « main invisible »

Les prix fournissent des informations sur la rareté des différents biens, orientent l'utilisation des ressources, coordonnent les actions des offreurs et des demandeurs et incitent à l'innovation. L'image de la « main invisible » proposée par Adam Smith illustre la capacité des prix à guider et à coordonner l'utilisation des ressources, ce dont est incapable la « main visible » de l'autorité centrale dans une économie planifiée.

3. Les coûts des interventions sur les prix

Les interventions de l'État dans un mécanisme des prix performant induisent des pertes d'efficience et une diminution du bien-être économique global. Qu'on impose un prix minimum ou un prix maximum, le volume des transactions profitables aux deux parties diminue, de sorte que le potentiel du marché n'est pas pleinement exploité.

4. Le rôle de l'État dans une économie de marché

L'État peut contribuer de diverses manières au bon fonctionnement des marchés dans une économie libérale. Tout d'abord il peut offrir un système juridique efficace. Ensuite il peut s'assurer que les réglementations élaborées pour des raisons politiques nuisent le moins possible à l'efficience économique. Enfin, il peut exercer une action correctrice dans les situations où les prix ne reflètent pas correctement la rareté des biens ou dans lesquelles les acteurs sont empêchés de réagir à des signaux-prix exacts. Ces défaillances du marché apparaissent en lien avec les externalités, les monopoles, la disponibilité insuffisante des biens publics et l'asymétrie d'information.

5 Externalités et politique environnementale

Une externalité négative se caractérise par un coût de production trop bas du point de vue de l'économie globale et par une production excessive. La pollution est l'exemple le plus frappant. Du point de vue de l'efficience, la modification des prix relatifs par le biais d'une taxe d'incitation est la meilleure manière d'aborder les externalités. En matière de politique environnementale, la stratégie déployée pour endiguer des effets externes négatifs a longtemps été celle de la réglementation, autrement dit une protection réglementaire de l'environnement. Ces dernières années, l'internalisation des effets externes par des modifications de prix – la protection de l'environnement fondée sur l'économie de marché – a nettement gagné en importance.

6 La mondialisation des problèmes environnementaux

Le réchauffement climatique dû à l'augmentation démesurée des émissions de CO_2 représente un défi politique et économique majeur. Ces dégagements affectent le climat planétaire indépendamment de l'endroit où ils sont émis, de sorte que les mesures prises par un pays isolé n'ont qu'un effet limité. Cette situation nécessite par conséquent une coopération internationale et la participation de tous les pays, ou tout au moins de la majorité d'entre eux. En 1997, de nombreux pays industrialisés se sont engagés à limiter collectivement les émissions de CO_2 dans le cadre du Protocole de Kyoto. Lors de la Conférence de Paris de 2015, tous les États ont signé un nouvel accord sur la politique climatique.

7 Mesure de la répartition des revenus

Le coefficients de Gini permet de comparer les répartitions de richesse. Il est basé sur la courbe de Lorenz, qui représente graphiquement l'écart entre la situation actuelle d'un pays et une égalité parfaite. Des mesures étatiques de répartition peuvent faire baisser le coefficient de Gini, ce qui équivaut à une répartition plus égalitaire des richesses.

8 Les intérêts particuliers et leur influence politique

La politique économique n'a pas toujours pour unique objectif d'améliorer le fonctionnement de l'économie de marché: les politiques sont aussi à l'écoute d'intérêts particuliers, voire personnels. L'analyse économique des processus politiques permet d'identifier les incitations des décideurs politiques, des collaborateurs des administrations et des groupes d'intérêts dans la mise en œuvre d'une politique économique. Il est important d'en tenir compte si l'on veut éviter que la lutte contre une défaillance du marché n'entraîne une défaillance de l'État, ce qui peut aggraver encore la situation.

L'économie de marché et le rôle de l'État

NOTIONS FONDAMENTALES

Économie de marché →66
Économie planifiée →66
Économie sociale de marché →66
Rareté relative →66
Homo œconomicus →67
Prix →68
Répartition des ressources →68
Prix relatif →68
Innovation →68
OPEP →68
Protectionnisme →69
Signal-prix →69
Efficience →70
Surplus du consommateur →71
Surplus du producteur →71
Bien-être →72
Prix minimum →72
Perte de bien-être →72
Courbe des possibilités de production →73
Optimum de Pareto →73

Politique économique →74
Réglementation →74
Défaillance du marché →74
Droit de propriété →74
Droit contractuel →74
Analyse coûts-bénéfices →75
Analyse d'impact de la réglementation →75
OCDE →75
Pouvoir de monopole →76
Externalité →76
Bien public →76
Asymétrie d'information →76
Rivalité →78
Exclusivité →78
Bien commun →78
Bien à accès privilégié →78
Bien privé →78
Coût privé →79
Coût social →79
Réhabilitation →80

Protection réglementaire de l'environnement →80
Principe du pollueur-payeur →81
Internalisation →81
Taxe d'incitation →81
Droit d'émission →81
Protocole de Kyoto →82
Taxe sur le CO_2 →83
Centime climatique →83
Conflit d'objectifs →84
Courbe de Lorenz →85
Coefficient de Gini →85
Système fiscal →87
Impôt propotionnel →87
Impôt progressif →87
Politique sociale →87
Dictateur bienveillant (concept du) →87
Défaillance de l'État →87
Groupe d'intérêts →88
Recherche de rente →88

QUESTIONS DE RÉVISION DU CHAPITRE 3

1 a) Citez les deux principales différences entre l'économie de marché et l'économie planifiée.
b) Mentionnez trois problèmes insurmontables qui font que l'économie planifiée est un moins bon système que l'économie de marché.

2 Une hausse massive du prix du pain a incité le gouvernement à fixer un prix maximum pour cette denrée essentielle.
a) Reportez la situation décrite dans un schéma de l'offre et de la demande et dessinez la perte de bien-être.
b) Pourquoi la fixation d'un prix maximum empêche-t-elle des transactions qui seraient profitables aux consommateurs et aux producteurs? Étayez votre réponse.
c) Le prix maximum est destiné à protéger les consommateurs contre les effets d'un prix du pain élevé. Son introduction améliore-t-elle le surplus des consommateurs ou nuit-elle au contraire à leurs intérêts?

3 a) Citez les quatre formes que peut prendre une défaillance du marché.
b) L'ouverture du marché agricole d'un pays à la concurrence internationale provoque la disparition de nombreuses exploitations, incapables de rivaliser avec les prix étrangers. Dans cet exemple, s'agit-il d'une défaillance du marché? Si oui, de quelle sorte de défaillance du marché? Justifiez votre réponse.

4 a) Définissez les deux termes économiques « défaillance du marché » et « défaillance de l'État ». Quelles sont les différences?
b) Pour quelles raisons peut-on en arriver à une défaillance de l'État?

5 « Plus les individus sont concernés par une mesure politique, plus il est aisé d'organiser la défense de leurs intérêts dans le cadre d'un groupe d'intérêts. C'est par exemple le cas du TCS, qui défend les intérêts de nombreux automobilistes. » Commentez cette affirmation.

6 a) À l'aide du schéma de l'offre et de la demande, expliquez pourquoi une externalité négative entraîne une production et une consommation supérieures à l'optimum du point de vue du bien-être économique global.
b) Quels instruments d'économie de marché permettent d'internaliser les effets externes dans le domaine de l'environnement?

4. Croissance et conjoncture

« L'effet de la croissance sur la prospérité des individus est tout simplement incroyable. Une fois qu'on commence à étudier cette question, il devient difficile de s'intéresser à autre chose. »

Robert LUCAS, économiste américain (*1937)

4.1	Mesurer la prospérité économique	98
4.2	Croissance : tendance à long terme	103
4.3	Politique de croissance	110
4.4	Conjoncture : variations à court terme	113
4.5	Politique conjoncturelle	118
4.6	La politique de croissance et la politique conjoncturelle de la Suisse	125

Genève : l'aéroport avec le Mont-Blanc au fond, au service de la croissance et de la conjoncture en Suisse romande.

OBJECTIFS D'APPRENTISSAGE

Après avoir lu ce chapitre, vous devriez pouvoir :

1	expliquer ce qu'est le PIB et décrire ses trois modes de calcul ;
2	distinguer les deux sources de croissance économique durable et nommer les principaux facteurs qui les influencent ;
3	expliquer le rôle spécifique du progrès technique dans le processus de croissance économique durable ;
4	présenter les effets de la politique de croissance sur la croissance économique durable ;
5	décrire un cycle conjoncturel ;
6	expliquer ce qu'est une récession et comment elle voit le jour ;
7	pointer le potentiel et les limites de la politique conjoncturelle en matière de lutte contre la récession ;
8	décrire la politique de croissance de la Suisse ;
9	indiquer qui mène la politique conjoncturelle de la Suisse et comment.

4 Croissance et conjoncture

De petites variations du taux de croissance peuvent avoir avec le temps des effets majeurs sur le revenu par habitant. C'est particulièrement visible lorsque l'on compare l'évolution des pays en développement et des pays industrialisés. Mais il suffit d'observer l'évolution des pays riches pour s'en convaincre. Pendant les premières décennies suivant la Seconde Guerre mondiale, la Suisse a connu des taux de croissance relativement élevés, qui ont fait d'elle le pays le plus riche du monde jusque dans les années 1970. Comme sa croissance s'est ralentie dans l'intervalle, elle a perdu en l'espace de quelques décennies l'avance qu'elle avait en termes de prospérité et a été rattrapée par d'autres pays aux taux de croissance plus élevés. Un écart de croissance annuelle qui paraît insignifiant en soi aboutit sur la durée à un écart de prospérité impressionnant. C'est pourquoi la croissance durable est sans aucun doute l'un des thèmes majeurs des sciences économiques et de la politique économique, de même que les variations à court terme, appelées les cycles conjoncturels. Depuis la crise qui a ébranlé l'économie mondiale dans les années 1930, les ralentissements de la conjoncture et les mesures de politique économique à adopter sont la source de débats animés. Les effets macroéconomiques considérables de la crise financière de 2008 et celle du coronavirus en 2020-2021 ont ravivé ces discussions.

Le chapitre est structuré de la manière suivante :

La **section 4.1** montre comment on mesure la prospérité économique d'un pays et son évolution au fil du temps.

La **section 4.2** analyse les facteurs qui déterminent la croissance à long terme.

La **section 4.3** montre de quelle manière la politique économique peut influer sur la croissance à long terme.

La **section 4.4** éclaire l'origine des variations conjoncturelles.

La **section 4.5** analyse les réactions possibles aux variations du PIB.

La **section 4.6** explique comment la politique économique de la Suisse agit sur la croissance à long terme et sur les variations conjoncturelles.

4.1 Mesurer la prospérité économique

4.1.1 Le produit intérieur brut (PIB): instrument de comparaison internationale

Pour apprécier l'évolution de la prospérité d'un pays, nous devons tout d'abord nous demander comment la mesurer. C'est le PIB par habitant qui s'est imposé comme instrument de mesure. Il s'agit sans doute de l'indicateur le plus utilisé pour déterminer l'état général d'une économie. On l'obtient à partir de la valeur marchande de tous les biens produits dans un pays pendant une période déterminée. Seuls les produits finis sont pris en compte, pour éviter une double comptabilisation (nous y reviendrons). On mesure donc la création de valeur effective, aux prix actuels du marché (PIB nominal).

Pour comparer le PIB actuel de la Suisse à celui d'autres périodes, il faut le corriger de l'inflation. En raison du renchérissement, un franc d'aujourd'hui vaut en effet moins qu'un franc d'il y a dix ans. Or le PIB nominal n'en tient pas compte. En retirant l'inflation du PIB nominal, on obtient le PIB réel, qui permet d'effectuer des comparaisons dans le temps.

Avant de comparer les PIB de plusieurs économies, il faut avoir à l'esprit que tous les pays n'ont pas la même taille. L'Allemagne aura toujours un PIB nettement plus élevé que la Suisse, car sa population fait plusieurs fois celle de la Suisse. Dans les comparaisons internationales, on utilise donc toujours le PIB réel par habitant, soit le PIB total divisé par le nombre d'habitants. Exprimé dans une même monnaie pour tous les pays, généralement le dollar, il permet de comparer leur prospérité.

→ **Création de valeur**
Valeur ajoutée lors de la production grâce à la transformation d'un bien existant en un autre bien. La valeur ajoutée correspond à la valeur du bien produit moins la valeur des intrants.

→ **PIB nominal**
Valeur totale, mesurée à prix courants, de la production de biens d'une économie.

→ **PIB réel**
Production totale d'une économie, mesurée à prix constants.

Prospérité ou bien-être ?

Dans les discussions économiques, on parle souvent dans un même contexte de prospérité et de bien-être économique. On pourrait croire qu'il s'agit de synonymes. Mais il s'agit en réalité de deux concepts différents, même s'il y a en règle générale une corrélation positive entre ces deux indicateurs.

La prospérité désigne le niveau de vie matériel d'une société (ou d'un individu). Elle donne une indication sur la quantité de marchandises et de services que l'on peut s'offrir. On la mesure à l'aide du PIB. On pourrait argumenter que cet indicateur n'englobe pas toute l'étendue de la prospérité, comme nous le verrons dans l'encadré de la p. 101. Mais il s'agit d'un standard international qui permet de faire des comparaisons entre pays.

Le bien-être est un concept plus vaste et plus difficile à mesurer. Outre la prospérité matérielle, il englobe des aspects de qualité de vie. En tant que concept, le bien-être désigne l'utilité qu'une personne retire d'un bien et la compare au coût de ce bien. Si l'utilité est supérieure au coût, il en résulte un gain d'utilité et donc de bien-être. C'est ce que mesurent le surplus du consommateur et le surplus du producteur, concepts expliqués dans l'encadré des pp. 67 et 68. La somme de ces deux surplus correspond au bien-être global créé sur un marché. Ces concepts permettent d'apprécier si une intervention accroît ou réduit le bien-être.

Croissance et conjoncture 4

Figure 4.1
Exemple de calcul du PIB

4.1.2 Calculer le PIB

Le PIB, qu'il soit exprimé par habitant ou en chiffres absolus, revient si souvent dans les discussions économiques qu'il serait bon de savoir ce dont il s'agit. Nous prendrons un exemple pour mieux comprendre ce concept et nous en servirons pour montrer qu'il y a trois façons de calculer le PIB.

Un exemple simple

Rappelons que le PIB ne prend en compte que la valeur des produits finis. On retire donc la valeur des intrants pour éviter une double comptabilisation. On ne tient ainsi compte que de la création de valeur, c'est-à-dire de la valeur nouvelle créée.

Prenons une économie qui ne fabrique qu'un seul produit fini, le pain. Trois producteurs participent à la création de valeur : un paysan, un boulanger et un épicier. La **figure 4.1** illustre le processus de création de valeur.

Le paysan produit des céréales et les transforme en farine qu'il vend au boulanger. Le boulanger fabrique du pain à partir de la farine et le vend à l'épicier, qui livre les clients finaux. Admettons que le paysan demande 30 francs au boulanger pour une certaine quantité de farine. Avec ces 30 francs, il paie les salaires et réalise un bénéfice. Cette somme représente sa création de valeur. Les salaires et le bénéfice sont pour lui et ses employés. Le boulanger, lui, fait du pain avec la farine et le vend à l'épicier pour 100 francs. À combien s'élève sa propre création de valeur ? Il ne fabrique pas la farine, raison pour laquelle son prix n'est pas pris en compte dans la création de valeur ; elle est considérée comme un intrant.

→ **Intrant**
Valeur d'un bien entrant dans la production d'un bien ou d'un service.

Comptabilité nationale
« Simulation Excel »
iconomix.ch/fr/modules/m13

Après avoir déduit le prix de cet intrant du prix du pain, on arrive à une création de valeur de 70 francs pour le boulanger, qu'il répartit à son tour entre salaires et bénéfice. L'épicier, enfin, revend le pain pour 120 francs. Si on déduit de ce prix les intrants d'un montant de 100 francs, on arrive pour ce troisième producteur à une création de valeur de 20 francs. Les clients de l'épicerie achètent le pain pour 120 francs et le consomment. Le pain vendu constitue le produit fini, dont la valeur correspond au PIB de cette petite économie.

Le prix du pain ne reflète pas que la création de valeur de celui qui le vend, mais aussi celle du paysan et du boulanger.

Les trois façons de calculer le PIB

Reprenons cet exemple simple pour montrer comment calculer le PIB d'une économie selon qu'on choisit l'optique de la production, des dépenses ou des revenus. Aucune de ces trois optiques n'est meilleure qu'une autre. Tout dépend de la question posée. Le résultat des trois calculs est d'ailleurs toujours le même.

L'optique de la production se concentre sur la fabrication des produits. Dans notre petite économie, cela revient à additionner la création de valeur à chaque stade. Cela donne 30 (paysan) + 70 (boulanger) + 20 (épicier) = 120 francs. Comme nous l'avons déjà dit, nous voulons éviter les doubles comptabilisations et ne tenir compte que de la création de valeur et non de la valeur totale de chaque production intermédiaire. Pour le boulanger, par exemple, nous ne prenons pas les 100 francs qu'il a reçus de l'épicier comme base de calcul, mais seulement les 70 francs de valeur qu'il a créée.

L'optique des dépenses s'intéresse à la demande de produits finis et mesure le montant que les consommateurs paient pour ces produits finis. Dans notre exemple, les consommateurs achètent le pain pour un montant de 120 francs. Dans l'optique des dépenses, ce montant correspond au PIB de l'économie.

L'optique des revenus, enfin, s'attache aux rentrées d'argent générées par les transactions à chaque étape. Ces revenus sont versés aux employés sous forme de salaires et aux investisseurs sous forme de bénéfices. La somme des salaires et des bénéfices correspond à la création de valeur. En additionnant tous les salaires et tous les bénéfices, on arrive encore une fois à un PIB de 120 francs.

→ **Optique de la production (PIB)**
Calcul du PIB sous l'angle de la valeur ajoutée des biens produits.

→ **Optique des dépenses (PIB)**
Calcul du PIB sous l'angle des dépenses totales des ménages, des entreprises, de l'État, et de l'étranger pour les biens produits dans le pays.

→ **Optique des revenus (PIB)**
Calcul du PIB sous l'angle des revenus liés à la valeur ajoutée créée (bénéfices des entreprises et rémunérations des employés).

Croissance et conjoncture 4

Le PIB, un instrument approprié pour évaluer la prospérité?

Le PIB s'est imposé dans la pratique internationale en tant qu'instrument de mesure de la prospérité. Tous les pays s'en servent pour évaluer leur niveau de prospérité et emploient ses variations comme un critère d'appréciation de la dynamique de croissance. Mais, soyons clairs, le PIB n'est pas un instrument parfait. Il est employé pour obtenir un instantané aussi précis que possible, mais il a ses limites. Il est critiqué en premier lieu du fait qu'il ne mesure que la valeur créée sur un marché, c'est-à-dire par des transactions payantes. Le travail domestique n'est pas comptabilisé dans le PIB, alors qu'il s'agit clairement d'une création de valeur. Si l'on embauche quelqu'un pour faire le ménage et qu'on lui verse un salaire, cela a une incidence sur le PIB, mais pas si on fait le travail soi-même. Autre point critiqué : le PIB mesure chaque création de valeur, mais pas les pertes de valeur préalables.

Ainsi, un accident de la circulation aura des incidences positives sur le PIB, car les réparations constituent une création de valeur. Il en est de même pour les travaux réalisés après une catastrophe naturelle. Dernière source de critiques : le PIB ne mesure que la prospérité moyenne d'une économie et non sa répartition entre les groupes de population.

Ces limites ne disqualifient pas le PIB pour autant. Son principal avantage est qu'il s'agit d'un standard international, établi selon des règles claires. Par ailleurs, il y a une corrélation relativement étroite entre le PIB et d'autres indicateurs de bien-être, comme l'espérance de vie. Enfin, contrairement à d'autres concepts plus diffus tels que la « qualité de vie » ou le « bonheur », le PIB est facile à mesurer.

Le PIB d'un pays se calcule de la même manière que dans notre exemple, à la différence près qu'il faut tenir compte d'une multitude de chaînes de valeur.

- Dans l'optique de la production, on calcule la valeur des produits finis pour toutes les branches de l'économie. C'est donc la somme des créations de valeur de chaque étape de production.
- Dans l'optique des dépenses, on détermine combien les consommateurs ont payé pour les biens qu'ils ont achetés. Parmi les consommateurs, on distingue les ménages (dépenses de consommation), les entreprises (dépenses d'investissement), l'État (dépenses publiques) et l'étranger (dépenses d'exportation).
- Dans l'optique des revenus, on fait la somme de tous les salaires versés et de tous les bénéfices réalisés.

Calculer le PIB pour l'économie globale est bien sûr nettement plus complexe que dans notre exemple, mais le principe reste le même.

Synthèse

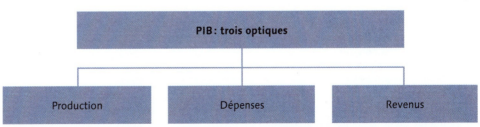

4.1.3 Le PIB de la Suisse

Concrètement, penchons-nous sur le PIB de la Suisse, calculé selon ces trois méthodes. La **figure 4.2** fournit les données de l'année 2021: dans le diagramme de gauche pour la production, dans celui du milieu pour les dépenses et dans celui de droite pour les revenus.

Côté production, nous constatons que l'agriculture ne représente plus qu'une petite part de la production suisse. Le secteur industriel s'est lui aussi fortement contracté au cours des dernières décennies et ne représente plus qu'un cinquième du PIB. Les services, répartis en trois sous-groupes, dominent aujourd'hui la création de valeur. Ils représentent près des trois quarts de la production suisse.

Côté dépenses, on s'aperçoit de l'importance de la consommation privée, qui représente environ 50% de la demande. Les dépenses d'investissement (construction et équipement) en représentent environ 24%, la consommation publique 11,7%. À noter que les statistiques ne portent que sur la consommation publique et non sur l'ensemble des dépenses publiques; les investissements publics figurent, eux, parmi les dépenses d'investissement. Lorsque nous parlerons plus loin de dépenses publiques, il s'agira toujours de la somme de la consommation publique et des investissements publics.

→ **Consommation privée**
Dépenses de consommation des ménages.

→ **Dépense d'investissement**
Dépense d'une entreprise ou d'une collectivité publique pour l'acquisition d'un bien durable de production.

→ **Consommation publique**
Dépenses de consommation de l'État.

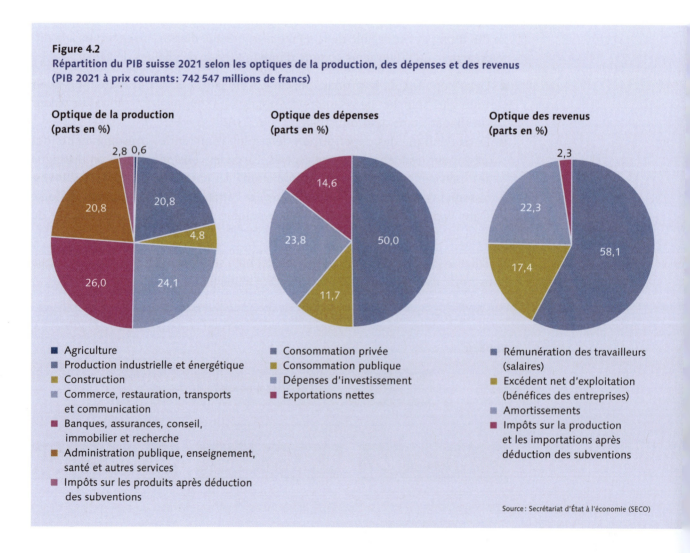

Figure 4.2
Répartition du PIB suisse 2021 selon les optiques de la production, des dépenses et des revenus
(PIB 2021 à prix courants: 742 547 millions de francs)

Source: Secrétariat d'État à l'économie (SECO)

Croissance et conjoncture   4

Côté dépenses toujours, on peut être surpris que le commerce extérieur représente une part si faible : les exportations nettes ne représentent que 14,7 % du PIB. Pourquoi dit-on alors toujours qu'un franc suisse sur deux est gagné à l'étranger ? Il s'agit ici d'exportations nettes, c'est-à-dire qu'on en a déduit les importations. Les exportations représentent en effet à elles seules plus de 50 % du PIB. Le commerce extérieur a donc bien un poids important en Suisse. Mais pour calculer le PIB, il faut déduire les importations (section 4.2.1), qui sont inférieures aux exportations.

Côté revenus, nous voyons que les salaires représentent 58,1 % du PIB et que plus de 17 % correspondent aux bénéfices des entreprises. Les amortissements font près de 22 % ; ils figurent ici parce qu'une partie des revenus des entreprises financent les biens d'équipement utilisés pendant la période considérée, mais produits pendant la période précédente (p. ex. les machines).

→ **Exportations nettes**
Valeur des exportations après déduction de la valeur des importations.

4.2 Croissance : tendance à long terme

Au chapitre 2 nous avons introduit un concept macroéconomique simple, qui distingue entre l'évolution du PIB à long terme, et ses variations à court terme. Le trend correspond au long terme que nous approfondissons dans les deux prochaines sections. Les deux dernières sections traitent de la conjoncture, donc des mouvements de la courbe de croissance autour de ce trend.

4.2.1 Importance de la croissance tendancielle

→ **Taux de croissance**
Mesure en % de l'évolution du PIB durant une période donnée.

Les taux de croissance à long terme en disent très long sur la prospérité des pays concernés. Des différences minimes de croissance produisent à long terme de très gros écarts de prospérité. C'est ce qu'illustre la **figure 4.3**.

Au début du 19ᵉ siècle, les États-Unis, le Japon et le Bangladesh avaient tous les trois un niveau de revenu relativement bas comparé à nos jours. En 1820, le PIB réel par habitant des États-Unis s'élevait à quelque 1260 dollars, celui du Bangladesh en faisait environ un quart. Pourtant, ces pays ont évolué très différemment. Les États-Unis ont enregistré une croissance forte et constante du PIB par habitant, qui est aujourd'hui presque 25 fois plus élevé que celui de 1820. Le Japon est quant à lui la preuve qu'un pays peut rapidement rattraper son retard. Alors qu'il était relativement pauvre jusqu'à la Seconde Guerre mondiale, il a pratiquement atteint le niveau des États-Unis en seulement quelques décennies grâce à des taux de croissance très élevés sur certaines périodes. Le Bangladesh, lui, est resté à un niveau de revenu extrêmement bas, comparable à celui d'il y a 200 ans.

Croissance économique
« L'énigme de la prospérité économique »
iconomix.ch/fr/modules/a038

« Quoi, tu as deux pierres ? L'économie est en croissance ! »

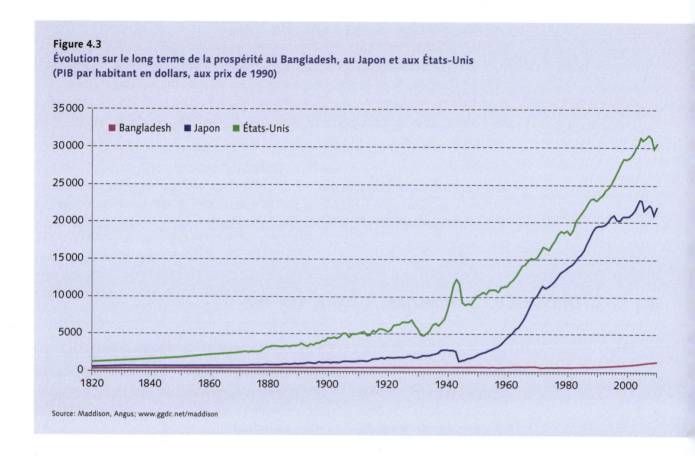

Figure 4.3
Évolution sur le long terme de la prospérité au Bangladesh, au Japon et aux États-Unis
(PIB par habitant en dollars, aux prix de 1990)

Source: Maddison, Angus; www.ggdc.net/maddison

Bien que les écarts de prospérité se soient creusés de manière impressionnante au cours de cette période, les taux de croissance annuelle moyens de ces pays ne différaient pas tant que ça: ils étaient de l'ordre de 1,7 % pour les États-Unis et de 0,7 % pour le Bangladesh. Cela démontre que des taux de croissance même constants peuvent entraîner une augmentation disproportionnée du revenu, tout comme dans le cas d'un intérêt composé pour un placement. Un taux d'intérêt relativement modeste peut induire sur une longue durée une augmentation spectaculaire du revenu.

→ **Intérêt composé**
Intérêt payé sur les intérêts qui ont été perçus et incorporés au capital.

À cela s'ajoute que le PIB sous-estime l'augmentation de la prospérité en ne tenant pas suffisamment compte de la disponibilité de nouveaux biens. Non seulement un Européen moyen est, sur de nombreux plans, beaucoup plus riche aujourd'hui que le plus riche des individus il y a cent ans, mais en plus, il dispose de nombreux biens qui n'existaient pas encore à l'époque. Les gens même riches n'avaient pas accès aux vols intercontinentaux, à Internet, aux smartphones ni à de nombreux médicaments, autant de biens que des personnes au revenu moyen peuvent aujourd'hui se payer dans les pays industriels.

4.2.2 Facteurs de production et sources de croissance

Mais qu'est-ce qui fait croître l'économie? Un simple schéma (**figure 4.4**) permet de l'expliquer. Nous avons vu que la prospérité d'une économie dépend de la quantité de biens qu'elle peut produire. La prospérité augmente par conséquent lorsque la quantité qui peut être produite augmente. La **figure 4.4** montre bien qu'il n'y a que deux moyens d'augmenter la production par habitant:

Croissance et conjoncture

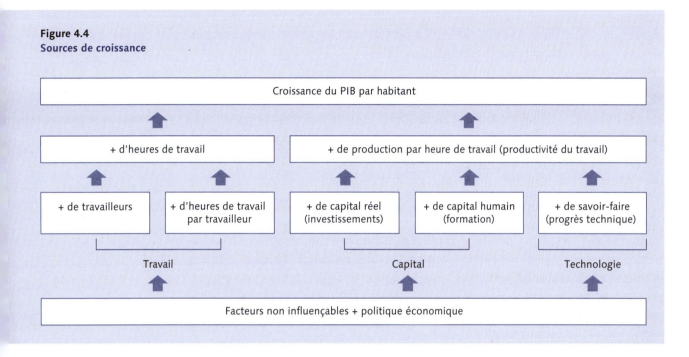

Figure 4.4
Sources de croissance

→ **Productivité du travail**
Valeur des biens produits par heure de travail effectuée.

- effectuer plus d'heures de travail ;
- produire plus par heure de travail effectuée (productivité du travail).

L'augmentation du nombre d'heures de travail effectuées et celle de la productivité du travail sont donc les deux sources directes de croissance. On peut procéder à une analyse plus fine en se penchant sur chacune d'entre elles.

Ainsi, le nombre d'heures de travail augmente lorsque plus de personnes travaillent alors que la population reste constante (plus de travailleurs) ou lorsque chaque personne travaille plus (plus d'heures de travail par travailleur).

Prenons la productivité du travail, soit la production par heure de travail. Elle repose sur trois facteurs : la dotation en capital réel, la dotation en capital humain et la technologie utilisée.

→ **Capital réel**
Ensemble des installations et équipements utilisés pour la production de biens.

Premièrement, la productivité augmente si la main-d'œuvre dispose de plus de capital réel. Par exemple, la production d'énergie occupe relativement peu de travailleurs, mais les biens d'équipement dont ils sont dotés sont très coûteux, d'où une productivité élevée. Les coiffeurs, par contre, disposent de beaucoup moins de biens d'équipement et ont une productivité plus basse. Renforcer les investissements, c'est-à-dire augmenter le capital réel, peut accroître la productivité du travail et stimuler la croissance.

Deuxièmement, la productivité dépend des compétences des travailleurs. Généralement, mieux ils sont formés, plus leur productivité et donc leur salaire sont élevés. Dans le jargon économique, on parle de capital humain. Investir dans la formation permet donc d'accroître la productivité du travail et de générer de la croissance.

→ **Capital humain**
Ensemble des compétences et des savoir-faire accumulés par les individus dans le cadre de leurs formations et de leur expérience professionnelle.

Troisièmement, on peut aussi accroître la productivité du travail en utilisant une meilleure technologie, grâce au progrès technique donc. Rappelons que la technologie correspond à la somme de connaissances quant aux possibilités de combiner le travail et le capital pour produire un bien. Prenons l'exemple des figures de ce

Croissance : tendance à long terme

manuel. Il y a seulement quelques années, il fallait des heures et des heures de travail pour faire de tels graphiques, alors qu'aujourd'hui, un programme informatique permet de les générer en quelques clics.

La **figure 4.4** mentionne les cinq facteurs de croissance que nous venons d'évoquer (+ de travailleurs, + d'heures de travail par travailleur, + de capital réel, + de capital humain, + de savoir-faire). Elle introduit ainsi la fonction de production macroéconomique, c'est-à-dire la combinaison des facteurs de production travail, capital et technologie. C'est elle qui détermine la quantité pouvant être produite, c'est-à-dire l'offre économique globale. Dans la **figure 2.11** (p. 55), la terre et les ressources naturelles sont aussi mentionnées comme facteurs de production. Ici, on considère qu'elles font partie du capital.

→ **Fonction de production macroéconomique**
Fonction exprimant la relation entre la quantité de biens produits dans une économie (PIB réel) et l'ensemble des facteurs de production utilisés à cette fin.

Enfin, la **figure 4.4** fait état des deux grandes variables qui influencent les cinq facteurs précités. Il s'agit d'une part des conditions dites exogènes, c'est-à-dire que la politique économique ne peut pas changer, comme le climat, la situation géographique, les pays voisins ou encore la culture et les institutions politiques. D'autre part, il s'agit des décisions de politique économique, par exemple de fiscalité, de formation ou de concurrence.

Reprenons le schéma macroéconomique de la **figure 2.12** (p. 57). La croissance tendancielle à long terme y est représentée par la pente de la droite. Si la croissance tendancielle est à la hausse, par exemple parce que la productivité du travail augmente plus fortement, la pente de la droite devient plus raide. C'est ce qui se passe dans la **figure 4.5** à partir du moment t_1. La croissance moyenne de l'économie à partir de ce point se renforce et, comme la conjoncture varie dès lors autour d'une croissance tendancielle plus soutenue, la croissance économique ne reculera plus autant qu'avant lorsque la conjoncture était mauvaise.

Aux États-Unis à partir du milieu des années 1990, la hausse de la productivité de l'économie s'est renforcée pour différentes raisons, avec pour conséquence une hausse de la croissance tendancielle. À noter qu'une croissance tendancielle plus élevée réduit le risque de récession (croissance négative du PIB).

Figure 4.5
Représentation de la croissance dans le schéma macroéconomique

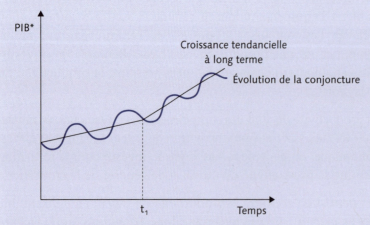

La croissance moyenne de l'économie se renforce à partir du moment t_1, par exemple parce que l'augmentation de la productivité du travail se renforce elle aussi. La conjoncture variant autour d'une croissance tendancielle plus élevée à partir de t_1, la croissance économique ne recule plus autant qu'avant lorsque la conjoncture est mauvaise.

* Le PIB est présenté de manière logarythmique de manière à ce que la pente de la droite corresponde à la croissance moyenne du PIB.

Croissance et conjoncture

Une croissance durable

Le présent chapitre est consacré aux facteurs de la prospérité matérielle. Dans cette analyse, il est important de tenir compte de la discussion sur les défaillances du marché menée au chapitre 3. Nous y avons vu qu'en l'absence de mesures de politique économique, des effets externes pouvaient entraîner un usage excessif des ressources naturelles. De la même manière, la croissance ne peut réellement faire augmenter la prospérité que si l'on tient compte des effets sur l'environnement.

C'est ici qu'intervient le concept de durabilité. Rendu populaire par la Conférence de Rio de 1992, il postule que le développement n'est durable que s'il ne compromet pas les possibilités d'action des générations futures. La croissance ne peut donc être durable que si elle ne met pas les ressources naturelles en péril. Il convient donc d'internaliser les effets externes sur l'environnement. Le concept de durabilité s'est développé depuis et comprend trois dimensions : économique, écologique et sociale. La durabilité sociale n'est pas encore définie très clairement. Exprimé simplement, on peut dire que la croissance est durable lorsqu'elle ne se fait pas « sur le dos » de certains groupes de population.

S'agissant de la dimension économique, l'augmentation de la prospérité matérielle ne doit pas passer par des mesures qui portent lourdement atteinte aux ressources naturelles et à la cohésion sociale. Seule la prise en compte des effets écologiques et sociaux dans la politique de croissance permet de viser une croissance de qualité.

→ **Durabilité**
Situation dans laquelle les possibilités des générations à venir ne sont pas compromises par les actions de la génération actuelle.

4.2.3 Le rôle déterminant du progrès technique

→ **Progrès technique**
Amélioration technologique entraînant une hausse de la productivité des facteurs de production.

Le troisième facteur de production, le progrès technique, est assurément le moteur de la croissance durable. Car contrairement à la main-d'œuvre et aux biens d'équipement, le progrès technique n'est pas limité. C'est le seul facteur à pouvoir théoriquement croître sans fin.

Mais l'économie peut-elle croître indéfiniment? Certains scientifiques affichent ouvertement leur scepticisme et rappellent que les ressources naturelles de la Terre sont limitées. Comment serait-il possible que la prospérité continue d'augmenter, alors que la population mondiale ne cesse de croître?

Ce doute peut sembler justifié. Pourtant, rien ne porte à croire que la fin de la croissance, si souvent annoncée, est pour demain. Si les économistes sont optimistes, c'est que la croissance économique ne repose que pour une faible part sur des éléments physiques limités tels que le travail et le capital. La croissance à long terme est due pour l'essentiel au progrès technique, c'est-à-dire à la possibilité de combiner de multiples façons des ressources limitées pour créer de la valeur.

Prenons un exemple simple. L'oxyde de fer, aussi appelé rouille, est d'abord considéré comme un simple déchet. Puis les hommes des cavernes ont l'idée d'utiliser l'oxyde de fer minéral pour peindre sur les parois des grottes. C'est le premier pas vers la production de valeur à partir d'une matière qui a priori n'en a pas. Plus tard, l'homme apprend à extraire le fer de l'oxyde de fer, qui prend alors de la valeur, car il peut servir à fabriquer quantité de produits utiles. Plus tard encore, il trouve comment mélanger le fer et le carbone pour obtenir de l'acier, ce qui multiplie encore les possibilités d'utilisation. Enfin, il y a seulement quelques décennies, on découvre comment transformer l'oxyde de fer en disquettes, un support qui ouvrait de toutes nouvelles perspectives d'enregistrement du son et de l'image.

Pour la croissance, ce qui importe, ce n'est pas tant qu'il y ait toujours autant d'oxyde de fer, mais que les possibilités d'utilisation n'aient cessé d'évoluer, permettant une augmentation spectaculaire de la prospérité. Et cela ne s'arrêtera certainement pas là : on sait d'expérience que des applications permettant une création de valeur encore plus importante verront certainement le jour.

En matière de croissance, les grandes avancées s'expliquent souvent par une avancée technologique. Prenons la production de lumière : le prix de l'éclairage a baissé d'un facteur 4000 entre 1800 et nos jours, grâce au passage de la bougie aux ampoules basse consommation.

Le progrès technique ne se limite pas aux découvertes scientifiques majeures. La croissance de la productivité s'explique en grande partie par la mise en œuvre d'améliorations parfois minimes des processus de travail. Ici aussi, c'est une nouvelle manière de combiner les ressources qui permet de créer de la valeur.

Une utilisation possible de l'oxyde de fer, mais pas la plus récente !

4.2.4 Changement structurel

Une croissance forte va toujours de pair avec une modification de la structure de l'économie concernée (changement structurel). Car la croissance se fonde avant tout sur le progrès technique, combiné à la division du travail. Et tant l'avènement de nouvelles technologies que les avancées de la mondialisation entraînent des adaptations de la structure économique.

→ **Changement structurel**
Modification de la structure économique d'un pays, et notamment de l'importance relative des différents secteurs de l'économie.

Ce n'est donc pas un hasard si l'économie a connu des changements structurels beaucoup plus rapides au cours du siècle dernier que pendant les siècles précédents. L'agriculture (secteur primaire) a dominé l'économie suisse pendant une bonne partie du 19e siècle. La productivité s'est certes améliorée dans ce secteur au cours des siècles passés, mais ces améliorations ont été très progressives, et la croissance de l'économie a par conséquent été lente.

Les choses ont changé avec l'industrialisation et la participation croissante de l'économie suisse à la division internationale du travail. C'est logiquement l'industrie (secteur secondaire) qui a d'abord connu un boom. Puis, au cours des dernières décennies, c'est le secteur des services (secteur tertiaire) qui a vu sa proportion d'actifs augmenter massivement. La **figure 4.6** montre que 20% des actifs suisses travaillaient encore dans le secteur de l'agriculture à la fin de la Seconde Guerre mondiale ; aujourd'hui ils ne représentent plus que 2,4%. Dans le même temps, la proportion d'actifs dans l'industrie est passée de plus de 40% à 20,4%. Le secteur des services a connu l'évolution inverse, passant de 35% des actifs à 77% aujourd'hui.

Le changement structurel signifie que certaines branches suppriment des postes de travail, mais que, dans le même temps, et c'est là l'essentiel, d'autres branches en créent.

Le changement structurel est loin d'être facile pour les personnes concernées. La plupart d'entre nous réagissons d'ailleurs avec scepticisme à des mutations aussi profondes qu'un changement d'emploi, surtout si cela implique d'apprendre un nouveau métier. Il n'est dès lors pas étonnant que des voix s'élèvent pour exiger

Croissance et conjoncture 4

Autrefois secteur n°1 de l'économie suisse, l'agriculture ne représente plus aujourd'hui que 0,7 % du PIB.

des mesures de politique conjoncturelle visant à lutter contre le changement structurel. Cela fait par exemple des décennies que l'agriculture suisse bénéficie d'un soutien. De telles mesures permettent de ralentir le processus, mais ne peuvent l'empêcher et rendent les adaptations nécessaires d'autant plus importantes. Il en résulte souvent une rupture structurelle, qui peut se traduire par un pic de chômage dans le secteur concerné. Mieux vaut laisser s'opérer le changement structurel, tout en facilitant la reconversion des travailleurs concernés. Nous y reviendrons au chapitre 5.

→ **Rupture structurelle**
Modification majeure et rapide – pouvant s'apparenter à un choc – de la structure d'un secteur de l'économie.

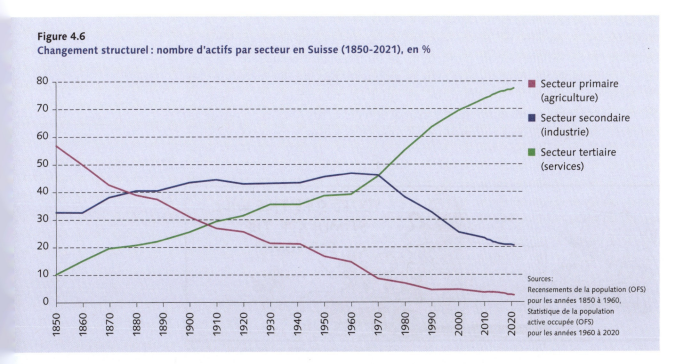

Figure 4.6
Changement structurel : nombre d'actifs par secteur en Suisse (1850-2021), en %

- Secteur primaire (agriculture)
- Secteur secondaire (industrie)
- Secteur tertiaire (services)

Sources :
Recensements de la population (OFS) pour les années 1850 à 1960,
Statistique de la population active occupée (OFS) pour les années 1960 à 2020

109

4.3 Politique de croissance

Comme nous l'avons vu dans la **figure 4.4**, certains facteurs que les mesures de politique économique ne permettent pas d'influencer déterminent le niveau de croissance. Parmi ces déterminants de la croissance, on compte les réalités géographiques :

- la dotation en matières premières ;
- le climat ;
- la proximité de partenaires économiques forts.

Mais il y a aussi ce qu'on peut appeler le capital relationnel :

- la stabilité politique et les droits politiques ;
- la confiance dans les droits de propriété et dans les droits contractuels ;
- une corruption faible.

Contrairement aux réalités géographiques, on pourrait influencer le capital relationnel, mais moyennant des mesures de politique sociale longues à mettre en œuvre. On admet donc que le capital relationnel est exogène et que la politique économique ne permet pas de l'influencer.

Dans de nombreux pays en développement, c'est justement le cadre politique qui freine fortement la croissance (encadré p. 112). Dans la plupart des pays riches, par contre, le capital relationnel a atteint un niveau suffisant pour que les mesures de politique économique au sens étroit aient des chances de faire la différence.

Nous ne parlerons qu'en termes généraux des possibilités dont dispose la politique économique pour influencer la croissance. Les détails seront abordés dans d'autres chapitres. On distingue deux types de mesures selon qu'elles ont un impact sur les heures de travail effectuées (emploi) ou sur la productivité du travail.

Regardons la première de ces sources de croissance, l'emploi. La politique de l'emploi et la politique sociale permettent de l'influencer directement. La politique de l'emploi, qui réglemente le marché du travail, produit des incitations qui déterminent le niveau d'utilisation du potentiel des travailleurs. Les questions qui se posent sont les suivantes : quelle proportion des actifs fournit un travail rémunéré, combien d'heures par semaine et comment peut-on accroître le nombre

> → **Déterminants de la croissance**
> Facteurs qui influencent la croissance économique, donc le travail, le capital, la terre, mais aussi la géographie et le capital relationnel.
>
> → **Capital relationnel**
> Ressources que génèrent les relations humaines, donc la participation des individus au tissu social.

« Êtes-vous bien sûr que ça va stimuler l'économie ? »

d'heures effectuées? La politique sociale crée elle aussi des incitations en matière d'activité. Par exemple, si les cotisations de prévoyance vieillesse sont très élevées, l'incitation à embaucher est moindre, et si les prestations de l'assurance-chômage sont particulièrement généreuses, l'incitation à travailler est moindre, d'où un recul des heures de travail effectuées.

Regardons à présent la seconde source de croissance, la productivité du travail. Quatre types de politique économique l'influencent directement :

- la politique de la concurrence (la concurrence incite à l'innovation) ;
- la politique économique extérieure (qui renforce la division du travail en renforçant l'ouverture) ;
- la politique budgétaire (grâce à une imposition efficace et bien conçue et à des dépenses publiques productives) ;
- la politique de la formation et de la recherche (qui génère capital humain et progrès technique).

Nous reviendrons sur ces politiques et leur configuration.

Synthèse

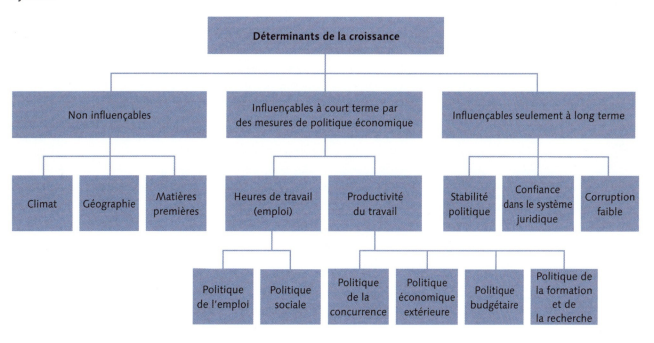

Les perspectives de croissance des pays en développement

C'est une des questions économiques et politiques majeures : comment les pays en développement peuvent-ils améliorer leur niveau de vie ? Il est difficilement acceptable qu'une quantité innombrable d'individus doivent se battre tous les jours pour survivre, surtout quand on considère le niveau élevé de prospérité des pays industrialisés. Notre prospérité est cependant source d'espoir pour les pays en développement, car elle montre qu'il est possible d'atteindre un niveau de vie beaucoup plus élevé. Mais est-ce vraiment le cas pour tous les pays ? La politique (économique) peut-elle influencer partout les déterminants de la croissance ?

Les économistes fournissent leur réponse habituelle : « oui, mais ». « Oui » car la réussite économique ne dépend pas de conditions naturelles impossibles à influencer ; « mais » parce qu'il n'est pas si facile que ça d'influencer les déterminants de la croissance. Revenons d'abord au « oui ». Des réalités géographiques immuables, telles que le climat, la dotation en matières premières ou la proximité de partenaires commerciaux, ne jouent pas un rôle déterminant dans la réussite économique d'un pays. Les exemples de la Suède et de Singapour montrent que l'on peut devenir riche dans des conditions climatiques très différentes. L'exemple de la Nouvelle-Zélande montre que l'on peut réussir sans partenaires économiques proches, celui de la Suisse que l'on peut être un pays riche sans matières premières.

Voyons maintenant le « mais ». Il vient du fait que ce ne sont pas tant les aspects « techniques » de la politique économique, relativement faciles à changer, qui font qu'un pays est riche ou pauvre, mais plutôt différents facteurs politico-institutionnels particulièrement difficiles à modifier. Les pays très pauvres se caractérisent souvent par une forte instabilité politique, des autorités peu fiables ou une corruption importante. La propriété privée et les droits contractuels ne sont pas garantis et l'État n'assume pas correctement sa fonction de régulateur de l'économie de marché (chap. 3). Il n'est dès lors pas rentable d'investir à long terme dans ces pays : les relations économiques demeurent informelles et vont à peine au-delà du cercle des connaissances personnelles. Dans ces conditions, impossible de profiter des avantages de la division du travail. Le processus de développement ne peut réellement se mettre en marche que si les institutions créent des rapports de propriété stables.

Cela dit, les perspectives de développement de ces pays n'ont jamais été aussi bonnes qu'aujourd'hui. Car la mondialisation décrite au chapitre 9 a considérablement simplifié le transfert de technologies productives depuis les pays riches. Nous avons vu que la technologie est un déterminant majeur de la croissance. Or rien n'empêche les pays en développement d'utiliser les technologies existantes. Outre la garantie des droits de la propriété, un axe prometteur est celui de l'ouverture. Nombre de pays émergents l'ont d'ailleurs déjà démontré, comme la Chine et l'Inde, ces pays-continents ayant réalisé un extraordinaire bond en avant. Pour résumer, disons qu'une croissance est possible dans les pays en développement : la garantie des droits de la propriété en est une condition sine qua non, l'ouverture de l'économie peut renforcer le potentiel existant. Passer de la théorie à la pratique reste toutefois ardu, comme le montrent de nombreux exemples de pays accablés par la misère, particulièrement en Afrique.

Croissance et conjoncture

4.4 Conjoncture : variations à court terme

4.4.1 Qu'est-ce qu'un cycle conjoncturel ?

Nous avons vu dans le schéma macroéconomique de la **figure 2.12** (p. 57) que l'évolution effective du PIB était soumise à des fluctuations et que la courbe qui la représente ondulait autour de la croissance tendancielle. Ces fluctuations, appelées conjoncture, suivent des cycles qui peuvent être très irréguliers. La **figure 4.7** montre un de ces cycles sous forme modélisée.

→ **Cycle conjoncturel**
Fluctuations de l'activité économique globale caractérisées par la succession de phases de croissance et de stagnation et de récession.

→ **Dépression**
Forme particulièrement grave et durable de récession économique.

Commençons par une situation de sous-utilisation des facteurs de production : l'économie est en récession. Si la situation est particulièrement grave et durable, on parle de dépression. La croissance est très faible, voire négative, la production effective s'écarte de plus en plus du potentiel productif avec pour principale conséquence un chômage élevé. Une fois atteint le point le plus bas, l'économie repart. Si cet essor se poursuit, la courbe et la droite finissent par se croiser. À partir de là, la production dépasse le point d'utilisation optimale des facteurs de production : c'est la haute conjoncture (ou boom économique). Il y a des limites physiques à cet élan, car tôt ou tard, l'économie est confrontée à la surutilisation des facteurs de production. La croissance ralentit, l'économie est en repli. Si la situation perdure, l'économie se retrouve à nouveau dans une situation de sous-utilisation des facteurs de production. Une nouvelle récession s'amorce et le prochain cycle débute. Bien sûr, ces mouvements ne sont jamais aussi réguliers que dans le graphique, mais on peut facilement distinguer les différentes phases.

Tendances conjoncturelles
« Prévisions sur l'économie Suisse »
iconomix.ch/fr/materiel/a026

La **figure 4.8** nous montre l'évolution récente de l'économie suisse. En 2000, la Suisse est en phase de haute conjoncture. Puis elle connaît un repli dans les années 2001 et 2002 et, début 2003, la récession est sensible. L'économie commence en-

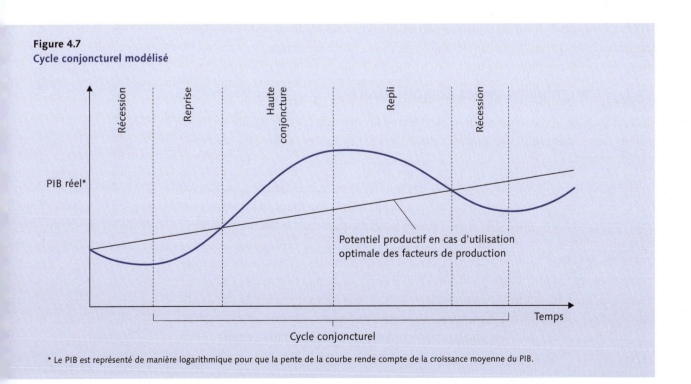

Figure 4.7
Cycle conjoncturel modélisé

* Le PIB est représenté de manière logarithmique pour que la pente de la courbe rende compte de la croissance moyenne du PIB.

Figure. 4.8
Évolution du taux de croissance du PIB réel de la Suisse de trimestre en trimestre (en %) de 2000 à 2021

Source: Secrétariat d'État à l'économie (SECO)

suite à se redresser et la reprise se poursuit en 2005. En 2006 et 2007, l'économie suisse montre des signes évidents de boom. En 2008, une récession sévère s'installe à la suite de la crise économique et financière. La Suisse s'est rétablie relativement rapidement de ce choc par rapport à d'autres pays. En 2020, on constate les effets des mesures prises contre le coronavirus: après un effondrement au deuxième trimestre a suivi un redressement tout aussi spectaculaire au troisième trimestre, avant une rechute massive au quatrième.

→ **Choc**
Modification majeure, soudaine et inattendue d'une grandeur économique.

Attention, la **figure 4.8** représente des taux de croissance trimestriels et non annuels. C'est sous cette forme que la plupart des pays européens, y compris la Suisse, publient leurs chiffres actuels du PIB. Si l'on veut connaître le taux de croissance annuel, il suffit, pour faire simple, de multiplier le taux de croissance trimestriel par quatre (puisqu'une année compte quatre trimestres).

4.4.2 L'origine des cycles conjoncturels

Dans la section précédente, nous avons vu que la croissance tendancielle de l'économie dépendait de l'offre globale, donc de l'évolution du potentiel productif dans le temps.

La conjoncture, quant à elle, dépend avant tout de la demande globale. La plupart des cycles conjoncturels sont en effet dus à l'appétit très fluctuant des consommateurs pour les biens produits. Il est rare de pouvoir rattacher le début d'un repli ou d'une reprise à un événement en particulier. Souvent, le repli commence par une série de petites impulsions négatives qui produisent des effets sur les consommateurs et les incitent à acheter moins. Parmi ces impulsions négatives, on trouve les turbulences sur les marchés financiers, la multiplication des articles sur des licenciements, des conflits à l'étranger ou encore l'augmentation des taux d'intérêt. Ces impulsions ont un effet sur la manière dont les consommateurs perçoivent l'avenir. Et cette perception a souvent plus d'impact que la situation actuelle de l'économie.

Croissance et conjoncture 4

Au début d'un repli, il est tout à fait possible d'observer un recul simultané des quatre composantes de la demande – consommation, investissements, dépenses publiques et exportations nettes. Mais ce sont les investissements, la composante de la demande globale la plus instable, qui fluctuent généralement le plus. Les investissements sont en effet particulièrement sensibles aux changements soudains de la manière dont les consommateurs envisagent l'avenir. La demande de biens durables (p. ex. voitures ou meubles), qui peut être considérée comme un investissement, connaît elle aussi des variations, qui accentuent l'ampleur des cycles conjoncturels.

Ce qui est caractéristique d'un cycle conjoncturel, c'est qu'une fois le repli ou la reprise amorcés, ils s'étendent généralement sur plusieurs périodes, car ce sont des mécanismes qui s'autoalimentent. Si la demande globale baisse au cours d'une période, les entreprises restent avec une partie de leurs marchandises sur les bras. Leurs stocks augmentent. Elles ont donc tendance à brider leur production, parce que les perspectives de vente se sont dégradées et qu'elles doivent commencer par vider leurs stocks. Elles gèlent aussi leurs projets de développement, les investissements reculent. Comme la production baisse, les ressources ne sont plus entièrement utilisées et, dans le pire des cas, les entreprises doivent licencier. Non seulement le chômage augmente, mais les employés ont peur de se faire licencier et consomment moins : la demande globale se réduit encore. Du fait de ces mécanismes de renforcement, l'économie entre alors dans une phase de récession profonde.

Reste à savoir pourquoi le recul de la demande ne se répercute pas immédiatement sur le prix des biens et les salaires. Leur baisse pourrait modérer le recul des quantités produites (moins de production, moins de travail) et ralentir le repli. Si les quantités produites sont soumises à des fluctuations aussi fortes, c'est parce que la plupart des prix, et en particulier les salaires (= le prix du travail) ne réagissent pas très vite aux changements. Une adaptation des salaires, par exemple, nécessite d'abord des négociations. Le recul de la demande sur le marché du travail ne provoque donc pas immédiatement de baisse des salaires, mais un recul des quantités produites, car les salaires sont trop élevés par rapport aux prix des biens (qui, eux, sont en baisse) et que les marges des entreprises se réduisent. Les salaires finissent aussi par réagir à la demande en berne et baissent progressivement, induisant une réduction des coûts des entreprises. Celles-ci peuvent à nouveau augmenter leur production, la demande est stimulée et l'économie repart. On a dépassé le point le plus bas du cycle conjoncturel : la reprise commence.

Outre les perspectives d'avenir, la politique monétaire menée par la banque centrale et la politique fiscale menée par l'État jouent un rôle-clé dans l'évolution de la conjoncture. Les changements politiques soudains peuvent engendrer ou renforcer les fluctuations conjoncturelles. Un recul marqué des dépenses publiques peut entraîner un repli au même titre qu'une politique monétaire restrictive fait augmenter les taux et renchérit les investissements. Nous reviendrons en détail sur le lien entre politique monétaire et taux d'intérêt au chapitre 6.

Il arrive aussi que des chocs productifs – du côté de l'offre donc – soient à l'origine de fluctuations conjoncturelles. L'exemple le plus marquant est celui des crises pétrolières des années 1970 et 1980. La forte augmentation du prix de cette matière première essentielle a causé une forte récession dans de nombreux pays. Ici aussi, les fluctuations occasionnées du côté de l'offre ont été fortement renforcées par les réactions de la demande : la hausse des prix et la réaction

→ **Politique monétaire**
Régulation de l'offre de monnaie par la banque centrale. Une politique monétaire expansionniste accroît la masse monétaire alors qu'une politique restrictive la réduit.

→ **Banque centrale**
Institution chargée de mener la politique monétaire dans l'intérêt du pays.

→ **Politique fiscale**
Ensemble des mesures permettant d'influencer la conjoncture par la gestion des recettes et des dépenses publiques.

Conjoncture : variations à court terme

> ### Le corona-choc
>
> La crise financière de 2008 était jusqu'à récemment considérée comme l'événement macroéconomique du siècle. Quasi comparable à la Grande Dépression des années 1930, elle est de ces récessions qui ne surviennent qu'une fois en plusieurs générations. Pire est malheureusement advenu. En 2020, nous avons vécu une baisse économique encore plus forte.
>
> L'avènement, au printemps 2020, du coronavirus a entrainé des mesures politiques qui ont déclenché un choc macroéconomique historique. L'événement a autant affecté la demande globale que l'offre globale.
>
> Comme évoqué dans le texte principal, la plupart des récessions sont induites par un recul de la demande. Les investissements et la consommation ralentissent, menant à une offre excédentaire. Ce à quoi les entreprises réagissent par des baisses de production, entrainant une hausse du chômage. En revanche, les reculs de l'offre susceptibles de renchérir la production et de déclencher des récessions sont plus rares. Le dernier en date est le choc pétrolier des années 1970.
>
> Les mesures contre le coronavirus, elles, ont simultanément provoqué une crise de l'offre et une crise de la demande. Les confinements représentent des chocs considérables pour l'offre, les outils de production étant mis à l'arrêt par décret politique. Ces mesures de blocage font baisser la production annuelle, donc le PIB. À cela s'ajoute une contraction de la demande, puisque les revenus et les budgets des travailleurs et travailleuses se détériorent, réduisant la consommation et l'investissement. De plus, durant le confinement, une partie des activités de consommation ont été interdites, notamment le tourisme. La demande chute, entrainant celle du PIB.

monétaire qu'elle a engendrée ont provoqué une augmentation sensible des taux d'intérêt, qui a plombé la demande d'investissements et dans une certaine mesure aussi la consommation. Cet épisode a montré une fois de plus que la conjoncture est particulièrement sensible aux fluctuations de la demande globale.

En résumé, la croissance tendancielle dépend surtout de l'offre globale, et les fluctuations conjoncturelles surtout de la demande globale.

4.4.3 Observation de la conjoncture et prévisions conjoncturelles

La situation conjoncturelle est sans doute le sujet économique dont les médias se font le plus l'écho. L'intérêt se porte d'une part sur la situation à l'instant t (observation de la conjoncture) et d'autre part sur les perspectives d'évolution économique (prévisions conjoncturelles). Puisque la conjoncture dépend principalement de la demande globale, les discussions tournent forcément autour des principales composantes de la demande que sont la consommation, les investissements, les dépenses publiques et les exportations nettes.

L'observation de la conjoncture consiste en une description de la situation actuelle. Cela peut paraître simple, mais l'exercice comporte certaines difficultés. On compare souvent les prévisions conjoncturelles aux prévisions météorologiques, mais la comparaison est quelque peu trompeuse. Pour connaître le temps qu'il fait, il suffit de regarder par la fenêtre. Évaluer la conjoncture est loin d'être aussi simple. On ne connaîtra vraiment la situation économique d'un instant t que bien après, lorsque toutes les données nécessaires auront été collectées et analysées. Toute observation de la conjoncture repose donc sur des chiffres plus ou moins provisoires. Il faut d'ailleurs distinguer les données offi-

→ **Observation de la conjoncture**
Évaluation de la situation conjoncturelle actuelle par l'interprétation d'indicateurs appropriés.

Croissance et conjoncture 4

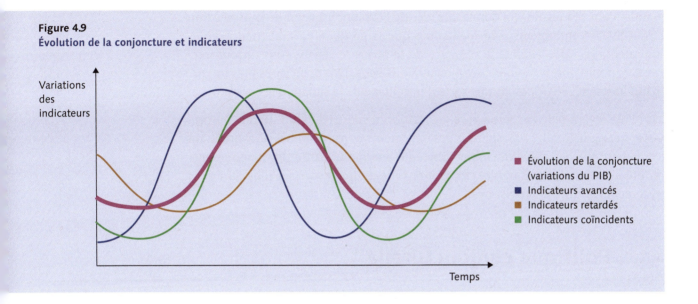

Figure 4.9
Évolution de la conjoncture et indicateurs

→ **Indicateur**
Donnée mesurable qui fournit des indications sur une grandeur non mesurable ou sur un état difficilement quantifiable.

→ **Prévision conjoncturelle**
Estimation de l'évolution économique future au moyen de modèles prévisionnels.

cielles des autres évaluations. Les premières estimations officielles du niveau du PIB sont publiées deux mois environ après la fin d'un trimestre. Elles reposent sur une méthode internationale standardisée d'évaluation du PIB basée sur des indicateurs avancés (p. ex. la production industrielle), facilement mesurables et liés au PIB qui, lui, ne se mesure pas directement. L'estimation provisoire du PIB annuel, réalisée l'année suivante, repose quant à elle sur des données beaucoup plus vastes. Enfin, encore plus tard, une fois toutes les informations réunies, c'est le PIB officiel de l'année considérée qui est publié. De nombreux instituts privés observent les indicateurs en permanence et proposent un instantané de la conjoncture. Ces évaluations, bien qu'inofficielles et ne reposant pas sur des méthodes internationalement reconnues, n'en sont pas moins intéressantes ni moins fiables.

Les prévisions conjoncturelles visent à prédire l'évolution du PIB et de ses composantes, en général pour l'année en cours et l'année à venir. Elles reposent soit sur des modèles statistiques, soit sur des évaluations d'experts, souvent sur les deux. Ces prévisions sont le fait d'institutions étatiques, mais aussi d'instituts privés. Les recettes et les dépenses publiques futures dépendent pour une part déterminante de l'évolution économique. L'État est donc tributaire des prévisions conjoncturelles pour établir son budget, tout comme l'est la banque centrale lorsqu'elle doit prendre des décisions de politique monétaire. Pour les entreprises, les pronostics de santé de l'économie déterminent les décisions d'investissement, lesquelles revêtent une importance majeure. Il y a en conséquence une forte demande de prévisions conjoncturelles. Mais ni l'observation de la conjoncture ni les prévisions conjoncturelles ne reposent sur des mesures exactes. L'économie est beaucoup trop complexe pour ça. Si l'on veut néanmoins faire des prévisions, il faut utiliser des indicateurs en lien avec le PIB. Il y en a trois types : avancés, coïncidents et retardés, comme le montre la **figure 4.9**.

Prenons les indicateurs avancés, qui sont un outil précieux de prévision de la conjoncture. Comme leur nom l'indique, ils sont à la hausse déjà avant une reprise, ou à la baisse avant un repli. On peut par exemple citer le volume des commandes dans l'industrie, qui donne une idée de l'évolution à venir de la production et du PIB. Les indicateurs coïncidents, tels que la production industrielle, ou les indicateurs retardés, comme le chômage ou le niveau des prix, sont surtout intéressants pour l'observation de la conjoncture. Ils peuvent être mesurés plus tôt que le PIB lui-même et proposent une sorte d'instantané de la situation économique.

Tant l'observation de la conjoncture (évaluation trimestrielle du PIB) que les prévisions conjoncturelles reposent sur des indicateurs éprouvés. Elles ne fournissent cependant que des approximations, car seule une petite partie des déterminants du PIB est vraiment mesurable, et il faut ensuite toujours corriger plus ou moins fortement les chiffres provisoires.

4.5 Politique conjoncturelle

4.5.1 La politique anticyclique

La politique (conjoncturelle) anticyclique repose sur le point de vue selon lequel l'État ne peut se contenter d'attendre que la situation s'améliore d'elle-même lorsque l'économie est en récession et que le chômage prend l'ascenseur. Cette politique active se fonde sur l'analyse de John Maynard Keynes, on parle donc souvent aussi de politique keynésienne.

Ainsi, l'État doit réagir au recul de la demande globale en la stimulant. Inversement, il doit freiner la demande globale durant les périodes de boom. La politique anticyclique a donc pour but de stabiliser les variations conjoncturelles. Mais comment l'État peut-il donc influencer la demande globale ? En fait, il dispose de deux leviers : la politique fiscale et la politique monétaire.

Nous allons étudier plus en détail les effets de chacune de ces politiques sur les quatre composantes de la demande globale que sont la consommation, les investissements, les dépenses publiques et les exportations nettes. La politique fiscale peut surtout influencer la consommation et les dépenses publiques. La politique monétaire, quant à elle, agit surtout sur les investissements et les exportations nettes. Essayons de comprendre les mécanismes à l'œuvre.

Politique fiscale et conjoncture
Commençons par la politique fiscale, qui porte sur les recettes et les dépenses de l'État. La méthode la plus simple et la plus directe pour stimuler la demande globale est d'augmenter les dépenses de l'État, c'est-à-dire la demande publique : en période de récession, l'État attribue plus de mandats ou achète plus de biens. L'effet direct sur les dépenses de l'État est suivi d'un effet indirect à court terme : l'argent que l'État a dépensé est notamment versé sous forme de salaires aux travailleurs ; ceux-ci le dépensent à leur tour en consommant et la demande s'en trouve stimulée. C'est là la principale recommandation de l'analyse keynésienne. Elle pose que la manière dont l'État dépense son argent n'a aucune importance. Il pourrait même engager des travailleurs pour faire des trous dans la terre, puis les reboucher. L'important, c'est qu'ils obtiennent un salaire et qu'ils le redépensent au moins en partie. Cela dit, la manière de dépenser les fonds publics est en fait très importante pour la croissance à long terme.

→ **Politique (conjoncturelle) anticyclique**
Ensemble de mesures visant à influencer la conjoncture par le biais d'une politique monétaire et budgétaire expansionniste en phase de récession, et restrictive en période de forte croissance. On parle aussi de politique keynésienne.

→ **Stimulation de la demande**
Renforcement de la demande économique globale par des mesures de politique économique.

John Maynard Keynes

Le seul économiste dont l'influence est comparable à celle d'Adam Smith est certainement John Maynard Keynes. Il a marqué la politique économique du 20e siècle comme aucun autre. C'est le père de la macroéconomie.

Keynes naît en 1883 en Angleterre. Il étudie les mathématiques à Cambridge, puis enseigne l'économie dans cette même université à partir de 1908. Il entre en 1915 au ministère britannique des Finances et représente en 1919 le chancelier de l'Échiquier aux négociations de paix de Versailles après la Première Guerre mondiale. Il quitte néanmoins cette fonction pour protester contre le traitement trop dur réservé aux perdants et se consacre à l'écriture du livre *Les conséquences économiques de la paix*, qui lui vaut en peu de temps une renommée mondiale. Il y critique âprement les réparations financières imposées à l'Allemagne et prédit qu'elles sèmeront les graines de nouveaux conflits. Dans le contexte de la crise économique mondiale qui suit le krach boursier de 1929, il publie en 1936 son ouvrage majeur *Théorie générale de l'emploi, de l'intérêt et de la monnaie*. Il y jette les bases de ce qu'on appelle aujourd'hui la politique macroéconomique keynésienne. Sa thèse centrale est que la demande détermine à court terme les quantités produites et par conséquent le niveau de croissance et l'emploi. Selon son analyse, la crise économique mondiale est due à un fort fléchissement de la demande globale. Il recommande par conséquent aux décideurs politiques de relancer la demande en augmentant les dépenses publiques. Les événements de la Seconde Guerre mondiale lui donnent raison jusqu'à un certain point. Les dépenses d'armement entraînent certes une nette amélioration sur le marché de l'emploi dans de nombreux pays. Mais cette politique va de pair avec un endettement public massif, qui alimente plus tard les critiques à l'égard de la politique keynésienne.

Vers la fin de la Seconde Guerre mondiale, Keynes est le chef de la délégation britannique à la conférence de Bretton Woods. Fondement de l'ordre économique mondial d'après-guerre, elle donne notamment naissance au Fonds monétaire international et à la Banque mondiale.

Keynes est un personnage aux multiples talents. Il compte parmi les intellectuels les plus brillants de son époque : non seulement il spécule en bourse, décuplant le patrimoine de son université, mais il publie aussi des écrits sur la théorie mathématique des probabilités. Enfin, il est membre du légendaire Bloomsbury Group, auquel appartiennent des artistes et des intellectuels de renom.

→ **Revenu disponible**
Revenu à la disposition d'un ménage une fois les impôts et les cotisations sociales payés et les prestations de l'État reçues.

→ **Déficit budgétaire**
Solde négatif d'un budget public lorsque les dépenses excèdent les recettes.

Le second ressort de la politique fiscale consiste à stimuler la demande par la diminution des prélèvements. L'effet est plus indirect. L'État ne peut pas ordonner aux citoyens de consommer davantage. La consommation dépend de toute une série de facteurs, dont le revenu disponible est certainement un des plus importants. Le niveau de revenu d'un ménage détermine en grande partie son niveau de consommation. Par revenu disponible on entend son revenu après déduction des impôts. Par conséquent, si l'État baisse les impôts en période de récession, le revenu disponible des ménages va augmenter, donc leur consommation et la demande économique globale aussi. Le second ressort de la politique fiscale touche les recettes publiques plutôt que les dépenses publiques. L'État réduit ses prélèvements afin qu'il reste davantage de revenu à la population pour consommer.

L'augmentation des dépenses publiques et la réduction des recettes publiques sont les deux ressorts de la politique fiscale pour lutter contre le chômage conjoncturel. Il est évident, comme nous le verrons au chapitre 8, qu'une politique fiscale anticyclique entraîne des déficits budgétaires que l'État devra combler en s'endettant puis en réalisant des bénéfices lors des périodes de haute conjoncture.

Politique conjoncturelle

Le secteur de la construction crée de nouvelles infrastructures tout en stimulant la demande économique globale (le Rolex Learning Center en construction).

Synthèse : politique fiscale expansive

1. Dépenses publiques

Dépenses publiques ↑ ⟶ PIB (à court terme) ↑

2. Consommation

Impôts ↓ ⟶ Revenus des ménages ↑ ⟶ Consommation ↑ ⟶ PIB (à court terme) ↑

Politique monétaire et conjoncture

La politique monétaire est le second levier dont dispose l'État pour influencer la demande. Elle agit surtout sur les deux autres composantes de la demande économique globale : la demande d'investissements et les exportations nettes. La politique monétaire est traitée en détail au chapitre 6. Nous nous contenterons d'évoquer ici les effets conjoncturels d'un accroissement de la masse monétaire, que l'on peut comprendre sans analyse approfondie de la politique monétaire.

De quelle manière une politique monétaire expansionniste se répercute-t-elle sur la masse monétaire et sur la demande d'investissements ? Cette dernière dépend de divers facteurs, mais le coût du financement des capitaux joue certainement un rôle majeur. Ce coût dépend notamment du taux d'intérêt. En menant une politique monétaire expansionniste, donc en mettant davantage de monnaie sur le marché, l'État en fait baisser le prix et donc le taux d'intérêt, ce qui réduit le coût de l'investissement. La baisse du taux d'intérêt stimule donc la demande de biens d'équipement.

Mais une politique monétaire expansionniste se répercute aussi, comme nous l'avons dit, sur les exportations nettes, c'est-à-dire sur la demande nette provenant

→ **Masse monétaire**
Valeur totale de la monnaie en circulation, disponible comme moyen de paiement.

Croissance et conjoncture

de l'étranger. L'accroissement de la masse monétaire a pour effet d'augmenter la quantité de monnaie indigène par rapport à la monnaie étrangère. Par exemple, si la Suisse accroît sa masse monétaire alors que celle de la zone euro reste constante, il y aura plus de francs pour une même quantité d'euros. L'euro deviendra comparativement plus rare et le franc suisse perdra de la valeur par rapport à l'euro.

La politique monétaire expansionniste entraîne une dépréciation du franc suisse (par rapport à l'euro). Celle-ci stimule les exportations, car les marchandises suisses deviennent moins chères pour les étrangers, qui obtiennent plus de francs suisses pour chaque euro dépensé. Dans le même temps, les Suisses réduisent leurs importations, car leurs francs leur permettent d'acquérir moins d'euros. Ainsi, la dépréciation entraînée par la politique monétaire expansionniste stimule les exportations et réduit simultanément les importations. La demande étrangère de biens suisses augmente et le pouvoir d'achat dédié aux importations baisse. Résultat, les exportations nettes augmentent et la demande économique globale de biens fabriqués en Suisse est stimulée.

En résumé, une politique monétaire ou fiscale expansionniste influence directement la conjoncture en stimulant la demande économique globale et en faisant baisser le chômage.

> → **Dépréciation**
> Diminution de la valeur d'une monnaie par rapport à une autre monnaie, qui a pour résultat qu'une unité de cette monnaie permet d'acheter moins d'unités de l'autre monnaie.

Synthèse : politique monétaire expansionniste

1. Investissements

Masse monétaire ↑ ⟶ Intérêts ↓ ⟶ Investissements ↑ ⟶ PIB (à court terme) ↑

2. Exportations nettes

Masse monétaire ↑ ⟶ Dépréciation ⟶ Exportations ↑ ⟶ PIB (à court terme) ↑

Masse monétaire ↑ ⟶ Dépréciation ⟶ Importations ↓ ⟶ PIB (à court terme) ↑

Le multiplicateur keynésien

L'une des théories les plus influentes de John Maynard Keynes était l'idée d'un effet multiplicateur des dépenses de l'État. Autrement dit, comment chaque franc dépensé par l'État peut amplifier la demande globale.

Keynes en était venu à la conclusion que, à certaines conditions, chaque franc supplémentaire dépensé par l'État génère davantage qu'un franc supplémentaire de demande globale. Si, par exemple, l'État achète de nouveaux bancs d'école, cela produit des achats supplémentaires de la part des ouvriers qui fabriquent ces bancs. Ainsi croissent tant les dépenses étatiques que la consommation, ce qui genère de la demande supplémentaire, créant ainsi un effet multiplicateur pour l'ensemble de l'économie. Cette théorie de Keynes avait rapidement connu un grand succès, influençant durablement et profondément les politiques conjoncturelles. Quant à savoir si le multiplicateur keynésien fonctionne réellement, la question est aujourd'hui âprement débattue entre économistes.

Politique conjoncturelle

4.5.2 Les limites de la politique anticyclique

Agir sur la conjoncture, comme le préconise la politique keynésienne, est une idée qui a longtemps remporté un franc succès et qui a marqué la politique macroéconomique d'après-guerre. L'analyse de Keynes a éveillé l'espoir qu'on pouvait en grande partie éviter les variations conjoncturelles en menant une politique monétaire et fiscale judicieuse. L'expérience a toutefois démontré que ce concept simple se heurtait à plusieurs limites de taille. L'enthousiasme est retombé, à tel point qu'il est souvent conseillé de renoncer à une politique conjoncturelle active.

Les politiques actives de lutte contre le chômage conjoncturel ont deux grandes limites :

- les effets se font sentir avec un certain décalage ;
- il y a des incitations politiques néfastes.

Commençons par le problème du décalage de la politique conjoncturelle. En théorie, il semble simple de lutter contre la récession : en cas de choc de demande négatif, on relance la demande avec une politique monétaire ou fiscale expansionniste et le problème est réglé. En réalité, tout n'est pas si simple.

D'abord, s'il s'écoule beaucoup de temps entre le choc de demande négatif et les effets des mesures adoptées, il arrive que la reprise soit déjà en cours. Les mesures, qui visaient à combattre une récession, peuvent alors être contre-productives. La gestion en finesse des cycles chère à la politique keynésienne (politique expansionniste en période de récession, politique restrictive en période de surchauffe) peut ne pas fonctionner s'il existe un décalage temporel important.

D'où peut venir un tel décalage ? On distingue trois raisons :

- la récession est identifiée tardivement ;
- les mesures de politique fiscale ou monétaire sont adoptées tardivement ;
- les effets sur la demande économique globale se font sentir tardivement.

Cumulés, ces décalages peuvent aller jusqu'à deux ans.

La seconde limite de la politique conjoncturelle est presque aussi importante : il est difficile de mettre en œuvre un tel concept économique alors que les politiques sont des individus rationnels qui pensent aux retombées électorales de leurs actions.

Ainsi, une politique anticyclique est beaucoup plus attrayante à mettre en œuvre en période de récession qu'en période de boom. Adopter des mesures pour doper la demande est toujours agréable.

Il est nettement moins plaisant d'éviter la surchauffe en période de boom. Quel politique veut s'engager en faveur d'une hausse d'impôts ou de la discipline budgétaire lorsque l'économie va bien ? Résultat : les politiques conjoncturelles sont très souvent expansionnistes, l'économie est donc surstimulée en permanence et l'inflation augmente.

Cette gestion asymétrique de la conjoncture est par ailleurs la porte ouverte à des déficits budgétaires permanents. Or ceux-ci accroissent l'endettement public, comme nous l'expliquerons en détail au chapitre 8. On a pu observer ce schéma

→ **Décalage de la politique conjoncturelle**
Laps de temps entre le moment où un problème conjoncturel survient et celui où les effets des mesures de politique économique prises pour y remédier se déploient.

→ **Choc de demande négatif**
Recul imprévu de la demande économique globale.

Croissance et conjoncture

dans de nombreux pays après-guerre. Le recours forcé et asymétrique aux recettes keynésiennes a fait grimper progressivement l'inflation et a aggravé l'endettement public. On a constaté un autre effet pervers : les programmes conjoncturels ont été utilisés pour financer des dépenses privées qui auraient été effectuées de toute manière. Ces effets d'aubaine peuvent être majeurs et atténuer encore les effets de la politique conjoncturelle.

> → **Effet d'aubaine**
> Effet observé lorsque des subventions étatiques financent des dépenses privées qui auraient été effectuées de toute manière.

Enfin, il existe un risque de manipulation politique. La théorie des cycles conjoncturels politiques énonce que les politiques peuvent générer des cycles conjoncturels dans le but de se faire réélire. Aux États-Unis, les taux de chômage et de croissance pendant l'année électorale sont les meilleurs indicateurs de l'issue du scrutin. L'incitation est donc forte pour le gouvernement sortant de mener une politique expansionniste pendant l'année électorale ou juste avant afin d'augmenter ses chances de réélection. Si le gouvernement est réélu, il peut passer les deux premières années de son nouveau mandat à neutraliser les effets néfastes de cette politique en menant une politique conjoncturelle restrictive. Et lorsque de nouvelles élections se profilent, il peut à nouveau recourir à une politique expansionniste. Pour autant que les électeurs ne se rendent compte de rien ou presque, il peut en résulter des cycles conjoncturels liés uniquement au processus politique. C'est exactement le contraire de l'intention première de la politique keynésienne. Au lieu de stabiliser l'économie, une telle politique renforce les fluctuations conjoncturelles.

Économie de la demande versus économie de l'offre

En matière de politique conjoncturelle, on a longtemps opposé la politique de la demande et la politique de l'offre, comme si l'on pouvait combattre une récession aussi bien par des mesures visant à stimuler l'offre que par des mesures visant à stimuler la demande. On aurait tort d'interpréter la chose ainsi. Seule la stimulation de la demande permet de lutter activement contre une crise conjoncturelle, qui est généralement due au recul de la demande économique globale. Comme nous l'avons vu, les avis divergent quant à savoir si stimuler la demande est une bonne idée, mais techniquement parlant, c'est bien la demande qui est au premier plan. Surtout depuis les années 1980, ceux qu'on appelle parfois les économistes de l'offre font valoir que, pour les raisons évoquées plus haut, stimuler la demande n'est pas efficace et peut même être contre-productif. Selon eux, il est préférable de renforcer les déterminants de la croissance, puisque la probabilité que l'économie entre en récession est beaucoup moins forte si la croissance tendancielle est plus élevée. Mais pour renforcer la croissance tendancielle, il faut, comme nous l'avons vu, stimuler l'offre économique globale et non la demande.

C'est pourquoi les économistes de l'offre recommandent des mesures en faveur de la productivité et de l'emploi. Seulement, il n'a jamais été dit que les mesures visant une croissance tendancielle durable avaient un impact déterminant à court terme en cas de récession. Il ne fait donc pas sens de distinguer les économistes de la demande et les économistes de l'offre. Cette distinction repose en effet sur l'idée erronée que les économistes de l'offre ont leurs recettes pour lutter contre la faiblesse conjoncturelle, alors que la plupart des économistes sont des partisans de la demande pour ce qui touche au court terme et des partisans de l'offre pour ce qui touche au long terme. Tous sont d'accord pour dire qu'il faut stimuler l'offre pour renforcer la croissance tendancielle durable et donc soutenir la productivité et l'emploi. C'est pour ce qui concerne la lutte à court terme contre les récessions qu'il y a désaccord, plus précisément sur l'opportunité de mener une politique conjoncturelle active en stimulant la demande.

Synthèse

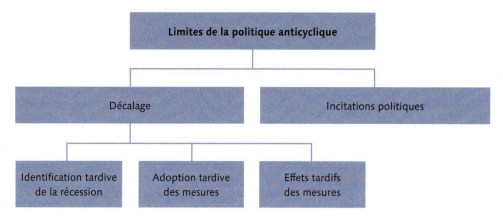

4.5.3 Stabilisateurs automatiques

La politique conjoncturelle active, bien que convaincante sur le papier, a donc des limites qu'il convient de prendre au sérieux. C'est pourquoi, au cours des dernières décennies, on a eu tendance à miser sur une politique fiscale sans intervention active de l'État après un choc de demande négatif. Cette approche repose sur des stabilisateurs automatiques, qui peuvent agir aussi bien sur les recettes que sur les dépenses publiques.

Analysons tout d'abord les stabilisateurs économiques agissant sur les recettes que sont pratiquement tous les impôts liés à l'activité économique. Ils augmentent lorsque l'économie croît et baissent lorsque l'économie se contracte. C'est en tout cas vrai pour l'impôt sur le revenu, qui est directement lié au revenu des ménages, lequel baisse en cas de récession. Il en va aussi ainsi pour les cotisations sociales prélevées sur les salaires : elles dépendent directement du revenu et donc de la conjoncture. Enfin, les impôts prélevés sur les bénéfices des entreprises baissent eux aussi lorsque la situation économique se dégrade. Les prélèvements de l'État diminuent donc automatiquement en cas de récession. Les agents économiques y perdent moins et il leur reste davantage d'argent pour acheter des biens. En conséquence, la demande fléchit moins en cas de récession.

L'assurance-chômage est un autre stabilisateur automatique important, qui agit tant sur les recettes que sur les dépenses. Ce versement de l'État aux personnes qui ont perdu leur emploi peut atteindre 80 % du salaire assuré en Suisse. Lorsque le chômage augmente, les dépenses publiques liées à l'assurance-chômage augmentent aussi. En conséquence, les chômeurs restreignent moins leurs dépenses de consommation qu'ils ne le feraient sans ces versements. L'assurance-chômage stabilise aussi les recettes publiques : les recettes liées à l'assurance-chômage baissent en cas de récession et augmentent en période de haute conjoncture étant donné que les cotisations des assurés sont un pourcentage de leur salaire.

En période de basse conjoncture, cette augmentation des dépenses publiques combinée à une baisse des recettes publiques compense donc une bonne partie du recul de la demande. La durée et l'ampleur de la récession s'en trouvent limitées.

→ **Stabilisateurs automatiques**
Recettes et dépenses publiques destinées à stimuler automatiquement la demande en cas de baisse de la demande économique globale.

→ **Cotisations sociales**
Prélèvements pratiqués sur le revenu des assurés (et non pas via le budget de l'État et les impôts), pour assurer le financement des assurances sociales.

4 Croissance et conjoncture

« On dirait que les élections approchent : le gouvernement vient d'annoncer de très bonnes nouvelles économiques. Elles viennent du tout nouveau ministère des Très bonnes nouvelles économiques. »

4.6 La politique de croissance et la politique conjoncturelle de la Suisse

4.6.1 La politique de croissance de la Suisse

Au cours de la dernière décennie, la croissance économique constante a été au cœur des discussions économiques en Suisse. Notre pays, qui avait un niveau de croissance très élevé au départ, a accumulé un retard de croissance relatif en comparaison internationale. Cette évolution s'est particulièrement fait sentir dans les années 1990, au cours desquelles l'économie suisse a plus ou moins stagné. Ces dernières années, le Conseil fédéral a donc lancé une politique de croissance, que nous allons examiner plus bas.

Nous avons vu que la croissance d'un pays pouvait provenir de deux sources : l'augmentation des heures de travail et l'augmentation de productivité du travail. Que doit cibler une politique de croissance en Suisse ? S'agissant du nombre d'heures travaillées, il y a peu de potentiel de croissance en Suisse. La **figure 4.10**, qui compare les taux d'actifs occupés de différents pays en 2021, le montre clairement.

→ **Taux d'actifs occupés**
Part des personnes actives exerçant une activité rémunérée dans la population âgée d'au moins 15 ans.

Le taux d'actifs occupés correspond à la part de la population en âge de travailler (entre 15 et 64 ans) qui exerce une activité rémunérée. La Suisse arrive en tête de tous les pays considérés avec un taux d'actifs occupés de près de 80%. Autrement dit, la Suisse exploite déjà très bien l'une des deux sources de croissance, soit le nombre d'heures de travail effectuées. Nous en aborderons les raisons au chapitre 5.

Force est donc de constater qu'il ne semble guère possible d'accroître le taux d'actifs occupés. On pourrait certes augmenter le taux de participation des femmes au marché du travail. Comme elles sont nombreuses à travailler à temps partiel, il y a certainement une marge de manœuvre. On pourrait aussi repousser l'âge effectif de la retraite. Mais il apparaît, en comparaison internationale, que le potentiel est limité.

Si la Suisse est en tête du classement mondial pour cette première source de croissance, ce n'est pas le cas pour la seconde, la productivité du travail. La **figure 4.11** nous montre en effet que la productivité du travail n'est pas particulièrement élevée en Suisse par rapport à d'autres pays.

Début 2004, alors que la phase de stagnation perdure, le Conseil fédéral ficèle un paquet de mesures économiques principalement destinées à accroître la productivité du travail. S'agissant des heures de travail effectuées, les mesures arrêtées n'apportent que de légères améliorations.

La politique de croissance et la politique conjoncturelle de la Suisse

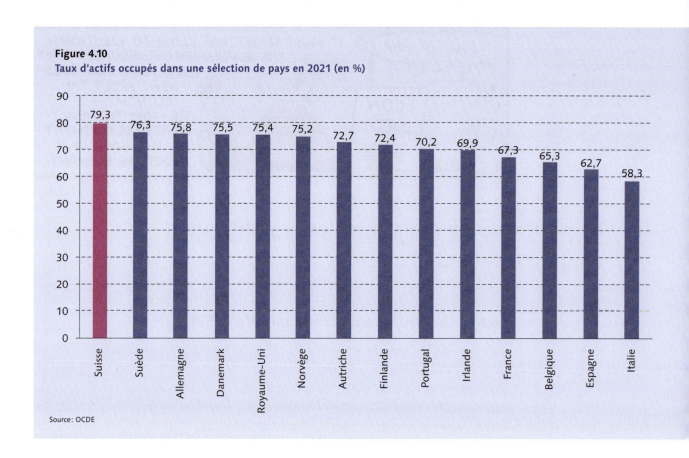

Figure 4.10
Taux d'actifs occupés dans une sélection de pays en 2021 (en %)

Source : OCDE

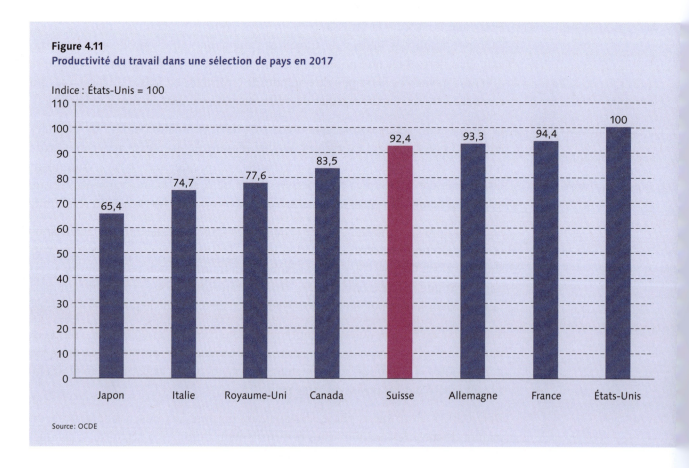

Figure 4.11
Productivité du travail dans une sélection de pays en 2017

Indice : États-Unis = 100

Source : OCDE

Croissance et conjoncture 4

→ **Marché intérieur**
Entreprises et branches qui écoulent essentiellement leurs biens et services sur le marché national.

→ **Frein à l'endettement**
Mécanisme de politique budgétaire visant à stabiliser la dette publique en tenant compte du cycle conjoncturel.

Le renforcement de la concurrence sur le marché intérieur, par exemple dans les secteurs de la santé et de l'agriculture et sur le marché de l'électricité, compte parmi les principales mesures adoptées. Il s'agissait par ailleurs d'endiguer la dette publique, en appliquant notamment systématiquement le mécanisme du frein à l'endettement. Nous verrons le fonctionnement de ce mécanisme au chapitre 8. L'efficacité de l'activité de l'État devait aussi être renforcée grâce à des réformes de la fiscalité des entreprises et de la TVA et à des allégements administratifs pour les entreprises. Ces objectifs ont été maintenus avec l'adoption de deux trains de mesures au cours des deux législatures qui ont suivi, puis de nouvelles durant la législature 2016 à 2019.

4.6.2 La politique conjoncturelle de la Suisse

En temps normal, la politique économique de la Suisse ne comporte pratiquement plus aucun élément de politique conjoncturelle au sens keynésien du terme. Elle est fortement axée sur les stabilisateurs automatiques et sur une politique monétaire stabilisatrice. Cela s'explique par les arguments évoqués plus haut, mais aussi par le fait que la Suisse a une économie ouverte de relativement petite taille, dans laquelle les importations représentent une part importante de la demande globale. Lorsque ce ratio est très élevé, on favorise l'économie des partenaires commerciaux plutôt que l'économie indigène en stimulant la demande globale. Augmenter les dépenses publiques dans le but de faire redémarrer la demande aura un effet limité si nombre de produits consommés viennent de l'étranger. Cela ne permet pas – tel que ciblé par la politique conjoncturelle – de renforcer la demande de produits fabriqués en Suisse. L'expérience du bonus à l'investissement menée au cours de la seconde moitié des années 1990 est parlante : à l'époque, la Confédération avait essayé de soutenir la conjoncture en accordant un soutien financier à la rénovation des bâtiments. L'évaluation de ce programme a montré que plus de la moitié de la demande générée concernait des produits importés.

Considérons maintenant brièvement l'orientation conjoncturelle générale des politiques monétaire et fiscale de la Suisse. Nous nous limiterons ici à cet aspect, puisque ces politiques font l'objet des chapitres 6 et 8.

La politique monétaire de la Suisse consiste principalement à assurer la stabilité des prix. La conjoncture vient seulement en deuxième place pour la Banque nationale suisse (BNS). En période de récession, où il n'y a généralement pas de risque d'inflation, la BNS peut recourir à la politique monétaire pour améliorer la conjoncture. Elle doit néanmoins toujours veiller à ne pas mener une politique trop expansionniste pour ne pas menacer la stabilité des prix. La BNS est indépendante du gouvernement. Il appartient à ses seuls dirigeants de déterminer si elle doit mener une politique monétaire conjoncturelle. Dans les années 1990, on a toutefois vu qu'une banque nationale indépendante pouvait faire l'objet d'attaques politiques lorsqu'elle semblait prendre insuffisamment en compte la conjoncture dans ses choix de politique monétaire. La politique monétaire restrictive menée par la BNS au début des années 1990, alors que l'économie suisse était en récession, a ainsi suscité de vives réactions. Aussi, si la stabilité des prix, l'objectif majeur de la BNS, n'est pas menacée, la BNS essaie de contrer dans une certaine mesure les crises conjoncturelles. En période de vraie récession, la politique monétaire est en effet l'instrument le plus puissant de la politique conjoncturelle de la Suisse.

Pour sa part, la politique fiscale de la Suisse influence la conjoncture principalement par le biais des stabilisateurs automatiques, dont certains ont d'ailleurs été conçus pour jouer ce rôle. Il est plutôt rare qu'on ait recours à une politique fiscale active pour influencer la conjoncture. Il serait d'ailleurs illusoire de vouloir l'utiliser pour augmenter les recettes publiques, car les principaux taux d'imposition de la Confédération figurent dans la Constitution. Il faudrait donc d'abord la modifier en passant par un référendum obligatoire pour changer les taux, ce qui n'est pas réalisable dans un temps suffisamment court. Sur le plan des dépenses publiques, le frein à l'endettement vise à empêcher l'augmentation de la dette. Il est conçu de manière à stabiliser automatiquement la conjoncture. Son but est d'équilibrer le budget sur l'ensemble du cycle conjoncturel. Cela signifie que les déficits admis durant une récession doivent être compensés automatiquement par les excédents enregistrés en période de boom. Ce mécanisme budgétaire permet donc de mettre en œuvre automatiquement une politique fiscale anticyclique.

Le modèle offre globale-demande globale
Pour analyser les causes des cycles conjoncturels et les effets des mesures politiques, les économistes utilisent le modèle macroéconomique de l'« offre globale-demande globale ».

Son postulat est de schématiser l'offre globale et la demande globale par des courbes. Le modèle décrit au niveau global (macro) ce que la microéconomie montre au niveau individuel. L'axe vertical représente, non le prix d'un seul bien mais le niveau *des* prix, c'est-à-dire les prix de tous les biens. Une hausse (ou baisse) de ce niveau signifie qu'il y a inflation (ou déflation). L'axe horizontal indique, non la quantité d'un seul bien, mais la quantité de tous les biens, c'est-à-dire le PIB. Un PIB en hausse (ou en baisse) signifie que l'économie est en croissance (ou en récession). Ces graphiques modélisent les principaux thèmes de l'analyse conjoncturelle.

La politique conjoncturelle de la Suisse pendant la crise économique et financière

Les turbulences sur les marchés financiers ont fait plonger l'économie mondiale au cours de la seconde moitié de l'année 2008. À partir de l'automne 2008, l'économie de la Suisse, jusque-là robuste, a été entraînée dans la récession, la plus sévère depuis des décennies. Les taux de croissance sont passés dans le rouge à compter du troisième trimestre 2008 et le taux de chômage s'est mis à augmenter nettement.

Une incertitude inédite quant au déroulement et à la durée de la crise s'est fait sentir. Il ne s'agissait pas d'un ralentissement « normal » de la conjoncture après une phase de boom, mais d'une crise économique mondiale provoquée par l'éclatement d'une bulle du crédit et d'une bulle immobilière d'une ampleur incomparable. Il était quasiment impossible de dire quels seraient le rythme et l'ampleur du processus d'adaptation et dans quelle mesure le marché intérieur suisse, généralement épargné par ce genre de problèmes, serait touché.

Cette incertitude a conduit le Conseil fédéral à adopter des mesures de stabilisation conjoncturelle à l'automne 2008, échelonnées en trois étapes jusqu'en 2010, chacune s'inscrivant dans le mécanisme du frein à l'endettement (chap. 8).

Outre l'incertitude, c'est aussi la dynamique de la crise qui a incité à cet échelonnement des mesures de politique conjoncturelle. Jusque vers la fin de l'été 2008, l'économie suisse était en phase de haute conjoncture. Contrairement à certains pays de l'OCDE, la situation est restée bonne relativement longtemps : la crise financière n'a d'abord impacté « que » les grandes banques, dont la situation s'est toutefois considérablement détériorée à l'automne 2008. Avec l'accélération du ralentissement de l'économie mondiale, les exportations ont commencé à marquer le pas vers la fin de l'année 2008 et les perspectives d'investissement dans les biens d'équipement se sont considérablement dégradées. Jusqu'à la fin 2009, la consommation et le secteur de la construction se sont bien maintenus, malgré des perspectives maussades.

« Le yacht est plein ! » La Suisse a réussi à surmonter la crise financière, notamment grâce au mécanisme du frein à l'endettement.

La réaction politique a été fonction de cette dynamique : il y a eu tout d'abord des mesures visant à renforcer le système financier, notamment le plan de sauvetage d'UBS, et des mesures de politique monétaire expansionniste pour éviter une appréciation du franc suisse et toutes les conséquences néfastes qu'elle aurait eues sur les exportations. Ce n'est qu'en 2009 qu'ont suivi les deux premières étapes des mesures de politique budgétaire, pour renforcer les investissements dans le secteur de la construction et la consommation. Enfin, la troisième étape, en 2010, visait principalement à lutter contre le chômage, les effets de la crise sur le marché du travail étant attendus avec un certain décalage, mais aussi avec une certaine force.

Ces trois trains de mesures ont été réalisés sans que la Confédération doive s'endetter davantage. Il est apparu que le mécanisme du frein à l'endettement était un bon cadre pour la politique budgétaire, même en temps de crise.

→ **Mesure de stabilisation**
Mesure de politique économique visant à atténuer les fluctuations conjoncturelles.

Croissance et conjoncture

RÉSUMÉ FONDÉ SUR LES OBJECTIFS D'APPRENTISSAGE

1. Produit intérieur brut

Le PIB mesure la création de valeur dans un pays au cours d'une année. Le PIB réel par habitant est le principal indicateur utilisé pour comparer la prospérité des différents pays. Ses fluctuations permettent d'apprécier la croissance économique. Le PIB peut être calculé de trois manières : selon l'optique de la production, selon l'optique des dépenses et selon l'optique des revenus.

2. Les sources de croissance tendancielle

Il y a deux sources de croissance tendancielle : soit il faut effectuer plus d'heures de travail, soit produire davantage par heure de travail (productivité du travail). La productivité du travail est déterminée par (1) le capital réel, (2) le capital humain et (3) le progrès technique.

3. Progrès technique

À long terme, le principal déterminant de la croissance est le progrès technique. En effet, la technologie, ou plus généralement le savoir, est la seule ressource qui peut pratiquement croître sans limites.

4. Politique économique et croissance tendancielle

La politique économique influence la croissance tendancielle en agissant sur deux déterminants de la croissance : la réglementation du marché du travail et dans une moindre mesure la politique sociale, qui ont un impact sur les heures de travail effectuées. La plupart des autres instruments de politique économique, notamment la politique de la concurrence, la politique économique extérieure, la politique budgétaire et la politique de la formation, agissent principalement sur la productivité du travail.

5. Le cycle conjoncturel

La croissance du PIB varie en cycles irréguliers autour de la croissance tendancielle. Un cycle conjoncturel classique commence par une croissance en baisse, souvent même négative, appelée récession, et par une sous-utilisation des facteurs de production. Avec le temps, la croissance revient. C'est la reprise, dont résultent souvent une surutilisation des facteurs de production et un boom. Puis, la plupart du temps, les taux de croissance reculent à nouveau, on observe un fléchissement de l'économie, qui finit souvent en récession.

Croissance et conjoncture 4

6 **Genèse d'une récession**
Une récession naît du recul de la demande économique globale, occasionné par exemple par la détérioration de la conjoncture à l'étranger ou par une politique monétaire ou fiscale restrictive. Ce recul affecte les composantes majeures de la demande que sont la consommation, les investissements, les dépenses publiques et les exportations nettes. Le chômage commence à augmenter.

7 **La politique conjoncturelle active et ses limites**
Lorsqu'un État veut lutter activement contre la récession, il essaie de stimuler la demande. Il peut le faire en menant une politique fiscale expansionniste (augmentation des dépenses publiques, baisse des impôts) ou une politique monétaire expansionniste (augmentation de la masse monétaire). Les politiques anticycliques ont perdu en importance au cours des dernières décennies. D'une part, différents décalages font qu'elles agissent souvent trop tard. D'autre part, les incitations politiques qu'elles génèrent induisent un risque de surstimulation permanente de l'économie, laquelle constitue à son tour une menace d'inflation galopante et de renforcement de la dette publique.

8 **La politique de croissance de la Suisse**
Le taux d'actifs occupés est exceptionnellement élevé en Suisse. L'une des deux sources de croissance, les heures de travail effectuées, est donc déjà largement exploitée. La politique de croissance de la Suisse se concentre de ce fait sur des mesures visant à accroître la productivité du travail, seconde source de croissance. La stratégie de la Confédération en la matière repose principalement sur le renforcement de la concurrence.

9 **La politique conjoncturelle de la Suisse**
De nos jours, la politique économique suisse fait généralement l'impasse sur les mesures conjoncturelles. La politique monétaire peut prendre en compte la conjoncture, mais seulement si son objectif prioritaire, à savoir la stabilité des prix, n'est pas menacé. La politique fiscale s'attache principalement à renforcer les stabilisateurs automatiques, dont l'assurance-chômage ou le frein à l'endettement. Ces deux instruments sont conçus de telle manière qu'ils conduisent automatiquement à des déficits pendant une récession et à des exédents pendant un boom.

Croissance et conjoncture

NOTIONS FONDAMENTALES

- Création de valeur →98
- PIB nominal →98
- PIB réel →98
- Intrant →99
- Optique de la production (PIB) →100
- Optique des dépenses (PIB) →100
- Optique des revenus (PIB) →100
- Consommation privée →102
- Dépense d'investissement →102
- Consommation publique →102
- Exportations nettes →103
- Taux de croissance →103
- Intérêt composé →104
- Productivité du travail →105
- Capital réel →105
- Capital humain →105
- Fonction de production macroéconomique →106
- Durabilité →107
- Progrès technique →107
- Changement structurel →108
- Rupture structurelle →109
- Déterminants de la croissance →110
- Capital relationnel →110
- Cycle conjoncturel →113
- Dépression →113
- Choc →114
- Politique monétaire →115
- Banque centrale →115
- Politique fiscale →115
- Observation de la conjoncture →116
- Indicateur →117
- Prévision conjoncturelle →117
- Politique (conjoncturelle) anticyclique →118
- Stimulation de la demande →118
- Revenu disponible →119
- Déficit budgétaire →119
- Masse monétaire →120
- Dépréciation →121
- Décalage de la politique conjoncturelle →122
- Choc de demande négatif →122
- Effet d'aubaine →123
- Stabilisateurs automatiques →124
- Cotisations sociales →124
- Taux d'actifs occupés →125
- Marché intérieur →127
- Frein à l'endettement →127
- Mesure de stabilisation →129

Croissance et conjoncture

QUESTIONS DE RÉVISION DU CHAPITRE 4

1 a) Pour évaluer la prospérité d'un pays et la comparer à celle d'autres pays, on utilise généralement le PIB réel par habitant. Quels sont les inconvénients du PIB en tant qu'indicateur de prospérité ?
b) Pour quels motifs le PIB est-il tout de même, et de loin, l'indicateur de prospérité le plus utilisé ?

2 Pourquoi, lorsqu'on calcule le PIB, retire-t-on les importations des exportations ?

3 a) Il n'y a que deux manières d'augmenter le PIB par habitant. Nommez ces deux sources de croissance.
b) Évaluez la situation en Suisse. Laquelle de ces deux sources recèle le potentiel de croissance le plus important ? Développez.

4 Donnez votre avis à propos de cette affirmation : « La croissance économique atteindra un jour ses limites, car les ressources disponibles sont limitées. »

5 a) Pourquoi une économie entrée dans une phase de ralentissement a tendance à s'enfoncer dans la récession ?
b) Quels mécanismes économiques, abstraction faite d'une politique conjoncturelle active, peuvent faire qu'une économie amorce la reprise d'elle-même ?

6 a) Admettons que l'économie soit en récession. Quels sont les instruments conjoncturels qu'un État, banque centrale comprise, peut utiliser pour combattre la récession ?
b) Détaillez la manière dont ces deux instruments agissent sur les quatre composantes de la demande économique globale.

7 Quels sont les problèmes qui peuvent surgir dans la mise en œuvre d'une politique anticyclique ?

5

Emploi et chômage

« La récession, c'est quand votre voisin perd son emploi ; la dépression, c'est quand vous perdez le vôtre. »

Harry TRUMAN (1884–1972), président des États-Unis de 1945 à 1953

5.1	Évaluer la situation sur le marché du travail	138
5.2	Les formes de chômage	140
5.3	Le chômage conjoncturel	143
5.4	Le chômage structurel	144
5.5	Les causes du chômage structurel	147
5.6	La politique de l'emploi en Suisse	151

Vaud : la galère *La Liberté* sous voile. Amarrée dans la baie de Morges, elle a été construite entre 1995 et 2001 par 650 chômeurs dans le cadre d'un programme d'occupation.

OBJECTIFS D'APPRENTISSAGE

Après avoir lu ce chapitre, vous devriez pouvoir :

1	expliquer les notions de chômage et d'emploi à l'aide d'indicateurs appropriés ;
2	différencier chômage résiduel et chômage conjoncturel ;
3	expliquer les deux formes de chômage résiduel que sont le chômage structurel et le chômage frictionnel ;
4	décrire la formation du chômage structurel ;
5	citer les principaux facteurs permettant d'expliquer pourquoi le chômage structurel est plus ou moins élevé ;
6	expliquer pourquoi la Suisse connaît un chômage faible et un taux d'activité élevé ;
7	décrire le fonctionnement de l'assurance-chômage en Suisse.

5
Emploi et chômage

Le chômage est généralement au cœur des discussions sur les choix de politique économique. Mais pourquoi le chômage parmi tous les autres problèmes économiques ?

La première particularité du chômage, c'est qu'il touche non pas tout le monde un petit peu, mais quelques-uns considérablement. Si le taux de chômage augmente de 10 %, cela ne signifie pas que chacun réduit son temps de travail de 10 %, mais que 10 % de la population ne trouve pas d'emploi du tout. Cela n'explique cependant pas tout. Car s'il est normal que cette situation éveille la compassion, elle ne devrait pas être perçue comme un problème majeur : la plupart vont garder leur emploi.

Mais c'est là qu'intervient la deuxième particularité du chômage : l'incertitude. Lorsque le chômage connaît une forte hausse et qu'il est difficile de dire qui va être concerné, nombreux sont ceux qui craignent pour leur propre emploi.

Ces deux particularités du chômage – ses effets dévastateurs sur ceux qui perdent leur travail et l'incertitude relative aux emplois touchés – expliquent l'importance de cette question dans le débat économique.

Ce chapitre est structuré de la manière suivante :

La **section 5.1** décrit les principaux indicateurs permettant d'évaluer la situation d'un pays en matière d'emploi.

La **section 5.2** présente les différentes formes de chômage et leurs causes. Savoir notamment distinguer le chômage conjoncturel du chômage structurel est essentiel en économie.

La **section 5.3** rappelle brièvement les causes du chômage conjoncturel, dont les principaux mécanismes ont déjà été présentés au chapitre 4.

La **section 5.4** est consacrée aux origines du chômage structurel. Il s'agit d'une forme particulièrement problématique de chômage, raison pour laquelle il est au centre du présent chapitre.

La **section 5.5** traite des principales causes du chômage structurel et passe en revue les moyens de le combattre.

La **section 5.6** illustre ces moyens par l'exemple de la politique suisse de l'emploi.

5.1 Évaluer la situation sur le marché du travail

Avant d'évoquer les tenants et les aboutissants du chômage, nous allons définir plus précisément la notion même de chômage à l'aide de la **figure 5.1**.

La population peut être divisée en deux groupes : les personnes âgées entre 15 ans et 64 ans et le reste de la population. Les 15-64 ans constituent la population active potentielle, compte tenu de la législation en vigueur. Il s'agit donc des personnes pouvant exercer une activité rémunérée (à partir de 15 ans) et n'ayant pas encore pris leur retraite (l'âge légal de la retraite étant actuellement de 64 ans pour les femmes et de 65 ans pour les hommes). Ce groupe peut être divisé en deux sous-groupes : la population active (les actifs) et la population inactive (les inactifs). Les inactifs sont les 15-64 ans qui ne souhaitent pas travailler, par exemple pour s'occuper de leurs enfants, ou qui ne peuvent pas travailler, en raison d'une maladie, notamment. Les actifs regroupent donc les personnes qui sont en mesure et désireuse de travailler. Cette population active peut elle aussi être subdivisée en deux groupes : les personnes qui ont effectivement un emploi et celles qui n'en ont pas.

→ **Population active**
Ensemble des personnes âgées d'au moins 15 ans (jusqu'à l'âge de la retraite), qui sont en mesure de travailler et le souhaitent.

Cette répartition nous permet d'introduire trois indicateurs importants du marché du travail :

1. Le taux de chômage : il s'agit du rapport entre chômeurs et population active. Il mesure la proportion de personnes qui souhaitent travailler, mais ne trouvent pas d'emploi. Le taux de chômage est un indicateur essentiel et c'est principalement à lui que nous nous intéresserons dans ce chapitre.

2. Le taux d'activité : c'est le rapport entre la population active, autrement dit toutes les personnes désireuses de travailler, et l'ensemble des 15-64 ans. Il indique la proportion de personnes qui peuvent et souhaitent exercer une activité lucrative.

→ **Taux d'activité**
Pourcentage de personnes actives dans la population âgée d'au moins 15 ans (jusqu'à l'âge de la retraite).

3. Le taux d'actifs occupés : ce chiffre exprime la proportion de personnes occupant effectivement un emploi parmi les 15-64 ans. Contrairement au taux d'activité, il ne retient que les personnes en âge de travailler exerçant effectivement une activité rémunérée. Comme nous l'avons vu au chapitre 4, cet indicateur et son évolution sont d'une importance cruciale pour le potentiel de production d'un pays et pour sa croissance économique à long terme.

Figure 5.1
Mesure du chômage

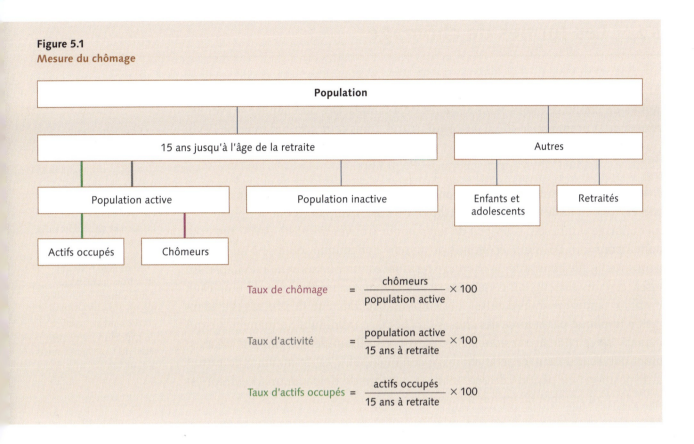

Si le marché suisse du travail est régulièrement cité en exemple pour son faible taux de chômage comparé à celui d'autres pays de l'OCDE, le niveau très élevé de son taux d'activité est tout aussi remarquable. De plus, en raison de ce faible taux de chômage, le taux d'actifs occupés évolue également à un niveau exceptionnel, comme nous l'avons vu à la **figure 4.13** (p. 130).

Comment mesure-t-on le taux de chômage ?

Le chômage peut être mesuré de diverses manières. En Suisse, on utilise surtout deux méthodes :

La première méthode consiste à réaliser une enquête exhaustive : on compte tout simplement le nombre de demandeurs d'emploi inscrits auprès des offices régionaux de placement (ORP) pour mettre ensuite ce chiffre en rapport avec la population active. Ce taux est publié tous les mois par le Secrétariat d'État à l'économie (SECO). Il est important pour le débat politique national, mais ne peut être comparé avec celui d'autres pays.

L'Office fédéral de la statistique (OFS) établit donc aussi un taux de chômage standardisé conforme aux normes internationales. Celui-ci se fonde – et c'est là la deuxième méthode – sur un échantillon de ménages défini de manière aléatoire. Comme les autres pays de l'OCDE appliquent la même méthode, les données du chômage ainsi obtenues sont directement comparables. Pour la Suisse, les différences entre ces deux taux de chômage sont minimes.

5.2 Les formes de chômage

En politique économique, il est essentiel de distinguer deux formes très différentes de chômage. Nous nous sommes déjà familiarisés au chapitre 4 avec les causes de la première, le chômage conjoncturel. Dans cette section, nous ne l'évoquerons donc que très brièvement et nous occuperons plutôt de la deuxième, le chômage résiduel, aussi appelé chômage d'équilibre.

Il y a chômage résiduel lorsque, bien qu'il y ait suffisamment d'emplois disponibles, les demandes et les offres d'emploi ne s'ajustent pas ou que les personnes au chômage ont besoin d'un peu de temps pour trouver un poste parmi ceux qui sont à pourvoir. Dans une économie de marché dynamique soumise à une évolution structurelle constante, le chômage résiduel est un phénomène inévitable. En effet, certains secteurs ou certaines régions créent en permanence de nouveaux emplois, tandis que dans d'autres, des emplois disparaissent. Ce processus d'adaptation implique par la force des choses un chômage minimum permanent. Ce qui caractérise ce chômage résiduel, c'est qu'il y a suffisamment d'emplois vacants, alors que ce qui caractérise le chômage conjoncturel, c'est le manque de postes à disposition : en période de récession, le nombre de demandeurs d'emploi est supérieur au nombre d'emplois à pourvoir.

La courbe de Beveridge représentée à la **figure 5.2** permet de faire la différence entre chômage résiduel et chômage conjoncturel.

Le nombre de postes vacants est représenté en ordonnée, tandis que le nombre de chômeurs figure en abscisse. Au niveau de la droite à 45°, ces deux chiffres s'équivalent exactement : en théorie, il y a un emploi pour chaque chômeur. Au point X, le chômage est donc purement résiduel. Au point Y, en revanche, le nombre de chômeurs est supérieur au nombre de postes à pourvoir : le chômage est conjoncturel. Si la conjoncture s'améliore, on assiste à un déplacement du point Y au point X et le chômage est à nouveau uniquement résiduel. Un point de la courbe

→ **Chômage conjoncturel**
Chômage survenant en phase de ralentissement économique lorsque le nombre de chômeurs excède celui des postes vacants en raison du tassement de la demande économique globale.

→ **Chômage résiduel**
Situation économique dans laquelle le nombre d'emplois à disposition correspond au nombre de chômeurs. On parle aussi de taux de chômage d'équilibre.

→ **Courbe de Beveridge**
Représentation graphique de la relation entre le nombre de chômeurs et le nombre de postes vacants.

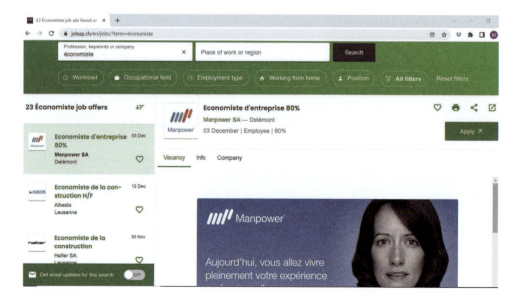

Du fait du processus de recherche d'emploi, il y a toujours, dans toute économie, un certain nombre de chômeurs. Renforcer la transparence sur le marché du travail contribue à limiter le chômage frictionnel. Les plateformes web d'emploi améliorent cette transparence. Le 17 décembre 2021, il y avait par exemple 23 postes d'économiste ouverts sur un célèbre site romand.

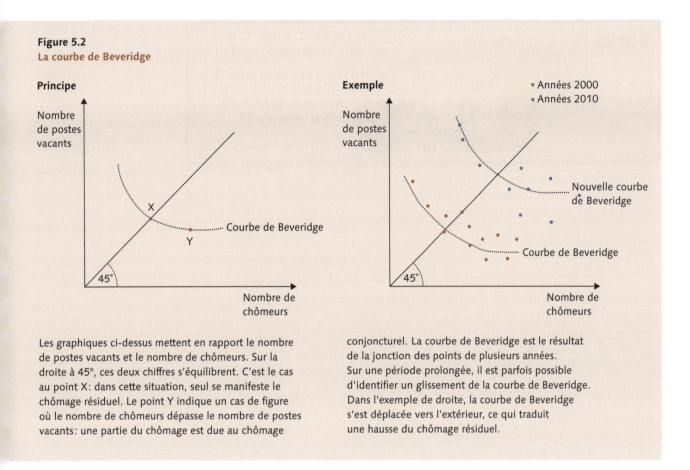

Figure 5.2
La courbe de Beveridge

Principe

Les graphiques ci-dessus mettent en rapport le nombre de postes vacants et le nombre de chômeurs. Sur la droite à 45°, ces deux chiffres s'équilibrent. C'est le cas au point X : dans cette situation, seul se manifeste le chômage résiduel. Le point Y indique un cas de figure où le nombre de chômeurs dépasse le nombre de postes vacants : une partie du chômage est due au chômage conjoncturel. La courbe de Beveridge est le résultat de la jonction des points de plusieurs années. Sur une période prolongée, il est parfois possible d'identifier un glissement de la courbe de Beveridge. Dans l'exemple de droite, la courbe de Beveridge s'est déplacée vers l'extérieur, ce qui traduit une hausse du chômage résiduel.

situé au-dessus de la droite à 45° correspondrait à une période de surchauffe ou de haute conjoncture où il y a plus de postes vacants que de chômeurs. En reliant ces points, on obtient une courbe de Beveridge.

Ce qu'il faut retenir, c'est que la courbe de Beveridge n'est pas constante. Toute évolution du chômage résiduel a pour effet un déplacement de la courbe de Beveridge vers l'extérieur ou vers l'intérieur. Dans une situation conjoncturelle neutre, autrement dit dans le cadre d'une utilisation normale des capacités économiques, le déplacement de la courbe signifie que celle-ci coupe la droite à 45° en un autre point. Chaque courbe de Beveridge reflète dès lors un certain niveau de chômage résiduel. Une courbe qui se déplace vers l'intérieur traduit une diminution durable du chômage résiduel.

À première vue, il pourrait paraître idéal de viser le point zéro, celui où il n'y a pas de postes vacants et, surtout, pas de chômeurs. Mais dans une économie de marché fondée sur la division du travail, cet état est inconcevable, car il marquerait la fin de l'évolution structurelle et de la croissance. Pour une économie dynamique, il est néanmoins souhaitable de maintenir la courbe de Beveridge aussi proche que possible du point zéro.

Le chômage résiduel est donc indissociable d'une économie de division du travail et soumise à une évolution permanente. Il peut prendre deux formes qu'il est important de distinguer, car leurs causes sont différentes.

Les formes de chômage

« Je n'arrive pas à croire que je n'aie pas décroché ce poste de prof de maths ! »
« Peut-être que tu n'aurais pas dû dire que tu voulais te donner à 110 % ! »

Chômage structurel

La première forme de chômage résiduel est ce que l'on appelle le chômage structurel. Si seule cette forme de chômage existe, l'emploi est suffisant, mais les qualifications des personnes au chômage ne correspondent pas aux profils exigés pour les postes offerts. Comme son nom l'indique, le chômage structurel est lié à l'évolution structurelle d'une économie : certains secteurs déclinent, tandis que d'autres se développent. Les postes créés dans les secteurs en plein essor nécessitent des qualifications nouvelles ou différentes de celles qui étaient demandées pour les postes supprimés dans les activités en perte de vitesse.

Chomage frictionnel

La deuxième forme de chômage résiduel est le chômage frictionnel, également appelé chômage naturel. On parle de chômage frictionnel lorsqu'il y a assez de postes disponibles et que les emplois proposés correspondent aux profils des demandeurs d'emploi. La difficulté consiste ici pour les personnes au chômage à dénicher ces postes. Cette forme de chômage, moins problématique que d'autres, recule lorsque le marché du travail gagne en transparence. Les espaces consacrés aux offres d'emploi dans les médias et l'activité des conseillers en personnel peuvent contribuer à écourter les recherches et donc à faire baisser le chômage frictionnel.

→ **Chômage structurel**
Situation de chômage dans laquelle les qualifications des personnes au chômage ne correspondent pas aux profils des postes à pourvoir.

→ **Qualifications**
Ensemble des formations, des compétences et des aptitudes dont une personne en recherche d'emploi peut faire état lorsqu'elle postule.

→ **Chômage frictionnel**
Chômage lié au délai d'ajustement nécessaire à la recherche d'un nouvel emploi (indépendamment de la conjoncture). On parle aussi de chômage naturel.

Synthèse

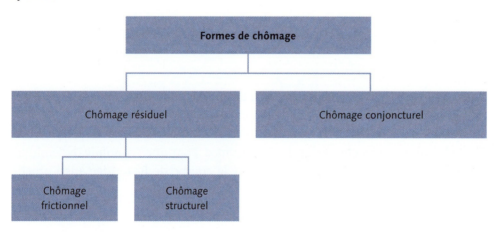

5.3 Le chômage conjoncturel

Il y a chômage conjoncturel lorsque l'économie entre en récession. Le point de départ de ce processus est un recul de la demande enregistré par l'économie dans son ensemble. Les salaires des employés étant fixés pour un certain temps et ne s'ajustant pas au même rythme que la demande, les entreprises licencient. En situation de fléchissement conjoncturel, ce phénomène touche tous les secteurs de l'économie et le chômage augmente simultanément dans la plupart des branches. Il suffit que la demande économique globale reparte pour que le chômage conjoncturel recule. Ces mécanismes ayant été expliqués en détail au chapitre 4, nous nous contenterons ici de les survoler rapidement. Le contexte du chômage conjoncturel s'explique lui aussi à l'aide du schéma macroéconomique que vous connaissez. Celui-ci présente l'évolution du PIB par rapport à la croissance tendancielle en fonction de l'évolution de la conjoncture. Cette évolution du PIB est en lien avec le chômage dans la **figure 5.3**.

Au moment X, l'économie est en phase de récession. Elle est sous-utilisée, ce qui veut dire que les facteurs de production ne sont pas pleinement mis à profit en raison d'une demande insuffisante. Cette sous-utilisation signifie que les biens d'équipement à disposition tels que bâtiments ou machines ne sont pas exploités en totalité. Cela implique aussi – et c'est ce qui nous intéresse ici – qu'une partie de la main-d'œuvre qui aurait un emploi dans une situation conjoncturelle normale n'en a pas. En période de récession, le chômage est donc important, car le chômage conjoncturel vient s'ajouter au chômage résiduel « normal » (chômage structurel et frictionnel).

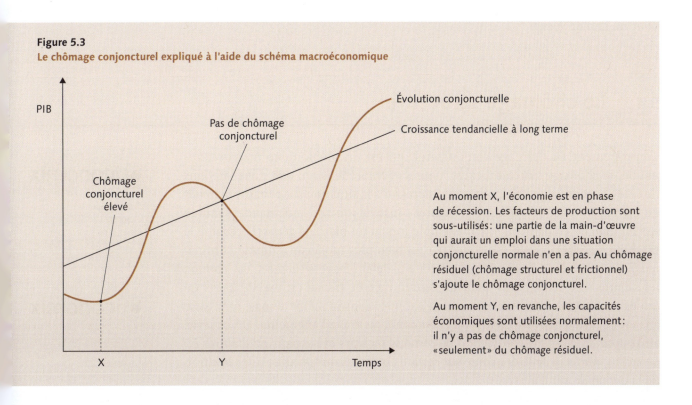

Figure 5.3
Le chômage conjoncturel expliqué à l'aide du schéma macroéconomique

Au moment X, l'économie est en phase de récession. Les facteurs de production sont sous-utilisés : une partie de la main-d'œuvre qui aurait un emploi dans une situation conjoncturelle normale n'en a pas. Au chômage résiduel (chômage structurel et frictionnel) s'ajoute le chômage conjoncturel.

Au moment Y, en revanche, les capacités économiques sont utilisées normalement : il n'y a pas de chômage conjoncturel, « seulement » du chômage résiduel.

La crise économique du début des années 1930 a montré à quel point le chômage peut s'élever massivement sous l'effet d'une conjoncture défavorable. Sur cette photo prise à New York en 1930, on voit des chômeurs qui font la queue dans l'attente d'un repas.

Au moment Y, en revanche, les capacités économiques sont utilisées normalement : il n'y a pas de chômage conjoncturel, «seulement» du chômage résiduel. Contrairement à la courbe de Beveridge, ce graphique ne permet pas de distinguer d'éventuelles variations du chômage résiduel, raison pour laquelle il se prête bien à l'analyse conjoncturelle, mais pas à l'analyse de l'évolution globale du marché du travail.

Le chômage conjoncturel est donc un phénomène macroéconomique. Autrement dit, en considérant l'évolution de la demande économique globale, on constate que le chômage augmente dans tous les secteurs, car tous les salaires sont fixés pour un certain temps.

5.4 Le chômage structurel

Contrairement au chômage conjoncturel qui est un phénomène macroéconomique, le chômage structurel exige, pour sa compréhension, que nous laissions de côté l'économie globale pour nous intéresser à la situation sur certains marchés du travail. En effet, le chômage structurel s'installe lorsque la demande diminue sur un marché en particulier, par exemple lorsqu'un bien est dépassé (comme la machine à écrire) et qu'il est évincé par un bien plus moderne (comme l'ordinateur). Ce recul de la demande est générateur de chômage structurel, car comme les salaires sont fixes, l'offre pour un certain type de travail est excédentaire. Ce qui est important dans ce mécanisme, c'est que, dans le même temps, on assiste à la croissance d'autres secteurs, où la demande de travail augmente. On observe ainsi simultanément la contraction de certains secteurs et l'expansion d'autres et, de ce fait, un recul de la demande sur certains marchés du travail et une élévation de la demande sur d'autres.

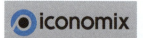

Travail du futur
« Un journal brûlant d'actualité »
iconomix.ch/fr/materiel/m12

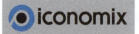

Différences salariales
« Journal sur les questions salariales »
iconomix.ch/fr/materiel/m01

La fin du travail ?

Figure 5.4
Évolution de l'emploi en Suisse (1993-2021)

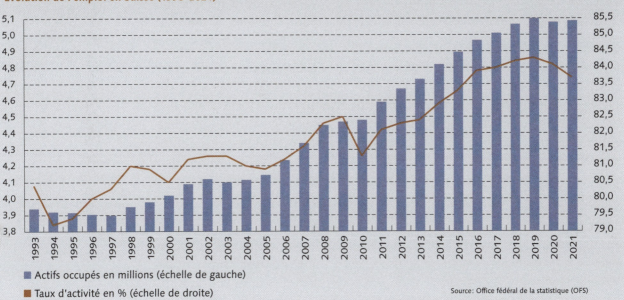

Source: Office fédéral de la statistique (OFS)

- Actifs occupés en millions (échelle de gauche)
- Taux d'activité en % (échelle de droite)

Les économistes sont régulièrement confrontés à la crainte que le travail vienne à manquer. Heureusement, quelques raisonnements économiques simples suffisent à démontrer qu'une telle crainte est infondée. Mais d'où vient cette peur si profondément ancrée ? Le fait que les suppressions d'emplois soient le plus souvent rendues publiques alors que les créations d'emplois passent pratiquement inaperçues constitue sans doute une partie de l'explication. Lorsqu'une entreprise supprime 200 postes dans une région, la nouvelle a un retentissement régional, voire national. Les créations d'emplois, en revanche, sont la plupart du temps réparties sur de nombreuses entreprises et sur une longue période. Et même si elles sont plus nombreuses que les suppressions d'emplois, le processus est moins spectaculaire et trop peu visible pour être perçu par le plus grand nombre. D'où l'impression d'être plus souvent confronté à des suppressions qu'à des créations de postes. La **figure 5.4** révèle que, même dans les années 1990, où le chômage était élevé, l'emploi en Suisse ne s'est presque pas contracté. Comme l'indique l'évolution du taux d'activité, de très nombreuses personnes sont arrivées sur le marché du travail après 1994 et y ont généralement trouvé un emploi.

La peur qu'il n'y ait plus de travail vient aussi du fait qu'au moment d'évaluer les conséquences du progrès technologique et de la mondialisation, l'analyse se limite trop souvent à certains secteurs au lieu de porter sur l'ensemble de l'économie. Reprenons notre exemple de la machine à écrire supplantée par l'ordinateur. Si l'on analyse la seule situation des fabricants de machines à écrire, la nouvelle technologie – ici l'ordinateur – a effectivement conduit à la disparition d'un grand nombre d'emplois. Or il faut aussi prendre en compte les autres secteurs : au niveau global, l'utilisation des ordinateurs a amené un gain de productivité et, par conséquent, des revenus supplémentaires. Ces derniers ont bénéficié à trois groupes : (i) à la main-d'œuvre plus productive, sous forme d'augmentations de salaire, (ii) aux investisseurs, sous forme de bénéfices accrus, et (iii) aux consommateurs, sous forme de baisse des prix. Ces revenus supplémentaires ont ensuite été dépensés par ces trois groupes, qui ont consommé davantage de biens. Il a fallu produire les biens en question, ce qui a impliqué du travail en plus, de sorte que la demande de travail et donc l'emploi ont augmenté.

La hausse de la productivité conduit ainsi à la création de nouveaux emplois, raison pour laquelle nous ne risquons pas de manquer de travail. L'évolution de l'emploi à long terme le montre clairement.

Le chômage structurel

Le chômage structurel s'explique donc par un manque d'élasticité des salaires. Autrement dit, si les salaires étaient totalement flexibles, cette forme de chômage n'existerait pas : la diminution de la demande induirait non pas du chômage, mais uniquement un recul des salaires dans un secteur. Bien qu'il paraisse contre-intuitif, ce raisonnement suit la logique simple d'un marché. Si celui-ci fonctionne, les prix – ici les salaires – s'adaptent à une variation de l'offre ou de la demande de manière que le marché s'ajuste, autrement dit que l'offre et la demande s'équilibrent à nouveau.

Encore faut-il que les prix sur le marché du travail réagissent effectivement avec cette souplesse. Or si cette condition est déterminante, elle est illusoire : une baisse rapide des salaires en réponse à un recul de la demande sur un marché est en effet très éloignée de la réalité habituellement observée dans les pays de l'OCDE. Les salaires y sont généralement fixés pour une longue période lors de négociations entre organisations patronales et syndicats, et une baisse des salaires est extrêmement difficile à obtenir. Les salaires réels sont donc fixes – tout au moins pendant un certain temps – et l'adaptation à un recul de la demande ne passe pas par une diminution du prix (baisse des salaires), mais de la quantité (hausse du chômage).

→ **Salaire réel**
Salaire corrigé de l'inflation indiquant donc la quantité de biens qu'il permet effectivement d'acheter.

C'est ce que montre la **figure 5.5**, qui illustre le fonctionnement du marché du travail pour un certain type de travailleurs. Sur ce marché, le prix est représenté par le salaire et la quantité par le nombre de travailleurs. L'offre de travail provient des ménages, tandis que la demande émane des entreprises. Les deux courbes présentent un tracé normal. À leur intersection, l'offre O et la demande D_1 se rejoignent, et le salaire d'équilibre s'établit à w_1. Toutes les personnes qui ne sont pas occupées ont un salaire de réserve supérieur à w_1. C'est donc « volontairement » qu'elles n'ont pas d'emploi, car le salaire d'équilibre est trop bas pour elles. Par « volontairement », on entend que ces personnes pourraient trouver un emploi rémunéré au salaire du marché, mais qu'elles y renoncent. Il ne s'agit pas ici de juger si ce salaire du marché est « convenable » ou s'il suffit à garantir un certain niveau de vie.

→ **Salaire de réserve**
Salaire minimal attendu par une personne. Salaire en deçà duquel une personne en recherche d'emploi renonce à accepter le poste correspondant.

Admettons que la demande de main-d'œuvre tombe à D_2. Cela peut se produire dans le cas d'une évolution structurelle conduisant à un recul du secteur concerné, puis à une contraction de la demande de la force de travail des personnes ayant la formation correspondante. Ce qui est déterminant, ici, c'est l'élasticité du salaire

Figure 5.5
Marché du travail avec des salaires fixes

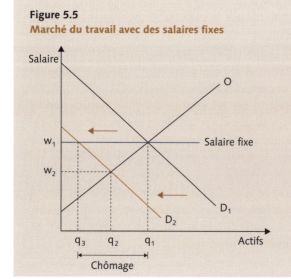

Lorsque le salaire est fixé, par exemple sous la forme d'un salaire minimum correspondant au salaire de départ w_1, un recul de la demande induit un chômage involontaire : le nombre d'actifs q_1 voudrait travailler, mais les entreprises ne peuvent engager que le nombre q_3. Il y a donc du chômage à hauteur de q_1-q_3.
Les effets du salaire minimum sur le bien-être sont comparables à ceux d'un prix minimum, voir **figure 3.2** (p. 72).

par rapport à la demande. Si le salaire passait immédiatement à w_2, un nouvel équilibre s'établirait, avec un niveau d'emploi q_2, plus faible, mais pas de chômage. Tous les actifs prêts à travailler pour ce nouveau salaire du marché pourraient le faire. Le graphique représente toutefois une situation plus réaliste où le salaire demeure inchangé au niveau w_1 fixé initialement et ne s'adapte pas au recul de la demande de travail.

Si le salaire se maintient à w_1 en dépit d'une demande réduite, les personnes disposées à travailler pour ce salaire sont encore au nombre de q_1. Mais en réalité, seules q_3 personnes ont du travail pour ce salaire, car pour les entreprises, w_1 est trop élevé par rapport au nouveau salaire d'équilibre w_2. La différence entre q_1 et q_3 correspond au nombre de personnes involontairement sans emploi dans le secteur considéré, à savoir au nombre de chômeurs. Elles ne trouvent pas de travail au salaire w_1 (trop haut) en vigueur.

Il y a donc toujours du chômage involontaire lorsque, sur le marché du travail, le prix du travail (le salaire réel) ne peut, pour une certaine catégorie de travailleurs et quelle qu'en soit la raison, s'adapter à l'évolution de la demande de travail.

5.5 Les causes du chômage structurel

Lorsqu'un secteur enregistre un recul, cela induit un chômage involontaire en raison de la flexibilité insuffisante des marchés du travail. Mais qu'est-ce qui détermine la flexibilité d'un marché du travail?

Il existe deux facteurs déterminants:

- la réglementation du marché du travail, qui explique que les salaires ne puissent réagir à court terme à un recul de la demande en main-d'œuvre; on pourrait aussi parler ici de chômage institutionnel;
- la formation de base et la formation continue, qui déterminent en partie la vitesse à laquelle les travailleurs peuvent adapter leurs qualifications à l'évolution structurelle.

5.5.1 La réglementation du marché du travail

Dans la plupart des pays industrialisés, le marché du travail est plus réglementé qu'un marché de biens et de services ordinaire. Il est en effet considéré comme un marché particulier: pour la personne concernée, la perte d'un emploi est beaucoup plus dramatique que le recul de la demande d'un bien.

L'avantage des réglementations visant à protéger les salariés est que ceux-ci jouissent d'une certaine sécurité. L'inconvénient, c'est que du fait même de ces réglementations, il peut être plus difficile pour les chômeurs de retrouver du travail.

→ **Réglementation du marché du travail**
Organisation du marché du travail par des lois et des règlements.

Tout l'art de la réglementation du marché du travail consiste dès lors à trouver un équilibre entre protection des travailleurs et flexibilité de l'emploi. Une trop forte protection peut laisser penser que les emplois sont assurés pour toujours. Or, dans une économie de marché soumise aux évolutions structurelles, une telle sécurité est impossible. Toute tentative de garantir les emplois d'un secteur en

Les causes du chômage structurel

particulier peut nuire à la capacité et à la volonté d'adaptation des travailleurs. De plus, il est fort probable que l'adaptation requise se produise tôt ou tard, parfois de manière brutale.

Quelles sont les principales formes de réglementation susceptibles de limiter la flexibilité du marché du travail? On en distingue essentiellement cinq:

- les salaires minimums;
- les négociations salariales très centralisées;
- les réglementations des rapports de travail (protection contre le licenciement);
- le régime de l'assurance-chômage;
- la réglementation du temps de travail.

Les salaires minimums constituent l'obstacle à la flexibilité le plus évident et le plus facile à comprendre. L'introduction d'un salaire minimum est une intervention directe dans le mécanisme des prix. La situation est alors comparable à celle d'un prix minimum trop élevé sur un marché des biens et des services. Comme nous l'avons vu au chapitre 3, ce prix minimum a pour conséquence une offre excédentaire et une demande déficitaire. Afin de garantir aux salariés un revenu suffisant, les salaires minimums sont souvent supérieurs au prix que l'employeur est prêt à payer pour la productivité de la main-d'œuvre concernée. Or dans ce cas de figure, les employeurs ne sont pas disposés à engager toute personne désireuse de travailler. Si la productivité est jugée inférieure au salaire versé, chaque heure de travail effectuée dans ces conditions se traduit par une perte par rapport au rendement attendu pour l'entreprise.

→ **Salaire minimum**
Rémunération minimale, légale ou contractuelle, valable pour l'ensemble d'une branche ou d'un pays.

Deuxième obstacle à la flexibilité du marché du travail: les négociations salariales très centralisées. Plus les négociations entre employés et employeurs sont centralisées, c'est-à-dire plus elles portent sur un grand nombre de raports de travail à la fois, moins elles tiennent compte des spécificités de ces derniers, en particulier d'une productivité inégale des salariés. Lorsque les conditions de travail sont définies sans distinction pour des secteurs entiers, il en résulte une moyenne arbitraire qui peut se traduire dans certains segments du marché par un salaire minimum qui est plus élevé que la productivité – telle qu'estimée par l'employeur – d'une part des travailleurs affectés.

→ **Négociations salariales centralisées**
Négociations salariales entre les représentants des employeurs (organisations patronales) et des employés (syndicats), dont les résultats valent pour toute la branche concernée.

En Suisse, la paix du travail est devenue un élément de l'identité nationale (Dictionnaire historique de la Suisse). Elle désigne le fait que les conflits entre employés et employeurs sont résolus par la négociation et non par la grève.

Emploi et chômage

Productivité et salaires

La réalité économique met régulièrement en évidence le lien étroit entre évolution de la productivité et évolution des salaires. Ces dernières décennies, beaucoup craignaient que l'économie européenne n'ait définitivement perdu le match de la compétitivité au profit de la Chine et de ses salaires incroyablement bas. À première vue, les chiffres n'étaient effectivement pas rassurants : en Chine, à la fin des années 1990, le salaire annuel moyen dans l'industrie dépassait tout juste 700 dollars, tandis qu'il avoisinait 35 000 dollars en Allemagne. Mais pour évaluer correctement la situation, il faut tenir compte à la fois des salaires et de leur contrepartie, la productivité. Or si les ouvriers chinois coûtent bien moins cher, ils sont aussi bien moins productifs : à la même période, la création de valeur annuelle moyenne par ouvrier atteint en effet environ 80 000 dollars en Allemagne, contre moins de 3000 dollars en Chine. Cela signifie que le coût salarial unitaire (rapport entre le salaire et la productivité), décisif pour la compétitivité, n'est finalement pas beaucoup plus bas en Chine. À noter que si la main-d'œuvre européenne moyenne est plus productive, c'est qu'elle peut compter sur un capital nettement plus élevé, sur une meilleure formation et sur une technologie beaucoup plus performante.

Au vu des taux de croissance extraordinaires affichés par la Chine, et sa productivité en hausse rapide, on pourrait aussi craindre que sous peu, le bas niveau des salaires ne constitue un avantage concurrentiel imbattable. Là encore, ces craintes sont infondées : car le lien entre salaires et productivité est aussi dynamique : la hausse de la productivité chinoise crée des revenus supplémentaires, notamment redistribués aux ouvriers sous forme d'une augmentation des salaires. En effet, sur des marchés à forte concurrence, le salaire est défini par sa contrepartie réelle, la productivité de la main-d'œuvre. On observe ainsi que dans d'anciens pays en développement, les salaires réels ont augmenté au même rythme ou presque que la productivité. Prenons la Corée du Sud : selon une étude de 1970, les salaires de ce pays dans l'industrie s'élevaient à environ 8% de ceux versés aux États-Unis. Or en 1995, ils atteignaient déjà 48% des salaires américains, une augmentation correspondant assez exactement au gain de productivité relatif de la Corée du Sud durant cette période. À noter qu'un pays peut voir sa productivité augmenter temporairement davantage que les salaires, mais à long terme, ce décalage n'est guère possible.

→ **Coût salarial unitaire**
Coût salarial par unité produite.

→ **Protection contre le licenciement**
Dispositions qui compliquent ou empêchent les licenciements.

Troisième élément susceptible d'influencer la flexibilité du marché de l'emploi : les réglementations des rapports de travail. Il s'agit en l'occurrence de règles en vertu desquelles il est plus difficile d'embaucher et surtout de licencier quelqu'un. Une protection renforcée contre le licenciement est perçue intuitivement comme quelque chose de positif pour le chômage, puisqu'elle contribue en apparence à la sécurité des emplois. Pourtant, une telle réglementation peut aussi indirectement empêcher une personne sans emploi de trouver un poste vacant. En effet, sachant qu'il ne pourra pas licencier une personne si la situation économique se détériore, l'entrepreneur peut renoncer à embaucher, même lorsque la conjoncture est bonne. De prime abord, cette réglementation semble donc agir positivement sur l'emploi, mais peut conduire à moyen terme, par effet boomerang, à une réduction du volume global d'emplois disponibles. Ce type de réglementation tient insuffisamment compte des incitations qu'elle peut produire et aboutit parfois au contraire de l'effet recherché.

→ **Assurance-chômage**
Assurance sociale garantissant un revenu aux personnes au chômage pendant leur recherche d'emploi.

Le régime de l'assurance-chômage est un quatrième élément susceptible d'influencer la flexibilité du marché du travail et donc le chômage structurel. Là encore, le résultat atteint peut être différent du résultat visé. D'un point de vue social, une bonne dotation des prestations de l'assurance-chômage est naturellement positive. L'avantage, pour une personne qui perd son emploi, c'est qu'elle est financièrement à l'abri durant la difficile période du chômage.

Les causes du chômage structurel

Mais l'assurance-chômage génère aussi des incitations qui vont à l'encontre de l'effet recherché. Lorsque le système prévoit des prestations élevées de chômage, il pourrait en effet réduire la motivation des bénéficiaires à rechercher activement un nouvel emploi. Le risque est donc que certains d'entre eux attendent d'avoir pratiquement épuisé leurs indemnités de chômage pour se mettre en quête d'un travail. Comme dans le cas de la protection contre le licenciement, il en résulte un conflit d'objectifs. Car à trop étendre le dispositif de protection, on risque d'accentuer le problème initial – le chômage – au lieu de le corriger. Au moment d'élaborer une réglementation, il est donc là encore primordial de tenir compte des incitations économiques qui en résultent pour les personnes concernées.

La réglementation du temps de travail, enfin, constitue le cinquième facteur déterminant en matière de flexibilité du marché du travail et donc de chômage structurel. Politiquement, on en vient souvent à un aménagement du temps de travail permettant de réduire la durée de travail hebdomadaire des salariés sans toucher à leur salaire. Une telle réglementation équivaut dès lors à un salaire minimum élevé : si la productivité horaire reste la même, des salaires qui ne suivent pas la réduction du temps de travail produisent du chômage involontaire.

En résumé, même si une intervention sur le marché se justifie sur le plan social, elle peut constituer une cause non négligeable de chômage structurel.

5.5.2 Formation de base et formation continue

Outre la réglementation du marché du travail, la formation de base et la formation continue constituent un facteur déterminant du chômage structurel sur lequel on peut agir par le biais de la politique économique.

Le chômage structurel se manifeste parce que sous l'effet d'une évolution structurelle, la demande relative à un certain profil d'exigences recule et le salaire réel ne réagit pas assez vite. Une personne sans travail qui entend trouver un poste aux mêmes conditions doit ajuster ses qualifications. Un système de formation continue de qualité est donc essentiel, car il permet aux « chômeurs structurels » d'acquérir relativement vite de nouvelles compétences. À noter qu'ils auront généralement la tâche plus facile si leur niveau de formation est déjà bon, car il est plus aisé d'acquérir de nouvelles compétences ou de nouvelles qualifications lorsque l'on est habitué à apprendre.

Dans la plupart des pays, l'assurance-chômage a été revue de manière à proposer, voire à imposer aux personnes sans emploi différentes formes de formation continue.

« Oog n'est pas très doué pour la chasse et n'aime pas la cueillette, alors il s'est tourné vers le graphisme. »

Emploi et chômage 5

En résumé, la réglementation du marché du travail et la formation au sens large sont les principaux leviers permettant d'agir sur le chômage structurel. Si l'on veut combattre efficacement cette forme de chômage, c'est par une réforme de la réglementation ou par une amélioration de l'offre de formation que l'on peut y arriver.

5.6 La politique de l'emploi en Suisse

Le bilan de la Suisse en matière d'emploi est extrêmement positif en comparaison internationale. Même en période de récession, la Suisse a jusqu'ici toujours affiché des taux de chômage inférieurs à ceux que la plupart des autres pays de l'OCDE parviennent à atteindre en période de haute conjoncture (voir à ce propos la comparaison internationale du chapitre 1). Le chômage résiduel y est plus bas que dans des pays comparables et le taux d'actifs occupés très élevé. Là encore, la Suisse fait mieux que les autres en comparaison internationale. Et elle se distingue en outre par un taux de chômage des jeunes étonnamment bas; en 2018 ce chiffre était moins de 10% en Suisse, plus de 20% en France et presque 35% en Italie.

Nous allons maintenant aborder trois éléments de la politique suisse de l'emploi particulièrement importants pour le chômage résiduel: la réglementation du marché du travail, la formation professionnelle et le régime de l'assurance-chômage.

5.6.1 La réglementation du marché suisse du travail

La réglementation du marché suisse du travail est plutôt souple en comparaison internationale. De ce point de vue, elle est plus proche de celles des pays anglo-saxons ou de certains pays du nord de l'Europe que de celles des grands pays voisins. Pour en comprendre les principaux éléments, reprenons brièvement les cinq formes de réglementation du marché du travail décrites plus haut.

Premièrement, il n'y a pas en Suisse – contrairement à la plupart des autres pays de l'OCDE – de salaires minimums généraux applicables à tous les secteurs. On en trouve bien dans certaines conventions collectives qui limitent alors la flexibilité des marchés du travail concernés. Mais ils sont adaptés à la situation spécifique de la branche à laquelle ils s'appliquent et en conséquence sont moins probables de fixer des salaires plus élevés que la productivité de certains travailleurs concernés, et donc moins problématiques pour l'emploi dans sa globalité. En l'absence de salaires minimums généraux, les employeurs peuvent engager plus facilement une main-d'œuvre moins formée; et d'ailleurs, le taux d'emploi de cette main-d'œuvre est assez élevé. En effet, dans d'autres pays, ces travailleurs moins qualifiés sont souvent poussés hors du marché du travail sous l'effet de salaires minimums obligatoires trop élevés. Car aucune entreprise n'est d'accord, sur la durée, d'employer des travailleurs pour un salaire supérieur à leur productivité.

Deuxièmement, la Suisse n'a pas de convention collective de travail applicable à l'ensemble des secteurs et établissant donc globalement les salaires et les conditions de travail de millions de personnes, comme c'est par exemple le cas en Allemagne.

→ **Convention collective de travail**
Convention conclue entre les organisations patronales et les syndicats pour définir les salaires et les autres conditions de travail dans une branche ou au sein d'une entreprise.

En Suisse, les négociations salariales interviennent de manière décentralisée, pour un seul secteur, voire une seule entreprise. Les salaires tiennent ainsi davantage compte de la productivité de la main-d'œuvre, ce qui est bénéfique pour l'emploi.

Troisièmement, le marché suisse du travail connaît nettement moins d'obstacles lorsqu'il s'agit d'engager ou de licencier des travailleurs. Embaucher un collaborateur ne signifie pas pour l'employeur se lier pour de nombreuses années par un contrat qu'il ne pourra résilier qu'à grands frais. Il lui est donc beaucoup plus facile de recruter de la main-d'œuvre lorsque les affaires sont bonnes, parce qu'il a la possibilité de s'en séparer lorsque les temps sont plus durs. Cette adaptabilité contraste nettement avec ce que connaissent la plupart des autres pays européens, où la protection contre les licenciements est plus forte qu'en Suisse et où il est d'autant plus difficile de trouver un emploi fixe. Cette difficulté touche tout spécialement les jeunes qui viennent de terminer leur formation et recherchent un premier emploi.

Quatrièmement, l'assurance-chômage est conçue pour favoriser le retour au travail : elle comporte des mesures d'incitation visant à réduire la durée du chômage. Ce point sera traité plus en détail à la section 5.6.3.

Cinquièmement, les dispositions visant à réduire la durée du travail sont moins nombreuses en Suisse qu'ailleurs. Une initiative sur la semaine des 36 heures a par exemple été rejetée en votation populaire ; plus récemment une initiative pour 6 semaines de vacances pour tous a également été rejetée. Il est en outre très facile d'embaucher des salariés à temps partiel, ce qui améliore aussi la situation de l'emploi.

En Suisse, toutes les réglementations ayant une incidence sur le niveau du chômage résiduel sont plutôt flexibles en comparaison internationale. Il n'est donc guère surprenant que le chômage résiduel y soit très bas.

5.6.2 Apprentissage et chômage des jeunes

Outre la réglementation du marché du travail, le système de formation joue un rôle central dans l'évolution du chômage d'un pays. Là encore, la Suisse se distingue par la place de l'apprentissage dans ce système, une particularité qui contribue pour une large part au bas niveau de son chômage résiduel. Deux tiers des jeunes Suisses optent pour une formation professionnelle, ce qui en fait de loin la formation initiale la plus importante. On parle ici souvent de formation professionnelle duale, parce qu'elle repose sur deux composantes : la formation en entreprise pour la partie pratique et la fréquentation d'une école professionnelle pour la partie théorique.

→ **Formation professionnelle duale**
Système de formation composé en alternance d'expériences en entreprise et de formations en école professionnelle.

Le grand avantage de ce système, c'est que les jeunes sont intégrés dans une entreprise dès le début de leur formation et que celle-ci est donc à la fois tournée vers la pratique et proche du marché. Cet atout est pour beaucoup dans le très bas niveau de chômage des jeunes en Suisse. Les pays qui disposent d'un système d'apprentissage misant sur l'acquisition d'un large éventail de compétences tirent d'ailleurs clairement leur épingle du jeu en comparaison internationale. Ainsi, dans les pays dotés d'un système de formation duale comme l'Allemagne, l'Autriche, les Pays-Bas ou la Suisse, le taux de chômage moyen des jeunes est inférieur de plus de dix points de pourcentage à celui des pays qui ne connaissent pas ce système, une tendance qui s'est encore renforcée depuis la crise financière de 2008.

Emploi et chômage

Le chômage partiel, un puissant stabilisateur

Le chômage partiel (réduction de l'horaire de travail, RHT) est un instrument de l'assurance-chômage qui a prouvé son efficacité durant les dernières crises, notamment pour stabiliser la situation économique. Le chômage partiel désigne l'arrêt partiel ou total de l'activité d'une entreprise, alors que les contrats de travail des employés sont maintenus, ainsi que le versement de la quasi-totalité des salaires (70% à 80%). L'assurance chômage étatique prend le relais de l'employeur en versant les salaires aux personnes concernées – les indemnités de chômage partiel – pendant une certaine période. Son objectif est d'éviter les licenciements ou les faillites en raison de baisses d'activité à court terme.

Le chômage partiel est particulièrement efficace lorsque l'économie subit une récession sévère mais brève ; ce qui fut le cas lors de la crise financière de 2008. Des études ont montré qu'un large recours au chômag partiel par les entreprises a alors permis de maintenir le taux de chômage dans des proportions acceptables, malgré une forte baisse de la demande globale. Le chômage partiel a également joué un rôle prépondérant pour faire face à la crise du coronavirus.

La gravité de la crise a amené les autorité à élargir les critères d'obtention des indemnité. Ainsi, au printemps 2020, les autorités avaient accordé des compensations à plus de deux millions de Suisses. Au comble de la crise, en avril 2020, plus de 1,2 million de personnes étaient simultanément indemnisées. Ces chiffres sont de loin les plus hauts jamais atteints par l'assurance-chomage depuis sa création.

L'effet stabilisant provient du fait que ce système freine la progression des chiffres au début d'une crise. Si la crise persiste, les droits aux indemnités arriveront à échéance et le taux de chômage finira par prendre l'ascenseur. L'instrument est donc efficace pour les courtes crises. Au printemps 2020, la Suisse a pu éviter une croissance fulgurante du chômage, comparé au pays dépourvus d'indemnités de chomage partiel. Les USA en constituent un exemple flagrant : le taux de chômage y est passé en très peu de temps de 4% (mars 2020) à 14% (avril 2020).

→ **Chômage partiel**
Mesure temporaire de réduction du temps de travail ordinaire dans une entreprise en raison d'une baisse considérable des commandes et/ou mandats.

→ **Indemnités de chômage partiel**
L'assurance-chômage couvre un certain temps une partie (70% à 80%) des salaires des employés concernés par le chômage partiel.

De plus, de nombreux jeunes sont engagés par leur entreprise formatrice à l'issue de leur apprentissage. Sachant que la probabilité de rester durablement sans emploi s'élève pour qui ne trouve déjà pas de place au sortir de sa formation, ce facteur a un effet modérateur sur le chômage dans son ensemble. Grâce à ce système, la proportion de personnes sans formation est plus faible. Cet élément est important, car les travailleurs non qualifiés sont en moyenne nettement plus souvent au chômage que ceux qui sont allés au bout d'une formation.

Pour toutes ces raisons, le système de formation professionnelle duale est un élément clé lorsque l'on cherche à expliquer le niveau extrêmement bas du chômage en Suisse.

→ **Assurances sociales**
Assurances publiques obligatoires qui couvrent les risques sociaux et sont principalement financées par des cotisations salariales, tant par l'employé que par l'employeur.

5.6.3 L'assurance-chômage

L'assurance-chômage est une institution économique importante. Elle fait partie de la politique de l'emploi, tout en étant une composante essentielle des assurances sociales.

La politique de l'emploi en Suisse

En Suisse, elle se compose de deux éléments :

- le versement de prestations aux chômeurs qui y ont droit, visant à compenser leur perte de salaire (volet « passif ») et
- les mesures du marché du travail destinées à aider les personnes qui ont perdu leur emploi à préserver leurs chances de trouver un emploi et à rechercher activement un nouveau poste (volet « d'activation »).

En Suisse, l'assurance-chômage est devenue obligatoire en 1977. Son impact sur l'ensemble de l'économie est resté négligeable jusqu'à la fin des années 1980, car le taux de chômage était généralement inférieur à 1%. La forte dégradation de la situation économique dans les années 1990, lorsque le taux de chômage est passé à plus de 5% en trois ans, a été à l'origine d'une profonde réorganisation de cette assurance.

L'assurance-chômage a connu deux premières révisions au milieu des années 1990, mais c'est à l'occasion d'une troisième révision, en 2003, qu'elle a été dotée de bases plus solides.

Les caractéristiques de l'assurance-chômage suisse sont les suivantes :

- La période maximale d'indemnisation : combien de temps une personne sans emploi peut-elle bénéficier des prestations de l'assurance-chômage ? En 1992, la période maximale d'indemnisation était encore de 250 jours. Elle a été relevée à 300 jours en 1993. La même année, alors que le chômage connaissait une nouvelle hausse, elle a été portée à 400 jours. En 1996, elle a même été relevée à 520 jours. En comparaison internationale, ces prestations de l'assurance-chômage suisse étaient particulièrement généreuses. À quelques exceptions près, la période maximale d'indemnisation est aujourd'hui à nouveau de 400 jours.
- Le montant de l'indemnité journalière : à quel pourcentage du dernier salaire reçu les prestations de l'assurance-chômage se montent-elles ? En Suisse, ces dernières s'élèvent à 70 ou 80% du dernier salaire, pris en compte jusqu'à concurrence du salaire assuré maximum.

→ **Mesures du marché du travail**
Ensemble des mesures permettant de maintenir l'aptitude au placement des personnes au chômage et de soutenir leur réintégration rapide dans le monde du travail.

→ **Indemnité journalière**
Montant versé durant la période pendant laquelle une personne a droit aux prestations d'une assurance sociale.

Quelque 130 offices régionaux de placement (ORP) répartis dans toute la Suisse apportent leur aide aux chômeurs.

154

Emploi et chômage

- Le salaire assuré maximal : jusqu'où peut-on assurer la perte de salaire ? En Suisse, le plafond est fixé à 148 200 francs.
- La période de cotisation : combien de temps faut-il avoir cotisé auprès de l'assurance-chômage pour pouvoir bénéficier pleinement de ses prestations ? En Suisse, c'est en règle générale douze mois au cours des deux dernières années.

L'assurance-chômage est financée à parts égales par les cotisations des employés et des employeurs sous la forme d'un pourcentage du salaire assuré. Ce taux de cotisation, qui n'est encore que de 0,4 % (cotisations cumulées des employés et des employeurs) en 1991, doit être relevé massivement dans les années 1990 pour pallier le déficit de l'assurance résultant de la hausse du chômage, d'abord à 2 % en 1992, puis à 3 % en 1995. Il sera ramené à 2 % à l'occasion de la révision de 2003, notamment en raison de la diminution du nombre de chômeurs. En 2007, en dépit d'une très bonne situation conjoncturelle, l'assurance-chômage est fortement endettée. Cette même année, un projet de révision de la loi visant à équilibrer ses finances voit le jour. Le problème est alors que l'estimation du nombre moyen de chômeurs faite lors de la révision précédente était trop optimiste : ce ne sont pas 100 000, mais plutôt 125 000 chômeurs que la Suisse compte en moyenne sur l'ensemble du cycle conjoncturel. L'endettement est donc en progression dans toutes les phases du cycle, car les dépenses sont la plupart du temps nettement supérieures aux recettes. La réforme de 2007 prévoit ainsi d'une part de relever légèrement le taux de cotisation et d'autre part de couper un peu dans les prestations : l'assurance ne doit plus enregistrer de pertes sur l'ensemble du cycle conjoncturel. Le projet est accepté en votation à l'automne 2010.

Une question importante se pose en outre au moment de repenser l'assurance-chômage : faut-il verser l'indemnité de chômage sans exigence particulière ou doit-elle être liée à la participation des bénéficiaires aux mesures du marché du travail ? La Suisse optera dans les années 1990 pour une assurance-chômage favorisant le retour au travail.

Parallèlement aux prestations de chômage qui leur sont versées, les personnes sans emploi sont depuis lors tenues de participer aux mesures du marché du travail pour maintenir ou améliorer activement leurs capacités de réinsertion professionnelle.

Ces mesures peuvent prendre différentes formes :

- Formation continue au sens large : l'assurance-chômage verse des allocations de formation et des prestations financières pour des mesures de formation continue ou de reconversion.
- Initiation au travail : des allocations temporaires sont octroyées pendant la période d'initiation à un nouveau travail, afin que les personnes qui ne peuvent offrir la productivité correspondant au salaire prévu qu'au terme d'une mise au courant puissent elles aussi être embauchées.
- Projet d'activité indépendante : l'assurance-chômage peut offrir son soutien financier pendant la phase d'élaboration du projet.
- Gain intermédiaire : il s'agit d'une forme de subside limitée dans le temps. Lorsqu'une personne accepte un emploi nettement moins bien rémunéré que le précédent, elle a droit à la compensation de la perte de gain correspondante par l'assurance-chômage.

→ **Taux de cotisation**
Pourcentage du salaire assuré prélevé à titre de cotisation (prime) pour une assurance sociale.

→ **Subside**
Complément de salaire versé par l'État aux personnes dont le revenu provenant de l'activité lucrative ne couvre pas le minimum vital.

La politique de l'emploi en Suisse

RÉSUMÉ FONDÉ SUR LES OBJECTIFS D'APPRENTISSAGE

1 Chômage et emploi
Deux indicateurs mesurent la capacité des marchés du travail à assurer un emploi aux individus: le taux de chômage (pourcentage des personnes qui veulent travailler mais ne trouvent pas d'emploi) et le taux d'actifs occupés (pourcentage des personnes en âge de travailler qui exercent une activité rémunérée).

2 Chômage résiduel versus chômage conjoncturel
Le chômage résiduel est une situation où il y a suffisamment d'emplois vacants, mais où chômeurs et emplois ne s'ajustent pas pour diverses raisons. Le chômage conjoncturel se manifeste en période de récession, lorsqu'il y a moins de postes à pourvoir que de chômeurs.

3 Deux formes de chômage résiduel
On distingue deux formes de chômage résiduel: dans le cas du chômage structurel, les qualifications des chômeurs ne correspondent pas aux emplois offerts. Dans le cas du chômage frictionnel, le marché propose des postes correspondant aux profils des chômeurs, mais l'ajustement entre les deux prend un certain temps.

4 La formation du chômage structurel
Il y a chômage structurel lorsque, sur un marché spécifique, les salaires ne peuvent réagir avec la souplesse nécessaire au recul de la demande de travail. Les personnes ayant perdu leur emploi pour cette raison doivent adapter leurs qualifications pour retrouver du travail.

5 Les facteurs déterminant le niveau du chômage structurel
Le niveau du chômage structurel dans un pays dépend essentiellement de la réglementation du marché du travail et du système de formation. Il est inversement proportionnel à la flexibilité du marché du travail et à la qualité du système de formation.

6 Les raisons du bon fonctionnement du marché suisse du travail
La réglementation du marché suisse du travail est particulièrement souple en comparaison internationale: il n'y a pas de salaires minimums applicables à l'ensemble des secteurs, les négociations salariales sont décentralisées et les employeurs peuvent licencier à des conditions acceptables lorsque la situation économique se détériore. Cette flexibilité du marché du travail explique en grande partie le bas niveau du chômage structurel en Suisse. Par ailleurs, le système de formation duale contribue à maintenir le chômage des jeunes à un très bas niveau et joue donc lui aussi un rôle important.

Emploi et chômage 5

7 L'assurance-chômage en Suisse

En Suisse, l'assurance-chômage a été étendue et réorganisée dans les années 1990. Parallèlement aux prestations financières qui leur sont versées, les personnes sans emploi sont aujourd'hui tenues de maintenir ou d'améliorer activement leurs capacités de réinsertion professionnelle en participant à diverses mesures financées par l'assurance-chômage.

NOTIONS FONDAMENTALES

Population active →**138**
Taux d'activité →**138**
Chômage conjoncturel →**140**
Chômage résiduel →**140**
Courbe de Beveridge →**140**
Chômage structurel →**142**
Qualifications →**142**
Chômage frictionnel →**142**
Salaire réel →**146**
Salaire de réserve →**146**
Réglementation du marché du travail →**147**
Salaire minimum →**148**
Négociations salariales centralisées →**148**
Coût salarial unitaire →**149**
Protection contre le licenciement →**149**
Assurance-chômage →**149**
Convention collective de travail →**151**
Formation professionnelle duale →**152**
chômage partiel →**153**
Indemnités de chômage partiel →**153**
Assurances sociales →**153**
Mesures du marché du travail →**154**
Indemnité journalière →**154**
Taux de cotisation →**155**
Subside →**155**

Emploi et chômage

QUESTIONS DE RÉVISION DU CHAPITRE 5

1 a) Définissez les indicateurs suivants : taux de chômage, taux d'activité et taux d'actifs occupés.
b) Précisez pour chacun de ces taux la situation de la Suisse en comparaison internationale.

2 a) Quelles sont les trois différentes formes de chômage ?
b) Expliquez pour chacune les mesures de politique économique permettant de la combattre.
c) Quel est le niveau de chômage conjoncturel lorsque l'économie se situe sur la droite à 45° de la courbe de Beveridge ? Justifiez.

3 Dessinez un diagramme pour le marché du travail d'un secteur spécifique et reportez le point d'équilibre du marché à l'intersection de la courbe de l'offre et de la courbe de la demande.
a) Un salaire minimum supérieur au salaire d'équilibre a été fixé pour ce marché dans le cadre d'une convention collective de travail. Représentez cette situation dans le diagramme et décrivez-en les conséquences de manière détaillée.
b) Qu'est-ce qui change si le salaire minimum est inférieur au salaire d'équilibre ?

4 Au chapitre 2, vous avez vu avec l'« effet cobra » que tenir insuffisamment compte de l'effet incitatif d'une mesure sur les acteurs économiques concernés peut aggraver le problème que la mesure était censée résoudre.
a) Dans quelle mesure un salaire minimum élevé ou des prestations de chômage généreuses peuvent-ils avoir un tel effet ?
b) Décrivez la réglementation du marché du travail en Suisse et les différences par rapport à celles de nos proches voisins (en particulier l'Allemagne et la France).

5 Donnez votre avis au sujet de l'affirmation suivante : « En Chine, les salaires des ouvriers sont si bas que pour l'industrie suisse et ses hauts salaires, la délocalisation de toutes les étapes de la production vers l'Asie n'est qu'une question de temps. »

6 « Au vu de l'automatisation croissante de la production (en particulier grâce à l'informatique et aux robots industriels), nous n'aurons bientôt plus assez de travail ! » Quels arguments peut-on opposer à cette affirmation ?

7 L'assurance-chômage suisse se compose d'un volet passif et d'un volet d'activation.
a) Qu'entend-on par volet passif et par volet d'activation ?
b) Citez quelques-unes des mesures d'activation de l'assurance-chômage en Suisse.

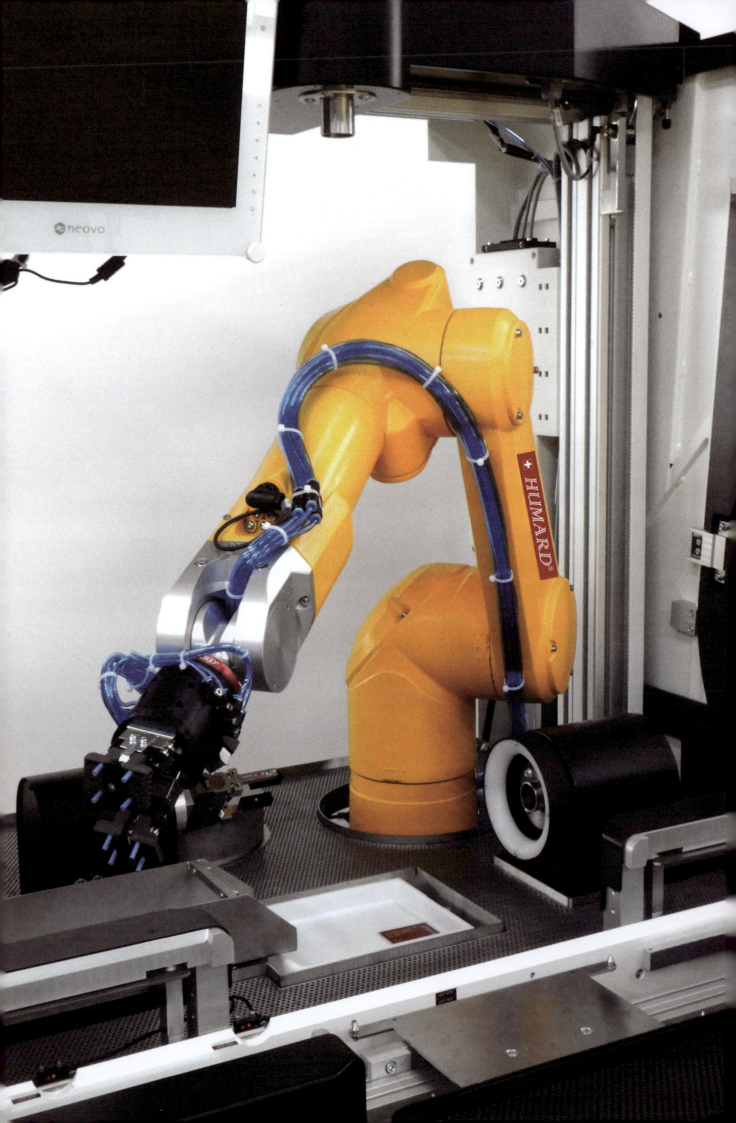

Monnaie et stabilité des prix

6

« *Lénine aurait déclaré que la meilleure manière de détruire le système capitaliste est de s'attaquer à sa monnaie. [...] Lénine avait certainement raison. Il n'existe pas de moyen plus subtil pour renverser l'ordre existant de la société que de corrompre sa monnaie. [...] Ce processus engage toutes les forces occultes de l'économie dans la destruction, et il le fait d'une telle manière que moins d'un homme sur un million est capable de le diagnostiquer.* »

John Maynard KEYNES (1883-1946), économiste britannique

6.1	Mesurer la stabilité des prix	164
6.2	Qu'est-ce que la monnaie?	166
6.3	La création de monnaie	169
6.4	La relation entre la monnaie et l'inflation	172
6.5	Pourquoi l'inflation et la déflation sont-elles nuisibles?	174
6.6	Les stratégies de politique monétaire	180
6.7	La politique monétaire de la Suisse	183
6.8	La politique monétaire extraordinaire depuis la crise financière de 2008	186

Jura: un bras robotique de l'entreprise Humard à Delémont, spécialisée dans la conception, le développement et la fabrication de systèmes automatisés, robotisés et connectés ainsi que de presses hydrauliques de haute précision. Tournée vers l'export, l'entreprise est particulièrement attentive à la stabilité des prix et des devises.

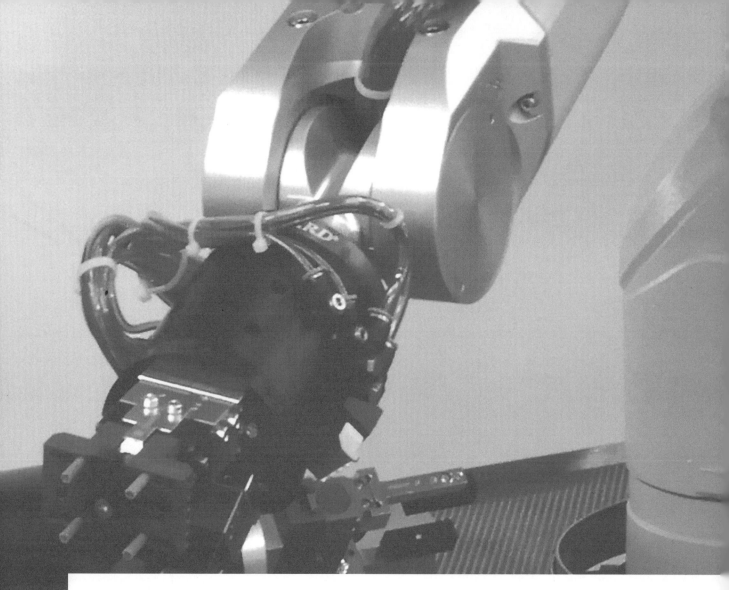

OBJECTIFS D'APPRENTISSAGE

Après avoir lu ce chapitre, vous devriez pouvoir :

1	expliquer ce que sont le niveau des prix, l'inflation et l'indice suisse des prix à la consommation (IPC) ;
2	décrire les trois principales fonctions de la monnaie ;
3	expliquer ce que l'on entend par masse monétaire ;
4	décrire comment la banque centrale peut modifier la masse monétaire par une politique de marché ouvert ;
5	expliquer la relation entre la masse monétaire et l'inflation ;
6	citer les principaux coûts de l'inflation et de la déflation ;
7	expliquer pourquoi combattre une inflation trop élevée conduit à la récession ;
8	commenter les trois principales stratégies de politique monétaire des banques centrales ;
9	décrire les trois éléments de la stratégie de politique monétaire actuelle de la BNS ;
10	expliquer la politique monétaire inhabituelle, pratiquée depuis la crise financière de 2008.

Monnaie et stabilité des prix

6

En janvier 1923, un dollar vaut 20 000 marks dans la République de Weimar ; il grimpe à un million de marks en août, un milliard en septembre et atteint le niveau vertigineux de 1000 milliards de marks en octobre. Nul besoin d'être économiste pour imaginer l'effet dévastateur d'une telle inflation sur l'économie du pays et pour comprendre qu'en Allemagne, la crainte d'une dépréciation monétaire soit encore très présente : durant l'automne 1923, une génération entière a vu ses économies s'évaporer en l'espace de quelques semaines. Lorsque l'inflation prend l'ascenseur, elle devient très rapidement le principal enjeu de la politique économique, dont la mission est d'éviter de telles catastrophes.

Dans le présent chapitre, nous étudierons les fondements de la stabilité des prix et le rôle central de la politique monétaire.

Le chapitre est structuré de la manière suivante :

La **section 6.1** montre comment mesurer le niveau général des prix. L'inflation exprime la variation de cette valeur au fil du temps.

La **section 6.2** explique ce qu'est la monnaie et pourquoi elle est si importante dans une économie fondée sur la division du travail.

La **section 6.3** montre comment la banque centrale approvisionne l'économie en monnaie.

La **section 6.4** explique la relation entre l'évolution de la masse monétaire et l'inflation.

La **section 6.5** analyse les coûts de l'inflation, à savoir les coûts de la dépréciation monétaire et ceux de la lutte contre l'inflation.

La **section 6.6** explique les trois stratégies de base dont disposent les banques centrales pour atteindre leur objectif de stabilité des prix.

La **section 6.7** explique le rôle de la BNS et sa stratégie de politique monétaire actuelle.

La **section 6.8** montre en quoi la politique monétaire est inhabituelle depuis la crise financière de 2008.

6.1 Mesurer la stabilité des prix

L'inflation est une augmentation durable du niveau des prix. Si le niveau des prix augmente, le pouvoir d'achat des agents économiques diminue : on peut acheter moins de biens avec la même somme d'argent. L'inflation correspond à une hausse de l'ensemble des prix : c'est ce que l'on appelle le niveau général des prix. Si seuls certains prix augmentent, on ne parle pas d'inflation, mais de variation des prix relatifs. Il faut également distinguer l'inflation d'une hausse générale, mais ponctuelle des prix, où le niveau des prix n'augmente qu'une seule fois en raison d'une circonstance particulière. La véritable inflation correspond à une dépréciation continue de la monnaie qui se traduit par une augmentation des prix durant une longue période.

Contrairement aux prix de certains biens, le niveau des prix de l'ensemble de l'économie ne peut pas être observé directement. Le déterminer nécessite un indicateur. En règle générale, on calcule le prix d'une sélection représentative de biens – le panier-type – que l'on utilise ensuite pour établir un indice (en fixant le niveau des prix à 100 à un moment donné). Le panier-type reflète la dépense moyenne d'un ménage durant une certaine période. On parle d'inflation lorsque le prix de cette sélection de biens augmente avec le temps.

→ **Niveau des prix**
Niveau des prix dans un pays, généralement calculé par le biais d'un panier de biens représentatif.
→ Panier-type

→ **Pouvoir d'achat**
Quantité de biens qu'une certaine quantité d'argent permet d'acquérir.

→ **Panier-type**
Sélection de biens représentative de la consommation des ménages qui permet de mesurer l'évolution des prix.

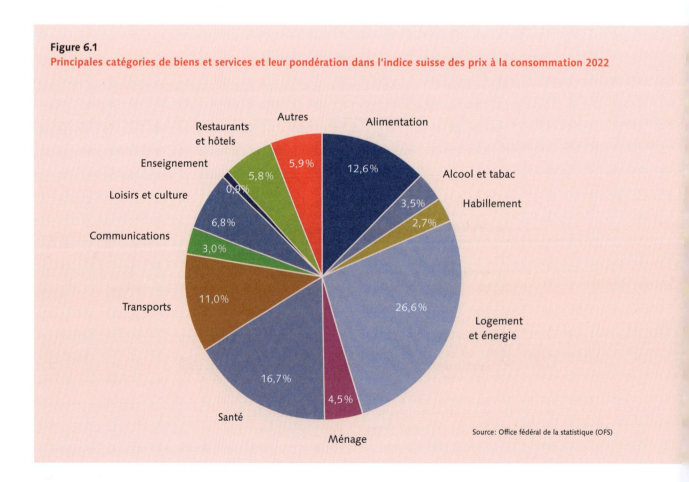

Figure 6.1
Principales catégories de biens et services et leur pondération dans l'indice suisse des prix à la consommation 2022

Source : Office fédéral de la statistique (OFS)

Monnaie et stabilité des prix 6

Pourquoi les primes d'assurance-maladie ne figurent-elles pas dans l'indice suisse des prix à la consommation (IPC)?

Les primes d'assurance-maladie représentent une part importante des dépenses des ménages et les augmentations régulières sont douloureusement ressenties. Ce poste important n'apparaît toutefois pas dans le diagramme ci-dessus. L'IPC serait-il incomplet?

Non, car il ne cherche pas à refléter directement les dépenses d'un ménage suisse moyen. Son but est plutôt de rendre compte de l'évolution des prix des biens et services consommés en Suisse. Or, dépenses et consommation ne sont pas toujours identiques, comme le prouve le secteur de la santé : nous n'avons pas besoin de payer directement pour la consommation de biens tels que les soins hospitaliers, les consultations médicales ou les médicaments. Nous payons ces prestations indirectement par le biais de nos primes. L'IPC ne mesure pas les dépenses de santé sur la base de leur financement (primes des caisses-maladie), mais directement sur la base des prix des services de santé consommés. Pour cette même raison, les cotisations d'assurance-chômage et de prévoyance vieillesse ne figurent pas dans l'IPC.

→ **Indice des prix à la consommation (IPC)**
Indice qui mesure l'évolution des prix d'une sélection de biens représentative de la consommation des ménages suisses.
→ Panier-type

En Suisse, le prix du panier-type est exprimé par l'indice suisse des prix à la consommation (IPC). La composition du panier est révisée tous les cinq ans et sa pondération est actualisée chaque année en fonction de l'évolution du comportement des consommateurs. La **figure 6.1** présente un diagramme des principales catégories de biens et services et de leur pondération dans l'IPC 2022.

Les catégories Logement et énergie (26,6%), Santé (16,7%) et Alimentation (11,9%) bénéficient de la pondération la plus importante. Avec l'accroissement de la prospérité, la part de l'alimentation diminue régulièrement alors que celle de la santé ne cesse d'augmenter.

→ **Compensation du renchérissement**
Augmentation de grandeurs nominales (p. ex. les salaires ou les retraites) destinée à compenser la perte de pouvoir d'achat en cas d'inflation (de renchérissement). En Suisse, ces compensations ne sont pas automatiques mais à bien plaire ou négociées.

En économie, l'IPC est indicateur important : il constitue la base de calcul de la compensation du renchérissement pour les contrats de travail, les rentes et les loyers. Il joue également un rôle majeur pour la politique monétaire, car la BNS prend ses décisions en fonction de son évolution à moyen terme. Et le succès d'une banque centrale se mesure principalement à l'évolution d'indicateurs de ce type.

Il est donc important de connaître également les limites de cet indice. Bien que le panier-type soit ajusté tous les cinq ans, l'IPC ne traduit qu'imparfaitement les prix des biens consommés par un ménage moyen : le panier-type n'englobe pas tous les produits, et les habitudes de consommation peuvent évoluer notablement durant ces cinq ans. En outre, l'indice ne reflète pas pleinement l'amélioration de la qualité des biens. Un ordinateur d'aujourd'hui n'a plus grand-chose de commun avec un appareil de même valeur acheté il y a quatre ans : pour un prix équivalent, ses performances sont nettement supérieures. On peut donc affirmer que le prix de la performance informatique a diminué, même si le prix de l'ordinateur est resté stable. Comme un indice ne peut pas enregistrer ce type d'effets, les économistes admettent généralement que l'IPC surestime légèrement l'inflation.

6.2 Qu'est-ce que la monnaie ?

Dans cette section, nous nous demanderons si la monnaie est vraiment nécessaire et ce que l'on entend par monnaie.

6.2.1 Pourquoi la monnaie est-elle nécessaire ?

Il est paradoxal qu'un bout de papier sans valeur intrinsèque possède néanmoins de la valeur. On peut également s'étonner qu'il soit si essentiel au fonctionnement de l'économie que les analystes lui accordent autant d'attention. Le fait est que la monnaie remplit trois fonctions principales sans lesquelles une économie fondée sur la division du travail ne pourrait fonctionner. Elle sert :

- de moyen d'échange ;
- de réserve de valeur ;
- d'unité de mesure.

L'argent liquide n'est pas le seul moyen de paiement : certains comptes bancaires sont si liquides qu'on peut les convertir en espèces à tout moment.

La plus importante de ces trois fonctions est, et de loin, celle de moyen d'échange. La monnaie est indispensable à des échanges économiques efficaces. Imaginons un monde sans monnaie où il ne serait possible d'acheter des biens qu'en les échangeant contre d'autres biens. Pour avoir le dernier smartphone, vous devriez trouver quelqu'un prêt à céder exactement celui que vous voulez en échange d'autre chose que vous possédez. Il faudrait ainsi négocier avec les vendeurs potentiels pour savoir s'ils seraient intéressés par vos baskets, et combien de paires. Sans compter que vos chaussures devraient avoir la bonne pointure et leur plaire. À partir de tels exemples, on comprend vite qu'une économie fondée sur le troc implique d'énormes coûts de transaction. Il est donc beaucoup plus simple d'utiliser un moyen de paiement généralement accepté pour acheter le bien désiré. De même, le vendeur n'aura qu'à accepter l'argent avec lequel il pourra acquérir les biens dont il a réellement besoin au lieu de devoir utiliser votre paire de baskets. Il n'est pas exagéré d'affirmer qu'une économie moderne basée sur la division du travail ne pourrait fonctionner sans l'existence de la monnaie. Les processus d'échange seraient si complexes que la spécialisation serait très rapidement entravée.

→ **Spécialisation**
Situation dans laquelle les entreprises et leurs employés se concentrent sur certaines étapes bien définies de la chaîne de production.

La deuxième fonction importante de la monnaie est la réserve de valeur. La monnaie permet de « stocker » le pouvoir d'achat. On n'est pas obligé de la dépenser immédiatement et elle peut servir à différer un achat, ce qui serait impossible avec de nombreux biens et la plupart des services. Ce rôle de valeur refuge souligne également le caractère néfaste de l'inflation. Le fait que la monnaie perde de sa valeur avec le temps perturbe cette fonction si importante, et peut même l'anéantir dans des situations extrêmes : en cas de forte inflation, plus personne n'aura envie d'utiliser la monnaie comme réserve de valeur.

La troisième fonction de la monnaie est l'unité de mesure. Comme tous les prix sont exprimés en unités monétaires, la valeur relative des biens est facile à comparer. Dans une société sans monnaie, le prix d'un manuel scolaire devrait être fixé en fonction d'autres biens – des bananes ou des pommes, par exemple. Il est beaucoup plus simple de déterminer la valeur relative du manuel en l'exprimant en francs suisses, comme tous les autres biens.

Monnaie et échange
« Jeu éducatif BOB »
iconomix.ch/fr/materiel/m10

Monnaie et stabilité des prix

Synthèse

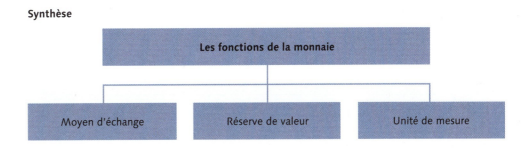

6.2.2 Masses monétaires

Les fonctions de la monnaie que nous venons d'évoquer peuvent être exercées avec n'importe quel moyen d'échange généralement accepté : autrefois, l'or et l'argent, aujourd'hui, des billets, des pièces et la monnaie scripturale. Il faut parfois s'adapter, comme dans les camps de prisonniers de guerre, où les cigarettes servent parfois de monnaie d'échange. Il suffit que le moyen de paiement en question remplisse les trois fonctions mentionnées ci-dessus : moyen d'échange, réserve de valeur et unité de mesure. Dans un environnement où personne ne peut produire de cigarettes – comme dans un camp de prisonniers – celles-ci remplissent aisément ces trois fonctions.

Le moyen le plus efficace de créer de la monnaie est d'instaurer un monopole reconnu par l'État. Ce monopole est détenu par la banque centrale, seul organisme d'un pays légalement autorisé à créer de la monnaie. Dans une économie moderne basée sur la division du travail, la monnaie n'est pas uniquement constituée de billets et de pièces. On peut payer avec de la monnaie physique, mais aussi avec une carte de débit (p. ex. la carte Maestro), une carte de crédit ou des chèques : dans ce cas, il n'y a pas d'échange d'argent liquide. De telles opérations s'effectuent en principe par le biais de comptes dont la liquidité est telle qu'on peut les assimiler à des paiements en espèces. Il convient donc d'intégrer ce type de comptes dans la définition de la masse monétaire. La composition de la masse monétaire dépend de ce que l'on considère comme moyen de paiement généralement accepté. Il existe donc différentes définitions de la masse monétaire en fonction des critères retenus.

Au sens étroit, la monnaie centrale désigne la monnaie créée directement par la banque centrale, à savoir les billets de banque en circulation et les avoirs que les banques commerciales détiennent sur des comptes de virement auprès de la banque centrale. Ces comptes contiennent des fonds que les banques peuvent utiliser comme moyen de paiement à tout moment et sans condition ; ils sont aussi liquides que des espèces.

La masse monétaire au sens large comprend d'autres actifs suffisamment liquides pour être utilisés comme moyens de paiement, à quelques restrictions près. Les différentes définitions de la masse monétaire sont nommées M1, M2 et M3.

M1 comprend l'argent liquide (les liquidités, qu'on appelle aussi numéraire en circulation), les dépôts à vue et les comptes courants, soit les comptes sur lesquels chacun peut effectuer des paiements directs à tout moment, par exemple avec une carte Maestro. Ces deux types de comptes sont si liquides qu'ils peuvent facilement être utilisés par leurs titulaires comme moyens de paiement.

→ **Liquidité**
Facilité avec laquelle un titre ou un avoir en compte peut être transformé en espèces pour effectuer des paiements.

→ **Monnaie centrale**
Somme de l'argent liquide en circulation et de l'argent placé sur les comptes de virement des banques commerciales auprès de la banque centrale.

→ **Banque commerciale**
Établissement financier qui accepte des dépôts et les redistribue ensuite sous la forme de crédits. Toutes les banques, à l'exception de la banque centrale, sont des banques commerciales.

→ **Dépôt à vue**
Dépôt bancaire disponible en tout temps.

→ **Compte courant**
Compte bancaire utilisé pour effectuer des paiements.

Qu'est-ce que la monnaie?

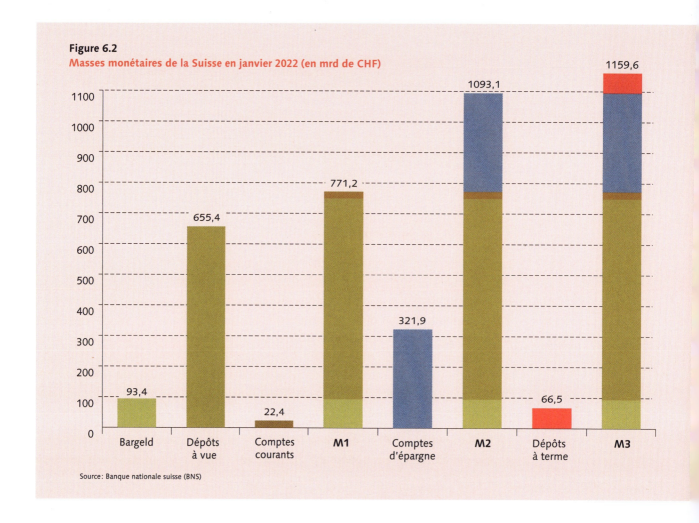

Figure 6.2
Masses monétaires de la Suisse en janvier 2022 (en mrd de CHF)

Source: Banque nationale suisse (BNS)

M2 est une mesure plus large de la masse monétaire qui correspond à la somme de M1 et des comptes d'épargne. Les comptes d'épargne sont un peu moins liquides que les dépôts à vue et les comptes courants. Ils ne peuvent pas être utilisés directement pour des paiements, mais sont convertibles en espèces dans le cadre des limites de retrait.

M3 correspond à la définition la plus large de la masse monétaire, soit à la somme de M2 et des dépôts à terme. Les capitaux placés à terme ne peuvent être convertis en espèces qu'à l'échéance du contrat et une résiliation anticipée entraîne des coûts. Les dépôts à terme sont moins liquides que les dépôts d'épargne, mais peuvent être utilisés relativement facilement comme moyen de paiement contre le versement d'une pénalité.

La **figure 6.2** présente la composition des masses monétaires de la Suisse selon la définition retenue et leur ordre de grandeur.

→ **Compte d'épargne**
Compte bancaire qui ne sert pas directement aux transactions financières.

→ **Dépôt à terme**
Somme déposée auprès d'une banque commerciale pour une durée déterminée et qui n'est à nouveau disponible qu'à l'expiration de la durée en question.

Monnaie et stabilité des prix

Les crypto-monnaies

Comme explicité auparavant, seule une part infime de la masse monétaire est maintenue physiquement, c'est-à-dire sous forme de monnaie et de billets de banque. L'immense majorité des paiements sont des écritures électroniques de compte à compte. Vu sous cet angle, l'argent digital est déjà largement prépondérant. Mais que sont réellement ces crypto-monnaies comme le Bitcoin ou l'Ether dont on entend parler? Comment se distinguent-elles des monnaies électroniques de nos comptes bancaires?

La crypto-monnaie pure s'en différencie en deux aspects. Premièrement, il s'agit véritablement d'une nouvelle devise. Alors que nos paiements et avoirs en comptes se dénominent en francs suisses (ou autres), la crypto-monnaie n'a en principe aucun rapport avec une quelconque devise établie. Une crypto-monnaie n'est pas une monnaie/devise officielle d'un pays émise par sa banque centrale. Créée par un organisme privé, elle est dépourvue de garantie étatique. Deuxièmement, un paiement en crypto-monnaie ne se fait pas d'un compte à l'autre via un système central de règlement, utilisé communément par la banque centrale et les banques commerciales, mais via une banque de données décentralisée, la fameuse Blockchain.

Lors d'un paiement avec une telle monnaie numérique, aucune banque commerciale ni centrale n'est impliquée. Dans quelle mesure de telles crypto-monnaies pures remplissent-elles les trois fonctions de la monnaie que sont le moyen d'échange, la réserve de valeur et l'unité de mesure, telles qu'elles ont été définies à la section 6.2.1? Globalement, pas très bien. Le bitcoin est certes utilisé comme moyen d'échange, c'est-à-dire que dans certains cas il permet de payer. Toutefois, cette fonction est fortement compromise par les fluctuations totalement folles du bitcoin. En 2019, son cours a oscillé entre 3000 et 12 000 francs et, en novembre 2021, il a dépassé 65 000 francs pour ensuite redescendre aux environs de 30 000 francs au printemps 2022. Dans ce contexte, il est clair que les crypto-monnaies ne remplissent pas du tout la fonction d'unité de mesure, et très peu la fonction de réserve de valeur. À vrai dire, les crypto-monnaies comme le bitcoin sont davantage des titres d'investissements spéculatifs que des moyens de paiement.

Face à ces problèmes, certains développements récents tentent de s'éloigner du concept de crypto-monnaie pure et d'établir ce que l'on appelle un « stablecoin ». Comme son nom l'indique, il s'agit de maîtriser l'instabilité de la valeur. Pour ce faire, la valeur de la monnaie n'est pas laissée à l'abandon, comme c'est le cas pour le bitcoin qui fluctue librement, mais liée à un actif stable. Comme ces ancres de stabilité sont en général des monnaies existantes, on s'affranchit de l'une des deux caractéristiques distinctives mentionnées ci-dessus, à savoir l'indépendance totale envers les monnaies d'État.

D'un point de vue économique, la véritable innovation des crypto-monnaies est que la nouvelle technologie de la blockchain simplifie considérablement les paiements internationaux. Néanmoins, les systèmes existants ne sont pas encore suffisamment développés pour être acceptés par les autorités de surveillance financière et pouvoir s'imposer à grande échelle. Mais si l'on parvient à créer un système simple de paiement par blockchain, cela réduirait non seulement les coûts des transactions financières internationales, mais contribuerait aussi au développement économique de pays dont la situation monétaire est instable.

→ **Crypto-monnaie**
Moyen de paiement digital qui repose sur une technologie décentralisée telle que la blockchain.

→ *Blockchain*
Organisation décentralisée qui permet l'execution de paiements digitaux.

6.3 La création de monnaie

6.3.1 Comment la banque centrale met-elle de la monnaie en circulation ?

Pour modifier la masse monétaire, la banque centrale effectue généralement des transactions avec les banques commerciales. C'est ce que l'on appelle la politique de marché ouvert.

L'idée est que la banque centrale achète ou vend des titres au sens large sur les marchés financiers marché ouvert (voir aussi la section 6.7.3). Elle peut ainsi augmenter la masse monétaire en payant les transactions avec la monnaie centrale ou la réduire en encaissant cette monnaie. Exemple concret : une banque centrale mène une politique monétaire expansionniste dans le but d'augmenter la masse monétaire. Elle achète des titres – par exemple des obligations d'État – sur le marché des capitaux et les paie avec de la monnaie « fraîchement imprimée ». Chaque banque centrale est dans cette position particulière de pouvoir acheter des biens avec de la monnaie qu'elle a créée elle-même. La nouvelle monnaie centrale est transférée à la banque commerciale qui lui a vendu les obligations. Cette transaction a pour effet d'augmenter la masse monétaire en circulation. Comme nous le verrons plus loin, les prêts octroyés par les banques commerciales augmentent ensuite les liquidités par le jeu du multiplicateur monétaire.

Si la banque centrale souhaite au contraire mener une politique monétaire restrictive et réduire la masse monétaire, elle choisira de vendre des titres sur le marché ouvert. Admettons qu'elle décide de céder des obligations d'État à une banque commerciale. Le prix des titres versé par la banque commerciale à la banque centrale équivaut à un retrait de monnaie du marché, ce qui a pour effet de réduire la masse monétaire.

La **figure 6.3** illustre les mécanismes de la politique de marché ouvert au moyen du modèle de bilan d'une banque centrale.

La colonne de gauche du bilan représente l'actif de la banque centrale et regroupe les valeurs en sa possession telles que l'or, les devises, les titres domestiques, mais aussi d'autres actifs comme des immeubles ou des terrains. Le passif du bilan comprend les billets et pièces en circulation, les comptes de virement auprès de la banque centrale et les réserves. À l'exception des réserves, il s'agit donc des

→ **Politique de marché ouvert**
Politique de la banque centrale consistant à acheter et à vendre des actifs (principalement des titres) pour atteindre ses objectifs de politique monétaire.

→ **Titre**
Document qui prouve que son détenteur est le propriétaire d'une chose ou d'une créance. Au sens étroit, le mot désigne des instruments financiers négociables comme des actions ou des obligations.

→ **Devise**
Capital ou avoir en compte libellé dans une monnaie étrangère.

→ **Comptes de virement auprès de la banque centrale**
Comptes détenus par les banques commerciales auprès de la banque centrale. Ils sont considérés comme des liquidités au même titre que l'argent liquide et entrent donc dans la composition de la monnaie centrale.

Figure 6.3
Modèle de bilan d'une banque centrale

Actif	Passif	
■ Or ■ Titres domestiques ■ Titres étrangers (devises) ■ Autres actifs	■ Billets de banque en circulation ■ Comptes de virement des banques commerciales ■ Réserves	En cas de politique monétaire expansionniste, le total du bilan augmente à mesure que la banque centrale achète des actifs (p. ex. des devises) sur le marché ouvert avec des billets de banque qu'elle vient de créer. En conséquence, les postes « Devises » à l'actif du bilan et « Billets de banque en circulation » au passif augmentent d'un montant équivalent.

Monnaie et stabilité des prix   6

À la banque centrale américaine : « Je pense que nous méritons une petite augmentation... Notre productivité a incontestablement augmenté ! »

liquidités qui composent la masse monétaire au sens étroit (monnaie centrale). L'inscription de la monnaie en circulation au passif du bilan de la banque centrale s'explique par le fait que ces fonds sont utilisés pour financer les titres, les devises ou les réserves d'or figurant à l'actif du bilan.

Si la banque centrale décide de mener une politique monétaire expansionniste, elle ajoute un montant identique à l'actif et au passif du bilan. Elle achète des actifs sur le marché ouvert – généralement de l'or, des devises ou des titres – mais elle pourrait en théorie aussi acquérir des immeubles, des tableaux ou d'autres objets de valeur. La valeur de cet achat vient s'ajouter à l'actif correspondant. Au passif, la valeur des billets en circulation ou des comptes de virement des banques commerciales augmente du même montant, ce qui préserve l'équilibre du bilan. En achetant des actifs, la banque centrale crée une quantité de liquidités équivalente.

Si la banque centrale choisit au contraire de mener une politique monétaire restrictive, elle diminue la taille du bilan en vendant des actifs (par exemple de l'or), ce qui réduit simultanément la réserve d'or à l'actif et le volume de billets en circulation au passif. Ce poste passif diminue car les liquidités reçues par la banque centrale en échange de la vente de l'or disparaissent de la circulation et, par conséquent, du bilan de la banque centrale.

Comme nous l'avons vu dans la description de la politique monétaire expansionniste, les banques centrales sont dans une position délicate. La banque centrale est en effet le seul organisme public qui dispose des outils permettant de créer de la monnaie. Elle pourrait en principe acheter tout ce qu'elle veut : le rêve absolu de n'importe quel ministre des Finances. C'est pourquoi l'État doit mettre en place des garde-fous destinés à prévenir les abus de pouvoir et le financement de dépenses publiques par la création monétaire, ce qui engendrerait inévitablement de l'inflation. Il est important que la banque centrale respecte un mandat clair et soit indépendante du gouvernement.

En regardant de plus près le bilan de la **figure 6.3**, on s'aperçoit que la banque centrale va normalement enregistrer un bénéfice, même si ce n'est pas son but. Elle ne paie en effet pas d'intérêts sur les billets en circulation comptabilisés au passif, mais obtient un rendement sur les titres portés à l'actif. Les bénéfices réalisés sont versés à l'État. En Suisse, le bénéfice de la BNS, après paiement du dividende et des allocations à divers fonds de réserve, est distribué à deux tiers aux cantons et à un tiers à la Confédération.

Que signifie l'expression « La banque centrale abaisse ses taux » ?

Dans le débat public sur la politique monétaire, il est rarement question de la « politique de marché ouvert ». On se demande plutôt si la banque centrale va « augmenter ou abaisser ses taux ». Mais quels sont ces taux ? Un nouvel instrument de politique monétaire ?

Non : il s'agit seulement d'un instrument de communication de la politique monétaire. Dans la pratique, la manière la plus simple de communiquer les objectifs à court terme de la politique monétaire est d'utiliser une grandeur facilement mesurable. C'est le cas des taux de rémunération des prêts à court terme, appelés taux du marché monétaire. La banque centrale augmente ou diminue l'offre de monnaie centrale dans le cadre de sa politique de marché ouvert afin d'influencer les taux d'intérêt à court terme. L'instrument de politique monétaire utilisé reste toutefois la politique de marché ouvert. Lorsque la banque centrale « abaisse » les taux d'intérêt, elle poursuit une politique de marché ouvert expansionniste qui vise à augmenter la masse monétaire en circulation jusqu'à ce que le taux d'intérêt à court terme correspondant (autrement dit le prix de cette monnaie) soit descendu au niveau annoncé. Aux États-Unis, le taux directeur utilisé par la Réserve fédérale américaine, la Fed, est le taux des fonds fédéraux (*Federal Funds Rate*). La BNS utilise le Libor à trois mois, soit le taux d'intérêt des prêts interbancaires à court terme en francs suisses.

→ **Taux du marché monétaire**
Taux d'intérêt des prêts à court terme sur le marché monétaire.

→ **Taux directeur**
Taux d'intérêt à court terme fixé par la banque centrale à titre d'indicateur de sa politique monétaire.

6.3.2 Le multiplicateur monétaire

Si la banque centrale est, au titre de son monopole d'État, le seul organisme autorisé à émettre de la monnaie, comment expliquer que le montant de la masse monétaire au sens large (M3) soit plusieurs fois supérieur à celui de la monnaie centrale ? La réponse s'appelle multiplicateur monétaire. En fait, la monnaie émise par la banque centrale est multipliée par l'activité du système bancaire. Prenons un exemple simple pour illustrer ce mécanisme : dans le cadre d'une politique de marché ouvert expansionniste, une banque centrale crée une somme de 10 000 francs qu'elle verse sur le compte d'une banque commerciale. Cette dernière est tenue de conserver un montant minimum à titre de réserve, de sorte qu'elle ne peut pas accorder la totalité des 10 000 francs sous forme de prêts. Le taux de réserves obligatoires étant de 10 %, la banque commerciale peut accorder au maximum 9000 francs de prêts sur les 10 000 francs reçus de la banque centrale. Admettons qu'une entreprise obtienne la totalité du crédit disponible et achète une machine. Le vendeur verse alors les 9000 francs encaissés sur son compte bancaire.

La banque du vendeur ne va pas laisser ce montant inactif sur le compte, mais l'utiliser à son tour pour octroyer des crédits. Elle aussi doit conserver 10 % des 9000 francs encaissés à titre de réserve et peut donc accorder un prêt de 8100 francs à une autre entreprise. Après deux étapes seulement, les 10 000 francs injectés par la banque centrale ont déjà permis de créer 17 100 francs de liquidités supplémentaires. Ce processus se poursuit jusqu'à ce que, à l'extrême, les 10 000 francs en monnaie de banque centrale soient transformés en 100 000 francs en liquidités. C'est le cas lorsque toute la monnaie émise sous la forme de crédits a été systématiquement reversée aux banques. Le multiplicateur monétaire est facile à calculer :

→ **Multiplicateur monétaire**
Facteur d'accroissement maximal d'une unité monétaire créée par la banque centrale en raison de la création monétaire des banques commerciales.

→ **Taux de réserves obligatoires**
Part en pourcentage des avoirs des clients, qui, par sécurité, doit être conservée par les banques sous forme de liquidités et ne peut être utilisée pour octroyer des crédits.

→ **Liquidités**
Moyens financiers qui permettent d'effectuer des paiements, tels que l'argent liquide ou les avoirs en compte.

$$\text{Multiplicateur monétaire} = \frac{1}{\text{Taux de réserves obligatoires}}$$

Monnaie et stabilité des prix 6

Dans notre exemple, le taux de réserves obligatoires est de 10%, ce qui correspond à un multiplicateur monétaire de 10.

Cet exemple montre comment le secteur bancaire peut créer des liquidités supplémentaires – donc de la monnaie. L'interaction entre la banque centrale et les banques commerciales génère beaucoup plus de moyens de paiement que le montant injecté initialement dans le système bancaire. Toutefois, le fondement de la création monétaire par les banques commerciales reste le montant émis à l'origine par la banque centrale. Cela signifie que la création de masse monétaire dépend toujours des mesures de la banque centrale. Bien qu'elle ne délivre qu'une fraction des liquidités, elle peut contrôler l'ensemble de la masse monétaire.

→ **Création monétaire**
Processus de création de monnaie par la banque centrale et par les banques commerciales.

6.4 La relation entre la monnaie et l'inflation

Nous avons déjà mentionné les effets de la politique monétaire sur l'inflation. Dans cette section, nous analyserons plus en détail ce lien essentiel en utilisant une notion fondamentale de l'analyse de politique monétaire : l'équation quantitative.

→ **Équation quantitative**
Formule économique selon laquelle le PIB nominal doit correspondre à la masse monétaire multipliée par la vitesse de circulation de la monnaie.

La théorie quantitative de la monnaie peut être expliquée par une équation simple. Son analyse nous permettra de mettre en évidence les effets de la politique monétaire sur l'inflation. L'équation quantitative est la suivante :

$$\mathbf{P} \text{ (niveau des prix)} \times \mathbf{Q} \text{ (PIB réel)} = \mathbf{M} \text{ (masse monétaire)} \times \mathbf{V} \text{ (vitesse de circulation de la monnaie)}$$

Par définition, il y a toujours égalité entre les deux membres de l'équation : un déséquilibre, même provisoire, n'est pas possible. Si l'une des variables change, une autre variable doit obligatoirement changer pour que l'égalité soit respectée.

iconomix
Masse monétaire et prix
« La politique monétaire depuis la crise financière »
iconomix.ch/fr/modules/a030

Comment comprendre cette équation? On trouve le même montant des deux côtés du signe égal, une fois sous la forme de monnaie (à droite), une fois sous la forme du PIB mesuré en unités monétaires (à gauche). En multipliant le niveau des prix P par le PIB réel Q, on obtient le PIB nominal, à savoir le PIB exprimé par exemple en francs suisses. Le PIB nominal correspond à la valeur créée par une économie au cours d'une période donnée, en général une année. Pour pouvoir l'évaluer en unités monétaires (en francs dans notre exemple), il faut que la monnaie apparaisse dans la formule. Elle est présente dans la partie droite de l'équation en tant que masse monétaire M, multipliée par la vitesse de circulation de la monnaie V.

→ **Vitesse de circulation de la monnaie**
Nombre de transactions effectuées pendant une période donnée avec une unité monétaire.

Qu'est-ce que la vitesse de circulation? Le PIB représente la richesse créée par un pays durant une année. Comme chaque unité de monnaie – par exemple un billet de dix francs – est utilisée plusieurs fois pour des opérations de paiement durant l'année, il n'est pas nécessaire que la quantité de monnaie physique en circulation corresponde au PIB nominal total. Une masse monétaire inférieure suffit à couvrir l'équivalent du PIB nominal. La quantité de monnaie physique nécessaire dépend du nombre de fois que ce billet de dix francs sera utilisé au cours de l'année – ce que l'on appelle la vitesse de circulation de la monnaie.

173

La relation entre la monnaie et l'inflation

L'inflation décrite à l'aide du schéma macroéconomique

Reprenons le schéma de l'économie globale présenté au chapitre 4 pour analyser les différentes situations en matière d'inflation. Nous avons vu que l'inflation augmente lorsque la politique monétaire est trop expansionniste et stimule exagérément la demande économique globale. La **figure 6.4** reflète cette situation au moment Y lorsque le PIB réel est nettement supérieur au PIB tendanciel. La demande est alors plus élevée que la capacité de production normale de l'économie, et cet excédent de demande accentue la pression sur les prix. Certains travailleurs doivent par exemple effectuer des heures supplémentaires, plus chères, pour produire la quantité demandée, ce qui engendre une hausse des prix des biens. Lorsque l'économie connaît une phase de haute conjoncture, l'inflation a tendance à augmenter. La situation est inversée au moment X, lorsque la quantité demandée est inférieure à la capacité de production normale de l'économie. Dans une situation d'excédent d'offre, les producteurs tentent de stimuler la demande en baissant leurs prix. En période de récession, la pression sur les prix diminue et l'inflation recule. Si la récession est particulièrement marquée, il peut arriver que non seulement les prix n'augmentent plus, mais qu'ils baissent: c'est la déflation.

Figure 6.4
L'inflation décrite à l'aide du schéma macroéconomique

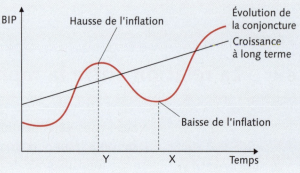

Si elle est de 10, cela signifie que chaque billet de banque est utilisé en moyenne dix fois et que la masse monétaire M nécessaire correspond au dixième du PIB nominal. Donc, plus la vitesse de circulation V est élevée, plus la masse monétaire M nécessaire est faible.

Mais quel est donc le lien avec l'inflation?

L'équation quantitative permet d'analyser les effets d'une variation de la masse monétaire M, par exemple dans le cas d'une politique monétaire expansionniste. On admet généralement que la vitesse de circulation de la monnaie (autrement dit la demande de monnaie, ou encore les habitudes de paiement) reste relativement stable, et qu'un billet de dix francs est en moyenne toujours utilisé le même nombre de fois au cours d'une période donnée.

À partir de cette hypothèse, l'équation quantitative devient la théorie quantitative de la monnaie, qui joue un rôle central dans l'analyse de l'inflation. Elle postule qu'une expansion trop forte de la masse monétaire s'accompagne toujours à long terme d'une hausse correspondante du niveau des prix, donc d'une inflation. Par expansion trop forte, on entend une variation de la masse monétaire supérieure à la croissance de l'économie réelle (la variation de Q). L'équation quantitative le confirme: si, à vitesse de circulation de la monnaie V constante, la masse monétaire M augmente plus rapidement que le PIB réel Q, le niveau des prix P doit nécessairement augmenter pour maintenir l'équilibre. Une croissance excessive de la masse monétaire est donc source d'inflation. À l'inverse, il y a déflation lorsque la masse monétaire croît moins rapidement que le PIB réel.

→ **Théorie quantitative de la monnaie**
Théorie selon laquelle il existe dans toute économie une relation proportionnelle entre l'évolution de la masse monétaire et le niveau des prix.

6 Monnaie et stabilité des prix

Pourquoi la création massive de monnaie entre 2007 et 2022 n'a-t-elle pas provoqué d'inflation ?

Entre 2007 et le printemps 2022, la monnaie centrale créée par la banque centrale aux États-Unis a quintuplé, tandis que celle de la Suisse s'est même vue multipliée par onze. Il n'est pas exagéré de dire que les banques centrales ont submergé leur pays avec des océans de liquidités. Considérant la forte croissance de la masse monétaire face à la faible croissance des quantités de biens, l'on peut se poser la question pourquoi l'inflation reste toujours à un niveau si faible. Nous pouvons répondre à cette question à l'aide de l'équation quantitative (voir p. 174).

Si dans cette équation la masse monétaire M augmente fortement, le niveau des prix P devrait – à PIB réel constant – également croître fortement. Mais la situation est différente après une lourde crise financière. En raison du stress induit par la crise, les banques n'utilisent pas la monnaie supplémentaire créée pour octroyer des crédits, mais la gardent dans leurs coffres ou sur leur compte de virement auprès de la BNS pour s'assurer une certaine sécurité. Pour cette raison, cet argent ne circule pas dans l'économie réelle et n'agit donc pas de manière inflationniste. Dans l'équation quantitative, cela signifie que l'expansion de la masse monétaire M est liée à un ralentissement équivalent de la vitesse de circulation V. De cette manière, le niveau des prix n'est pas influencé.

C'est exactement ce que nous observons depuis la crise financière de 2008-2009. Une grande partie des liquidités créées par les banques centrales restent sur les comptes des banques auprès des banques centrales en tant que réserves excédentaires. Tant que cet argent n'est pas utilisé pour l'octroi de crédits, les agrégats de monnaie M2 et M3 restent stables, malgré la forte expansion de la monnaie centrale. Les nouvelles liquidités créées par la banque centrale n'atteignent pas l'économie au sens large.

Tandis que la monnaie centrale a fortement crû ces dernières années, la croissance des agrégats M2 et M3 est restée modérée. Le rapport de M3 à la monnaie centrale permet de la mesurer. Alors qu'avant la crise financière, ce rapport était de 14 à 1, il est tombé à 2 à 1. Cela veut dire que M3 représente aujourd'hui seulement le double de la monnaie centrale, une grande partie des liquidités créées par les banques centrales ne rejoignant pas l'économie réelle. Ce rapport entre M3 et la monnaie centrale n'a jamais été aussi bas durant les cent dernières années ; même durant la grande dépression des années 1930, ce rapport s'est maintenu à 4 à 1. Cette diminution extrême de la vitesse de circulation fait que les créations massives de monnaies n'ont pas induit d'inflation durant cette période.

6.5 Pourquoi l'inflation et la déflation sont-elles nuisibles ?

6.5.1 Les coûts de l'inflation

→ **Hyperinflation**
Inflation extrême. On parle en général d'hyperinflation lorsque l'inflation est hors de contrôle.

Les coûts de l'inflation ne sont pas aussi visibles que ceux du chômage. L'inflation correspond à une dépréciation plus ou moins insidieuse de la monnaie, dont on peut s'accommoder jusqu'à un certain point. Les coûts ne deviennent clairement visibles que lorsque l'inflation atteint un seuil. Les expériences d'hyperinflation (lorsque les prix augmentent de plus de 50% par mois) montrent qu'à partir d'un certain niveau, l'inflation domine complètement la vie économique. Mais des taux d'inflation moins élevés, de l'ordre de 10 à 15% par an, génèrent déjà des coûts considérables. En outre, le risque que l'inflation continue de grimper à partir d'un certain seuil est omniprésent, car une inflation élevée ne se stabilise presque jamais.

iconomix
Renchérissement
« Quand l'argent perd de sa valeur »
iconomix.ch/fr/modules/v08

Examinons les coûts d'une inflation modérée, que l'on peut répartir en cinq catégories :
1. coûts de transaction ;
2. coûts d'incertitude ;
3. coûts liés à la distorsion des prix relatifs ;

Pourquoi l'inflation et la déflation sont-elles nuisibles ?

4. coûts des créanciers ;
5. coûts liés à la progression à froid des impôts.

1. Coûts de transaction

Commençons par les coûts de transaction, plus simples à comprendre mais négligeables dans la situation actuelle de taux d'inflation bas. Une fois que l'inflation a atteint un certain niveau, les agents économiques commencent à réfléchir à la façon de se protéger contre la dépréciation de la monnaie. En général, ils essaient de conserver le moins d'argent liquide possible, car les coûts d'opportunité de la détention de monnaie augmentent. En cas d'accélération de l'inflation, la monnaie perd régulièrement de sa valeur et il devient toujours plus intéressant de placer son argent à la banque, car les pertes dues à l'inflation sont compensées par l'augmentation des taux d'intérêt. Les clients se rendent plus fréquemment à la banque pour n'y retirer que de faibles montants, ce qui accroît les coûts de transaction. C'est une activité improductive à laquelle on peut renoncer en période de faible inflation. À noter qu'une flambée inflationniste peut induire un transfert vers les valeurs réelles : les investisseurs désireux de se protéger contre la dépréciation monétaire ont alors tendance à privilégier les biens physiques tels que l'or ou l'immobilier. La monnaie perd alors une partie de ses fonctions, comme nous l'avons évoqué à la section 6.2.

2. Coûts d'incertitude

Les coûts d'incertitude sont encore plus élevés. Il est extrêmement rare qu'une forte inflation reste stable. Si l'inflation se stabilisait durablement à 12% par année, l'économie s'adapterait en intégrant un taux d'inflation de 12% dans tous les contrats à long terme. Dans la réalité, la tendance à la hausse se poursuit, accompagnée de fortes fluctuations d'une année à l'autre. Cette incertitude se répercute sur les contrats à long terme, notamment dans le secteur des crédits au sens large. Ces contrats perdent ainsi de leur attrait, ce qui a une incidence négative sur l'économie.

3. Coûts liés à la distorsion des prix relatifs

Le troisième facteur de coût lié à l'inflation est un peu plus subtil. Il s'agit d'une distorsion des prix relatifs, qui brouille les signaux de pénurie et s'oppose à une gestion efficace des ressources. À première vue, cela peut paraître surprenant, car nous

→ **Coûts de transaction**
Coûts liés à l'échange de biens. Ils ne correspondent pas au prix de la marchandise en question, mais aux frais supplémentaires découlant de la transaction (p. ex. coût d'information, de négociation, d'exécution ou de contrôle).

→ **Valeur réelle**
Bien physique, comme un immeuble ou un bijou, qui, contrairement à l'argent liquide, ne perd pas de valeur en période d'inflation.

→ **Distorsion des prix relatifs**
Situation dans laquelle les prix relatifs ne reflètent pas la rareté effective des biens correspondants.

L'hyperinflation est un fléau économique majeur. Le billet de la Reichsbank ci-contre témoigne de l'hyperinflation allemande en 1923.

Monnaie et stabilité des prix

avons défini l'inflation comme une augmentation générale des prix et non comme une augmentation de certains prix. Si tous les prix augmentent dans la même mesure, les prix relatifs devraient rester stables. Or, en pratique, les prix n'ont pas tous la même élasticité. Certains prix varient chaque seconde, comme ceux du pétrole ou du sucre, alors que d'autres mettent six mois, voire davantage pour réagir aux fluctuations du marché, comme les prix figurant dans les catalogues imprimés ou les salaires fixés contractuellement sur le long terme. En période d'inflation, cette élasticité variable provoque une déformation des prix relatifs. Un bien dont le prix augmente rapidement en contexte d'inflation sera considéré comme (trop) rare en raison de ce signal haussier. Cela induira, par rapport à une situation non biaisée, une augmentation de la production de ce bien, dont la consommation est pourtant insuffisante. De tels phénomènes perturbent fortement les mécanismes d'une économie de marché. La distorsion des prix relatifs est un facteur de coût important en période de tension inflationniste, même s'il est difficile à identifier.

4. Coûts des créanciers

Les coûts des créanciers représentent la quatrième catégorie de coûts liés à l'inflation. Supposons que vous receviez un prêt de 100 francs et que vous conveniez avec le prêteur d'un paiement annuel d'intérêts s'élevant à 10% du montant du prêt, soit 10 francs. À la suite d'une hausse inattendue de l'inflation, laquelle culmine désormais à 100% (pour prendre un exemple extrême), les 10 francs d'intérêts dus à la fin de l'année auront perdu la moitié de leur valeur en grandeur réelle. Il en va de même pour le montant initial de 100 francs, qui aura perdu la moitié de son pouvoir d'achat, si bien que le créancier se sentira également lésé au moment du remboursement de la dette. Bien entendu, les créanciers tentent de se protéger contre les effets du renchérissement en réclamant des intérêts plus élevés. Cela signifie que dans un contexte de forte inflation, les taux d'intérêt sont en général très hauts, ce qui freine considérablement l'activité économique.

5. Coûts liés à la progression à froid des impôts

La cinquième catégorie de coûts générés par l'inflation est la progression à froid. Elle est liée au fait que les tranches d'imposition sont généralement définies en grandeurs nominales et que l'impôt sur le revenu est aménagé de façon progressive. Ainsi, le revenu nominal progresse sous l'effet de l'inflation, même s'il n'a pas augmenté en valeur réelle. Prenons un exemple : une personne percevant un salaire de 50 000 francs qui reçoit une augmentation de 5000 francs à la fin de l'année en raison d'une inflation de 10% ne voit pas son pouvoir d'achat augmenter. Elle bascule toutefois dans une tranche d'imposition supérieure en raison de l'augmentation de son revenu nominal. Exemple : alors qu'elle devait auparavant payer 12% d'impôts, elle devra désormais s'acquitter d'un taux de 14% uniquement en raison de la dépréciation monétaire. La progression à froid entraîne un transfert involontaire des revenus des ménages vers l'État.

→ **Grandeur réelle**
Grandeur économique corrigée de l'inflation.

→ **Progression à froid**
Augmentation de la charge fiscale réelle due à l'adaptation des salaires nominaux au renchérissement (inflation), ce qui fait passer les contribuables dans des tranches supérieures d'impôt bien qu'ils ne gagnent pas plus en termes réels.

→ **Tranche d'imposition**
Partie bien définie du revenu imposable auquel correspond un certain taux d'imposition. Dans un système d'impôt progressif, le taux d'imposition augmente avec la tranche d'imposition.

→ **Grandeur nominale**
Grandeur économique non corrigée de l'inflation, donc mesurée à prix courants.

Synthèse

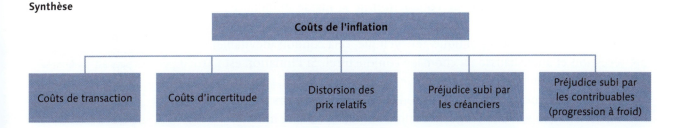

Pourquoi l'inflation et la déflation sont-elles nuisibles ?

6.5.2 Les coûts de la lutte contre l'inflation

Outre les coûts directs que nous venons d'évoquer, une hausse de l'inflation engendre des coûts indirects importants, liés au fait que toute pression inflationniste devra être maîtrisée un jour ou l'autre. La correction est d'autant plus nécessaire qu'à partir d'un certain niveau, l'inflation a tendance à s'autoalimenter. En effet, lorsque les acteurs d'une économie se mettent à anticiper l'inflation, cela crée un mouvement ascendant connu sous le nom de spirale des prix et des salaires. Le mécanisme est le suivant : l'inflation provoque une détérioration du pouvoir d'achat des salaires. En d'autres termes, la quantité de biens qu'une somme donnée permet d'acheter diminue en raison de la hausse des prix. Cet effet est renforcé par le fait que les salaires nominaux inscrits dans les contrats de travail sont généralement fixés pour une certaine durée. Toute augmentation du niveau des prix durant cette période entraîne une diminution des salaires réels. Cela incite les employés à demander une majoration de leur salaire nominal lors des négociations salariales suivantes. Si la hausse des salaires nominaux qui leur est accordée n'excède pas la hausse des prix, elle ne fait que ramener les salaires réels à leur niveau initial. Lorsque les négociations salariales se déroulent dans un contexte de forte inflation, les employés revendiquent une augmentation du salaire nominal supérieure à l'inflation des périodes précédentes : ils souhaitent d'une part compenser tout ou partie de la perte du pouvoir d'achat subie au cours de la période écoulée ; ils veulent d'autre part éviter de revivre une situation similaire impliquant une baisse des salaires réels dans un avenir proche. Or si les entreprises leur accordent des augmentations de salaire plus importantes, elles alourdissent leurs coûts de production, lesquels seront répercutés, du moins en partie, sur les consommateurs sous la forme de hausses des prix des biens. Ce phénomène accroît le niveau général des prix, et ainsi de suite.

Cela crée une spirale inflationniste qui pousse sans cesse les prix à la hausse. Pour éviter de perdre le contrôle de la situation, les autorités monétaires doivent prendre des mesures de politique économique énergiques, dont la plus importante consiste à réduire la masse monétaire afin que le moteur de la hausse des prix soit privé de carburant. Cette contraction de la masse monétaire réduit la demande économique globale. Toutefois, comme nous l'avons vu dans la partie du chapitre 4 consacrée à la politique anticyclique, cela conduit inévitablement à une récession et à une hausse du chômage conjoncturel. Si l'inflation est particulièrement persistante dans la phase initiale, la lutte contre l'inflation peut même conduire à ce que l'on nomme la stagflation. L'économie est alors confrontée pendant un certain temps d'une croissance faible ou nulle et d'une inflation élevée.

> « En revanche, si l'on tient compte de l'inflation... »
> Lors de la comparaison et de l'analyse des données économiques, le fait d'avoir affaire à des grandeurs nominales (non corrigées de l'inflation) ou réelles (corrigées de l'inflation) joue souvent un rôle déterminant. Comme le montre le dessin ci-contre, un taux d'inflation élevé peut transformer une augmentation du bénéfice nominal en baisse du résultat en termes réels.

→ **Spirale des prix et des salaires**
Mécanisme autoalimenté par lequel une hausse des prix entraîne une hausse des salaires qui se traduit par de nouvelles hausses de prix.

→ **Stagflation**
Situation dans laquelle un pays est confronté simultanément à la stagnation de son économie, donc à un chômage élevé, et à l'inflation.

Monnaie et stabilité des prix

La lutte contre l'inflation engendre donc des coûts élevés pour l'économie globale, notamment sous forme de récession et de hausse du chômage. Contrairement aux coûts directs analysés dans la section précédente, ces coûts indirects sont immédiatement visibles et perceptibles par tous les agents économiques. Toutefois, ceux-ci ne font, dans le débat public, que rarement le lien avec la période d'inflation qui a précédé.

6.5.3 Les coûts de la déflation

→ **Déflation**
Baisse durable du niveau général des prix.

Le niveau des prix peut également baisser durablement : on parle alors de déflation. Bien que ce phénomène soit beaucoup moins fréquent, il a également des coûts importants pour l'économie globale. Tout comme l'inflation, la déflation n'est pas une variation ponctuelle des prix. Lorsque les prix reculent, on ne parle pas tout de suite de déflation, mais d'une simple baisse des prix. Il n'y a déflation que si les prix baissent durablement, à un rythme constant, voire croissant. La baisse des prix s'explique généralement par un recul de la demande économique globale.

On considère souvent que la déflation est encore plus dangereuse que l'inflation, car elle est plus difficile à combattre dans le cadre de la politique économique. Une fois installée, elle est extrêmement tenace et ne peut être éradiquée par les outils de politique monétaire traditionnels. Deux facteurs jouent ici un rôle important : le fait que la déflation s'autoalimente, et la hausse des taux d'intérêt réels qui lui est associée, même en cas de politique monétaire expansionniste. Examinons ces deux points en détail.

Premièrement, la déflation s'autoalimente. Si les prix baissent durant une période prolongée, on assiste à ce que l'on appelle une anticipation d'inflation négative : les agents économiques s'attendent à ce que les prix continuent de baisser et réduisent leur demande. Il leur paraît en effet judicieux de remettre au lendemain leur consommation de biens durables afin de profiter de prix plus bas. Le lendemain, la même réflexion les incite à repousser leur achat au surlendemain, et ainsi de suite. Si de nombreuses personnes adoptent le même comportement, cela peut provoquer un déclin accéléré de la demande économique globale. Une fois lancé, le processus est difficile à enrayer.

→ **Taux d'intérêt nominal**
Prix payé par l'emprunteur au créancier pour un prêt d'argent.

→ **Taux d'intérêt réel**
Taux nominal corrigé de l'inflation.

Deuxièmement, il semble logique que les taux d'intérêt nominaux ne puissent descendre très en dessous de zéro. En effet, si le taux d'intérêt nominal se situait nettement dans la zone négative, personne ne voudrait confier ses économies à sa banque. Il serait plus avantageux de garder son argent au chaud sous l'oreiller plutôt que de verser des intérêts sur les avoirs déposés à la banque. Ce phénomène a un impact considérable sur les taux d'intérêt réels, qui augmentent fortement en période de déflation. Le taux d'intérêt réel r correspond approximativement à la différence entre le taux d'intérêt nominal i et l'inflation anticipée p_a :

$$r \text{ (taux réel)} \approx i \text{ (taux nominal)} - p_a \text{ (inflation anticipée)}$$

Le taux d'intérêt réel est un facteur important à considérer dans les décisions économiques, car il correspond à ce qu'il faudra réellement payer pour chaque période. Admettons que la déflation anticipée soit de 5 % par an : p_a est donc égal à −5 %. Comme il est impossible que le taux d'intérêt nominal soit fortement négatif, la banque centrale ne peut pas le fixer très en dessous de 0 %. Le taux réel correspond donc au taux nominal (environ 0 %) moins l'inflation anticipée (−5 %),

Pourquoi l'inflation et la déflation sont-elles nuisibles ?

ce qui donne 5 % (0 % − (−5 %) = +5 %). Même si la banque centrale maintient les taux nominaux aussi bas que possible, les taux réels restent très élevés durant la déflation. Dans un contexte économique où la politique monétaire devrait être expansionniste, elle a en réalité un effet très restrictif, même si les taux d'intérêt sont nuls, voire légèrement inférieurs à zéro. Le niveau élevé des taux réels amplifie le problème, car il freine la demande d'investissements. Investir devient très coûteux en termes réels. Cet effet négatif supplémentaire aggrave la récession et alimente la déflation.

Si la plus grave crise économique des temps modernes – la dépression mondiale ayant suivi le krach boursier de 1929 – a eu des conséquences aussi dramatiques, c'est parce qu'elle a induit une spirale déflationniste de longue durée. Plus récemment, la crise qui a ébranlé le Japon dans les années 1990 a prouvé qu'un pays industrialisé moderne peut être confronté à une situation similaire et que les coûts économiques globaux atteignent alors des montants astronomiques. Le maintien des taux d'intérêt à 0 % pendant des années a permis au Japon de contenir la crise en dessous des 1 % de déflation, mais pas de l'éviter. Les expériences récentes liées à la crise économique et financière ont clairement démontré les dangers potentiels de la déflation pour les pays industrialisés modernes. Les banques centrales ont réagi à l'effondrement de l'économie mondiale de l'automne 2008 en abaissant fortement les taux d'intérêt. Comme ceux-ci étaient déjà relativement bas, le zéro a rapidement été atteint sans que la situation ne s'améliore véritablement. La plupart des banques centrales des pays industrialisés ont alors adopté une politique monétaire non conventionnelle fondée sur des mesures qui n'avaient encore jamais fait leurs preuves. Comme il n'était pas possible de poursuivre l'expansion par la politique de marché ouvert traditionnelle (les taux à court terme sur lesquels la banque centrale peut exercer une influence directe ayant déjà atteint leur niveau plancher), les banques centrales se sont mises à étendre leur politique de marché ouvert expansionniste aux obligations d'État et d'entreprise à long terme ou à influencer les taux de change par l'achat de titres étrangers. Cela leur a permis d'accroître la masse monétaire et de continuer à stimuler l'économie par le biais de la politique monétaire. À défaut de pouvoir exercer une pression directe sur les taux à court terme, les autorités monétaires ont influencé indirectement les taux à long terme en utilisant des instruments non conventionnels. Tous les pays ont complété ces mesures en augmentant parfois massivement les dépenses publiques et/ou en réduisant les prélèvements publics afin de stimuler la demande par le biais des politiques budgétaire et fiscale.

Cette politique monétaire et budgétaire expansionniste (très accommodante) a contribué à maintenir le risque de déflation à un niveau relativement faible après 2009, en dépit de la détérioration spectaculaire de l'économie mondiale. On ignore aujourd'hui encore comment on pourra revenir à la normale sans occasionner des pertes de croissance significatives. Dans tous les cas, cet exemple d'actualité et les mesures de politique économique prises pour remédier à cette crise démontrent l'ampleur des craintes liées à une déflation persistante.

→ **Politique monétaire non conventionnelle**
Mesure de politique monétaire dont le but n'est pas d'influencer les taux à court terme.

6 Monnaie et stabilité des prix

La Fed au chevet de l'économie américaine

La Fed à la rescousse : « La Fed baisse ses taux »

L'onde de choc provoquée par la crise du secteur immobilier américain a été si forte que les instruments de politique monétaire traditionnels (baisse des taux d'intérêt) n'ont pas permis de remédier à la situation.

6.6 Les stratégies de politique monétaire

Politique monétaire
iconomix.ch/fr/materiel/m04

L'objectif de la politique monétaire d'un pays est de garantir la stabilité des prix, c'est-à-dire d'éviter à la fois l'inflation et la déflation. Le temps nécessaire pour que les décisions de politique monétaire se répercutent pleinement sur les prix est toutefois problématique, car il n'est pas rare que ce processus dure jusqu'à trois ans. Pour pouvoir atteindre l'objectif de stabilité des prix, la banque centrale doit tenir compte de ce décalage, que nous avons déjà mentionné au chapitre 4. En conséquence, la stratégie de politique monétaire doit déterminer le mécanisme le mieux à même d'assurer la stabilité des prix et définir les indicateurs qui permettront aux agents économiques d'évaluer l'orientation de la politique monétaire à court terme.

On distingue trois stratégies principales de politique monétaire : le ciblage du taux de change, le ciblage monétaire et le ciblage de l'inflation. Pour les analyser plus en détail, nous prendrons l'exemple de la politique monétaire suisse d'après-guerre, qui a poursuivi chacune des trois stratégies à différentes époques : ciblage du taux de change jusqu'en 1973, ciblage monétaire de 1974 à 1999 et ciblage de l'inflation dès 1999. Enfin, de septembre 2011 à janvier 2015, la BNS a garanti un taux plancher de 1,20 franc pour 1 euro. Cette mesure destinée à éviter une appréciation excessive du franc a consacré le retour au premier plan du taux de change dans la politique monétaire de la Suisse.

→ **Ciblage du taux de change**
Objectif de politique monétaire visant à maintenir dans une certaine fourchette le taux de change d'une monnaie par rapport à une autre.

6.6.1 Ciblage du taux de change

Une politique de ciblage du taux de change consiste, pour la banque centrale, à fixer la valeur de la monnaie nationale par rapport à une monnaie étrangère. Le taux de change visé remplace alors – dans une certaine mesure – la stabilité des prix comme objectif principal de la politique monétaire. C'est ce mécanisme qui domine la politique monétaire des pays industrialisés au sortir de la Seconde Guerre mondiale. Ainsi, jusqu'au début des années 1970, les monnaies des principaux pays industrialisés sont liées par des taux de change fixes au sein du système de Bretton Woods.

Durant toute cette période, la plupart des pays industrialisés – dont la Suisse – axent leur politique monétaire sur le taux de change plutôt que sur la stabilité des prix. Tout va bien tant que le dollar américain, la monnaie de référence du système, fait preuve de stabilité. Mais lorsqu'à la fin des années 1960, les États-Unis adoptent une politique de plus en plus inflationniste pour financer la guerre du Vietnam, les inconvénients du régime de taux de change fixes apparaissent au grand jour. Car un pays qui lie sa monnaie à celle d'un autre pays reprend automatiquement ses tendances inflationnistes. Il doit poursuivre la même politique monétaire afin que la rareté relative des deux monnaies (autrement dit leur prix relatif, donc leur taux de change) reste stable. L'inflation croissante aux États-Unis se propage aux autres pays signataires, qui en supportent toujours plus difficilement le coût. En 1973, l'abandon des taux de change fixes sonne le glas du système monétaire de Bretton Woods.

→ **Système de Bretton Woods**
Régime de taux de change fixes qui incluait les principales monnaies de la planète et instituait le dollar américain comme monnaie de référence, lui-même étant défini par un taux fixe par rapport à l'or.

→ **Monnaie de référence**
Monnaie pivot utilisée pour la fixation des taux de change entre plusieurs pays.

6.6.2 Ciblage monétaire

Après l'effondrement du système de Bretton Woods, les pays industrialisés se demandent vers quoi orienter leur politique monétaire. Cette époque coïncide avec l'émergence d'un nouveau concept de politique monétaire – le monétarisme – fondé sur la théorie quantitative de la monnaie évoquée plus haut. L'influence de ce concept est si forte que certains pays, dont la Suisse, finissent par adopter le ciblage monétaire – stratégie typique du monétarisme.

Dès 1974, la BNS axe sa politique monétaire sur l'objectif – intermédiaire – du pilotage de la masse monétaire, considérant qu'il existe un lien étroit entre cet objectif intermédiaire et l'objectif ultime de stabilité des prix. Cette politique fait ses preuves, comme en témoigne le taux d'inflation relativement bas de la Suisse en comparaison internationale.

→ **Monétarisme**
Théorie économique selon laquelle l'inflation découle toujours d'une quantité excédentaire de monnaie en circulation.

→ **Ciblage monétaire**
Objectif de la politique monétaire visant à garantir la stabilité des prix par des interventions sur la masse monétaire.

Vers la fin des années 1980, toutefois, les problèmes de pilotage de la masse monétaire se renforcent. Le concept monétariste ne fonctionne en effet que si la vitesse de circulation de la monnaie et par conséquent la demande de monnaie sont relativement constantes. Comme nous l'avons vu dans l'analyse de l'équation quantitative, il existe dans ce cas une relation équilibrée entre l'évolution de la masse monétaire et l'inflation. Mais dès que la vitesse de circulation de la monnaie commence à fluctuer de manière imprévisible, cet équilibre s'effondre et l'évolution de la masse monétaire ne constitue plus un indicateur fiable de l'inflation anticipée. À la fin des années 1980, des innovations lancées sur les marchés financiers provoquent d'importantes fluctuations de la demande de monnaie. Il devient toujours plus délicat de prévoir l'inflation sur la base de l'évolution de la masse monétaire. Étant donné que la BNS ne poursuit pas aveuglément son objectif monétaire, mais considère également d'autres facteurs comme le taux de change, elle manque de plus en plus souvent ses objectifs monétaires, qui font pourtant l'objet d'annonces régulières. L'avantage apparent en matière de communication (les objectifs monétaires sont faciles à communiquer) finit

6 Monnaie et stabilité des prix

Les banques centrales exercent une grande influence, directe ou indirecte, sur les marchés financiers.

par devenir un problème : l'incapacité récurrente d'atteindre un objectif sème la confusion au lieu de clarifier l'orientation de la politique monétaire. Cette situation menace également le capital confiance de la banque centrale – son bien le plus précieux. À la fin des années 1980 et au début des années 1990, la BNS prend en outre des décisions difficiles et lourdes de conséquences, en raison notamment de l'évolution incertaine de la demande de monnaie. À la fin des années 1980, la politique monétaire est beaucoup trop accommodante, ce qui entraîne une forte hausse des taux d'inflation. La BNS réagit à cette évolution par une politique monétaire extrêmement restrictive, qui a pour effet de stabiliser les prix tout en aggravant la récession à l'orée des années 1990. Cette politique monétaire restrictive provoque une appréciation du franc et donc un affaiblissement de la demande économique globale.

6.6.3 Ciblage de l'inflation

Dans le courant des années 1990, les difficultés liées au pilotage de la masse monétaire, et en particulier à la communication de la politique monétaire, mettent en évidence la nécessité de changer de stratégie à moyen terme. Dès le milieu de la décennie, la BNS renonce progressivement au ciblage monétaire. Ce concept est totalement abandonné en 1999 au profit du ciblage de l'inflation. Les définitions plus larges des masses monétaires M2 et M3 continuent toutefois à jouer un rôle important dans la politique monétaire. Elles fournissent en effet des informations sur l'évolution du niveau des prix et des taux d'intérêt et sont donc utilisées comme indicateurs de l'inflation anticipée. Cependant, contrairement à la Banque centrale européenne, la BNS ne communique plus d'objectifs dans ce domaine.

→ **Ciblage de l'inflation**
Objectif de la politique monétaire visant directement la stabilité des prix. En Suisse, l'objectif d'inflation de la BNS est une augmentation annuelle des prix comprise en 0 % et 2 %.

La communication en matière de politique monétaire ne met plus l'accent sur un objectif intermédiaire (la masse monétaire), mais directement sur l'objectif ultime (la stabilité des prix). Elle se fonde sur un objectif d'inflation clairement défini, comme nous l'exposerons en détail dans la section suivante. Cela correspond à une tendance internationale, car la plupart des banques centrales ont adopté des objectifs d'inflation plus ou moins explicites au cours des dernières années.

Synthèse

6.7 La politique monétaire de la Suisse

Nous commencerons par expliquer le mandat légal de la BNS avant de dessiner les contours de la stratégie de politique monétaire actuelle.

6.7.1 La Banque nationale suisse (BNS)

iconomix
Que sais-je de l'argent?
« Journal sur la BNS »
iconomix.ch/fr/materiel/m08

La banque centrale est une institution publique dotée de compétences particulières. Il ne s'agit pas d'un organe administratif au sens habituel, car elle est indépendante du gouvernement et du Parlement. Si l'on veut poursuivre l'objectif de stabilité des prix de manière crédible, il est en effet essentiel que le gouvernement n'ait aucune possibilité d'influencer les activités opérationnelles de la banque centrale. Le gouvernement ne doit pas pouvoir utiliser la création de monnaie comme source de financement ni influencer la conjoncture à des fins politiques par le biais de la politique monétaire.

C'est le cas de la Suisse: bien que les deux organes procèdent à des échanges d'informations et que les membres de la direction générale de la BNS soient nommés par le Conseil fédéral, celui-ci n'est pas habilité à donner des directives à la BNS. La loi sur la Banque nationale interdit même aux membres de la BNS d'accepter des instructions des autorités. La Banque nationale est certes tenue de rendre des comptes au Parlement, mais les représentants du peuple n'ont pas le droit d'influencer ses activités opérationnelles.

L'organisme public responsable de l'un des principaux leviers de la politique économique jouit d'une forte indépendance. Il est dès lors important qu'un mandat clair lui soit attribué: ses objectifs doivent être définis avec précision afin que l'on puisse vérifier qu'il utilise son indépendance uniquement pour atteindre les buts qui lui sont fixés. La BNS est tenue de conduire la politique monétaire dans l'intérêt général du pays. Sa tâche principale est d'assurer la stabilité des prix, tout en tenant compte de l'évolution de la conjoncture. La hiérarchie de ces deux objectifs est inscrite dans la loi sur la Banque nationale.

6.7.2 La stratégie de politique monétaire actuelle de la BNS

La BNS poursuit l'objectif d'inflation défini en 1999 dans le cadre d'une stratégie de politique monétaire. Celle-ci comprend trois éléments clés:

1. définition de la stabilité des prix (objectif);
2. prévision d'inflation (outil de décision);
3. marge de fluctuation assignée à un taux d'intérêt à court terme: le Libor à trois mois (outil de communication).

Ces trois éléments sont essentiels pour comprendre l'orientation actuelle de la politique monétaire de la Suisse.

6 Monnaie et stabilité des prix

1. Définition de la stabilité des prix

Un objectif d'inflation exige tout d'abord de définir clairement ce que l'on entend par stabilité des prix. La stratégie de politique monétaire de la BNS assimile la stabilité des prix à une inflation inférieure à 2%. Dans la pratique, la BNS vise un taux d'inflation compris entre 0% et 2%. Elle tolère donc une légère augmentation du niveau des prix, mais pas une légère déflation. Il y a deux raisons à cela : d'une part, la BNS s'accommode d'une inflation légèrement positive en raison des risques particuliers liés à la déflation. En effet, la déflation est un phénomène autoentretenu qui, une fois installé, est difficile à combattre. Une certaine marge de sécurité peut donc se révéler opportune. D'autre part, la BNS admet une légère inflation du fait que le taux mesuré officiellement surestime toujours quelque peu l'inflation réelle, comme nous l'avons vu à la section 6.1.

L'important n'est pas que l'objectif de stabilité des prix visé par la BNS soit atteint en permanence. Il s'agit plutôt d'un objectif explicite à moyen terme, et le fait que le taux effectif soit temporairement plus haut ou plus bas ne signifie pas que la cible est manquée. Ce système offre une certaine souplesse lorsque des variations importantes des taux de change ou des prix du pétrole engendrent durant une certaine période une inflation supérieure ou inférieure à la fourchette visée. Le cas échéant, la BNS n'est pas obligée de réagir dans l'urgence avec des moyens disproportionnés.

2. La prévision d'inflation

Le deuxième élément clé de la stratégie de politique monétaire de la BNS est la prévision d'inflation à trois ans. L'objectif est de viser un taux d'inflation à long terme, en sachant que la politique monétaire agit avec un certain retard sur le renchérissement. Les décisions de politique monétaire de la BNS sont donc prises sur la base d'une prévision des effets futurs de la politique actuelle sur l'inflation.

Cette prévision, publiée trimestriellement par la Banque nationale, n'est toutefois pas une prévision au sens littéral du terme. Elle admet explicitement que les taux d'intérêt contrôlés par la BNS dans le cadre de la politique de marché ouvert resteront constants durant toute la période considérée. En fait, il s'agit d'évaluer, sur la base de cette hypothèse, si le taux d'intérêt actuel est compatible avec la stabilité des prix à long terme. Si l'on estime que l'inflation sera trop élevée, la BNS doit appliquer une politique plus restrictive impliquant une hausse des taux d'intérêt au cours des périodes suivantes. Si la prévision révèle au contraire que la politique monétaire actuelle est de nature déflationniste, cela revient implicitement à annoncer que la BNS adoptera une politique monétaire plus expansionniste dans un proche avenir.

La prévision d'inflation est à la fois un outil de décision de politique monétaire et un instrument de communication de cette politique. En publiant une prévision conditionnelle – l'évolution du renchérissement moyennant des taux d'intérêt constants – la BNS révèle aux marchés financiers et au public l'orientation de sa politique monétaire à moyen terme.

→ **Prévision d'inflation**
Estimation de l'évolution future du renchérissement, généralement à l'aide de modèles statistiques.

3. Le taux directeur de la BNS

La BNS concrètise sa politique monétaire à travers ledit «taux directeur de la BNS». Ce taux détermine le cadre des taux d'intérêt auxquels les banques commerciales empruntent de l'argent à court terme. Le SARON (Swiss Average Rate Overnight) est le taux d'intérêt de référence dont s'acquittent les banques pour emprunter des francs suisses durant 24 h (*overnight*). La BNS peut à tout moment influencer la valeur de ce taux. La **figure 6.5** représente la fluctuation du SARON ainsi que l'évolution du taux directeur de la BNS, introduit en 2019. Alors que le SARON évolue légèrement jour après jour, le taux directeur reste inchangé pendant trois mois. Cette période peut être raccourcie au besoin. En déterminant son taux directeur, la BNS communique sa politique monétaire: si la BNS poursuit une politique expansive, elle abaissera son taux. Tandis qu'elle l'augmentera en faveur d'une politique restrictive.

La **figure 6.5** montre les fluctuations du SARON et du taux directeur de la BNS. On relèvera que la BNS n'a pas hésité à passer dans le négatif à partir de décembre 2014 afin de rendre les investissements en francs suisses moins attrayants.

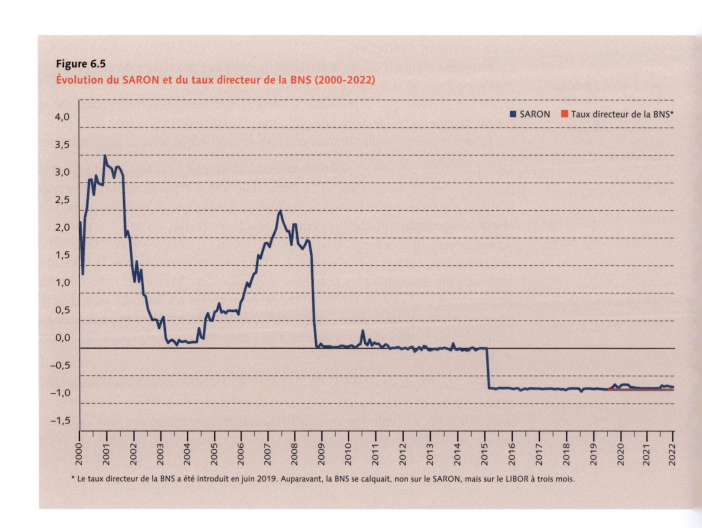

Figure 6.5
Évolution du SARON et du taux directeur de la BNS (2000-2022)

* Le taux directeur de la BNS a été introduit en juin 2019. Auparavant, la BNS se calquait, non sur le SARON, mais sur le LIBOR à trois mois.

Monnaie et stabilité des prix 6

Synthèse

6.7.3 Mise en œuvre de la politique monétaire par des opérations de pension de titres

→ **Opération de pension**
Transaction à court terme par laquelle la banque centrale prête des liquidités aux banques commerciales contre la remise de titres en tant que garantie. La banque centrale reçoit un intérêt appelé taux des pensions de titres.

La Banque nationale influence les taux d'intérêts par des opérations de pension à court terme (les « repos »), qui sont une variante de la politique de marché ouvert. Le terme « repo » est une contraction de « repurchase agreement » (accord de rachat). Dans une opération de pension visant à injecter des liquidités (stratégie expansionniste), la BNS achète des titres à une banque commerciale contre le versement de la somme correspondante. Il est convenu que la BNS revendra à cette banque, à une date ultérieure, une quantité équivalente de titres de la même catégorie. La banque verse à la BNS un intérêt, appelé taux des pensions de titres, pour la durée de l'opération. Les pensions de titres sont généralement des opérations à court terme, leur durée allant de quelques jours à quelques semaines.

Cet instrument donne à la BNS une grande souplesse pour injecter des liquidités sur le marché (politique monétaire expansionniste) ou en retirer (politique monétaire restrictive). L'adaptation à court terme de l'offre de monnaie permet à la banque centrale d'agir sur les taux à plus long terme (comme le SARON), car une modification de la rareté de la monnaie influence en fin de compte toute la gamme des taux d'intérêt. Les pensions de titres permettent donc à la BNS d'influer sur le SARON, qui est au cœur de sa communication.

6.8 La politique monétaire extraordinaire depuis la crise financière de 2008

Jusqu'ici nous avons décrit la manière dont la politique monétaire est menée « normalement », comme entre la Seconde Guerre mondiale et la crise financière de 2008. Mais depuis cette crise, le cours tranquille des banques centrales a été bousculé. Taux zéro, voire négatifs, nouveaux instruments financiers tels que les assouplissements quantitatifs, sortent du cadre d'analyse habituel. Devons-nous pour autant reconcevoir l'analyse de la politique monétaire ? La réponse semble négative. La politique monétaire est dans les faits certes inhabituelle depuis la crise financière, mais se laisse aisément appréhender par le cadre analytique en vigueur. Suivant cette référence, nous souhaitons présenter et classer les derniers développements. Cette démarche est importante pour comprendre comment la politique monétaire peut se normaliser à nouveau, et répondre aux défis de politique économique des prochaines années.

6.8.1 La limite inférieure des taux à court terme

La politique monétaire traditionnelle a pour vocation d'influencer les taux d'intérêt à court terme. La banque centrale opère typiquement par diverses variantes de la politique de marché ouvert (6.7.3) en achetant ou vendant des papiers de banque centrale à échéance courte, souvent à travers les opérations dites de « repo ». Lorsqu'en 2008 la crise financière s'est avérée lourde de conséquences pour l'économie, d'une ampleur potentiellement semblable à la Grande Dépression, les banques centrales ont immédiatement réagi. En plusieurs étapes, souvent coordonnées, les banques centrales ont conçu des politiques massivement plus expansionnistes. Ce faisant elles ont appliqué la méthode conventionnelle, c'est-à-dire en abaissant les taux à court terme à zéro, voire en instaurant des taux négatifs.

Historiquement, il était convenu que les taux ne pouvaient pas passer sous la barre du zéro. Car les taux négatifs impliquent que les épargnants paient pour déposer de l'argent sur un compte, auquel cas il est plus avantageux de retirer l'argent pour le conserver sous forme de monnaie et billets à la maison. Entretemps, cette vision a été relativisée. Dans la **figure 6.5** nous constatons qu'en 2015 la BNS a effectivement fait plonger le taux directeur en dessous de 0%, sans engendrer de retraits massifs d'argent liquide. Pourquoi ? La raison est que les retraits occasionnent des coûts de transaction. Néanmoins, les taux connaissent-ils une limite inférieure ? Face à des taux légèrement négatifs, les coûts de transaction sont trop hauts, et il ne vaut pas la peine de retirer les avoirs. Mais si les taux baissent trop, les coûts de l'intérêt négatif dépasseront les coûts de transaction et une majorité de clientes et clients iront vider leurs comptes bancaires. Chacun peut se poser la question : à partir de quel taux négatif – 1, 2 ou 3% – vais-je fermer mon compte bancaire ?

Le seuil de douleur diffère pour chaque personne, mais il est absolument certain qu'il sera atteint un jour. Les banques sont elles-mêmes incertaines concernant la capacité de leurs clientes et clients à accepter des taux négatifs sur leurs avoirs. Alors qu'au début une minorité de banques repercutaient envers leurs clients les taux négatifs que les banques centrales leur imposaient, la situation a évolué récemment. Certaines banques demandent désormais jusqu'à –0,8% d'intêret à certains dépositaires, ce à partir d'un certain montant au crédit.

Les taux négatifs ne changent rien au fait qu'il demeure une limite inférieure, manifestement légèrement en dessous de 0. L'existence de ce seuil clarifie le fait que la politique monétaire conventionnelle peut être amplement restrictive (pas de limite supérieure au taux d'intérêt à court terme), mais pas amplement expansive. La crise financière de 2008 a montré que l'abaissement des taux n'a pas suffi. Les experts se sont demandé comment rendre la politique monétaire encore plus expansionniste, vu le danger imminent de dépression. La solution a été de mettre en place une politique monétaire non conventionnelle, également appelée « assouplissement quantitatif ».

6.8.2 Politique monétaire non conventionnelle : assouplissement quantitatif

→ **Politique monétaire non conventionnelle**
Politique monétaire dont l'objectif est d'agir directement sur les intérêts à long terme, également désignée par « assouplissement quantitatif ».

Les fondements de la politique monétaire non conventionnelle sont simples. Une fois les intérêts à court terme amenés à leur limite inférieure, la banque centrale s'attache à baisser les intérêts à long terme. La politique monétaire conventionnelle agit déjà sur les taux à long terme qui sont décisifs pour les investissements et toutes les décisions économiques en général. Mais elle le fait indirectement, en agissant via les taux à court terme sur la rareté de l'argent, donc sur les intérêts de toutes durées.

La banque centrale peut également agir directement en achetant des papiers-valeurs de longue durée, par exemple des obligations d'État à 10 ans, ce qui poussera les cours à la hausse et les intérêts à la baisse. Comment cela fonctionne-t-il ? Imaginons une obligation d'État à 100 francs donnant droit à un intérêt annuel de 10 francs, correspondant à un taux annuel de 10%. Si le prix de cette même obligation progresse à 200 francs, vu que la banque centrale influence la demande en achetant ce type de papier au nom de sa politique monétaire non conventionnelle, ces 10 francs d'intérêt ne correspondront plus qu'à un taux de 5%.

Ces intérêts à long terme étant soumis à de nombreuses influences, ils ne révèlent pas directement l'impact des politiques monétaires non conventionnelles. Leurs conséquences sont en revanche visibles dans les bilans des banques centrales, les papiers-valeurs se retrouvant dans leur comptabilité. La **figure 6.6** montre l'évolution du bilan de la Banque nationale suisse (BNS), de la Banque centrale européenne (BCE) et de la banque centrale des USA (Fed). Nous y constatons avec quelle intensité ces banques centrales ont poursuivi les politiques non conventionnelles, aussi appelées « assouplissements quantitatifs ». La Fed a fait office de pionnier en doublant très rapidement son bilan en 2008 ; à la fin de l'année 2016, il avait quintuplé. La BCE, restée plutôt passive dans un premier temps, poursuit explicitement depuis 2015 une politique non conventionnelle par l'augmentation de son bilan. La BNS, comme la Fed, a sensiblement étendu son bilan. Cette croissance n'est toutefois pas justifiée par la poursuite d'un assouplissement quantitatif, mais par son ambition de contenir la valorisation du franc suisse (voir encadré plus bas).

La **figure 6.6** illustre à quel point les politiques monétaires non conventionnelles ont exponentiellement gonflé les masses monétaires (surtout la monnaie centrale), la pente raide finale étant notamment due à la réaction face à la crise du coronavirus au printemps 2020. L'assouplissement quantitatif se concentre en principe sur l'achat d'obligations étatiques, car elles sont réputées sûres et leur marché est vaste. De plus, les banques centrales les achètent sur des marchés secondaires, c'est-à-dire qu'elles acquièrent des titres qui existent déjà sur les marchés des capitaux. Il ne s'agit donc pas d'un achat primaire, qui relèverait d'un financement direct de la dette étatique par la création monétaire. Une telle pratique flouterait la frontière entre financement étatique et politique monétaire et mettrait à mal l'indépendance des banques centrales.

La politique monétaire extraordinaire depuis la crise financière de 2008

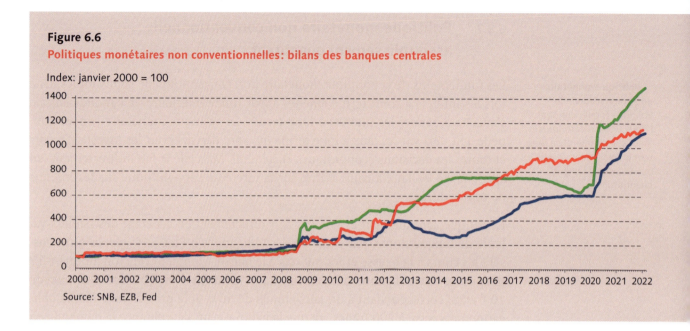

Figure 6.6
Politiques monétaires non conventionnelles : bilans des banques centrales

Index : janvier 2000 = 100

Source : SNB, EZB, Fed

Suisse : taux plancher face à l'euro et intérêts négatifs

Les politiques monétaires non conventionnelles ont provoqué une expansion des liquidités dans de nombreux pays. En Suisse, la BNS a également eu la main lourde, mais son objectif premier était de contrer le renchérissement excessif du franc suisse. À ce titre, le cours de change avec l'euro domine la politique monétaire suisse depuis plusieurs années.

Les séquelles de la crise financière et économique, particulièrement la crise de la dette de la zone euro, ont alimenté la pression à la hausse sur le franc suisse. Fin 2009, un euro s'échangeait contre CHF 1,50, puis 1,25 début 2011, et finalement à la quasi-parité (1,00) en août 2011. Ce renchérissement a été le fait de nombreux investisseurs inquiets quittant l'euro pour s'abriter en lieu sûr auprès du franc suisse. Ce développement de l'été 2011 a failli ruiner l'industrie exportatrice suisse. Face à ce risque, la BNS a décidé de fixer un taux plancher de CHF 1,20 pour EUR 1,00 et a annoncé maintenir ce seuil en augmentant la masse monétaire en conséquence. Ce taux plancher a été protégé avec succès, notamment par l'achat massif d'euros. Depuis cette décision, le taux de change est à nouveau au centre de la politique monétaire. La BNS n'avait certes pas abandonné son concept basé sur les objectifs d'inflation, mais sa politique monétaire était désormais motivée par l'évolution des cours de change. Le 15 janvier 2015, la BNS a pris tout le monde de court en annonçant brutalement la levée du taux plancher face à l'euro. Cette déclaration a immédiatement renchéri le franc suisse. Avec cette décision, la BNS a abandonné son orientation du cours de change – mesure qu'elle avait qualifiée de temporaire dès le début – après trois ans et demi. Pourtant, la stabilisation du cours du franc suisse face à l'euro restait centrale dans la politique monétaire suisse. Après l'abandon du taux plancher, la BNS a poursuivi ses achats de devises lorsque le franc suisse menaçait de renchérir trop fortement, sans communiquer un taux plancher.

Afin d'amortir le choc infligé par l'abandon du taux plancher, la BNS a introduit une seconde nouveauté qui, dorénavant, est au centre des débats de la politique monétaire nationale : les taux négatifs. Depuis, comme le montre la **figure 6.5**, le taux directeur de la BNS est resté aux alentours de –0,75%. Ce taux implique que les banques, à quelques exceptions près, paient pour placer leurs avoirs auprès de la BNS. Le but de la mesure est d'affaiblir l'attractivité du franc suisse par rapport à d'autres devises ne pratiquant pas les taux négatifs. Le taux négatif s'avère problématique pour les banques car elles ne peuvent pas, ou n'osent pas, le répercuter sur leurs clients. Les taux d'intérêt négatifs démontrent à quel point la politique monétaire suisse est inhabituelle depuis la crise financière.

Monnaie et stabilité des prix 6

RÉSUMÉ FONDÉ SUR LES OBJECTIFS D'APPRENTISSAGE

1 Niveau des prix et inflation
La variation du niveau des prix (mesurée sur la base d'une sélection représentative de biens) reflète la stabilité des prix d'un pays : plus la variation est faible, plus les prix sont stables. On parle d'inflation quand le niveau des prix augmente. En Suisse, le niveau des prix est mesuré à l'aide de l'indice suisse des prix à la consommation.

2 Les fonctions de la monnaie
Sans monnaie, l'économie serait basée sur le troc, ce qui limiterait considérablement le potentiel de division du travail. Outre sa fonction principale de moyen d'échange, la monnaie sert également de réserve de valeur et d'unité de mesure.

3 Masse monétaire
Les prêts des banques commerciales transforment chaque franc émis par la banque centrale en plusieurs francs de liquidités. La masse monétaire comprend donc la monnaie centrale et les dépôts bancaires liquides utilisables comme moyens de paiement (comptes d'épargne, etc.).

4 Politique de marché ouvert
La politique de marché ouvert est l'instrument le plus important de la politique monétaire. Dans le cadre d'une politique de marché ouvert expansionniste, la banque centrale achète des titres sur le marché et les paie en créant de la monnaie, ce qui accroît la masse monétaire. Une politique de marché ouvert est au contraire restrictive lorsque la banque centrale vend des titres pour retirer de la monnaie du marché.

5 Masse monétaire et inflation
Si la masse monétaire augmente plus fortement que le PIB réel, cela provoque une hausse du niveau des prix à moyen terme, l'inflation. Cette relation est illustrée par l'équation quantitative, selon laquelle le PIB nominal correspond à la masse monétaire multipliée par la vitesse de circulation de la monnaie.

6 Coûts de l'inflation et de la déflation
Les coûts d'une inflation modérée sont relativement difficiles à identifier à première vue. Celle-ci affecte de manière subtile le fonctionnement d'une économie fondée sur la division du travail, que ce soit par une altération des prix relatifs, une incertitude grandissante ou une redistribution arbitraire des ressources. La déflation, elle, s'autoalimente et peut provoquer une récession, voire une dépression qu'il sera difficile de combattre.

7 Coûts de la lutte contre l'inflation
Une fois que l'inflation a atteint un certain niveau, elle s'autoalimente et doit donc être endiguée. Cela nécessite une politique monétaire restrictive, qui provoque une baisse de la demande économique globale et, généralement, une récession.

Monnaie et stabilité des prix

8 Stratégies de politique monétaire
La principale différence entre les stratégies de politique monétaire réside dans l'objectif intermédiaire que va poursuivre la banque centrale pour atteindre la stabilité des prix. Elle peut poursuivre un objectif de taux de change (en liant l'évolution de la masse monétaire à une autre monnaie), fixer un objectif monétaire ou viser directement un objectif (taux) d'inflation. La BNS a adopté un ciblage du taux de change jusqu'au début des années 1970, un ciblage monétaire de début 1973 à 1999 et un ciblage de l'inflation depuis 1999.

9 La stratégie de politique monétaire actuelle de la BNS
La stratégie de politique monétaire actuelle de la BNS se compose de trois éléments: l'objectif explicite de la stabilité des prix (inflation inférieure à 2%), une prévision d'inflation comme outil de décision et une marge de fluctuation du Libor à trois mois pour le franc suisse. Cette dernière sert d'objectif opérationnel à la BNS et joue un rôle central dans sa communication.

10 La politique monétaire extraordinaire
Depuis la crise financière, les banques centrales pratiquent des politiques monétaires particulièrement expansives. Les taux d'intérêts sont à des niveaux historiquement bas. Elles tentent également d'influer à la baisse les taux d'intérêts à long terme en acquérant des titres. Cette politique monétaire non conventionnelle est également appelée «assouplissement quantitatif».

NOTIONS FONDAMENTALES

Niveau des prix →164
Pouvoir d'achat →164
Panier-type →164
Indice des prix à la consommation (IPC) →165
Compensation du renchérissement →165
Spécialisation →166
Liquidité →167
Monnaie centrale →167
Banque commerciale →167
Dépôt à vue →167
Compte courant →167
Compte d'épargne →168
Dépôt à terme →168
Crypto-monnaie →169
Blockchain →169
Politique de marché ouvert →170
Titre →170
Devise →170
Comptes de virement auprès de la banque centrale →170
Taux du marché monétaire →172
Taux directeur →172
Multiplicateur monétaire →172
Taux de réserves obligatoires →172
Liquidités →172
Création monétaire →173
Équation quantitative →173
Vitesse de circulation de la monnaie →173
Théorie quantitative de la monnaie →174
Hyperinflation →175
Coûts de transaction →176
Valeur réelle →176
Distorsion des prix relatifs →176
Grandeur réelle →177
Progression à froid →177
Tranche d'imposition →177
Grandeur nominale →177
Spirale des prix et des salaires →178
Stagflation →178
Déflation →179
Taux d'intérêt nominal →179
Taux d'intérêt réel →179
Politique monétaire non conventionnelle →180
Ciblage du taux de change →181
Système de Bretton Woods →182
Monnaie de référence →182
Monétarisme →182
Ciblage monétaire →182
Ciblage de l'inflation →183
Prévision d'inflation →185
Opération de pension →187
Politique monétaire non conventionnelle →189

Monnaie et stabilité des prix

QUESTIONS DE RÉVISION DU CHAPITRE 6

1 a) Énumérez les principales catégories de coûts économiques occasionnés par l'inflation.
b) Pourquoi la lutte contre l'inflation a-t-elle également un coût? Détaillez votre réponse.

2 a) Quels sont les moyens de lutter contre l'inflation?
b) Pourquoi est-il plus difficile pour les responsables de la politique monétaire de lutter contre la déflation que contre l'inflation?

3 Dans un pays donné, d'importants gains de productivité et une concurrence accrue dans le commerce de détail ont entraîné une baisse significative des prix des denrées alimentaires. S'agit-il des signes avant-coureurs d'une déflation? Argumentez.

4 À l'aide de l'équation quantitative, expliquez pourquoi une croissance de la masse monétaire supérieure à la croissance économique crée de l'inflation à long terme.

5 a) Citez les trois principales fonctions de la monnaie.
b) Dans quelle mesure une inflation élevée entrave-t-elle ces trois fonctions?

6 Le taux de réserves obligatoires joue un rôle important dans la création de monnaie par les banques commerciales. Quelle est la relation entre ce taux et la masse monétaire?

7 a) La plupart des banques centrales communiquent les mesures prises en matière de politique monétaire sous la forme d'un taux directeur, qu'elles «relèvent», «abaissent» ou «maintiennent». Comment une banque centrale peut-elle influencer les taux par le biais d'une politique de marché ouvert?
b) Pourquoi est-il important que la banque centrale soit indépendante du gouvernement?

8 a) La stratégie de politique monétaire actuelle de la BNS cible un taux d'inflation compris entre 0% et 2%. Pourquoi l'objectif d'inflation de la BNS n'est-il pas de 0%, ce qui correspondrait à une stabilité des prix absolue?
b) Nommez et expliquez les trois principaux éléments de la stratégie de politique monétaire actuelle de la BNS.

Les banques et la stabilité financière

7

« L'histoire nous apprend qu'il est impossible d'amorcer une reprise économique durable tant que le système financier est en crise. »

Ben BERNANKE (*1953), ancien président de la banque centrale américaine

7.1	Les marchés financiers et les banques	198
7.2	Le rôle économique des banques	199
7.3	Le financement bancaire et les principales opérations bancaires	201
7.4	Les risques liés aux activités bancaires	204
7.5	Les formes de la régulation bancaire	206
7.6	La régulation bancaire en Suisse	207

Vaud : le siège social de la banque cantonale à Lausanne. Par leurs prêts aux particuliers et aux entreprises, les banques cantonales jouent un rôle prépondérant en Suisse.

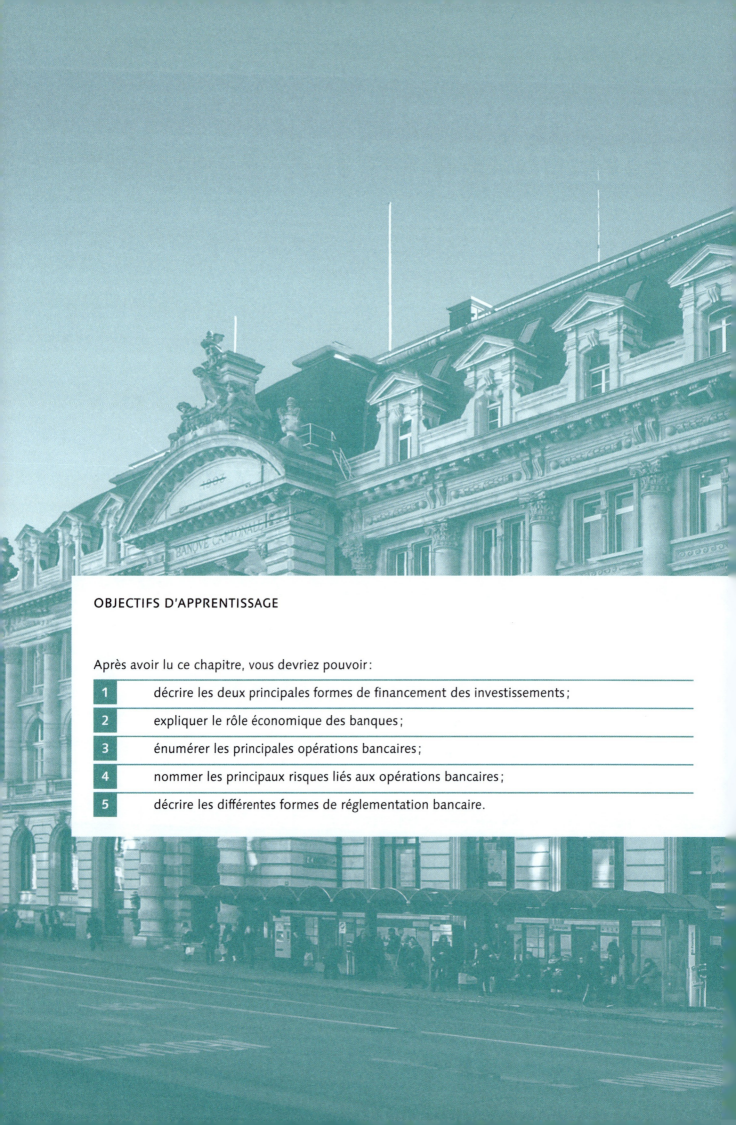

OBJECTIFS D'APPRENTISSAGE

Après avoir lu ce chapitre, vous devriez pouvoir :

1	décrire les deux principales formes de financement des investissements ;
2	expliquer le rôle économique des banques ;
3	énumérer les principales opérations bancaires ;
4	nommer les principaux risques liés aux opérations bancaires ;
5	décrire les différentes formes de réglementation bancaire.

7
Les banques et la stabilité financière

De longues files de clients venus retirer leurs économies se forment en ce 14 septembre 2007 devant les guichets de la banque britannique Northern Rock. Ce mouvement de panique est né d'une rumeur laissant entendre que la huitième banque de Grande-Bretagne serait menacée par la crise financière naissante. Le système de garantie des dépôts étant peu développé outre-Manche, les clients craignent pour la sécurité de leur épargne et retirent deux milliards de livres sterling en quelques jours. Il faudra la déclaration du ministre des Finances promettant de garantir la totalité des capitaux de la clientèle durant la crise pour que la situation commence à se détendre.

La situation vécue par la Northern Rock correspond à un mouvement de panique bancaire déclenché par des clients inquiets pour leurs économies. C'est LE phénomène redouté par toutes les banques. Si on ne stoppe pas rapidement l'engrenage, même la banque la plus solide peut tomber en faillite. Ce risque est spécifique à l'activité bancaire et n'existe pas sous cette forme dans d'autres secteurs. En outre, les banques sont souvent étroitement imbriquées, si bien que les difficultés d'une seule d'entre elles peuvent rapidement s'étendre à l'ensemble du système financier et provoquer la faillite d'autres établissements. Force est de constater que les crises financières trouvent toujours leur origine dans de tels événements, qui sont susceptibles de se propager rapidement. Pour comprendre les dangers qui menacent la stabilité des marchés financiers, il faut être conscient du rôle particulier joué par les banques dans une économie et des risques qui sont associés à ces activités. Le présent chapitre porte sur ces mécanismes.

Le chapitre est structuré de la manière suivante :

La **section 7.1** explique que les investissements peuvent être financés soit directement par l'intermédiaire des marchés financiers, soit indirectement par l'intermédiaire des banques.

La **section 7.2** décrit le rôle central joué par les banques dans une économie de marché fondée sur la division du travail.

La **section 7.3** présente les différentes opérations bancaires à l'aide d'un bilan simplifié.

La **section 7.4** expose les principaux risques qui pèsent sur les banques.

La **section 7.5** présente diverses mesures réglementaires qui permettent de réduire les risques liés aux activités bancaires.

La **section 7.6** aborde la régulation bancaire en Suisse

Les marchés financiers et les banques

7.1 Les marchés financiers et les banques

Au chapitre 2, nous avons vu le circuit économique simplifié qui présente de manière schématique les transactions économiques entre les ménages et les entreprises (**figure 2.9**, p. 52). Nous allons maintenant analyser plus en détail l'un de ses éléments : le flux financier qui va des ménages aux entreprises. Les ménages ne dépensent en général pas la totalité de leur revenu, mais en économisent une partie. En épargnant, ils renoncent à satisfaire un besoin immédiat pour satisfaire un besoin futur. Ils disposent donc d'un excédent de ressources que l'on appelle le « capital » dans le circuit économique. La situation des entreprises est inversée. La plupart des productions nécessitent, en plus des forces de travail, des biens d'équipement tels que des machines ou des bâtiments. Ces biens exigent d'investir aujourd'hui pour pouvoir produire davantage demain. Cela signifie que les entreprises ont besoin de plus de moyens financiers qu'elles n'en tirent de leurs activités courantes. Contrairement aux ménages, leur demande de ressources est excédentaire. Dans le circuit économique simplifié, nous voyons donc que les flux financiers vont des ménages aux entreprises et que ces flux reviennent ensuite aux ménages sous la forme d'intérêts versés en rémunération de l'argent mis à disposition durant une certaine période.

Actions et obligations
« Les placements financiers en quelques mots »
iconomix.ch/fr/materiel/a035

Dans la pratique, ces flux s'organisent de deux manières. Les entreprises obtiennent le capital soit directement des ménages, soit indirectement par l'intermédiaire d'une banque. La **figure 7.1** reproduit la partie du circuit économique simplifié qui illustre les deux types de flux.

Le mode de financement direct est celui des marchés financiers : les entreprises se financent en vendant des titres aux ménages. On distingue deux grandes catégories de titres : les actions et les obligations. L'achat d'une action confère à son détenteur un droit de propriété sur l'entreprise. Il reçoit également, à titre de dédommagement, le droit de participer aux bénéfices futurs de l'entreprise par le biais d'un versement annuel (le dividende) et/ou d'une hausse de la valeur de

→ **Marché financier**
Marché organisé où s'échangent des titres.

→ **Action**
Titre dont l'achat permet à un investisseur d'acquérir une part du capital d'une entreprise ; il participe ainsi à la valorisation de l'entreprise et reçoit en contrepartie une part du bénéfice, le dividende.

→ **Dividende**
Part des bénéfices d'une entreprise distribuée aux actionnaires.

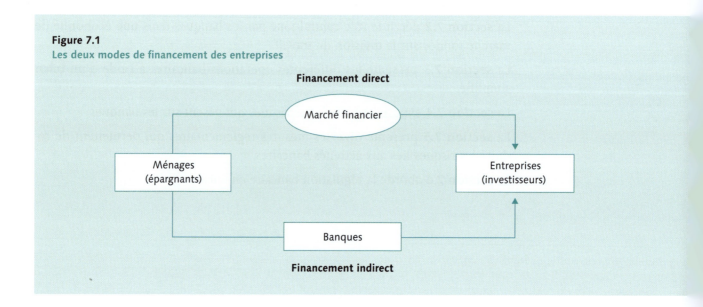

Figure 7.1
Les deux modes de financement des entreprises

Les banques et la stabilité financière 7

> **→ Obligation**
> Titre attestant qu'un crédit a été octroyé à l'entreprise émettrice et donnant droit à un intérêt annuel défini et au remboursement à l'échéance.

l'action lorsque l'entreprise est performante et que son bénéfice est susceptible d'augmenter. Étant donné que les résultats peuvent également être négatifs, les actions sont généralement plus risquées que les obligations, la deuxième grande catégorie de titres. En achetant une obligation, l'agent économique ne devient pas copropriétaire de l'entreprise, mais son créancier. Il reçoit en contrepartie un intérêt annuel fixe qui ne dépend pas de la rentabilité de l'entreprise. À l'échéance de l'obligation, son détenteur récupère la totalité du capital investi initialement.

> **→ Intermédiaire**
> Fonction classique d'une banque commerciale consistant à mettre l'épargne des ménages à la disposition des investisseurs.

Le financement direct sur les marchés financiers par le biais d'actions ou d'obligations est surtout réservé aux entreprises bien établies dont la réputation et la notoriété incitent le public à acheter leurs titres. La plupart des entreprises sont toutefois de petite ou moyenne taille et ne possèdent pas la renommée nécessaire pour opérer sur les marchés. Elles recourent donc au financement indirect, via les banques, qui font office d'intermédiaires entre les épargnants et les investisseurs. Comme le montre la **figure 7.1**, les banques recueillent les dépôts des épargnants et les utilisent pour octroyer des prêts aux entreprises. Les banques se rémunèrent à travers le différentiel d'intérêt en payant moins d'intérêts aux déposants qu'elles n'en reçoivent des emprunteurs. Dans la section suivante, nous expliquerons comment ce différentiel d'intérêt se justifie du point de vue économique.

À noter que le circuit économique présenté à la **figure 7.1** est légèrement simplifié dans la mesure où il tient compte uniquement des flux entre les ménages et les entreprises. Le crédit hypothécaire est une autre opération financière importante gérée par les banques, mais dans ce cas, des ménages financent les achats immobiliers d'autres ménages.

7.2 Le rôle économique des banques

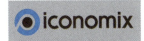

Qu'est-ce qu'une banque ?
« Questions et réponses sur le thème des banques »
iconomix.ch/fr/materiel/a034

Pour mesurer l'importance des banques dans une économie fondée sur la division du travail, imaginons tout simplement un monde sans banques : à l'exception des quelques grandes entreprises capables de se financer directement sur les marchés financiers, presque personne n'aurait accès au crédit. En l'absence de banques, les entreprises devraient se procurer l'argent nécessaire directement auprès des ménages, ce qui n'irait pas sans difficulté.

Premièrement, il serait difficile de convaincre les ménages d'engager leur argent dans des projets d'investissement à long terme, car ils souhaitent pouvoir disposer à tout moment de leur épargne, notamment en cas d'imprévu. Deuxièmement, les ménages auraient de la peine à trouver des entreprises ayant des plans d'investissement et, surtout, à évaluer la qualité de ces entreprises et de leurs projets de financement. Troisièmement, un investissement comporte toujours une part de risques et un ménage qui aurait placé toutes ses économies dans un seul projet pourrait, dans le pire des cas, perdre la totalité du capital investi. Les prêteurs se montreraient donc très réservés. Cet inventaire des difficultés prouve qu'un financement direct des petites et moyennes entreprises – qui représentent plus de 99% des sociétés suisses – par les ménages serait irréaliste. À cela s'ajoute le fait que de nombreux ménages n'auraient pas la possibilité de financer l'achat de leur logement en empruntant.

Le rôle économique des banques

Intermédiaires entre prêteurs et emprunteurs, les banques contribuent fortement à pallier les difficultés précitées en assumant trois tâches importantes :

- la transformation des échéances ;
- la mise à disposition d'informations ;
- la répartition des risques.

Le premier problème – fondamental – résolu par les banques est la différence entre l'horizon temporel des ménages (épargnants) et celui des entreprises (investisseurs). Parce qu'ils aimeraient pouvoir récupérer leurs dépôts à tout moment, les ménages n'acceptent de placer leur argent qu'à court terme, ou moyen terme avec la possibilité de le retirer rapidement. Pour leur part, les entreprises (et les ménages qui souhaitent financer leur logement) ont besoin d'argent pour investir, donc généralement à long terme. Une fois le capital investi, il est très difficile de le convertir en liquidités sans perte substantielle. Pour coordonner les besoins spécifiques de ces deux acteurs, il en faut un troisième qui joue le rôle d'intermédiaire. Cette transformation des échéances représente l'essence même de l'activité bancaire. Les banques collectent l'épargne déposée à court terme et la mettent à disposition des entreprises ayant des projets d'investissement à long terme. Ce système fonctionne car tous les épargnants ne retirent pas leur argent en même temps. Les banques peuvent donc prendre le risque de ne pas pouvoir rembourser à tout moment tous les dépôts de leur clientèle. Cela signifie toutefois également que sans mesures de précaution adéquates, les banques pourraient se retrouver dans une situation très inconfortable en temps de crise, comme nous le verrons à la section 7.4. On peut même affirmer que la vulnérabilité particulière des banques en période de crise tient au fait que la grande majorité des prêteurs peut à tout moment demander le remboursement à court terme de son argent.

→ **Transformation des échéances**
Fonction économique des banques consistant à utiliser les capitaux d'épargne à court terme pour financer des projets d'investissement à long terme.

La deuxième fonction des banques est de mettre à disposition des informations. Un problème fondamental du marché du crédit est l'asymétrie d'information entre prêteurs et emprunteurs : les entreprises en savent beaucoup plus que les particuliers sur les risques de leurs projets d'investissement. Si un projet comporte des risques élevés, l'entreprise concernée peut être tentée de les cacher aux investisseurs. La recherche de ces informations, cruciales pour l'évaluation du risque par les prêteurs, est souvent si onéreuse que peu de prêts seraient accordés sans l'existence des banques. Les informations obtenues grâce à des analyses de solvabilité permettent aux banques de limiter les risques lors de l'octroi de crédits.

→ **Analyse de solvabilité**
Vérification effectuée par la banque, dans le cadre de l'octroi d'un crédit, que l'emprunteur a la capacité d'assurer le paiement régulier des intérêts et de rembourser le crédit à l'échéance convenue.

Enfin, la troisième fonction économique des banques est d'assurer une meilleure répartition des risques. L'avenir étant par essence incertain, il arrive que des prêts ne soient pas remboursés, même s'ils ont été octroyés en prenant toutes les précautions requises. Étant donné qu'une banque accorde de nombreux prêts, la défaillance d'un seul emprunteur l'affecte beaucoup moins qu'un ménage qui aurait investi toutes ses économies dans un projet unique. Une banque est donc mieux à même d'assumer de tels risques qu'un ménage. En d'autres termes, c'est grâce au système bancaire que le crédit a pu se développer.

Les banques sont donc un maillon indispensable du financement des projets d'investissement par l'épargne. Elles se rémunèrent à travers le différentiel d'intérêt, qui correspond à la valeur ajoutée du service offert aux épargnants et aux investisseurs par les banques qui jouent les intermédiaires.

7.3 Le financement bancaire et les principales opérations bancaires

Dans cette section, nous commencerons par décrire le mode de financement particulier des banques, puis présenterons les crédits traditionnels avant de conclure par une description des autres activités bancaires, dont les opérations pour compte propre.

7.3.1 Pourquoi les banques sont-elles des entreprises particulières ?

La caractéristique des banques est d'afficher un taux d'endettement nettement supérieur à celui de toutes les autres entreprises. Nous illustrerons ce point essentiel pour la stabilité des marchés financiers à l'aide d'un bilan bancaire simplifié.

Un bilan compare à un moment donné l'utilisation des moyens financiers d'une entreprise avec la source de ses capitaux. La partie droite du bilan, le passif, présente les sources de financement et fournit donc des informations sur l'origine des capitaux. La partie gauche du bilan, l'actif, montre comment ces ressources sont utilisées ; elles représentent le patrimoine de l'entreprise. Comme chaque investissement doit être financé, le total de l'actif correspond nécessairement à celui du passif.

La **figure 7.2** montre le bilan fortement simplifié d'une entreprise industrielle type (à gauche) et d'une banque type (à droite). Regardons d'abord le financement de ces deux sociétés, donc le passif du bilan. Nous examinerons ensuite l'actif.

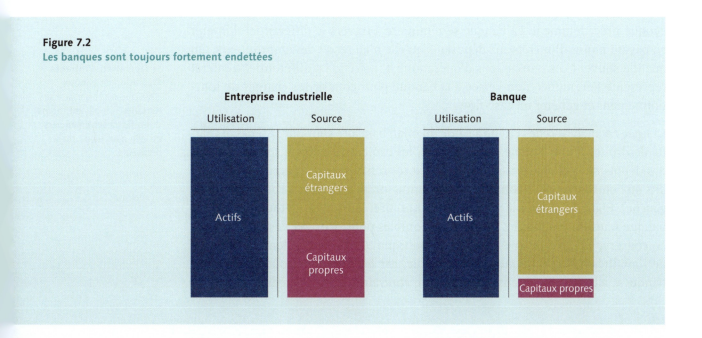

Figure 7.2
Les banques sont toujours fortement endettées

Les entreprises (tout comme les particuliers) ont deux possibilités de financer leurs activités. Soit elles disposent de ressources propres, soit elles doivent s'en procurer auprès de tiers. Dans le premier cas, il s'agit de capitaux propres, et dans le second cas, de capitaux étrangers. Le rapport entre les capitaux étrangers et le total du bilan indique le niveau d'endettement ou, pour reprendre un terme souvent utilisé ces dernières années, le ratio de levier de l'entreprise.

La **figure 7.2** montre que la part de capitaux étrangers d'une entreprise industrielle n'est pas beaucoup plus élevée que celle des capitaux propres, tandis qu'une banque travaille avec une proportion de capitaux étrangers très importante. Un exemple : juste avant la crise financière, les capitaux propres de la grande banque UBS atteignaient 41 milliards de francs, soit 2 % seulement du total du bilan culminant à 2010 milliards de francs. À titre de comparaison, le ratio de capitaux propres de Rieter, une entreprise industrielle traditionnelle, s'élevait à la même époque à environ 35 %.

En se fiant uniquement à ces chiffres, on pourrait douter du sérieux de la pratique bancaire et conclure que le rapport inhabituel entre les capitaux propres et les capitaux étrangers devrait être ramené à des proportions acceptables par une intervention de l'État. Les crises financières ont en effet montré à plusieurs reprises que certaines banques étaient massivement surendettées et prenaient des risques disproportionnés. Dans ce contexte, une augmentation des capitaux propres serait certainement appropriée et nous y reviendrons. Néanmoins, il faut savoir que ce phénomène ne concerne pas uniquement les établissements douteux et que toutes les banques sont fortement endettées. Et pour cause : leur activité principale – et leur rôle central dans une économie prospère – est précisément de prêter de l'argent qui ne leur appartient pas. En contraignant les banques à respecter les ratios de capitaux propres usuels dans l'industrie, on réduirait considérablement la fonction économique la plus importante de ces établissements.

→ **Capitaux propres**
Ressources d'une entreprise amenées par ses propriétaires ou réalisées par l'entreprise elle-même sous forme de bénéfices réinvestis.

→ **Capitaux étrangers**
Ressources d'une entreprise amenées par des personnes externes à l'entreprise.

→ **Ratio de levier**
Taux d'endettement d'une entreprise ou rapport entre les capitaux propres et l'exposition totale. (exposition totale = total des actifs)

7.3.2 L'octroi de crédits

L'activité principale d'une banque est l'octroi de crédits, comme nous l'avons évoqué précédemment. La banque se rémunère à travers le différentiel d'intérêt en payant moins d'intérêts aux déposants qu'elle n'en reçoit des emprunteurs. On qualifie souvent ces transactions d'opérations d'intérêts. Le différentiel d'intérêt représente la rémunération versée à la banque pour couvrir ses charges de fonctionnement et générer un cash-flow.

La **figure 7.3** analyse cette activité à l'aide du bilan bancaire simplifié. Au passif (partie de droite) d'une banque traditionnelle, les capitaux étrangers sont constitués des dépôts de la clientèle. La banque utilise ces ressources pour accorder des crédits aux entreprises et aux particuliers, comme on peut le voir à l'actif (partie de gauche). Étant donné que les clients peuvent retirer leurs avoirs à tout moment, la banque n'utilise pas tous les capitaux disponibles pour octroyer des crédits, mais en conserve une partie en espèces. C'est pourquoi on trouve également un poste de liquidités à l'actif. Ce montant est faible, car les liquidités coûtent cher aux banques : elles ne rapportent aucun intérêt, contrairement aux crédits.

→ **Opération d'intérêts**
Opération de banque classique où la banque se rémunère en payant moins d'intérêts à ses créanciers qu'elle n'en reçoit de ses débiteurs.

Figure 7.3
L'octroi de crédits avec l'argent déposé – ou ce qui fait la spécificité d'une banque

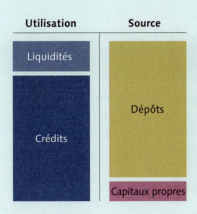

7.3.3 Autres opérations bancaires

Pendant longtemps, l'octroi de crédits a été l'activité principale des banques. Ces institutions ont toutefois considérablement élargi leur gamme de prestations au fil du temps.

Premièrement, le secteur des opérations de commissions a connu un essor considérable. Cette activité consiste pour une banque à offrir des services à la clientèle contre une rémunération (commission). L'offre inclut la gestion de fortune – devenue très importante en Suisse – qui consiste à gérer le patrimoine privé d'une personne conformément à ses attentes. La banque travaille avec des actifs qui ne lui appartiennent pas et qui n'apparaissent donc pas au bilan. Les opérations de commissions constituent la principale activité des banques d'investissement traditionnelles. Elles consistent à soutenir les entreprises dans leurs opérations sur les marchés financiers, par exemple lorsqu'une société souhaite émettre des actions ou des obligations ou que des entreprises décident de fusionner. Dans les deux cas, la banque agit principalement comme conseillère et perçoit des honoraires pour sa prestation. Ces activités n'apparaissent pas non plus dans le bilan de la banque, car il s'agit uniquement de prestations à la commission.

Deuxièmement, de nombreuses banques, à commencer par les banques d'investissement, se sont lancées dans le négoce de valeurs mobilières pour leur propre compte. Dans ce cas, la banque intervient directement en tant qu'acheteur ou vendeur de titres dans le but de réaliser un profit. Contrairement aux opérations de commissions, la banque agit ici en qualité de propriétaire des titres ; les opérations pour compte propre figurent donc dans le bilan de la banque, tout comme les prêts aux entreprises. La **figure 7.4** illustre cette activité à l'aide du bilan bancaire simplifié.

L'actif recense non seulement les crédits traditionnels, mais aussi un important poste de titres détenus par la banque. À noter que le négoce pour compte propre a joué un rôle déterminant dans le déclenchement de la crise financière de 2008.

→ **Opération de commissions**
Activité bancaire par laquelle la banque fournit des services au client contre rémunération (commission).

→ **Gestion de fortune**
Activité bancaire consistant à gérer le patrimoine privé d'une personne conformément à ses attentes.

→ **Activité des banques d'investissement**
Activité bancaire qui consiste principalement à soutenir les entreprises dans leurs opérations financières.

→ **Opération pour compte propre**
Transaction bancaire consistant à négocier des titres pour son propre compte afin d'en tirer un bénéfice.

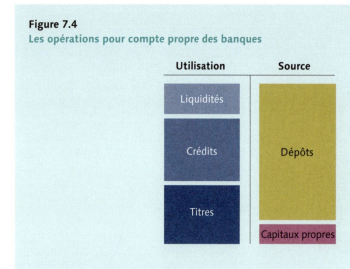

Figure 7.4
Les opérations pour compte propre des banques

Les différentes catégories de banques se distinguent par leur activité principale. Les banques d'investissement fournissent principalement des services de conseil et/ou agissent pour leur propre compte sur les marchés financiers; les banques privées sont spécialisées dans la gestion de fortune; les banques commerciales traditionnelles opèrent uniquement sur le marché des crédits. Cependant, de nombreuses grandes banques (en Suisse: UBS et Credit Suisse) sont des banques dites universelles puisqu'elles exercent tous les métiers du secteur bancaire.

→ **Banque universelle**
Banque opérant dans les principaux secteurs bancaires.

7.4 Les risques liés aux activités bancaires

La crise financière de 2008 nous a rappelé de manière brutale combien les activités bancaires pouvaient être risquées. Elles permettent certes de gagner beaucoup d'argent, mais peuvent très vite en faire perdre tout autant si les choses tournent mal. Ce risque est nettement plus important que dans n'importe quel autre secteur.

Le bilan présenté à la **figure 7.4** met en lumière les risques particuliers encourus par les banques. Leurs activités dépendent fortement de capitaux étrangers (dépôts) qui ne leur appartiennent pas. Ces capitaux servent à financer des placements (comme les crédits) parfois peu liquides, c'est-à-dire difficiles à vendre à court terme. Cela ne serait pas un problème si les banques pouvaient disposer de capitaux étrangers à long terme. Ce n'est malheureusement pas le cas. Les dépôts de la clientèle sont en principe des prêts à court terme que les épargnants font à la banque et qu'ils peuvent récupérer à tout moment.

Il existe des risques tant au passif qu'à l'actif du bilan. Au passif, le financement peut se tarir en très peu de temps (risque de liquidité). À l'actif, les pertes peuvent être si élevées qu'elles dépassent la valeur des capitaux propres (risque de défaut de crédit et risque de marché). Examinons de plus près ces deux risques majeurs.

Le risque de liquidité est le risque qu'une banque ne dispose pas des liquidités suffisantes ou ne soit pas en mesure de les mobiliser pour rembourser ses créanciers. Comme nous l'avons déjà mentionné, l'activité principale d'une banque

→ **Risque de liquidité**
Dans le secteur bancaire, risque qu'une banque ne détienne pas ou ne puisse mobiliser suffisamment de liquidités pour répondre à la demande des créanciers tiers qui souhaiteraient retirer leurs avoirs.

Les banques et la stabilité financière

→ **Panique bancaire**
Situation de crise dans laquelle la plupart des clients d'une banque souhaitent retirer leurs avoirs au plus vite alors que la banque n'est pas en mesure d'effectuer ces paiements faute de liquidités.

→ **Insolvabilité**
Situation d'une entreprise endettée au point qu'elle n'est plus en mesure de rembourser ses capitaux étrangers, autrement dit, les actifs sont inférieurs aux dettes.

→ **Risque de défaut de crédit**
Dans le secteur bancaire, risque que l'emprunteur ne soit plus en mesure de payer les intérêts de son prêt ou de rembourser sa dette.

→ **Risque de marché**
Risque que la valeur des titres détenus par une banque qui négocie pour son propre compte s'effondre et menace sa solvabilité si elle est faiblement capitalisée.

– les opérations d'intérêts – comporte ce risque. Bien qu'une partie de l'actif soit constituée de liquidités, celles-ci ne sont pas suffisantes pour répondre simultanément à toutes les obligations envers les déposants. Le modèle commercial d'une banque repose sur l'hypothèse raisonnable que seule une petite proportion des déposants sont susceptibles de retirer la totalité de leurs avoirs à un moment donné. La banque peut donc prendre le risque de ne pas pouvoir rembourser intégralement toutes les créances en même temps. Si, pour une raison quelconque, de nombreux déposants demandent simultanément le remboursement de leurs avoirs, créant ainsi une panique bancaire, la banque risque de manquer très rapidement de liquidités.

La deuxième catégorie de risques consiste dans l'éventualité qu'une banque subisse des pertes lorsqu'elle utilise les avoirs inscrits à l'actif. Or des pertes trop élevées risquent d'entraîner son insolvabilité. Le risque d'insolvabilité existe dans les deux catégories de placement principales des banques, à savoir les portefeuilles de crédits (risque de défaut de crédit) et les portefeuilles de titres (risque de marché). Le risque de défaut de crédit est défini comme le risque qu'aucun intérêt ne soit payé sur les crédits accordés ou que ceux-ci ne soient pas remboursés. L'octroi de crédits aux entreprises ou aux particuliers est une activité risquée, car la solvabilité future des débiteurs est difficile à évaluer. Si les débiteurs sont insolvables, l'argent est perdu pour la banque et le crédit doit être amorti, c'est-à-dire sorti de l'actif du bilan. De telles pertes se traduisent par une diminution des capitaux propres.

Le risque de marché, lui, découle des pertes inhérentes aux opérations pour compte propre des banques. Si la valeur boursière du portefeuille de titres propres diminue de façon durable, le poste correspondant de l'actif du bilan doit être réduit en conséquence. Un tel amortissement entraîne également une diminution des capitaux propres et érode la solvabilité de la banque.

La banque britannique Northern Rock a connu une véritable panique bancaire à l'automne 2007, lorsque des clients désécurisés ont voulu retirer leurs économies, formant de longues files d'attente devant les agences.

7.5 Les formes de la réglementation bancaire

Le secteur bancaire est l'un des plus normalisés de l'économie. Les réglementations visent d'une part à protéger les clients des banques et d'autre part à assurer la stabilité du système financier. Nous analyserons ici le deuxième objectif: la stabilité du système financier. Il convient d'abord de faire la distinction entre les mesures destinées à assurer la stabilité individuelle des banques (réglementation microprudentielle) et celles visant à garantir la stabilité de l'ensemble du système bancaire (réglementation macroprudentielle).

7.5.1 Règles microprudentielles

Les principales règles microprudentielles sont les recommandations relatives aux exigenccs en matière de capitaux propres, formulées au siège de la Banque des règlements internationaux (BRI) à Bâle. Elles précisent le montant minimum de capitaux propres que les banques doivent détenir. L'idée est que chaque pays mette en œuvre ces recommandations afin que la sécurité du système financier soit renforcée au niveau mondial. Il s'agit en outre d'éviter que des divergences de pratiques entre les pays n'engendrent des distorsions de la concurrence. Reprenons le bilan bancaire simplifié (**figure 7.2**) pour mieux comprendre la nature des exigences en matière de capitaux propres. Les recommandations précitées définissent le ratio de capitaux propres par rapport au total de l'actif. On part en effet du principe que le risque de faillite est moins grand si une banque dispose d'un capital suffisant pour compenser d'éventuelles pertes à l'actif.

Un mouvement de panique bancaire peut assécher rapidement les réserves de liquidités d'une banque. L'un des défis majeurs de la réglementation bancaire est donc de prévenir ou d'endiguer un tel phénomène. Deux instruments permettent d'atteindre cet objectif.

Premièrement, on peut créer un organisme de garantie des dépôts pour assurer, jusqu'à une certaine limite, les dépôts de la clientèle contre les pertes dues à un manque de liquidités. Cette méthode a été introduite dans la plupart des pays après les grandes crises bancaires des années 1930. C'est grâce à elle que les paniques bancaires sont devenues de plus en plus rares. Sachant qu'il retrouvera ses économies même si sa banque n'a plus de liquidités, le déposant est en effet moins tenté de retirer immédiatement son argent lorsque des rumeurs font état de difficultés financières de l'établissement.

Deuxièmement, on peut obliger les banques à détenir des réserves minimales qui correspondent à un certain pourcentage de la valeur des actifs. Elles sont ainsi prêtes à faire face, jusqu'à un certain point, à un retrait massif de liquidités.

7.5.2 Règles macroprudentielles

Les banques s'accordent souvent entre elles des prêts à court terme et leurs activités sont donc de plus en plus imbriquées. Cela peut entraîner des réactions en chaîne si de grandes banques connaissent des difficultés. Pour éviter une telle situation, une surveillance de l'ensemble du système bancaire a été instaurée en plus de la surveillance des risques individuels. Sa mise en œuvre est généralement

→ **Réglementation microprudentielle**
Mesures réglementaires visant à assurer la stabilité individuelle de chaque banque.

→ **Réglementation macroprudentielle**
Mesures réglementaires visant à assurer la stabilité de l'ensemble du système bancaire (toutes banques confondues).

→ **Banque des règlements internationaux (BRI)**
Organisation internationale établie à Bâle dont le rôle est notamment de réglementer la dotation en capitaux propres des banques. La BRI administre une partie des réserves monétaires internationales et joue à ce titre le rôle de banque des banques centrales.

→ **Exigences en matière de capitaux propres**
Réglementation exigeant qu'une banque détienne une proportion minimale de capitaux propres.

7 Les banques et la stabilité financière

La crise financière a montré que le renflouement des banques est parfois si coûteux qu'il remet en question la viabilité des finances publiques.

confiée aux banques centrales. Cette surveillance macroprudentielle, qui vise donc à limiter le risque lié à l'ensemble du système (ou risque systémique), est tout aussi importante que la réglementation microprudentielle des banques individuelles. Son but ultime est de prévenir les crises financières dans lesquelles des banques en perdition entraînent d'autres établissements dans leur chute (effet domino).

Les banques qui, en raison de leur taille, menaceraient l'équilibre du système financier en cas de faillite posent un problème particulièrement complexe. Étant donné que la défaillance d'une telle banque aurait des conséquences néfastes pour l'ensemble de l'économie, les autorités n'ont pas d'autre choix que de la maintenir en activité – même si elle est insolvable – en assumant des coûts parfois considérables. C'est tout le problème des sociétés « trop grandes pour faire faillite » *(too-big-to-fail)*. La situation qui en résulte est insoutenable pour l'État. Elle s'oppose en outre au principe de l'économie de marché selon lequel les mauvaises décisions sont en fin de compte sanctionnées par la faillite de l'entreprise.

→ **Too-big-to-fail**
Problématique liée au fait que certaines banques sont trop grandes pour faire faillite sans menacer l'ensemble du système financier.

S'il est indispensable de trouver une solution au problème *too-big-to-fail*, la tâche est extrêmement complexe. Il faut en effet imaginer des réglementations qui évitent les fausses incitations (telles que les garanties d'État) et préservent la liberté d'action des banques, faute de quoi elles pourraient renoncer à des activités vitales pour l'économie. Il convient donc de poursuivre un double objectif: rendre la faillite d'une grande banque aussi peu probable que possible, et garantir qu'une banque qui tomberait en faillite malgré les garde-fous susmentionnés puisse être liquidée sans mettre en danger l'ensemble du système financier.

7.6 La réglementation bancaire en Suisse

La stabilité individuelle des banques, et donc la surveillance et la mise en œuvre de la réglementation microprudentielle en Suisse relèvent de l'Autorité fédérale de surveillance des marchés financiers (FINMA). La stabilité du système bancaire, et donc la surveillance et la mise en œuvre de la réglementation macroprudentielle, relèvent pour leur part de la BNS. Comme dans les autres pays, les conflits de compétences sont nombreux et la répartition exacte des responsabilités entre les deux institutions se révèle complexe. Le problème est particulièrement marqué en Suisse en raison de l'importance des deux grandes banques (UBS et Credit Suisse) par rapport au PIB. Même s'il s'agit d'institutions individuelles, elles présentent un risque systémique. D'autres établissements comme Raiffeisen, PostFinance et la Banque cantonale de Zurich sont aussi reconnus à des degrés divers comme d'importance systémique. Comme UBS et Credit Suisse, ils sont au centre des préoccupations de la FINMA et de la BNS.

> → **Autorité fédérale de surveillance des marchés financiers (FINMA)**
> Autorité chargée de surveiller les principaux acteurs de la place financière suisse.

7.6.1 La FINMA, instance de surveillance microprudentielle

La FINMA est l'autorité étatique chargée de la surveillance des principaux acteurs de la place financière. Elle délivre des autorisations non seulement aux banques, mais aussi aux assurances, aux bourses, aux négociants de titres, aux gestionnaires de placements collectifs et à d'autres intermédiaires financiers. La FINMA veille à ce que les banques respectent les dispositions légales. Afin de prévenir les risques spécifiques à l'activité bancaire, elle fixe des exigences minimales en matière de capitaux propres et de liquidités. Pour pouvoir exercer son activité en Suisse, une banque doit ainsi être agréée par la FINMA et se soumettre à la surveillance continue de cette autorité. Si les contrôles montrent qu'elle respecte les exigences légales, la banque reçoit une autorisation ; si ces conditions ne sont plus remplies, la banque peut se voir retirer son autorisation et faire l'objet d'une procédure de liquidation forcée.

7.6.2 La BNS, instance de surveillance macroprudentielle

Outre le maintien de la stabilité des prix, la BNS est investie d'un second mandat légal, moins connu du grand public : elle contribue à la stabilité du système financier. La tourmente financière de 2008 a rappelé avec force l'importance de cette mission. Celle-ci vise à garantir le fonctionnement de l'ensemble du système financier, donc à prévenir les crises financières et à les résoudre lorsqu'elles surviennent.

Comme nous l'avons vu plus haut, le risque existe que des banques s'accordent mutuellement des prêts importants dans le cadre de leurs opérations quotidiennes et que chacune dépende ainsi de l'autre. Cette interdépendance pose un problème, car en cas de faillite d'une banque, les autres institutions qui lui ont accordé des prêts subissent également des pertes. Celles-ci peuvent être si importantes que les banques qui ont octroyé le crédit, généralement peu dotées en capitaux propres, font à leur tour faillite et entraînent encore d'autres établissements dans la tourmente. Les faillites bancaires ont donc des effets externes sur d'autres banques ; or nous avons vu au chapitre 3 que de telles défaillances du marché peuvent justifier une intervention de l'État. Étant donné que la réglementation bancaire de la FINMA porte sur les risques individuels des banques, mais pas sur les effets externes, c'est la BNS qui est chargée de relever ce défi macroéconomique. Son rôle consiste en particulier à contenir – dans la mesure du possible – les conséquences macroéconomiques des faillites bancaires.

7 Les banques et la stabilité financière

Pour ce faire, la BNS intervient à trois niveaux. Premièrement, elle suit l'évolution des marchés financiers et évalue les risques pour la stabilité du système financier. Deuxièmement, elle participe à l'élaboration du cadre juridique des marchés financiers: elle est consultée dans le cadre de l'élaboration de la législation financière et prend part aux travaux des instances internationales chargées des questions de stabilité des marchés financiers. Ces deux tâches ont un caractère plutôt préventif, ce qui signifie que la BNS contribue à réduire la probabilité de crises financières. Enfin, si une telle crise survient, la troisième tâche de la BNS est d'aider à la surmonter. Dans ce contexte, sa mission principale consiste à fournir à court terme des liquidités aux banques en difficulté. Si des banques d'importance systémique sont menacées de faillite, la BNS peut même leur apporter une aide d'urgence directe. C'est ainsi qu'au plus fort de la crise financière de 2008, la BNS et la Confédération ont pris des mesures radicales pour éviter l'effondrement d'UBS.

RÉSUMÉ FONDÉ SUR LES OBJECTIFS D'APPRENTISSAGE

1 Financement des investissements
L'épargne est mise à la disposition des investisseurs soit directement par les marchés financiers, lorsqu'une entreprise émet des actions ou des obligations, soit indirectement par l'intermédiaire des banques qui utilisent les capitaux d'épargne pour octroyer des prêts aux entreprises ou aux particuliers.

2 Le rôle économique des banques
La plupart des entreprises sont trop petites ou trop peu connues pour se financer directement auprès des particuliers via l'émission d'actions ou d'obligations. Les banques permettent de résoudre ce problème. Elles recueillent l'épargne des ménages et l'utilisent pour accorder des prêts aux entreprises qui souhaitent investir. Les banques se rémunèrent à travers le différentiel d'intérêt en percevant des intérêts sur les crédits supérieurs à ceux qu'elles versent aux épargnants.

3 Les principales opérations bancaires
L'activité traditionnelle des banques est le crédit. Elles utilisent l'épargne déposée par les clients pour accorder des prêts aux entreprises et aux particuliers. Les banques se rémunèrent en payant moins d'intérêts aux déposants qu'elles n'en reçoivent des emprunteurs. Les activités modernes des banques comprennent – outre ces opérations d'intérêts – diverses formes d'opérations de commissions: les banques fournissent des services contre le versement d'une commission (honoraires) dans des domaines comme la banque d'investissement ou la gestion de fortune.

Les banques et la stabilité financière

4 Les risques liés aux activités bancaires
Les activités bancaires comportent des risques, en particulier des risques élevés de liquidité et de défaut de crédit. Le risque de liquidité découle de l'utilisation par les banques des dépôts de la clientèle à court terme pour financer des investissements à long terme. Si de nombreux clients veulent récupérer leur argent en même temps, les liquidités disponibles risquent d'être insuffisantes. Le risque de défaut de crédit est lié à la nature des projets d'investissement qui comportent toujours des incertitudes. Les erreurs d'investissement engendrent des pertes qui nécessitent des amortissements élevés de la part de banques dont le niveau de capitaux propres est déjà très bas.

5 Formes de réglementation bancaire
Les banques sont fortement réglementées en raison des risques relativement élevés de leurs activités. D'une part, elles doivent maintenir un certain niveau de liquidités afin de pouvoir faire face aux demandes de retraits. D'autre part, elles doivent disposer d'un niveau minimum de capitaux propres afin de réduire le risque d'insolvabilité si elles doivent procéder à des amortissements élevés.

NOTIONS FONDAMENTALES

Marchés financiers →198
Action →198
Dividende →198
Obligation →199
Intermédiaire →199
Transformation des échéances →200
Analyse de solvabilité →200
Capitaux propres →202
Capitaux étrangers →202
Ratio de levier →202
Opération d'intérêts →202
Opération de commissions →203
Gestion de fortune →203
Activité des banques d'investissement →203
Opération pour compte propre →203
Banque universelle →204
Risque de liquidité →204
Panique bancaire →205
Insolvabilité →205
Risque de défaut de crédit →205
Risque de marché →205
Réglementation microprudentielle →206
Réglementation macroprudentielle →206
Banque des règlements internationaux (BRI) →206
Exigences en matière de capitaux propres →206
Too-big-to-fail →207
Autorité fédérale de surveillance des marchés financiers (FINMA) →208

7

Les banques et la stabilité financière

QUESTIONS DE RÉVISION DU CHAPITRE 7

1	Quelles sont les deux formes de financement par des capitaux étrangers accessibles aux entreprises ?
2	Expliquez la fonction de transformation des échéances exercée par les banques.
3	Pourquoi un monde sans banques est-il pratiquement inconcevable ?
4	Pourquoi la législation n'oblige-t-elle pas les banques à conserver la totalité des dépôts de la clientèle sous forme de liquidités ?
5	À l'aide du bilan bancaire simplifié, expliquez pourquoi les risques de défaut de crédit peuvent rapidement constituer une menace pour les banques.
6	Décrivez la genèse d'une panique bancaire.
7	Pourquoi le marché a-t-il besoin d'une surveillance macroprudentielle ?
8	Pourquoi la problématique *too-big-to-fail* constitue-t-elle une défaillance du marché ?

Finances publiques

8

« Bénis soient les jeunes, car ils vont hériter de notre dette publique. »

Herbert HOOVER (1874-1964), président des États-Unis de 1929 à 1933

8.1	Analyser les finances publiques	216
8.2	Impôts	219
8.3	Déficits et endettement public	225
8.4	Les finances publiques et institutions sociales suisses	228

Neuchâtel : le siège de l'Office fédéral de la statistique, qui édite notamment des publications sur les aspects statistiques des finances publiques.

OBJECTIFS D'APPRENTISSAGE

Après avoir lu ce chapitre, vous devriez pouvoir :

1	décrire les principales notions utilisées dans l'analyse des finances publiques ;
2	expliquer comment l'État peut financer ses dépenses ;
3	analyser les effets des impôts sur le bien-être ;
4	décrire le rôle de l'élasticité pour déterminer les coûts de la fiscalité ;
5	faire la différence entre les conséquences de l'endettement interne et de l'endettement externe de l'État ;
6	expliquer les avantages et les inconvénients de l'endettement de l'État ;
7	décrire les principales caractéristiques du système fiscal suisse ;
8	expliquer le fonctionnement du frein à l'endettement suisse ;
9	expliquer les différences entre les trois piliers du système de prévoyance vieillesse suisse.

8 Finances publiques

L'État occupe une place importante dans l'analyse économique, comme nous l'avons vu tout au long de ce manuel. Il peut intervenir de deux manières : soit il cherche à influencer le marché au niveau des agents économiques privés (ménages et entreprises) par différents types de réglementations, soit il intervient lui-même en tant qu'acteur du marché, en offrant ou en demandant des biens. Jusqu'ici, nous nous sommes essentiellement intéressés au premier de ces deux rôles – celui de régulateur – et avons analysé l'impact sur le marché des interventions de l'État. Dans ce chapitre, nous allons nous pencher sur le deuxième rôle de l'État, celui d'acteur du marché. Nous aborderons d'abord les dépenses publiques, ce qui nous conduira à nous demander quels sont les biens que l'État achète et quels sont ceux qu'il produit lui-même. Et comme ces dépenses doivent être financées, nous nous intéresserons ensuite aux recettes publiques. L'analyse des dépenses et recettes de l'État fait l'objet d'une branche spécifique de l'économie : les finances publiques. C'est un survol de ce vaste thème que nous vous proposons dans ce chapitre.

Le chapitre est structuré de la manière suivante :

La **section 8.1** explique comment analyser les finances publiques et montre la relation entre les dépenses publiques, les recettes publiques et la dette publique.

La **section 8.2** analyse les effets de la fiscalité, qui constitue la principale source de financement de l'État.

La **section 8.3** examine la situation dans laquelle l'État ne peut pas financer ses dépenses à l'aide des recettes fiscales ordinaires et doit s'endetter.

La **section 8.4** aborde les recettes et dépenses étatiques helvétiques et explique le frein à l'endettement, et présente les institutions sociales suisses.

8.1 Analyser les finances publiques

8.1.1 Les principaux indicateurs et leur fonction

Pour analyser les finances publiques d'un pays, on s'intéresse d'abord aux dépenses et aux recettes de l'État sur une année donnée. Si les dépenses sont supérieures aux recettes, il y a déficit budgétaire ; dans le cas contraire, on parle d'excédent budgétaire.

Lorsque le budget est déficitaire, cela signifie que les recettes fiscales ne suffisent pas à financer les dépenses et que l'État a besoin de ressources financières supplémentaires. Il doit alors se procurer ces ressources sur le marché des capitaux, c'est-à-dire s'endetter. Par conséquent, la dette publique n'est rien d'autre que la somme des déficits budgétaires qui se sont accumulés au fil des ans. Si un pays affiche une dette publique, c'est que par le passé, ses dépenses ont globalement dépassé ses recettes. On peut donc utiliser la dette publique pour évaluer à quel point un État a vécu au-dessus de ses moyens, comme on le ferait dans le cas d'un ménage.

Si l'on veut comparer la dette publique de différents pays, il faut la mettre en relation avec le produit intérieur brut (PIB). On obtient ainsi le taux d'endettement, soit l'indicateur le plus couramment utilisé pour comparer la durabilité du financement public au niveau international. Toutefois, le taux d'endettement permet uniquement d'évaluer si les recettes suffisent à couvrir les dépenses sur la durée. Pour déterminer le poids de l'État dans le PIB total, on se réfère généralement à la quote-part de l'État. Ce chiffre exprime le rapport entre les dépenses publiques (y compris les dépenses des assurances sociales) et le PIB.

8.1.2 L'exemple de la Suisse

Le plus simple, pour analyser les finances publiques, consiste à comparer les dépenses et les recettes. La **figure 8.1** montre l'évolution de ces données pour la Suisse sur la base des comptes de la Confédération depuis 1972.

Bien que les deux séries de données évoluent de manière plus ou moins parallèle, on observe des écarts significatifs certaines années. Ces écarts figurent dans le graphique sous la forme de barres (soldes) ; ils correspondent, pour chaque année, au déficit (dépenses supérieures aux recettes) ou à l'excédent (dépenses inférieures aux recettes) des comptes de la Confédération. Dans les années 1970 et 1980,

→ **Marché des capitaux**
Marché sur lequel les entreprises et l'État peuvent lever des fonds sous forme d'emprunts à long terme.

→ **Taux d'endettement**
Totalité de la dette publique, mesurée en % du PIB nominal annuel du pays.

→ **Financement public durable**
Financement par lequel les dépenses d'un État sont couvertes à long terme (au-delà d'un cycle conjoncturel) par les recettes ordinaires.

→ **Quote-part de l'État**
Total des dépenses du secteur public et des assurances sociales obligatoires exprimé en % du PIB nominal.

→ **Comptes**
Juxtaposition des dépenses et recettes effectives d'une administration publique. Contrairement au budget, qui présente les recettes et dépenses prévues, les comptes présentent des chiffres définitifs, qui ne sont disponibles qu'a posteriori.

Moïse, qui tient dans ses mains les Tables de la Loi, s'adresse à Dieu : « Si Tu ajoutais un onzième commandement à propos de l'équilibre budgétaire, Tu nous épargnerais bien des soucis à venir. »

Finances publiques

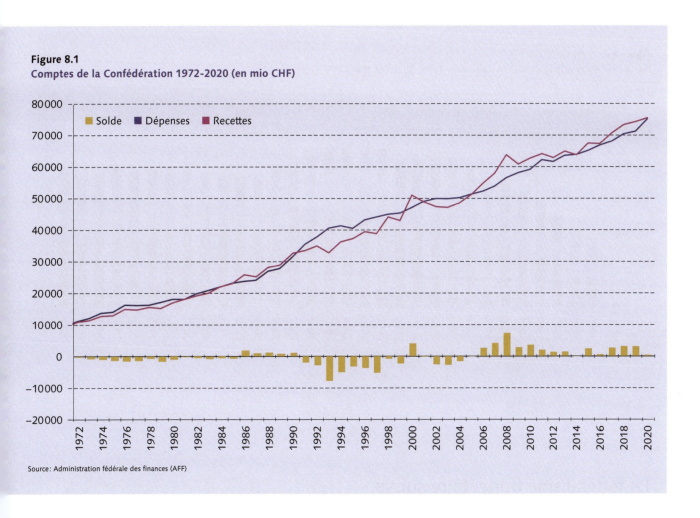

Figure 8.1
Comptes de la Confédération 1972-2020 (en mio CHF)

Source: Administration fédérale des finances (AFF)

le niveau des dépenses est la plupart du temps très proche de celui des recettes. Les choses changent sensiblement dans les années 1990. Entre 1990 et 2000, le budget fédéral affiche ainsi presque systématiquement un déficit. La Confédération finance ces déficits successifs en empruntant sur le marché des capitaux, autrement dit en s'endettant. Ces dernières années, en revanche, la situation s'est nettement améliorée.

La **figure 8.2** présente l'évolution des dettes en Suisse, communes, cantons et confédération ensemble. Un élément important pour les finances publiques helvétiques intervient ici: le fédéralisme. Une grande partie du budget de l'État est gérée non pas par la Confédération, mais par les cantons et les communes. C'est un aspect qu'il faut garder à l'esprit quand on parle de dette publique ou de dépenses publiques. Car l'adjectif «public», comme le terme «État», d'ailleurs, renvoie non seulement à la Confédération, mais aussi aux cantons et aux communes. En l'occurrence, il apparaît que la dette de la Confédération et des cantons a augmenté bien plus fortement que la dette des communes.

→ **Fédéralisme**
Système politique dans lequel les collectivités décentralisées (cantons, *Länder*, etc.) d'un pays conservent un degré élevé d'indépendance politique.

Analyser les finances publiques

Figure 8.2
Dette brute des administrations publiques 1990-2020 (en mio CHF)

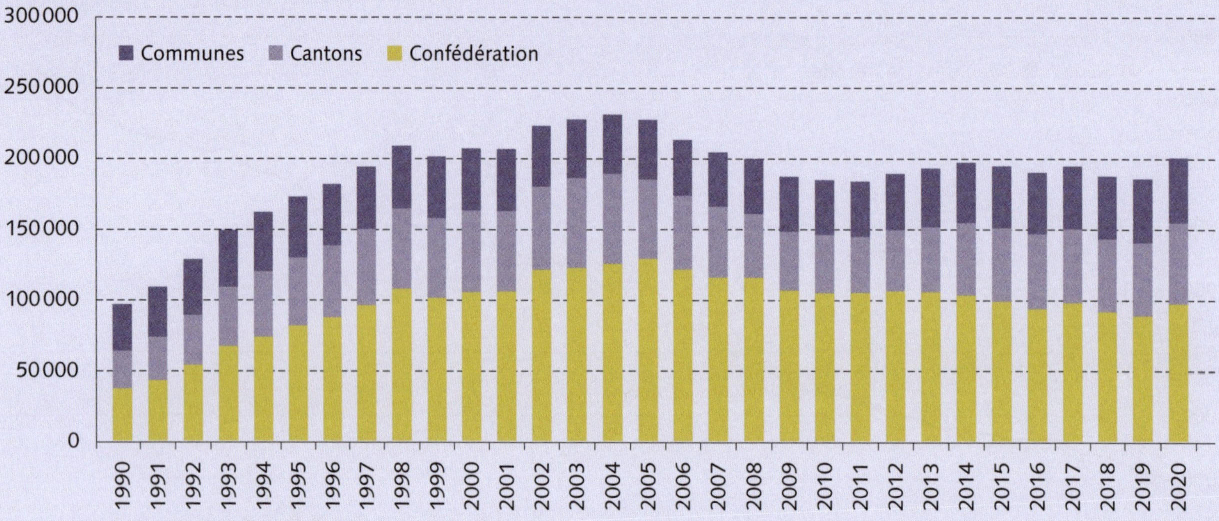

Source: Administration fédérale des finances (AFF)

Le fédéralisme budgétaire suisse

La politique budgétaire est le domaine de la politique économique où le fédéralisme est le plus marqué. En effet, toutes les tâches publiques relèvent en principe de la compétence des cantons, sauf celles que la Constitution fédérale attribue expressément à la Confédération (Art. 3 Cst). Cette règle vaut également pour la perception des impôts. Et comme toute modification de la Constitution doit être soumise à une votation populaire et être acceptée à la double majorité du peuple et des cantons – ce qui constitue une exigence de taille – on peut dire que la souveraineté fiscale des cantons est solidement ancrée dans le pays.

En Suisse, cantons et communes encaissent plus de la moitié des recettes publiques. La proportion est encore plus importante pour les dépenses. La différence est compensée par ce que l'on appelle la péréquation financière verticale. Les impôts indirects sont exclusivement prélevés par la Confédération, tandis que les impôts sur la fortune sont réservés aux cantons et aux communes. Enfin, aussi bien la Confédération que les cantons et les communes peuvent prélever des impôts directs sur le revenu courant (impôt sur le revenu et impôt sur le bénéfice) et se retrouvent donc en concurrence sur ce plan.

Comme nous l'avons mentionné, le poids particulièrement important des cantons et des communes en comparaison internationale se manifeste également dans les dépenses publiques. En 2020, les dépenses de la Confédération représentaient environ 34% de l'ensemble des dépenses publiques, contre environ 43% pour les dépenses des cantons et 23,5% pour celles des communes. Et depuis quelques décennies, la tendance est clairement à un renforcement du fédéralisme. La part des cantons dans les dépenses publiques a considérablement augmenté. En 1960 elle était de 37,5%, donc 4% de moins qu'aujourd'hui. Parallèlement, la part des dépenses de la Confédération a diminué.

→ **Péréquation financière verticale**
Redistribution financière entre les différents niveaux de l'État fédéral, soit entre la Confédération, les cantons et les communes.

Finances publiques 8

Pour les comparaisons internationales, la dette est rapportée au PIB. Le taux d'endettement ainsi obtenu est utilisé dans la **figure 1.7** (p. 26) pour évaluer la durabilité du financement public de la Suisse par rapport à d'autres pays. On constate que le taux d'endettement helvétique a augmenté fortement dans les années 1990, avant de se stabiliser, puis de reculer. En comparaison internationale, il reste modéré ; en 2020, la Suisse affichait un taux d'endettement de 27,8 %. Parmi les indicateurs couramment utilisés, nous avons aussi cité la quote-part de l'État, soit le total des dépenses publiques exprimé en % du PIB. En Suisse, ce ratio était de 36,5 % en 2020, ce qui représente une hausse par rapport aux 28 % de 1990. Cela dit, il reste plutôt modeste en comparaison internationale, malgré une poussée significative en 2020 et 2021.

8.2 Impôts

8.2.1 Les types de recettes publiques

Comme nous l'avons vu, l'État peut financer ses dépenses de deux manières : soit en prélevant des impôts, soit en empruntant sur le marché des capitaux. À terme toutefois, le financement se fait dans tous les cas par l'impôt, car les dettes doivent être remboursées tôt ou tard. L'endettement ne fait que reporter dans le temps la perception des impôts nécessaires et, à un moment ou à un autre, les recettes fiscales devront nécessairement être supérieures aux dépenses publiques, sauf si l'on admet un endettement perpétuel de l'État.

→ **Impôt**
Montant que paient les entreprises et les ménages à l'État sans recevoir de contrepartie directe.

Au sens large, on peut qualifier d'impôts l'ensemble des prélèvements effectués par l'État. On distingue trois types d'impôts :

- les impôts directs ;
- les impôts indirects ;
- les émoluments.

→ **Impôt direct**
Impôt prélevé sur la base des caractéristiques individuelles (revenu, fortune) des personnes physiques ou morales assujetties.

Les impôts directs sont prélevés selon les caractéristiques individuelles des contribuables et sont donc plus ou moins élevés selon les personnes. En clair, leur montant dépend essentiellement des revenus et de la fortune du contribuable. Les impôts directs, tels que l'impôt sur le revenu, ont un double effet redistributif entre les agents économiques aisés et les agents économiques moins aisés. D'une part, l'ensemble du revenu est imposé, si bien que les personnes ayant un revenu plus élevé paient un montant d'impôt plus important en termes absolus. D'autre part, les impôts directs s'appliquent généralement de façon progressive, ce qui signifie que le taux d'imposition augmente avec le revenu.

→ **Impôt indirect**
Impôt prélevé sur les transactions de marché au sens large. La TVA en est un exemple type.

Les impôts indirects sont des prélèvements qui, eux, ne tiennent pas compte des caractéristiques individuelles des contribuables. Ils s'appliquent aux transactions de marché au sens large, indépendamment de la personne qui les effectue. Par exemple, la taxe sur la valeur ajoutée (TVA) appliquée à un produit donné est la même pour tous les contribuables, quels que soient leur revenu et leur fortune.

Impôts

« C'est toujours un chasseur-cueilleur, mais il se fait désormais appeler collecteur d'impôts. »

Cela vaut aussi pour les droits de douane, une autre forme importante d'imposition indirecte. La collecte d'un impôt indirect progressif serait trop difficile à organiser au plan administratif. Cela dit, même les impôts indirects ont un certain effet redistributif, puisque les biens de consommation courante sont soumis à un taux de TVA inférieur.

Les émoluments, enfin, sont perçus par l'État en contrepartie d'une prestation clairement définie. L'établissement d'un passeport, par exemple, implique le paiement d'un émolument. Les impôts directs et indirects sont versés dans un tronc commun, et leur paiement permet aux contribuables de bénéficier de l'ensemble des services publics. L'émolument, en revanche, correspond à une prestation bien précise de l'État. Les émoluments ne constituent donc pas des impôts au sens strict. Il convient toutefois de les considérer plus largement comme une forme d'imposition. En effet, ils permettent eux aussi de financer les dépenses publiques courantes par des recettes publiques courantes et, par conséquent, de ne pas s'endetter. De plus, on peut difficilement les éviter, ce qui est le propre des impôts.

→ **Émolument**
Montant payé à l'État en échange d'une contrepartie clairement définie, p. ex. l'établissement d'un passeport.

Synthèse

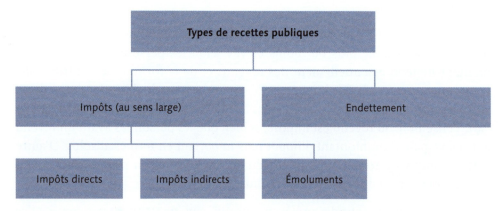

220

Finances publiques

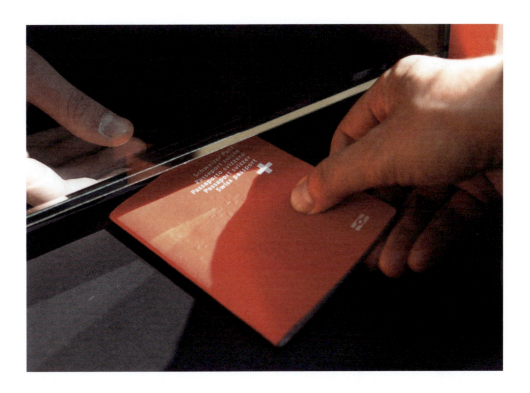

Certaines prestations de l'État, comme l'établissement d'un passeport, sont financées par un prélèvement direct, appelé émolument.

L'impôt d'inflation

Il ressort de la partie du chapitre 6 consacrée à la politique monétaire que l'État dispose dans les faits d'un troisième mode de financement : il peut se procurer les moyens financiers qui lui manquent en faisant tout simplement marcher la planche à billets. Il recourt donc à nouveau à l'emprunt, mais au lieu de se tourner vers le marché des capitaux, il s'adresse directement à la banque centrale, qui lui fournit les liquidités nécessaires en créant de la monnaie.

Ce mode de financement n'est cependant pas viable à long terme, car il équivaut à prélever un impôt d'inflation : en finançant une bonne partie de ses activités par la création monétaire, l'État provoque inévitablement une accélération de l'inflation. De ce fait, les agents économiques qui détiennent des liquidités sont de plus en plus pénalisés. Avec le temps, ils vont tout mettre en œuvre pour détenir le moins d'argent possible. Or en agissant ainsi, ils privent l'impôt d'inflation de sa substance, car personne ne veut plus de la monnaie émise par la banque centrale.

L'État est donc contraint de renoncer à utiliser cette monnaie pour financer ses dépenses. Il n'a plus d'autre choix que d'assainir les finances publiques en adoptant un programme de stabilisation radical, souvent avec le soutien du Fonds monétaire international (FMI). Et au bout du compte, il doit revenir aux impôts ordinaires pour financer les dépenses publiques.

On l'aura compris, le financement des dépenses publiques via un crédit de la banque centrale implique un coût économique élevé et, à terme, cette solution est vouée à l'échec. Cependant, la planche à billets demeure une tentation pour les gouvernements qui font face à de sérieux problèmes de financement. C'est la raison pour laquelle la plupart des pays ont opté pour une séparation claire entre la politique budgétaire et la politique monétaire : le ministère des Finances fait partie du gouvernement, alors que la politique monétaire est confiée à une autorité indépendante, comme la BNS en Suisse.

→ **Impôt d'inflation**
Recettes de l'État liées à une création monétaire excessive qui génère de l'inflation. Tous les ménages et les entreprises qui détiennent des liquidités paient cet impôt du fait que cet argent se dévalorise en permanence avec l'inflation.

→ **Fonds monétaire international (FMI)**
Organisation internationale qui vise notamment à promouvoir la stabilité du système financier international.

→ **Politique budgétaire**
Ensemble des mesures relatives à la gestion des recettes et des dépenses publiques.

8.2.2 Coûts de la fiscalité et rôle de l'élasticité

Tout impôt prélevé sur un bien ou sur un service modifie son prix relatif : il conduit systématiquement à une hausse du prix de marché. Or comme nous l'avons vu au chapitre 3, toute variation de prix artificielle – c'est-à-dire ne découlant pas d'une variation de la rareté – provoque des distorsions qui diminuent le bien-être. Or les impôts entraînent toujours des variations de prix, qu'ils soient perçus de manière directe sur le revenu du travail et le revenu des intérêts, ou de manière indirecte sur le prix des biens.

À priori, la perte de bien-être provoquée par l'impôt peut sembler difficile à comprendre. Les recettes fiscales ne permettent-elles pas à l'État d'acheter des biens et d'exercer des activités productives ? En réalité, même si les pouvoirs publics utilisent les recettes fiscales de la manière la plus productive qui soit, la modification des prix relatifs se traduit presque toujours par une perte de bien-être, étant donné que les prix ne reflètent plus la rareté effective du bien. Cependant, l'activité de l'État peut globalement accroître le bien-être si les effets positifs des dépenses publiques l'emportent sur les effets négatifs des distorsions fiscales.

La fiscalité induit donc généralement une certaine perte de bien-être, mais l'ampleur de cette perte dépend fortement de la nature de l'impôt concerné. À cet égard, l'élasticité-prix de l'offre et de la demande joue un rôle prépondérant.

L'importance de l'élasticité pour l'impact des impôts est tout à fait logique. La perte de bien-être vient du fait que la modification de prix due à l'impôt entraîne une variation de la quantité demandée et de la quantité offerte. Plus cette variation des quantités est importante, plus la perte de bien-être est grande. En langage microéconomique, on dit que plus la demande et l'offre sont élastiques, plus la quantité réagit fortement, et plus la perte de bien-être est grande. Comme il est très facile d'éviter un impôt lorsque l'élasticité est forte, l'impôt concerné provoquera des réactions importantes et donc des pertes de bien-être significatives.

Si l'on pousse le raisonnement jusqu'au bout, il existe théoriquement des situations où l'impôt n'implique pas la moindre perte de bien-être. Par exemple lorsque l'offre est totalement inélastique et ne réagit donc pas du tout aux variations de prix – un scénario certes peu probable, mais pas impossible. On pourrait notamment imaginer le cas d'un producteur de marchandises très périssables qui doivent être immédiatement vendues. Un tel scénario n'est toutefois concevable qu'à court terme, car au-delà, ledit producteur se mettrait à élaborer des stratégies pour éviter de se retrouver dans ce qui est, pour lui, une situation peu favorable. Autrement dit, dans la pratique, les impôts entraînent toujours des pertes de bien-être.

L'analyse de l'élasticité fournit une conclusion importante pour la politique fiscale : les impôts devraient être prélevés sur des biens ou services pour lesquels l'offre ou la demande sont très inélastiques et ne peuvent donc guère réagir. Cela limite les pertes de bien-être, tout en conservant un effet redistributif substantiel. En effet, l'agent économique qui ne peut pas éviter l'impôt (autrement dit celui, offreur ou demandeur, qui est inélastique) doit en supporter la plus grande partie. L'impôt sur le tabac, par exemple, est une forme d'imposition efficace. La demande de cigarettes est très inélastique et ne réagit guère aux variations de prix.

Finances publiques

Par conséquent, l'impôt sur le tabac n'a presque aucune incidence sur la quantité demandée et se révèle de ce fait particulièrement profitable, tout en engendrant un faible coût en termes de bien-être. Il génère cependant des effets redistributifs importants : les perdants, dans ce cas, sont les fumeurs.

8.2.3 Qui paie les impôts ?

Dans le débat politique, l'effet redistributif de l'impôt pèse souvent bien plus lourd que l'effet sur le bien-être. Ce qui compte, c'est de savoir qui, en définitive, paie l'impôt. Et là encore, l'élasticité joue un rôle décisif, car la majeure partie d'un impôt est toujours supportée par les agents économiques qui sont du côté le moins élastique du marché, comme nous l'avons vu plus haut avec l'exemple des fumeurs. Déterminer qui supporte au final la charge d'un impôt, c'est déterminer l'incidence fiscale.

> → **Incidence fiscale**
> Effet redistributif d'un impôt. L'incidence fiscale indique quel agent économique paie effectivement un impôt.

Prenons les deux cas présentés dans la **figure 8.3** : le montant de l'impôt est le même dans les deux situations, mais la répartition de la charge fiscale est très différente.

Dans l'exemple de gauche, la demande est inélastique et l'offre élastique : ce sont ici les consommateurs qui paient la majeure partie de l'impôt. L'exemple de droite correspond au cas inverse, où l'offre est inélastique et la demande élastique : l'offreur supporte alors l'essentiel de l'impôt. L'incidence fiscale dépend donc uniquement de l'élasticité : l'impôt est supporté par les agents économiques qui

Figure 8.3
L'incidence fiscale

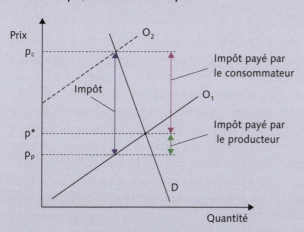

Offre élastique, demande inélastique

Si la demande est plutôt inélastique et l'offre relativement élastique, la charge fiscale pèse principalement sur les demandeurs. En effet, l'introduction de l'impôt entraîne une forte hausse du prix à la consommation, qui passe de p^* à p_c, alors que le prix à la production ne baisse que faiblement. Exemple typique : la consommation de cigarettes.

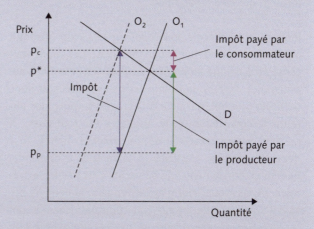

Offre inélastique, demande élastique

Si la demande est plutôt élastique et l'offre relativement inélastique, la charge fiscale pèse principalement sur les offreurs. En effet, l'introduction de l'impôt entraîne une forte baisse du prix pour le producteur, qui passe de p^* à p_p, alors que le prix à la consommation n'augmente que faiblement. Exemple typique : les produits de luxe.

peuvent le moins éviter la variation de prix. À noter qu'il ne s'agit pas forcément des agents économiques légalement soumis à l'impôt. Reprenons notre exemple de l'impôt sur le tabac et supposons qu'il ne soit collecté qu'auprès des fabricants de cigarettes. Ceux-ci paient donc à l'État un certain montant pour chaque paquet vendu. Mais comme la demande de cigarettes est très inélastique, les fabricants peuvent répercuter une grande partie de l'impôt sur le prix de vente, sans que la demande ne chute. Dans ce cas, l'essentiel de l'impôt est bel et bien supporté par les consommateurs, même si, sur le plan formel, ce sont les producteurs qui le paient.

Qui paie l'« impôt sur le luxe »?

Une analyse trop rapide ou superficielle des effets de la fiscalité peut, du fait des élasticités, aboutir à des conclusions totalement erronées. Prenons, à titre d'exemple, la question de savoir qui paie ce que l'on appelle l'« impôt sur le luxe ». Le principe d'un tel impôt est de percevoir des taxes élevées sur les biens qui sont consommés par des personnes riches. On en attend un effet redistributif entre les riches et les pauvres, ou du moins entre les riches et l'État. C'est sur la base d'un tel raisonnement que l'on prélève par exemple une taxe élevée sur l'achat de rivières de diamants, d'équipements de golf ou de yachts.

Ce sont rarement les riches qui supportent la charge des impôts sur des biens de ce type.

Le problème, c'est que rien ne garantit que la majeure partie de cet impôt soit effectivement payée par les riches. Contre toute attente, ce sont souvent les moins fortunés qui paient l'addition.

Prenons le cas d'école de l'impôt sur les yachts introduit aux États-Unis au début des années 1990. Cet impôt était censé être assumé en premier lieu par les personnes qui avaient les moyens de s'offrir des biens coûteux et donc de payer une telle taxe. Or à la grande surprise des auteurs de cette initiative, le résultat a été tout autre. Il ne suffit pas de taxer le luxe pour taxer les riches. Tout dépend en fait de l'élasticité de l'offre et de la demande. Et dans ce cas, la demande de yachts s'est révélée extrêmement élastique. Nul n'ayant fondamentalement besoin d'un yacht fabriqué aux États-Unis, les riches se sont reportés sur d'autres biens de luxe ou ont acheté leur bateau à l'étranger. Les ventes de yachts en Floride ont ainsi chuté de 90% en peu de temps. De leur côté, les constructeurs de yachts américains se sont retrouvés dans une position moins confortable, et avec eux leurs employés, qui n'appartenaient généralement pas à la classe aisée. Pour eux, la solution ne consistait pas simplement à acheter un bien de luxe plutôt qu'un autre. L'unique moyen d'éviter l'impôt aurait été de chercher un autre emploi, ce qui est tout sauf une formalité. Résultat, l'offre de yachts s'est révélée inélastique. C'est ainsi que l'impôt sur le luxe a été surtout supporté par les employés des constructeurs de yachts, autrement dit par des personnes de condition modeste. Rien d'étonnant dès lors que cet impôt ait été rapidement supprimé.

8.3 Déficits et endettement public

Chaque dépense publique doit être financée. Et si ces dépenses sont en général appréciées par la population, ce n'est pas le cas des hausses d'impôts. La tentation est donc forte de remettre à demain le financement de dépenses publiques additionnelles, autrement dit de ne pas recourir à des impôts supplémentaires, mais à l'emprunt. Cette pratique a cependant un inconvénient: la dette publique, et avec elle les intérêts que doit payer l'État, ont fortement tendance à augmenter. Dans cette section, nous nous intéresserons de plus près aux conséquences que les différentes formes d'endettement peuvent avoir. Nous commencerons par présenter les différents types de dette publique, avant d'examiner leurs avantages et inconvénients respectifs.

8.3.1 Conséquences de l'endettement interne et de l'endettement externe de l'État

Il y a déficit budgétaire lorsque les dépenses sont plus importantes que les recettes. Si l'on exclut la solution irresponsable de la planche à billets, l'excédent de dépenses est toujours financé par un emprunt. L'État peut emprunter les ressources nécessaires soit à l'intérieur du pays (endettement interne), soit à l'extérieur du pays (endettement externe). Ces deux types d'endettement modifient certaines composantes importantes de la demande économique globale.

Si l'État emprunte dans le pays, il en résulte une diminution des investissements domestiques. Si au contraire l'État emprunte à l'étranger, il en résulte une diminution des exportations nettes (exportations moins importations).

Pourquoi le fait que l'État finance le déficit budgétaire en empruntant dans le pays entraîne-t-il une diminution des investissements domestiques? Du point de vue économique, cet endettement interne se traduit par une augmentation de la demande de crédit sur le marché des capitaux domestique. Si, parallèlement, l'offre de crédit reste constante, le prix du crédit (le taux d'intérêt) va augmenter, provoquant un recul des investissements privés. C'est ce que l'on appelle l'effet d'éviction, ou *crowding out* : la demande publique de crédit évince (autrement dit supplante) jusqu'à un certain point la demande privée de crédit.

→ **Effet d'éviction (*crowding out*)**
Situation dans laquelle les investisseurs privés sont évincés en raison de l'augmentation des taux d'intérêt consécutive à une forte demande publique de crédits.

Pourquoi le fait que l'État finance le déficit budgétaire en empruntant à l'étranger entraîne-t-il une diminution des exportations nettes? Lorsque l'État s'endette à l'étranger, cela signifie qu'il émet un emprunt sur un marché des capitaux étranger. Cet emprunt est libellé dans une monnaie étrangère, par exemple en euros dans le cas de la Suisse. Or comme l'État entend essentiellement utiliser les fonds récoltés pour financer des dépenses sur le sol national, il convertit les euros en francs suisses. De ce fait, la demande de francs suisses augmente, si bien que la monnaie helvétique s'apprécie par rapport à l'euro. Résultat, les exportations nettes reculent, car comme nous l'avons expliqué au chapitre 4, une appréciation de la monnaie nationale rend les importations moins chères et les exportations plus chères.

La situation des États-Unis au début des années 2000 illustre très bien ces mécanismes. Pour financer son important déficit budgétaire, le pays a essentiellement emprunté à l'étranger, ce qui s'est traduit par une forte diminution des exportations nettes et donc par une détérioration de la balance commerciale. C'est ainsi que sont apparus ce que l'on appelle les déficits jumeaux, autrement dit un déficit budgétaire doublé d'une balance commerciale déficitaire (importations supérieures aux exportations). L'endettement externe étant un des deux modes de financement des déficits budgétaires, la coexistence de ces deux déficits est fréquente.

→ **Déficits jumeaux**
Existence simultanée d'un déficit budgétaire et d'un déficit commercial.

→ **Balance commerciale**
Différence entre la valeur des exportations et celle des importations. Le solde de la balance commerciale correspond aux exportations nettes.

8.3.2 Avantages et inconvénients de l'endettement public

La dette publique est souvent considérée comme quelque chose de négatif. Plusieurs arguments peuvent cependant justifier un certain endettement de l'État :

- les investissements publics ;
- le lissage fiscal ;
- la stabilisation macroéconomique.

Commençons par les investissements publics à long terme. Dans le cas de la consommation publique, les dépenses de l'État profitent directement et entièrement aux contribuables actuels. Dans le cas des investissements publics, en revanche, les dépenses de l'État sont axées sur le long terme. D'où l'idée que les grands investissements publics devraient être également financés par les véritables bénéficiaires. Il paraît en effet logique qu'un investissement à long terme, qui profitera avant tout aux générations futures, soit cofinancé par les impôts des contribuables de demain. Cette répartition de la charge financière dans le temps justifie ainsi d'une certaine manière un endettement à long terme. Le seul problème tient au fait que les contribuables de demain n'auront pas été impliqués dans la décision d'investissement. Par conséquent, ce premier argument doit être utilisé avec une grande prudence.

Le deuxième argument est celui du lissage fiscal. L'idée est que les taux d'imposition ne devraient pas être modifiés en permanence. Imaginons que toute dette publique soit interdite. Le budget de l'État devrait être constamment équilibré, ce qui signifie que chaque année, les dépenses publiques devraient correspondre exactement aux recettes. Or un tel résultat est impossible dans la pratique, puisqu'à chaque fluctuation des dépenses publiques – et ces fluctuations sont souvent imprévisibles – il faudrait ajuster les taux d'imposition.

→ **Lissage fiscal**
Rééquilibrage de l'imposition sur la durée.

Le troisième argument, à savoir la stabilisation macroéconomique abordée au chapitre 4, présente des similitudes avec le lissage fiscal. Le principe est le suivant : autoriser une augmentation des dépenses publiques en période de basse conjoncture pour soutenir la demande économique globale et utiliser l'excédent de recettes publiques en période de haute conjoncture pour réduire la dette. La mise en œuvre d'une telle politique suppose que l'État puisse s'endetter. Cela dit, les fluctuations sont censées se compenser sur l'ensemble d'un cycle conjoncturel, si bien que la dette devrait tendre vers zéro sur le moyen terme.

→ **Stabilisation macroéconomique**
Mesures de politique économique qui visent à lisser les fluctuations conjoncturelles.

Aucun des arguments en faveur de l'endettement public ne justifie vraiment le fait que les États accumulent progressivement des montagnes de dettes. Car toute période d'augmentation de la dette publique devrait être suivie d'une période de réduction de l'endettement.

Finances publiques 8

Le tunnel de base du Gothard est un investissement public dont les générations futures vont également bénéficier et qu'elles contribueront à payer par le biais de la dette. Reste à savoir si ces générations auraient approuvé cette dépense…

L'endettement de l'État a des avantages, mais il a également des inconvénients, à savoir:

- l'éviction des investisseurs privés;
- la perte de marge de manœuvre budgétaire due à la hausse des charges d'intérêt, ce qu'on appelle le service de la dette;
- le risque de monétisation de la dette.

Nous avons déjà évoqué l'effet d'éviction des investisseurs privés dû à l'accroissement de la dette publique. Il s'agit d'un inconvénient parce que les investissements privés sont en règle générale plus efficients que les investissements publics, et ce pour deux raisons: l'environnement concurrentiel et le risque de faillite.

S'agissant de l'environnement concurrentiel, l'État bénéficie généralement d'une situation de monopole, ce qui signifie qu'il n'y a pas de concurrence susceptible de « sanctionner » un comportement inefficient de sa part. La situation est tout autre du côté des entreprises privées: dans un contexte concurrentiel, elles sont fortement incitées à investir de la manière la plus efficiente possible, sans quoi elles sont évincées par des concurrentes plus efficientes. Pour ce qui concerne le risque de faillite, l'État n'est pas vraiment contraint de se montrer efficient, même lorsqu'il évolue sur un marché régi par la concurrence. Une entreprise privée qui fait de mauvaises affaires est menacée de faillite, tandis qu'une entreprise publique – même avec des résultats clairement mauvais – est rarement mise en faillite, car en fin de compte les pertes sont épongées par le budget de l'État.

Deuxième inconvénient d'un accroissement de la dette publique: la perte de marge de manœuvre budgétaire due au paiement des intérêts. À partir d'un certain niveau, la dette publique commence en effet à s'amplifier d'elle-même. Lorsque l'État emprunte de l'argent, les intérêts à payer augmentent en même temps que la dette proprement dite. Et pour assurer le service de la dette, l'État est parfois contraint de s'endetter davantage. Lorsque la dette publique dépasse un certain volume, les marchés financiers exigent tôt ou tard un taux d'intérêt plus élevé pour se couvrir contre le risque d'incapacité de paiement de l'État. Chaque tranche de dette supplémentaire coûte ainsi plus cher. Et si les intérêts de la dette publique représentent un poste toujours plus important dans le budget de l'État, cela signifie qu'il y a toujours moins d'argent à disposition pour des dépenses publiques plus productives.

Le troisième effet négatif de la dette publique est le risque de monétisation de la dette. Ce risque est particulièrement important lorsque l'endettement des pouvoirs publics échappe à tout contrôle. Quand l'État ne peut plus emprunter sur le marché des capitaux ou qu'il ne peut le faire qu'à un prix très élevé, la tentation de résoudre le problème par la création de monnaie augmente. L'État s'endette alors auprès de la banque centrale et finance ses dépenses en faisant marcher la planche à billets. C'est la porte ouverte à l'hyperinflation, synonyme de désastre économique.

→ **Monétisation de la dette**
Financement de la dette publique par la création monétaire. Cela peut renforcer l'inflation et réduit encore la valeur réelle de la dette existante.

Synthèse

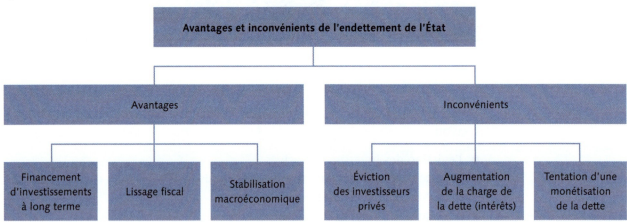

La durabilité de l'endettement étatique

La modification dans le temps du ratio d'endettement est considérée comme une indication importante de la durabilité de l'endettement étatique. Un ratio stable démontre que l'État maitrise ses finances. Composé de deux variables, il n'est pourtant pas si simple à interpréter. Le PIB étant au numérateur et l'endettement étatique au dénominateur, il ne suffit pas de savoir si les dépenses et recettes étatiques se stabilisent sur la durée : le taux de croissance du PIB est également crucial. En Suisse, bien que les dépenses et recettes étatiques s'équilibrent sur le long terme, le ratio d'endettement baisse continuellement car le PIB en numérateur s'accroit alors que la dette au dénominateur reste constante.

8.4 Les finances publiques et institutions sociales suisses

À la section 8.1, nous avons vu qu'en Suisse, l'écart entre les recettes et les dépenses de l'État avait entraîné un déficit budgétaire qui s'était accumulé avec le temps. À présent, nous allons étudier plus en détail les recettes et les dépenses publiques helvétiques, ainsi que les institutions sociales.

Finances publiques

8.4.1 Les principaux impôts en Suisse

En Suisse, l'État encaisse chaque année environ 150 milliards de francs d'impôts. Ces impôts sont perçus par la Confédération, les cantons et les communes. Les impôts directs représentent plus des deux tiers des recettes fiscales, ce qui est supérieur à la moyenne des autres pays. Cette partie est consacrée aux principaux types d'impôts directs et indirects prélevés en Suisse.

Les impôts directs sont prélevés auprès des particuliers, d'une part, et auprès des entreprises, d'autre part. Dans un cas comme dans l'autre, deux sources sont imposées : le revenu courant et la fortune. La **figure 8.4** donne une vue d'ensemble des impôts directs ainsi qu'un ordre de grandeur des montants collectés.

L'impôt sur le revenu et l'impôt sur le bénéfice s'appliquent au revenu courant, tandis que l'impôt sur la fortune et l'impôt sur le capital sont prélevés sur le montant de la fortune.

> **Taxe sur la valeur ajoutée (TVA)**
> Impôt indirect correspondant à un pourcentage de la valeur ajoutée (prix de vente moins prix des intrants) du bien en question.

La taxe sur la valeur ajoutée (TVA) est clairement l'impôt indirect le plus important. Elle est prélevée par la Confédération et rapporte 22,5 milliards de francs de recettes par an. Comme son nom l'indique, seule la valeur ajoutée est imposée. Explication : si une entreprise vend un bien ou un service pour 100 francs et qu'elle a utilisé des biens intermédiaires d'une valeur de 80 francs pour sa production, seuls les 20 francs correspondant à la création de valeur sont soumis à l'impôt. Lors du calcul de la TVA due, l'entreprise peut déduire l'impôt déjà payé sur les intrants : c'est ce que l'on appelle la déduction de l'impôt préalable.

> **Déduction de l'impôt préalable**
> Processus par lequel une entreprise déduit de la taxe sur la valeur ajoutée (TVA) qu'elle doit à l'État, la TVA qu'elle a payée sur les intrants.

La TVA est un dossier complexe, notamment parce qu'il n'y a pas qu'un taux de TVA, mais quatre taux différents. Le taux normal s'élève à 7,7 %, le taux réduit pour les biens de consommation courants est de 2,5 % et celui appliqué aux prestations d'hébergement (nuitées d'hôtel et petit déjeuner exclusivement) est de 3,7 %. Les exportations notamment sont exonérées de la TVA et certaines prestations sont même exclues du champ d'imposition, ce qui signifie que leur taux d'imposition est de 0 %. Savoir quel taux s'applique et quelles sont les exceptions augmente la charge administrative pour les entreprises comme pour l'État.

Figure 8.4
Principaux impôts directs prélevés en Suisse (recettes des administrations publiques en CHF, 2019)

Impôts directs			
Particuliers		Entreprises	
Revenu (impôt sur le revenu) 57,7 mia	Fortune (impôt sur la fortune) 7,9 mia	Revenu (impôt sur le bénéfice) 22,3 mia	Fortune (impôt sur le capital) 2,0 mia

Source : Administration fédérale des finances (AFF)

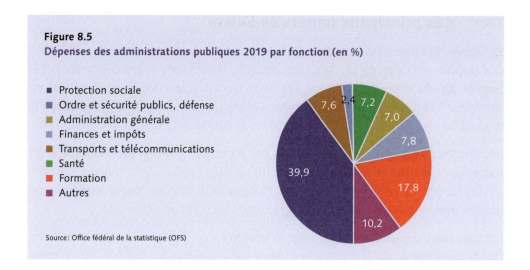

8.4.2 Aperçu des finances publiques suisses

En Suisse, la part des dépenses publiques liées aux assurances sociales n'a cessé d'augmenter au cours des dernières années. Ce phénomène est appelé à se renforcer avec le vieillissement de la population.

La **figure 8.5** indique le poids respectif des principaux postes des dépenses publiques en Suisse en 2018. Il s'agit des dépenses de la Confédération, des cantons et des communes.

La part de la protection sociale est de presque 40% aujourd'hui. Celle de la santé a enregistré une forte hausse, tandis que celle de la défense nationale a diminué. Ces chiffres n'incluent évidemment que les dépenses de l'État pour les assurances sociales; si l'on y ajoute les dépenses privées liées aux assurances obligatoires (p. ex. les dépenses de santé et les cotisations au 2e pilier), les dépenses pour les assurances sociales totalisent près d'un quart du PIB. Une grande partie de ces dépenses est financée par des prélèvements obligatoires, ce qui signifie que personne ne peut s'y soustraire. Il s'agit notamment des montants payés à l'assurance-maladie et aux caisses de pension, qui ne passent pas par le budget de l'État. La population considère souvent les cotisations versées à ces institutions comme des impôts, même si elles sont perçues par des caisses-maladie et des caisses de pension privées.

→ **Caisse de pension**
Institution de prévoyance d'une entreprise ou du secteur public en charge de la prévoyance professionnelle (2e pilier).

8.4.3 Le frein à l'endettement

Comme nous l'avons vu, la dette publique helvétique a fortement augmenté dans les années 1990. Depuis le début du 21e siècle toutefois, l'endettement s'est stabilisé et le taux d'endettement a reculé, grâce à une conjoncture favorable mais aussi à des mesures de politique économique.

La forte hausse de l'endettement suisse de 1990 à 1998 a occasionné de vives réactions politiques. En 2001, le mécanisme dit du frein à l'endettement a été accepté en votation populaire à une grande majorité avant d'être inscrit dans la Constitution fédérale. Dès 2006, la dette a commencé à diminuer. Le principe de base du frein à l'endettement est de ne pas autoriser un accroissement de la dette de la

Finances publiques

Confédération à long terme, tout en tenant compte de la situation conjoncturelle à court terme. L'objectif est de stabiliser la dette publique sur l'ensemble d'un cycle conjoncturel: elle peut augmenter en période de récession, mais doit être réduite à l'aide des excédents budgétaires lorsque la situation conjoncturelle est favorable. La **figure 8.6** utilise notre schéma macroéconomique pour illustrer le fonctionnement du frein à l'endettement.

La droite noire indique l'évolution tendancielle du PIB. L'évolution des dépenses publiques suit ce PIB tendanciel de manière plus ou moins proportionnelle. La courbe violette, quant à elle, montre l'évolution du PIB courant et ses variations conjoncturelles caractéristiques. Elle suit de manière plus ou moins proportionnelle les recettes publiques qui, généralement, dépendent très fortement de l'évolution de la conjoncture.

Concrètement, le frein à l'endettement s'applique au moyen de la formule suivante:

$$\text{dépenses} = \text{recettes} \times \frac{\text{PIB tendanciel}}{\text{PIB actuel}}$$

En période de mauvaise conjoncture, le PIB actuel est inférieur au PIB tendanciel, ce qui donne un ratio $\frac{\text{PIB tendanciel}}{\text{PIB actuel}}$ supérieur à 1. Les dépenses peuvent alors dépasser les recettes. Autrement dit, on autorise un déficit budgétaire. En cas de récession, l'économie peut être stimulée par les dépenses publiques, malgré le frein à l'endettement. À l'inverse, le ratio $\frac{\text{PIB tendanciel}}{\text{PIB actuel}}$ est inférieur à 1 en période de bonne conjoncture, car le PIB actuel est plus élevé que si l'économie enregistrait seulement une croissance tendancielle. Selon la formule du frein à l'endettement, les dépenses doivent être inférieures aux recettes en période d'expansion économique, ce qui a pour effet de modérer la dynamique conjoncturelle. Le frein à l'endettement fonctionne donc comme un stabilisateur automatique, concept qui a été abordé en détail au chapitre 4 dans la section consacrée à la politique conjoncturelle.

Figure 8.6
Le frein à l'endettement dans le schéma macroéconomique

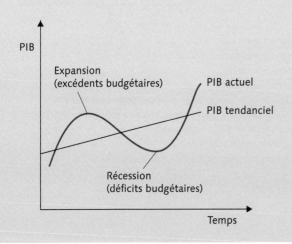

Pour que le frein à l'endettement soit efficace, la formule est définie de manière à garantir un budget équilibré sur l'ensemble d'un cycle conjoncturel. Cela signifie qu'un excédent budgétaire doit être dégagé en période d'expansion économique, tandis qu'un déficit budgétaire est autorisé en période de récession.

8.4.4 Un survol des institutions sociales en Suisse

Nous avons vu que les dépenses de sécurité sociale en Suisse occasionnent près de la moitié des dépenses étatiques totales. Mais cette somme ne représente qu'une faible part des dépenses globales de politique sociale au sens large, car elle comprend uniquement les contributions sociales prestées directement par la confédération, les cantons et les communes. Les principales institutions sociales sont avant tout financées par des budgets propres, impliquant que les dépenses globales pour la sécurité sociale soient bien plus importantes que la part financée par l'État.

La **figure 8.7** présente la structure de la protection sociale helvétique et les différentes assurances sociales. Les principaux risques qui peuvent être couverts par les assurances sociales apparaissent dans la partie supérieure du schéma (cases blanches).

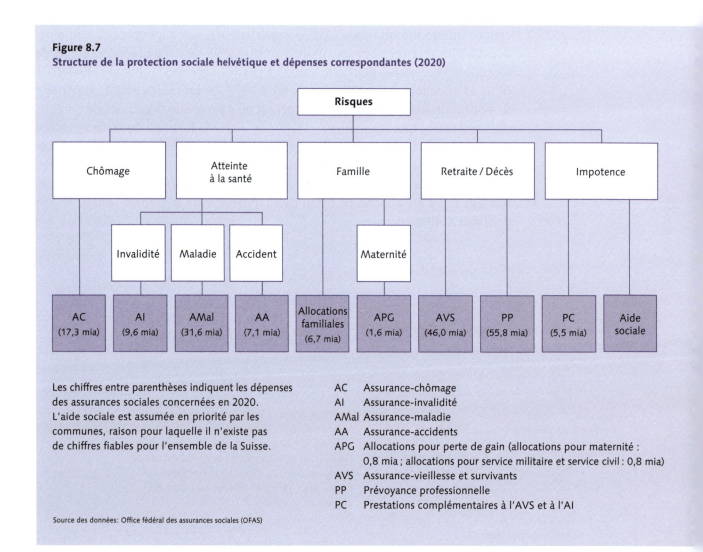

Figure 8.7
Structure de la protection sociale helvétique et dépenses correspondantes (2020)

Les chiffres entre parenthèses indiquent les dépenses des assurances sociales concernées en 2020. L'aide sociale est assumée en priorité par les communes, raison pour laquelle il n'existe pas de chiffres fiables pour l'ensemble de la Suisse.

AC   Assurance-chômage
AI   Assurance-invalidité
AMal   Assurance-maladie
AA   Assurance-accidents
APG   Allocations pour perte de gain (allocations pour maternité : 0,8 mia ; allocations pour service militaire et service civil : 0,8 mia)
AVS   Assurance-vieillesse et survivants
PP   Prévoyance professionnelle
PC   Prestations complémentaires à l'AVS et à l'AI

Source des données: Office fédéral des assurances sociales (OFAS)

Finances publiques

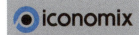

Prévoyance vieillesse
iconomix.ch/fr/modules/a055
(disponible dès le 11.2022)

Les assurances sociales qui couvrent ces risques en Suisse figurent dans la partie inférieure du schéma (cases violettes), avec les montants versés en 2020. Les assurances sociales ont pour but d'atténuer les conséquences liées à la concrétisation de l'un des risques mentionnés. Cela consiste à :

- payer des indemnités (p. ex. dans le cas de l'AVS ou de l'assurance-maternité) ; et/ou
- fournir un soutien aux assurés pour qu'ils retrouvent la capacité de travailler (p. ex. dans le cas de l'assurance-chômage ou, dans une certaine mesure, de l'assurance-invalidité) ; ou
- fournir un soutien aux assurés pour qu'ils recouvrent la santé (dans le cas de l'assurance-maladie).

Ces dépenses totalisent plus de 182 milliards de francs par an en Suisse, et la tendance est à la hausse. Les sommes en jeu sont considérables : à titre de comparaison, le produit intérieur brut suisse s'élevait à environ 738 milliards de francs en 2020. L'une des tâches essentielles de toute politique économique axée sur l'efficience consiste donc à concevoir les instruments de redistribution pour qu'ils soient justement les plus efficients possibles.

8.4.5 Les trois piliers de la prévoyance vieillesse en Suisse

Comme le montre la **figure 8.7**, les assurances sociales les plus importantes, et de loin, sont celles qui couvrent le « risque vieillesse ». En Suisse, la prévoyance vieillesse repose sur le principe des trois piliers. Le 1er pilier est l'assurance-vieillesse et survivants (AVS), le 2e pilier désigne la prévoyance professionnelle obligatoire gérée par les caisses de pension privées, et le 3e pilier correspond à la prévoyance individuelle. Les principales caractéristiques de ces trois piliers sont décrites dans la **figure 8.8**.

Penchons-nous brièvement sur les éléments clés :

Quels sont les buts des trois piliers ? Le 1er pilier vise à garantir le minimum vital après la retraite. Le 2e pilier doit permettre aux retraités de conserver leur niveau de vie antérieur. À la retraite, les 1er et 2e piliers devraient couvrir 60 % du dernier revenu. Le 3e pilier, enfin, sert à couvrir des besoins supplémentaires, de manière individuelle.

Comment les trois piliers sont-ils financés ? Le 1er pilier est financé selon ce que l'on appelle un système de répartition. Les cotisations des personnes actives profitent directement aux personnes qui sont à la retraite. Les 2e et 3e piliers, en revanche, sont financés selon un système de capitalisation. Durant leur vie professionnelle, les personnes actives accumulent un capital que les caisses de pension – respectivement les banques et les assurances pour le 3e pilier – placent sur le marché des capitaux. Ce capital leur permet ensuite de financer leur retraite.

Quelles sont les sources de financement des trois piliers ? Le 1er pilier est alimenté par les contributions des assurés, des employeurs, de la Confédération et de la TVA. Le 2e pilier est également financé par les cotisations des employeurs et des employés, mais bénéficie en outre d'un troisième « contributeur » important, à savoir les intérêts. Le placement de l'argent cotisé sur le marché des capitaux permet en effet de générer des revenus sous forme d'intérêts, qui viennent s'ajouter au capital des assurés. Enfin, le 3e pilier est alimenté par les cotisations des assurés et, là aussi, par les intérêts versés sur le capital épargné.

> **→ Principe des trois piliers**
> Organisation de la prévoyance vieillesse suisse qui repose sur trois éléments : le 1er pilier, l'assurance-vieillesse et survivants (AVS) ; le 2e pilier, la prévoyance professionnelle (PP) ; le 3e pilier, la prévoyance privée.

> **→ Système de répartition**
> Méthode de financement d'une assurance retraite selon laquelle les cotisations des assurés sont directement utilisées pour financer les prestations.

> **→ Système de capitalisation**
> Méthode de financement des caisses de retraites par laquelle le total des cotisations versées par les assurés est investi sur le marché des capitaux, ainsi que les revenus des intérêts, pour couvrir ultérieurement le droit aux prestations.

Les finances publiques et institutions sociales suisses

Figure 8.8
Les trois piliers de la prévoyance vieillesse suisse

	AVS (1er pilier)	**Prévoyance professionnelle** (2e pilier)	**Prévoyance individuelle** (3e pilier)
But	Garantie du minimum vital	Maintien du niveau de vie antérieur	Besoins supplémentaires
Méthode de financement	Système de répartition	Système de capitalisation	Système de capitalisation
Sources de financement	Cotisations des assurés, cotisations des employeurs, contributions de la Confédération et des cantons	Cotisations des employés, cotisations des employeurs, intérêts	Cotisations des assurés, intérêts
Principe fondamental	Solidarité	Équivalence et solidarité	Équivalence
Assurés	Ensemble de la population, obligatoire	Employés et employeurs, obligatoire*	Quiconque souhaite cette prévoyance (assurance facultative)
Gestion	Assurance fédérale	Caisses de pension	Banques, assurances

*Pour les employés dont le salaire est supérieur à 21 510 francs par an (situation en 2022).

Quel est le principe fondamental de chacun de ces trois piliers ? Le 1er pilier repose sur le principe de solidarité. Les rentes perçues ne dépendent que partiellement des montants que l'on a versés durant sa vie professionnelle. Les personnes actives qui ont un salaire élevé paient nettement plus à l'AVS que ce qu'elles recevront plus tard sous forme de rente. Le 2e pilier repose sur le principe d'équivalence, mais comporte également des éléments de redistribution liés à l'âge et à l'état civil. Le principe d'équivalence comprend un lien direct entre l'argent cotisé et l'argent encaissé plus tard : plus l'on cotise, plus la rente que l'on reçoit est élevée. Le 3e pilier, pour sa part, est exclusivement basé sur le principe d'équivalence et ne comporte donc aucun élément de redistribution.

→ **Principe de solidarité**
Système d'assurance qui repose sur d'importantes redistributions entre assurés.

→ **Principe d'équivalence**
Système d'assurance dans lequel la prestation assurée correspond aux cotisations versées.

Les Suisses avaient rejeté l'initiative populaire fédérale « Pour un revenu de base inconditionnel » le 5 juin 2016.

Finances publiques

L'évolution démographique et le 2ᵉ pilier

L'espérance de vie joue un rôle important au niveau du 2ᵉ pilier, plus précisément dans la fixation du taux de conversion. Ce taux correspond au pourcentage du capital épargné (de l'avoir de vieillesse) qui sera versé sous la forme d'une rente annuelle. Dans le système de capitalisation, l'assuré constitue un capital durant sa vie active, puis l'utilise à la retraite pour financer les rentes. La question de savoir quelle part du capital peut être versée chaque année aux retraités sous forme de rente est évidemment cruciale pour toutes les caisses de pension. La réponse est notamment fonction de l'espérance de vie. En clair, les caisses de pension sont elles aussi tributaires de l'évolution démographique, même si elles fonctionnent selon le système de capitalisation. Car si l'espérance de vie augmente, le capital épargné doit couvrir un plus grand nombre d'années, ce qui réduit le montant qui peut être versé annuellement. Le capital épargné, dont le montant est fixe, doit être divisé en parts plus petites. Certaines personnes meurent peu de temps après avoir pris leur retraite, tandis que d'autres atteignent un âge très avancé. Durant leurs années de retraite, toutes ont cependant droit à une rente annuelle correspondant au montant du capital épargné multiplié par le taux de conversion.

En raison de l'allongement de l'espérance de vie, le taux de conversion a été régulièrement corrigé à la baisse ces dernières années, ce qui a suscité à chaque fois de grands débats politiques. Le taux est actuellement de 6,8 %. En 2010, la proposition visant à abaisser à 6,4 % le taux de conversion applicable aux nouvelles rentes a été refusée en votation populaire et en 2018 une proposition à 6 % a connu le même sort. Si l'on ne parvient pas à faire passer un nouvel abaissement du taux de conversion, les caisses de pension risquent de rencontrer de sérieux problèmes financiers.

→ **Taux de conversion**
Taux auquel l'avoir de vieillesse constitué auprès d'une caisse de pension est versé à l'assuré sous la forme d'une rente annuelle.

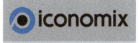

Démographie
« Simulation Excel »
iconomix.ch/fr/materiel/m11

8.4.6 L'AVS et le défi démographique

Le vieillissement de la population modifie fortement le rapport entre le nombre de personnes actives et le nombre de personnes retraitées. C'est ce que l'on entend par « défi démographique ». L'espérance de vie augmente, tandis que le taux de natalité diminue. Conséquence de ces deux tendances : la « pyramide des âges » (dont la base est constituée d'un grand nombre de jeunes et le sommet d'un petit nombre de personnes âgées), se transforme en champignon (peu de jeunes et beaucoup de personnes âgées). Comme l'AVS est financée selon le principe de répartition, le nombre d'actifs par retraité est crucial. En 1960, il n'y avait encore aucun problème, car on comptait près de cinq personnes actives pour une personne retraitée. En 2040, par contre, on prévoit qu'il n'y aura plus que deux actifs pour un retraité.

L'année 2040 paraît certes encore loin, mais la prévision n'en est pas moins plausible. Les principales causes du vieillissement de la population (espérance de vie, taux de natalité,) sont en effet déjà connues ou tout au moins prévisibles. L'hypothèse selon laquelle le nombre de personnes actives par retraité sera nettement inférieur va donc vraisemblablement se vérifier.

La gestion de cette situation au niveau des assurances sociales compte déjà parmi les grands défis de la politique économique. Tout le monde est plus ou moins d'accord sur les principaux facteurs dont dépendra la situation financière de l'AVS à long terme. On peut les subdiviser en deux catégories : les facteurs sur lesquels les décisions de politique économique peuvent avoir une influence directe et ceux qui ne peuvent pas être influencés, ou alors que de manière indirecte.

Les finances publiques et institutions sociales suisses

La viabilité financière de l'AVS dépend aussi fortement du taux de natalité.

Facteurs sur lesquels la politique économique peut influer directement:
- le montant des cotisations;
- le montant des rentes;
- l'âge de la retraite.

La situation financière de l'AVS sera d'autant plus solide que l'on augmente les cotisations annuelles des personnes actives, que l'on abaisse les versements annuels sous forme de rentes de vieillesse, et que l'on relève l'âge effectif de la retraite.

Facteurs sur lesquels la politique économique ne peut influer qu'indirectement:
- l'immigration;
- le taux de natalité;
- la croissance économique.

La situation financière de l'AVS sera d'autant plus solide que l'immigration de main-d'œuvre augmente, que le taux de natalité s'accroît et que la croissance économique moyenne se renforce.

Le financement à long terme de l'AVS passera obligatoirement par l'ajustement des facteurs précités.

L'AVS risque de devenir un fossé toujours plus profond en raison du vieillissement démographique.

Finances publiques

Synthèse

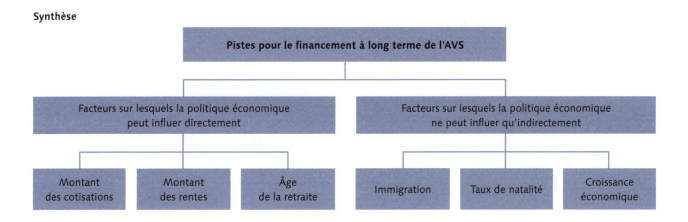

RÉSUMÉ FONDÉ SUR LES OBJECTIFS D'APPRENTISSAGE

1 Notions utilisées dans l'analyse des finances publiques

L'État présente un budget équilibré lorsque les recettes publiques ordinaires suffisent à financer les dépenses publiques. Si les dépenses publiques sont supérieures aux recettes, il en résulte un déficit budgétaire que l'État doit financer en empruntant sur le marché des capitaux, c'est-à-dire en s'endettant. Lorsqu'un État enregistre régulièrement des déficits budgétaires, la dette publique gonfle avec le temps. Le taux d'endettement – autrement dit la dette publique exprimée en % du PIB – est un indicateur qui permet de mesurer la durabilité du financement public d'un pays en comparaison internationale.

2 Modes de financement de l'État

L'État dispose de deux modes de financement: l'impôt et la dette. Comme la dette contractée sur le marché des capitaux doit obligatoirement être remboursée un jour, seul le premier mode de financement de l'État, les recettes fiscales, est durable.

3 Effets de la fiscalité sur le bien-être

L'impôt, qu'il soit direct ou indirect, a pour effet de modifier les prix relatifs. Comme pour toute modification artificielle des prix, une hausse de l'impôt entraîne une perte de bien-être. Celle-ci doit toujours être prise en compte au moment d'évaluer les avantages liés à une augmentation des dépenses publiques, puisqu'elle devra, à terme, être financée par une hausse des impôts.

4 Élasticité et impôt

L'ampleur de la perte de bien-être due à un impôt dépend en premier lieu de l'élasticité-prix de l'offre et de la demande du bien taxé. Plus l'offre et la demande sont élastiques, autrement dit plus elles réagissent fortement aux variations de prix, plus la perte de bien-être liée à l'impôt sera grande.

5 Conséquences de l'endettement interne et de l'endettement externe de l'État

L'État peut s'endetter sur les marchés des capitaux domestique ou étranger. S'il s'endette dans le pays, cela provoque une hausse des taux d'intérêt et crée du même coup un effet d'éviction des investisseurs domestiques privés. S'il s'endette à l'étranger et convertit ensuite le capital en monnaie nationale, cela entraîne une appréciation de la monnaie nationale qui, à son tour, provoque un recul des exportations nettes.

6 Avantages et inconvénients de l'endettement public

L'endettement public comporte des avantages. Par ce biais, les générations à venir cofinancent les investissements à long terme, dont elles pourront elles aussi profiter. Du point de vue de la politique conjoncturelle, il est aussi avantageux pour l'État de ne pas devoir équilibrer constamment son budget. Cela dit, aucun de ces deux arguments ne plaide en faveur d'un accroissement continu de la dette publique. Les inconvénients liés à l'endettement de l'État résident dans l'éviction des investissements privés et l'augmentation des intérêts à payer, qui pèsent sur le budget. Sans oublier la tentation de recourir à une politique monétaire inflationniste pour diminuer la dette.

7 Le système fiscal suisse

Le système fiscal suisse est résolument fédéraliste. Les recettes fiscales reviennent en majeure partie aux cantons et aux communes. En comparaison internationale, les impôts indirects représentent une part limitée des recettes fiscales, ce qui s'explique par le faible taux de TVA.

8 Le frein à l'endettement

Le frein à l'endettement, dont la Suisse s'est dotée au niveau fédéral, vise à empêcher un gonflement de la dette publique. L'objectif de ce mécanisme est d'équilibrer le budget de la Confédération sur l'ensemble d'un cycle conjoncturel. Autrement dit, les déficits sont autorisés en période de récession, mais doivent être réduits à l'aide des excédents enregistrés durant les phases de haute conjoncture.

9 Les trois piliers de la prévoyance vieillesse suisse

La prévoyance vieillesse représente une part importante et en forte croissance des dépenses publiques. En Suisse, elle repose sur trois piliers: l'AVS (1er pilier) a pour but de garantir le minimum vital après la retraite, la prévoyance professionnelle (2e pilier) vise le maintien du niveau de vie antérieur à la retraite, et la prévoyance individuelle (3e pilier) sert à couvrir des besoins supplémentaires.

8 Finances publiques

NOTIONS FONDAMENTALES

Marché des capitaux →216
Taux d'endettement →216
Financement public durable →216
Quote-part de l'État →216
Comptes →216
Fédéralisme →217
Péréquation financière verticale →218
Impôt →219
Impôt direct →219
Impôt indirect →219
Émolument →220
Impôt d'inflation →221
Fonds monétaire international (FMI) →221
Politique budgétaire →221
Incidence fiscale →223

Effet d'éviction (*crowding out*) →225
Déficits jumeaux →226
Balance commerciale →226
Lissage fiscal →226
Stabilisation macroéconomique →226
Monétisation de la dette →228
Taxe sur la valeur ajoutée (TVA) →229
Déduction de l'impôt préalable →229
Caisse de pension →230
Principe des trois piliers →233
Système de répartition →233
Système de capitalisation →233
Principe de solidarité →234
Principe d'équivalence →234
Taux de conversion →235

Finances publiques

QUESTIONS DE RÉVISION DU CHAPITRE 8

1 Définissez les termes «taux d'endettement» et «quote-part de l'État», et expliquez comment la Suisse se situe en comparaison internationale selon ces deux indicateurs.

2 a) L'État peut prélever trois types d'impôts (au sens large). Indiquez lesquels et expliquez ce qui les distingue les uns des autres.
b) Pourquoi peut-on qualifier d'«impôt d'inflation» le financement de l'État par la création monétaire? Expliquez également qui doit supporter la charge de cet impôt d'inflation.

3 a) Pourquoi la taxation d'un bien dont l'offre est totalement inélastique est-elle le type d'imposition le plus efficace?
b) Quelle va être la différence en termes de bien-être par rapport à a) si l'offre est «normalement élastique» et la demande totalement inélastique?
c) Expliquez pourquoi les agents économiques (producteurs ou consommateurs) qui doivent payer un impôt à l'État en vertu de la loi ne sont pas forcément ceux qui supportent effectivement l'impôt. Citez un exemple.

4 a) Expliquez en détail pourquoi l'endettement interne de l'État entraîne un recul des investissements privés.
b) Expliquez comment le financement de l'activité de l'État par l'endettement externe peut conduire à ce que l'on appelle des «déficits jumeaux».

5 a) Pour justifier le fait de financer par l'endettement les investissements à long terme, on utilise souvent l'argument selon lequel les bénéficiaires à venir apportent ainsi leur contribution par le biais des impôts. Expliquez cet argument d'un point de vue économique.
b) «Un financement public durable suppose que le budget de l'État soit toujours parfaitement équilibré.» Donnez votre avis sur cette affirmation et définissez le terme «financement public durable».

6 a) Quelles sont les spécificités du système fiscal suisse?
b) Expliquez quels sont les trois piliers de la prévoyance vieillesse en Suisse en précisant pour chacun son but, son mode de financement et son principe fondamental.
c) Quelles mesures de politique économique peuvent être prises pour tenter de relever le défi démographique auquel fait face l'AVS?

7 Décrivez le fonctionnement du frein à l'endettement et expliquez son rôle de stabilisateur automatique.

9

Division internationale du travail

*« À Messieurs les Membres de la Chambre des députés :
Nous subissons l'intolérable concurrence d'un rival étranger placé, à ce qu'il paraît, dans des conditions tellement supérieures aux nôtres, pour la production de la lumière, qu'il en inonde notre marché national à un prix fabuleusement réduit. Ce rival n'est autre que le Soleil. Nous demandons qu'il vous plaise de faire une loi qui ordonne la fermeture de toutes fenêtres, lucarnes, fentes et fissures par lesquelles la lumière du soleil a coutume de pénétrer, au préjudice des belles industries dont nous nous flattons d'avoir doté le pays.
Signé : Association des fabricants de chandelles et bougies. »*

Frédéric BASTIAT (1801-1850), économiste français

9.1	Mesurer l'interconnexion internationale	246
9.2	La mondialisation	249
9.3	Spécialisation et avantages comparatifs	251
9.4	Taux de change	253
9.5	Protectionnisme et libre-échange	256
9.6	Accords commerciaux régionaux (intégration régionale)	262
9.7	La politique économique extérieure de la Suisse	270

Genève : ATLAS, l'un des détecteurs de particules du CERN qui a permis la découverte du boson de Higgs en 2012. Ce détecteur est un puzzle technologique géant, résultat d'une coopération internationale hors du commun entre environ 2500 scientifiques et ingénieurs rattachés à 167 institutions et agences réparties dans 35 pays. Le projet a été initié en 1992 pour aboutir aux premiers faisceaux injectés fin 2009.

OBJECTIFS D'APPRENTISSAGE

Après avoir lu ce chapitre, vous devriez pouvoir :

1	décrire les principales composantes de la balance des paiements ;
2	citer les effets de la mondialisation croissante ;
3	expliquer le principe des avantages comparatifs et son importance pour la division internationale du travail ;
4	expliquer comment on définit un taux de change et présenter le lien avec la politique monétaire ;
5	montrer pourquoi les droits de douane et les autres formes de protectionnisme limitent les effets bénéfiques des échanges ;
6	expliquer, sous l'angle de l'économie politique, pourquoi il est si difficile de supprimer le protectionnisme ;
7	citer et évaluer les trois principales formes de libéralisation des échanges ;
8	décrire les différentes formes d'intégration économique régionale ;
9	présenter les différentes étapes de l'intégration européenne ;
10	expliquer l'orientation de la politique économique extérieure suisse.

9 Division internationale du travail

L'ampleur de la division internationale du travail à notre époque est presque incroyable. Chacun de nous se concentre dans son travail sur une seule tâche hautement spécialisée en laissant à d'autres le soin de produire et d'offrir à tout moment l'ensemble des autres biens de première nécessité. C'est à l'aune de cette spécialisation que l'on peut mesurer le fantastique potentiel de coordination des marchés. Avez-vous déjà imaginé manquer tout à coup de nourriture, de médicaments ou de matériel informatique ? Non, et vous avez raison. Une spécialisation élevée permet en outre un niveau de vie qui serait tout simplement inimaginable dans une société fonctionnant en autarcie. Même au niveau d'un seul pays, elle peut considérablement renforcer la prospérité. Le potentiel de la spécialisation ne peut toutefois être exploité pleinement qu'en misant sur les échanges transfrontaliers : la division internationale du travail démultiplie en effet encore la plus-value liée à la spécialisation. Elle est cruciale, en particulier pour un pays relativement petit comme la Suisse.

Le chapitre est structuré de la manière suivante :

La **section 9.1** montre comment mesurer l'interconnexion mondiale d'une économie grâce à la balance des paiements.

La **section 9.2** analyse les interconnexions croissantes de l'économie mondiale, « la mondialisation ».

La **section 9.3** examine l'impact positif de la division du travail en termes de bien-être.

La **section 9.4** aborde le rôle des taux de change et leur lien avec la politique monétaire.

La **section 9.5** montre pourquoi restreindre le commerce international a un impact négatif en termes de bien-être.

La **section 9.6** traite de l'intégration économique et retrace la construction européenne, l'UE étant la zone d'intégration la plus importante pour la Suisse.

La **section 9.7** se penche sur la politique économique extérieure helvétique, ses principes fondamentaux, ses principaux axes et retrace l'intégration européenne de notre pays.

9.1 Mesurer l'interconnexion internationale

L'interconnexion internationale a plusieurs dimensions. Elle ne concerne pas seulement le commerce de marchandises, mais aussi les échanges de services, les mouvements de capitaux ou encore les transferts des revenus du travail. C'est justement pour garder une vue d'ensemble que la balance des paiements a été créée. Elle présente les différentes transactions selon des critères uniformes.

Le principe de base de la balance des paiements est simple : chaque transaction internationale est recensée dans un bilan qui comptabilise chaque entrée de capitaux dans le pays et chaque sortie de capitaux vers l'étranger. Par exemple, l'exportation d'une montre suisse en Italie génère une entrée de capitaux («la Suisse reçoit de l'argent») tandis qu'à l'achat d'une voiture italienne correspond une sortie de capitaux («la Suisse dépense de l'argent»). Les entrées de capitaux sont inscrites avec un signe positif dans la balance des paiements, tandis que les sorties de capitaux y sont précédées d'un signe négatif.

→ **Balance des paiements**
Balance enregistrant toutes les transactions internationales d'un pays et qui doit, par définition, toujours être équilibrée. Elle montre l'ampleur de l'interconnexion d'une économie avec l'étranger.

La **figure 9.1** présente la structure de la balance des paiements sous la forme d'un schéma. La première chose que l'on voit, c'est qu'elle comprend trois composantes principales : la balance des transactions courantes, le compte de capital et le compte financier.

La première composante, la balance des transactions courantes, recense l'ensemble des flux monétaires relatifs aux transactions effectuées avec l'étranger (flux réels), comme :

- les revenus et dépenses des échanges de marchandises et de services. L'achat d'une voiture allemande y sera inscrit avec un signe négatif, car cela correspond à une sortie de capitaux. Les nuitées de touristes étrangers dans les hôtels suisses avec un signe positif, car cela correspond à des entrées de capitaux ;
- les revenus et dépenses de l'utilisation des facteurs de production que sont le capital (p. ex. les dividendes d'actions étrangères → entrée de capitaux) et le travail (p. ex. le salaire d'un frontalier français travaillant à Genève → sortie de capitaux) ;
- les transferts courants (p. ex. les transferts d'argent des travailleurs étrangers à leurs familles à l'étranger → sortie de capitaux).

→ **Balance des transactions courantes**
Composante de la balance des paiements qui comptabilise principalement les revenus et les dépenses liés au commerce de biens et à l'utilisation internationale des facteurs de production.

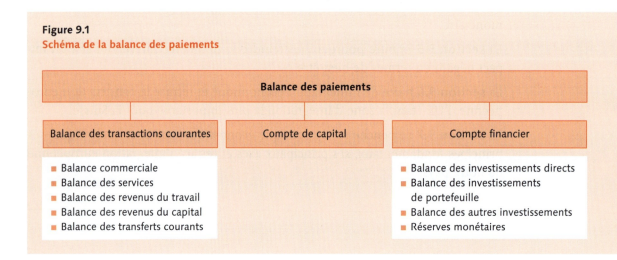

Figure 9.1
Schéma de la balance des paiements

Division internationale du travail

Pour chacune des catégories mentionnées de la balance des transactions courantes, il existe des balances partielles spécifiques. S'agissant des revenus des échanges commerciaux, il s'agit de la balance des marchandises d'une part, et de la balance des services d'autre part. Pour les revenus des facteurs de production, il existe une balance des revenus du travail et une balance des revenus du capital (qui, ensemble, forment la balance des revenus primaires). Enfin, la balance des transferts courants (également appelée balance des revenus secondaires) enregistre les mouvements de capitaux sans contrepartie directe.

> **→ Compte de capital**
> Composante de la balance des paiements qui comptabilise tous les transferts unilatéraux, sans contrepartie, qui ne concernent pas le revenu courant.

La deuxième composante de la balance des paiements s'appelle le compte de capital et recense les transferts unilatéraux sans contrepartie qui ne concernent pas le revenu courant (sinon, ils seraient enregistrés dans les transferts courants de la balance des transactions courantes). Un bon exemple est la remise de dettes. À noter que dans des pays prospères comme la Suisse, le compte de capital a bien moins d'importance que les deux autres composantes.

> **→ Compte financier**
> Composante de la balance des paiements qui comptabilise toutes les entrées et sorties de capitaux d'un pays.

La troisième composante de la balance des paiements, le compte financier, enregistre les achats et les ventes d'investissements au sens large. Il s'agit d'investissements financiers et non de rémunérations pour des prestations courantes (c'est-à-dire fournies au cours de la période actuelle) comme pour la balance des transactions courantes. Concrètement, si un Suisse investit à l'étranger, c'est une sortie de capitaux, et si un étranger achète des actifs en Suisse, c'est une entrée de capitaux. À l'instar de la balance des transactions courantes, le compte financier est subdivisé en sous-catégories, en fonction du type de mouvements de capitaux. Ces balances partielles sont les suivantes :

- investissements directs ;
- investissements de portefeuille ;
- autres investissements ;
- réserves monétaires (fluctuations des réserves monétaires de la banque centrale).

> **→ Investissement direct**
> Participation substantielle d'un investisseur national dans une société étrangère.
>
> **→ Investissement de portefeuille**
> Acquisition de titres (surtout des actions et des obligations) n'entraînant pas une prise de participation majeure dans une entreprise.

Les investissements directs correspondent à des prises de participation substantielles dans des entreprises étrangères. Lorsqu'une banque suisse achète ce qui deviendra une filiale à l'étranger, cela correspond à une sortie de capitaux qui sera enregistrée dans la sous-balance « Investissements directs ». La deuxième sous-balance est celle des investissements de portefeuille, qui concerne les achats et les ventes de titres ne conduisant pas à une prise de participation majeure dans une société. Elle enregistre les placements purement financiers dont le but n'est pas d'exercer une influence sur les activités d'une entreprise, contrairement aux investissements directs. Si, par exemple, une Suissesse achète des obligations d'État américaines, cela correspond à une sortie de capitaux comptabilisée dans la balance des investissements de portefeuille. À l'inverse, lorsqu'un Français achète des obligations de la Confédération suisse, il s'agit d'une entrée de capitaux. Enfin, la troisième sous-balance recense les autres investissements (comme les crédits octroyés par une banque suisse à une banque étrangère ou inversement) et la quatrième, les fluctuations des réserves monétaires de la banque centrale, soit en Suisse la BNS.

Si certaines balances partielles de la balance des paiements peuvent présenter des déséquilibres, la balance des paiements dans son ensemble doit, elle, toujours être équilibrée, puisqu'en fin de compte, toute transaction doit être financée.

Mesurer l'interconnexion internationale

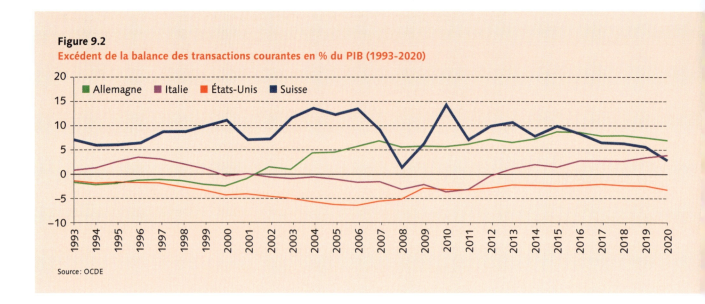

Figure 9.2
Excédent de la balance des transactions courantes en % du PIB (1993-2020)

Source: OCDE

Ainsi, lorsqu'un pays affiche un déficit de sa balance des transactions courantes, cela signifie généralement que la valeur de ses importations est supérieure à celle de ses exportations, et donc que les entrées de devises issues des exportations ne suffisent pas à financer les importations. Or, les entreprises étrangères attendent d'être payées en devises pour ces importations; cela signifie que le pays doit s'endetter en devises pour financer cet excédent d'importations, sauf s'il reçoit un don par le biais d'un transfert unilatéral (p. ex. une remise de dette). Cet endettement correspond à une entrée de capitaux étrangers, donc à un excédent du compte financier: il y a plus de capitaux qui entrent dans le pays (via les marchés des capitaux) que de capitaux qui en sortent. Un déficit de la balance des transactions courantes correspond donc obligatoirement à un excédent du compte financier.

Lorsqu'on veut comparer la situation de la Suisse avec celle du reste du monde en matière de balance des paiements, on utilise en règle générale le même indicateur, à savoir l'excédent de la balance des transactions courantes exprimé en % du PIB. La **figure 9.2** présente cette grandeur pour la Suisse et trois pays de comparaison. On constate d'emblée que ces vingt dernières années, l'excédent de la Suisse a presque toujours été supérieur à celui des pays de comparaison. C'est avant tout le signe que probablement aucun autre pays, relativement à sa taille, ne présente un volume aussi important d'investissements à l'étranger (ce ne sont que les revenus de ces investissements qui sont comptabilités dans cette balance). On remarque également que le déficit de la balance américaine des transactions courantes est très élevé; les États-Unis continuent à importer plus qu'ils n'exportent et financent ce déficit – d'autant plus important que le pays est grand – par des entrées massives de capitaux en provenance du reste du monde.

Division internationale du travail — 9

Application de la balance des paiements

La balance des paiements est un concept théorique qu'il faut d'abord s'approprier. Mais une fois assimilé, l'outil s'avère précieux pour comprendre les relations économiques internationales. Par exemple, les avoirs à l'étranger d'un pays sont le résultat direct des balances des paiements antérieures. La Suisse, qui génère chaque année de forts excédents dans sa balance des transactions courantes (composante de la balance des paiements), s'est constitué au fil des ans de substantiels avoirs nets à l'étranger.

Ces avoirs signifient que la Suisse est plus riche que ne le laisse supposer l'observation purement nationale. La fortune qu'elle engrange à l'étranger qui lui permettra un jour d'inverser sa pratique actuelle, c'est-à-dire de dépenser davantage d'argent qu'elle n'en perçoit. La mécanique est analogue au comportement d'une personne qui, dans certains moments de sa vie, met de côté un petit pécule (elle gagne plus qu'elle ne dépense) pour le dépenser à d'autres moments (elle dépense plus qu'elle ne gagne).

9.2 La mondialisation

→ **Mondialisation**
Interconnexion croissante des économies due à la diffusion plus rapide des technologies et à l'essor du commerce mondial et des flux financiers internationaux.

La mondialisation est sur toutes les lèvres. Par mondialisation, on entend le fait que l'interconnexion mondiale ne cesse de gagner en importance. Cette notion se réfère le plus souvent à la dimension économique. En effet, les échanges de biens et de services, de capitaux et de savoirs ont fortement augmenté ces dernières décennies et la division internationale du travail concerne plus de personnes que jamais. Dans cette section, nous allons étudier l'ampleur de la croissance de l'interconnexion mondiale au cours des dernières décennies. De la série américaine à la bière belge, en passant par les jouets chinois et les fromages français, nous avons tous l'impression d'acheter toujours plus de biens étrangers et c'est ainsi que nous percevons en premier lieu la mondialisation croissante. La **figure 9.3**, qui présente la part des importations dans le PIB mondial, confirme que cette impression est juste.

Depuis 1970, la croissance annuelle des échanges internationaux est la plupart du temps nettement supérieure à celle de la croissance économique, et ce au niveau mondial. Si ces deux paramètres augmentaient en parallèle, c'est une droite horizontale que l'on verrait à la **figure 9.3**. Or c'est une courbe affichant une

Figure 9.3
Importations/exportations mondiales en % du PIB mondial (1960-2020)

Source: Banque mondiale

La mondialisation

forte croissance: la part des importations dans le PIB mondial a plus que doublé, d'environ 13% en 1970 à plus de 27,5% en 2016. Après un ralentissement relatif dans les années 1980, l'évolution s'est à nouveau nettement renforcée ces vingt dernières années, notamment en raison de l'intégration économique mondiale croissante des deux poids lourds démographiques que sont la Chine et l'Inde. Cette intégration n'a réellement débuté qu'il y a quelques années et on voit mal ce qui pourrait freiner l'évolution présentée à la **figure 9.3**.

À noter que la croissance observée ne concerne pas seulement les produits finis: les chiffres montrent que le processus de spécialisation internationale s'est fortement renforcé, aussi et surtout au sein des grandes entreprises. La plupart d'entre elles «saucissonnent» toujours plus la production, dont les différentes étapes sont réalisées dans différents pays. C'est le fractionnement de ce qu'on appelle la chaîne de valeur. Dans les faits, une voiture «allemande» n'est produite que partiellement en Allemagne, de nombreuses étapes étant réalisées dans le reste du monde. Cette mondialisation de la production a entraîné une hausse de l'importation des intrants dans le secteur industriel des pays de l'OCDE: le taux, qui était sous la barre des 10% en 1970, frôle les 30% actuellement.

→ **Chaîne de valeur**
Succession des étapes de production qui créent de la valeur jusqu'au produit fini.

Enfin, il convient de souligner que le processus mondial de spécialisation ne se limite pas aux biens et aux services. Les échanges mondiaux des facteurs de production que sont le travail (main d'œuvre) et surtout le capital ont également pris l'ascenseur.

Ainsi, la croissance des marchés internationaux des capitaux est encore plus dynamique que celle des marchés mondiaux des biens et services. Ici aussi, le taux de croissance a été bien plus élevé que celui de la croissance du PIB, ce qui traduit bien le renforcement de l'interconnexion mondiale en la matière. Pour ce qui concerne la main-d'œuvre, les échanges mondiaux ont également enregistré une hausse significative ces dernières décennies dans la plupart des pays de l'OCDE, mais ils restent nettement moins dynamiques que ceux des produits et des capitaux.

Les critiques de la globalisation

Du point de vue macroéconomique, la globalisation a un impact positif sur le bien-être. Mais certains experts évoquent également des inconvénients et tentent d'alerter l'opinion publique sur certaines externalités négatives, dont voici les principales:

- Le transit gigantesque de marchandises et la mobilité mondiale affectent l'environnement.
- La globalisation appauvrit la diversité culturelle et les traditions locales.
- La densité et l'extension du maillage économique international augmentent le risque de «contagion». Un pays qui sombre en récession peut rapidement entraîner les autres dans une crise globale.
- La globalisation s'opère en grande partie de manière non démocratique, sans assentiment des citoyennes et citoyens.
- Les standards sociaux et écologiques sont plus difficilement applicables et contrôlables.
- Une offre importante de force de travail étrangère induit une pression sur les salaires et les conditions sociales dans les pays industriels.
- Dans les régions à salaires élevés, les emplois non ou peu qualifiés ont tendance à disparaître.
- La globalisation aggrave la disparité entre les plus pauvres et les plus riches.
- La globalisation se fait principalement au bénéfice des pays industrialisés et des multinationales, au détriment des populations des pays en voie de développement.

9.3 Spécialisation et avantages comparatifs

La division nationale et la division internationale du travail reposent sur la spécialisation, c'est pourquoi nous commencerons par aborder les principaux aspects de cette spécialisation. Ensuite, nous nous pencherons sur le concept clé du commerce international, celui de l'avantage comparatif.

Car ce n'est qu'en comprenant cette notion que l'on peut comprendre pourquoi la division (inter)nationale du travail est synonyme de plus-value pour l'ensemble des agents économiques.

9.3.1 Spécialisation et taille du marché

Outre la « main invisible » (chap. 3), Adam Smith a également introduit un autre concept fondamental des sciences économiques : celui de la spécialisation par la division du travail. C'est la combinaison de la « main invisible » et de la spécialisation qui explique en grande partie l'immense progression du bien-être des individus ces 200 dernières années. Car la caractéristique économique de ces deux siècles par rapport aux périodes précédentes, c'est effectivement en premier lieu l'augmentation massive de la spécialisation, c'est-à-dire l'avènement de la division du travail, puis de la division internationale du travail et son renforcement constant, cette spécialisation reposant toujours plus sur des processus d'économie de marché guidés par la « main invisible ».

Quelle est l'idée à la base de la spécialisation ? Adam Smith l'a expliquée très simplement en prenant l'exemple de la production d'aiguilles. Pour commencer, il constate qu'avec la technologie à disposition à l'époque – c'est-à-dire aux alentours de 1770 – il faut dix personnes pour produire environ 200 aiguilles par jour si chacune d'entre elles exécute elle-même chacune des étapes de production. Si, à la place, on « spécialise » cette main d'œuvre, c'est-à-dire qu'on attribue à chacune une seule des étapes, ces dix personnes peuvent produire quelque 50 000 aiguilles par jour. Cette augmentation phénoménale de la productivité et donc de la prospérité potentielle repose sur le fractionnement du processus de production, la spécialisation.

L'analyse de la spécialisation aboutit à une deuxième conclusion fondamentale : l'importance de la taille du marché. En effet, plus la spécialisation englobe d'agents économiques, plus la plus-value en termes de prospérité sera grande. Admettons que l'économie se limite à un village de quelques dizaines d'habitants. La division du travail atteint forcément rapidement ses limites naturelles. Elle permet de générer une certaine plus-value en termes de prospérité, mais la spécialisation est fortement limitée par la petite taille du village. Admettons maintenant que le village et les villages voisins se regroupent et qu'ils pratiquent le libre-échange. Le potentiel de division du travail s'accroît alors notablement. Et la spécialisation peut encore se renforcer lorsque la zone de libre-échange s'étend à tout un pays, par exemple la Suisse et ses plusieurs millions d'habitants. Mais même la Suisse reste un petit marché si on la compare au marché mondial et au potentiel que celui-ci présente. Nous voici arrivés au niveau du commerce international : ce ne sont plus des millions mais bien des milliards de personnes qui peuvent participer à la division du travail. Il suffit maintenant de reprendre l'exemple de l'usine d'aiguilles d'Adam Smith pour comprendre l'immense potentiel que représente la division du travail lorsqu'elle franchit les frontières nationales.

Division du travail et commerce
« Jeu de société "SOS perdus dans le Pacifique sud" »
iconomix.ch/fr/materiel/m02

Spécialisation et avantages comparatifs

La richesse que de nombreux pays ont pu accumuler ces deux derniers siècles repose sur la division du travail. Une communauté autarcique n'aurait pas eu la moindre chance d'atteindre un niveau de prospérité comparable. Le secret de ce boom de la prospérité, c'est le fait que chacun s'est considérablement spécialisé dans son travail pour ne plus effectuer qu'une petite étape de la production d'un certain bien. Quant aux autres biens, ce n'est plus à chacun de les produire ; on peut les acheter avec le revenu de son activité spécialisée.

9.3.2 Le principe de l'avantage comparatif

On entend souvent que la division internationale du travail a certes bénéficié aux pays industrialisés, mais aux dépens des pays en développement : les pays industriels produisant quasiment tous les biens de manière plus efficace, avec quoi les pays en développement pourraient donc bien les concurrencer ?

Pour répondre à cette question, nous allons nous pencher sur le concept central de l'avantage comparatif développé au début du 19ᵉ siècle par David Ricardo, un autre grand économiste. Selon ce concept, même les personnes ou les pays qui sont moins productifs peuvent participer de manière profitable au commerce international.

Pour expliquer ce concept, le mieux est de prendre un exemple simple et tout à fait fictif bien sûr, qui, en apparence n'a rien à voir avec la division internationale du travail : nous allons nous demander si Roger Federer a meilleur temps de laver ses voitures lui-même ou de demander à un jeune du voisinage de s'en charger pour se faire un peu d'argent de poche. Sportif de haut niveau, Roger Federer parviendra certainement à s'acquitter rapidement de sa tâche ; on peut ainsi partir du principe que cela lui prendra deux heures alors qu'il en faudra quatre au jeune voisin. Dans ces conditions, Roger Federer peut-il quand même avoir intérêt à confier ce travail à quelqu'un d'autre ?

Pour répondre à cette question, nous devons nous interroger sur les coûts d'opportunité de nos deux voisins, en imaginant ce qu'ils pourraient faire d'autre pendant ce temps. Pendant les deux heures qu'il lui faut pour laver sa voiture, Roger Federer pourrait par exemple tourner un spot publicitaire et gagner, mettons, 50 000 francs. Pendant les quatre heures à disposition, notre jeune homme, lui, pourrait tondre le gazon chez un autre voisin et gagner 60 francs.

Dans les deux cas, Roger Federer est clairement plus productif : il peut laver sa voiture plus rapidement et plus efficacement et pourtant, il gagnera bien plus d'argent en faisant autre chose. Quelle que soit l'option choisie (lavage de voiture ou activité lucrative), on dit qu'il dispose d'un avantage absolu par rapport à son jeune voisin. À première vue, une division du travail semble donc impossible. C'est là qu'intervient le principe de l'avantage comparatif qui est le suivant :

Si deux agents produisent le même bien, celui qui dispose d'un avantage comparatif est celui dont le coût d'opportunité est le moins élevé.

Revenons à notre exemple : s'agissant du lavage de la voiture, le coût d'opportunité de Federer est de 50 000 francs, alors que celui du jeune voisin est de 60 francs. Certes, le jeune voisin est moins productif dans un cas comme dans l'autre et se trouve de ce fait dans une situation de désavantage absolu. Mais son coût d'opportunité étant nettement moins élevé, c'est lui qui dispose de l'avantage comparatif. Cela veut dire qu'il peut participer à cet échange et en retirer

→ **Avantage comparatif**
Situation dans laquelle le coût d'opportunité d'un agent économique est inférieur à celui d'un autre agent pour la production d'un même bien. Pour la spécialisation, le critère déterminant est l'avantage comparatif et non l'avantage absolu.

→ **Avantage absolu**
Situation dans laquelle la productivité d'un agent économique est supérieure à celle de tout autre agent pour la production d'un même bien.

Division internationale du travail 9

Les individus qui disposent d'un avantage absolu global ne disposent pas forcément de l'avantage comparatif. Même le meilleur joueur de tennis du monde n'échappe pas à cette loi de l'économie.

une plus-value, car Federer en profitera aussi en lui donnant un montant compris entre 60 et 50 000 francs. Du fait de cette différence d'avantage comparatif, tous deux ont intérêt à se spécialiser, l'un dans le lavage de voitures, l'autre dans les spots publicitaires.

Ce raisonnement est transposable tel quel à un pays. Les pays industrialisés sont en mesure de produire la grande majorité des biens de manière plus efficiente que les pays en développement.

Autrement dit : les pays industrialisés disposent d'un avantage absolu dans presque toutes les activités. Pourtant, un pays en développement et un pays industrialisé peuvent tout à fait commercer ensemble de manière très profitable, car le pays en développement dispose de l'avantage comparatif lorsque la différence de productivité n'est pas trop importante. En règle générale, il s'agit d'une activité pour laquelle l'investissement financier et technologique reste limité, par exemple la production de biens agricoles ou de textiles.

Les deux concepts que nous avons abordés dans ce chapitre – celui de la spécialisation et celui de l'avantage comparatif – sont fondamentaux pour comprendre pourquoi le commerce international est bénéfique à tous ses acteurs.

9.4 Taux de change

Dès que les échanges de biens dépassent les frontières nationales, un autre aspect central doit être pris en compte : les paiements s'effectuant dans différentes monnaies, le rapport d'échange de ces monnaies – le taux de change – joue un rôle majeur. C'est pourquoi il est important dans toute analyse relative à la division internationale du travail.

L'évolution des taux de change en Suisse donne régulièrement lieu à de vives discussions de politique économique. En effet, l'interconnexion mondiale de notre pays étant considérable, l'évolution des taux de change impacte fortement de nombreuses entreprises, voire des secteurs entiers. Ainsi, il n'est pas rare que l'évolution du bénéfice d'une entreprise suisse dépende en bonne partie de l'évolution des taux de change – un facteur que l'entreprise ne peut pas du tout influencer.

Taux de change

9.4.1 Taux de change et politique monétaire

Le taux de change est la valeur relative d'une monnaie par rapport à une autre. En règle générale, il se calcule en divisant la monnaie nationale par la monnaie étrangère.

$$\text{Taux de change} = \frac{\text{Monnaie nationale}}{\text{Monnaie étrangère}} = \frac{\text{CHF}}{\text{EUR}} = \frac{1{,}10}{1{,}00} = 1{,}10$$

Ainsi exprimé, le taux de change indique ce qu'un euro coûte en francs suisses. S'il faut plus de francs suisses pour acheter un euro, le taux de change augmente, c'est-à-dire que le franc s'est déprécié par rapport à l'euro.

La politique monétaire d'un pays a un impact direct sur le taux de change, car elle modifie la quantité relative de francs suisses par rapport à d'autres monnaies. Si la Suisse décide de faire marcher la planche à billets, par exemple, la quantité de monnaie locale va augmenter par rapport à la quantité de monnaie étrangère. Or si la masse monétaire en francs suisses croît alors que celle de la zone euro reste constante, c'est-à-dire qu'il y a plus de francs que d'euros, l'euro est relativement plus rare que le franc et ce dernier perd donc de la valeur par rapport à l'euro. Cette dépréciation stimule les exportations, car les biens produits en Suisse deviennent alors moins chers pour les Européens : pour chaque euro, ils obtiennent davantage de francs. Parallèlement, les importations diminuent, car les Suisses obtiennent moins d'euros pour les francs et peuvent donc s'offrir moins de biens produits dans la zone euro. En conclusion, une dépréciation de la monnaie stimule les exportations tout en freinant les importations. Les exportations nettes augmentent et, par là, la demande globale de biens produits en Suisse.

Mais attention : si une dépréciation du franc favorise les exportations à court terme, qu'en est-il à plus long terme ? À long terme, l'effet disparaît, car avec le temps, l'augmentation du taux de change nominal est compensée par l'augmentation du niveau des prix en Suisse. En effet, comme nous l'avons vu au chapitre 6, une politique monétaire expansionniste engendre l'inflation. Sur le long terme, les coûts de production augmentent aussi, ce qui annule l'avantage concurrentiel lié au taux de change. L'effet « bénéfique » disparaît donc sur la durée car tous les prix sont complètement variables à long terme. Il faudrait donc encore et toujours dévaloriser la monnaie pour que l'effet perdure.

Théories des taux de change

Qu'est-ce qui détermine l'évolution des taux de change ? Cette question s'insère dans le cadre des analyses de politiques économiques extérieures, cruciales pour de petites économies ouvertes sur l'étranger telles que celle de la Suisse. À long terme, la valorisation du franc suisse par rapport à l'euro est essentiellement déterminée par les différences d'inflation. Puisque l'inflation est en général plus basse en Suisse qu'en Europe, le franc suisse prend tendanciellement de la valeur par rapport à l'euro.

Mais l'inflation n'explique pas les variations à court terme des taux de change. Là, ce sont plutôt les variations de taux d'intérêt qui sont décisives. Si le taux d'intérêt d'un certain type de papier-valeur est plus bas en Suisse qu'en Allemagne par exemple, les investisseurs vont acquérir le papier helvétique à condition qu'ils prévoient une hausse prochaine du franc suisse. La hausse du franc suisse compense alors le taux d'intérêt plus faible.

9.4.2 Taux de change fixe, taux de change flottant

On dit qu'un taux de change est flottant lorsque la banque centrale n'essaie pas de l'influencer en visant un cours spécifique. Depuis début 2015, c'est par exemple à nouveau le cas pour le taux de change franc suisse-euro. De nombreux taux de change ne sont pas flottants mais fixes.

Nous allons maintenant analyser les avantages et les inconvénients d'un régime de change fixe.

Un régime de change fixe a pour principal avantage qu'il réduit fortement, voire complètement, le risque lié aux variations nominales du taux de change. L'évolution du taux de change est prévisible, ce qui s'avère particulièrement important lorsque deux pays ont des échanges commerciaux intenses. Autre avantage : en fixant le taux de change entre sa monnaie et celle d'un autre État, un pays peut reprendre la politique monétaire plus stable de ce dernier. S'il lutte contre une inflation galopante par exemple, il peut essayer de stabiliser ses prix en arrimant sa monnaie à une autre par un taux de change fixe. Mais il est plus aisé de décréter un taux de change fixe que de le tenir sur la durée, surtout si la monnaie du pays a une tendance à la baisse.

Dans un régime de change fixe, l'objectif n'est pas que le taux de change corresponde à une valeur exacte, mais de faire en sorte qu'il se déplace au sein d'une fourchette, donc avec une marge de fluctuation limitée, sur le marché des devises. Ainsi, la banque centrale concernée ne doit pas réagir à la moindre variation sur les marchés financiers. Mais dès que le taux de change menace de sortir du cadre fixé, elle doit intervenir pour corriger le tir. Prenons le cas d'un pays avec un régime de change fixe et dont la monnaie risque de connaître une revalorisation notable.

La crise de la dette dans la zone euro avait entraîné la chute de l'euro face au franc suisse.

La banque centrale doit alors réagir en contrebalançant cette augmentation de valeur. Celle-ci étant due au fait que la monnaie devient rare par rapport à d'autres monnaies, la banque centrale doit injecter davantage de cette monnaie sur le marché pour diminuer sa rareté relative et empêcher sa revalorisation. Dans le cas inverse, lorsque la monnaie menace de se déprécier, la banque centrale doit essayer de stabiliser le taux de change en retirant de la monnaie du marché.

Un régime de change fixe a certes l'avantage de garantir une meilleure prévisibilité mais le pays concerné n'a plus la possibilité de mener sa propre politique monétaire. Car en arrimant sa monnaie à une autre, le pays lie aussi sa politique monétaire à celle d'un autre pays ; ceci peut lui permettre de stabiliser le taux de change mais aller à l'encontre d'autres intérêts nationaux. Un régime de change fixe s'avère surtout problématique lorsque les deux pays concernés ont une situation économique très différente.

9.5 Protectionnisme et libre-échange

La section 9.3 présente les effets globalement positifs du commerce international. En pratique, on observe régulièrement des cas de protectionnisme, c'est-à-dire d'interventions au niveau des échanges internationaux. Dans la présente section, nous allons nous pencher sur les différentes formes d'entraves au commerce et comment elles peuvent être réglées.

9.5.1 Formes de protectionnisme

Toute limitation du commerce international par des droits de douane ou autre entrave au commerce est considérée comme du protectionnisme. Les droits de douane constituent la forme la plus simple de protectionnisme et ont longtemps été la principale entrave au commerce international. Un droit de douane est une taxe perçue sur un bien ou un service importé. Plus le taux (c'est-à-dire le pourcentage de la valeur du bien ou du service) de cette taxe est élevé, plus les importations de ce bien ou service diminuent. Les droits de douane réduisent donc les échanges et la plus-value correspondante pour les deux pays, ce qui diminue le bien-être. Cela vaut même lorsque l'État, par son intervention, peut augmenter ses recettes douanières, ce qui a longtemps été l'argument principal pour instaurer des droits de douane.

→ **Droit de douane**
Taxe perçue sur un bien ou un service importé.

Comme nous le verrons en détail à la section 9.5.4, plusieurs cycles internationaux de négociation organisés ces dernières décennies dans le cadre de l'Organisation mondiale du commerce (OMC) ont entraîné une diminution drastique des droits de douane au niveau mondial. L'exception notable concerne le secteur agricole, qui est un domaine politique sensible dans la plupart des pays industrialisés ; ceux-ci le protègent souvent de la concurrence en maintenant des barrières douanières élevées. Cette tendance mondiale à la suppression des droits de douane n'empêche pas les producteurs nationaux de continuer à demander des barrières commerciales. Les droits de douane n'étant plus autorisés dans de nombreux secteurs, d'autres formes de protectionnisme se sont développées.

→ **Obstacles non tarifaires aux échanges**
Ensemble des mesures protectionnistes (à l'exception des droits de douane) qui entravent le libre échange des marchandises, comme les quotas, les normes techniques variables ou les subventions.

Percevoir des droits de douane n'est en effet pas la seule manière d'entraver les échanges commerciaux. Il existe toute une série d'obstacles « non tarifaires » aux

→ **Quotas**
Restrictions quantitatives des échanges transfrontaliers. Les quotas les plus fréquents sont les quotas à l'importation qui, comme le nom l'indique, limitent les importations d'un bien étranger à une quantité définie.

→ **Obstacles techniques aux échanges**
Réglementations et normes de l'État importateur qui renchérissent et donc entravent les échanges de marchandises.

→ **Principe du Cassis de Dijon**
Principe de reconnaissance mutuelle des spécifications techniques nationales applicable aux échanges commerciaux entre États membres de l'UE en l'absence d'harmonisation communautaire. Il doit son nom à un arrêt de la Cour de justice des Communautés européennes.

échanges, c'est-à-dire de barrières commerciales autres que les droits de douane (appelés *tariffs* en anglais). Parmi les exemples les plus connus, on peut citer la fixation d'un quota, c'est-à-dire le fait de décider qu'il n'est permis d'importer qu'une certaine quantité d'un bien. Comme les droits de douane, les quotas sont facilement identifiables et peuvent donc être supprimés relativement facilement lors de négociations internationales. Les obstacles non tarifaires moins évidents sont les plus problématiques. Les obstacles techniques aux échanges, par exemple – c'est-à-dire lorsqu'un même bien doit satisfaire à des exigences techniques différentes selon les pays – sont une entrave au commerce très efficace et très difficile à supprimer. Pour pouvoir exporter un bien, il faut en effet l'adapter pour qu'il satisfasse aux spécifications techniques du pays d'importation. Souvent, cela coûte tellement cher que le jeu n'en vaut plus la chandelle. Pour comprendre l'importance de ces obstacles techniques, il suffit de regarder l'intégration européenne que nous aborderons de manière plus détaillée à la section 9.6 : la suppression des obstacles techniques a été l'un des principaux casse-tête de ce processus. Parmi les solutions proposées, on peut citer, outre l'harmonisation des spécifications techniques, la reconnaissance mutuelle de ces spécifications (que l'on appelle le principe du Cassis de Dijon).

Le grand enjeu du libre-échange, hormis dans le secteur agricole, n'est clairement plus la suppression des droits de douane mais la maîtrise des obstacles non tarifaires aux échanges. Voilà pourquoi les spécifications techniques, la réglementation des marchés publics et les subventions jouent un rôle prépondérant lors des négociations internationales. Pour continuer à renforcer les échanges, c'est dans ces domaines qu'il faut désormais réaliser des avancées.

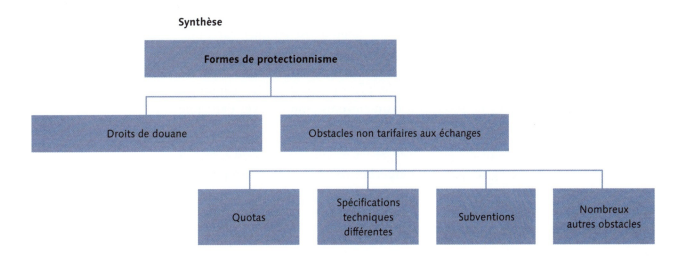

Synthèse

9.5.2 Pourquoi le protectionnisme ?

Mais pourquoi les mesures protectionnistes sont-elles si répandues alors que l'on connaît leurs effets négatifs en termes de bien-être ? Pour le savoir, procédons à une analyse de politique économique.

→ **Libre-échange**
Système d'échange reposant sur l'absence de droits de douane et d'obstacles aux échanges.

Tout passage au libre-échange implique une redistribution majeure, au profit du consommateur mais au détriment du producteur concerné et de l'État. Même si l'effet global est incontestablement positif pour une économie, ce changement de politique porte préjudice à certains agents économiques clairement identifiables. Par exemple, l'abolition de la taxe sur l'importation de lait prétérite les paysans mais profite à l'ensemble des consommateurs car le prix du lait baisse. L'expérience a montré que toute redistribution impliquant des perdants clairement identifiables est politiquement difficile à réaliser.

La lutte contre le protectionnisme constitue donc une mesure de politique économique extrêmement difficile à appliquer. Pour légitimer le libre-échange, il suffirait d'expliquer que les consommateurs y gagnent bien plus que les producteurs et l'État n'y perdent. Mais c'est là que l'organisation des uns et des autres pour défendre leurs intérêts intervient. Comme nous l'avons vu au chapitre 3, il est bien plus facile de s'organiser pour défendre ses intérêts du côté de l'offre que du côté de la demande. Les producteurs forment en effet un petit groupe homogène, tandis que les consommateurs, eux, représentent un grand groupe hétérogène. Une réduction des droits de douane ayant un impact négatif, tout au moins à court terme, sur les producteurs, ceux-ci ont tout intérêt à s'organiser politiquement pour lutter contre la suppression de ces droits. Les consommateurs auraient théoriquement un intérêt encore plus grand à s'engager pour cette suppression. Mais pris individuellement, le consommateur y gagnera bien moins que n'y perdra le producteur, parce que ce dernier s'est spécialisé dans l'offre d'un seul bien, alors que le consommateur type, lui, consomme des centaines de biens différents.

Pourtant, on peut à juste titre douter du fait que le protectionnisme protège réellement les producteurs à long terme. S'il peut effectivement garantir à un groupe de producteurs une rente artificielle (car fondée sur l'intervention de l'État), il va devenir de plus en plus urgent pour ce groupe de s'adapter pour répondre aux mutations perpétuelles de l'économie. Repousser sans cesse une adaptation structurelle inévitable ne fait que la rendre plus douloureuse au final, car à plus ou moins long terme, le protectionnisme porte aussi préjudice aux prétendus gagnants. L'exemple de l'agriculture suisse est révélateur à ce titre : des décennies de protectionnisme ont si protégé ce secteur des prix pratiqués au niveau mondial que ses structures actuelles ne seraient quasiment plus compétitives dans une situation de libre-échange.

En résumé : si le protectionnisme peut protéger les producteurs à court terme, il les dessert à moyen et long termes. Il n'empêche : comme ce sont logiquement les résultats immédiats, donc une vision à court terme, qui dominent le débat politique, les intérêts protectionnistes des producteurs continuent à jouer un rôle prépondérant dans la politique commerciale.

→ **Politique commerciale**
Ensemble des mesures prises par un État pour influencer de manière ciblée ses échanges internationaux. On parle aussi de politique de commerce extérieur.

L'État lui aussi perd une source de revenus en cas de suppression des droits de douane. Dans les pays peu développés, où la perception des impôts directs et indirects est difficile, ils constituent même souvent une part importante des recettes de l'État. Les représentants de ces pays ne s'engagent donc pas activement en faveur de la suppression des droits de douane. C'est l'ensemble de ces aspects politico-économiques qui rend la suppression des barrières protectionnistes très difficile. Il faut souvent de laborieuses négociations internationales pour imposer une politique de libre-échange au niveau national. Alors que celle-ci va pourtant fondamentalement dans l'intérêt de l'économie.

Division internationale du travail

Quelques célèbres méprises sur le commerce extérieur

Dès la fin de la Seconde Guerre mondiale, les États développés se sont affairés à réduire le protectionnisme, tournant le dos aux guerres commerciales qui avaient émaillé la décennie 1930. Les USA ont systématiquement poussé cette libéralisation au long des décennies suivantes, peu importe que soient au pouvoir les démocrates ou les républicains. Cette tendance longue a été rompue par l'arrivée de Donald Trump à la présidence. De 2017 à 2021, les USA ont tenté de se construire un avantage économique en instaurant des taxes douanières et d'autres mesures protectionnistes. Depuis son adoption par les USA – parmi les pays les plus influents au niveau économique – le protectionnisme n'est plus un tabou dans les arènes internationales. Mais la quasi-totalité des économistes s'entendent sur les conséquences contre-productives d'une telle politique. Les arguments de l'ancien président révèlent une méconnaissance des mécanismes reconnus de la spécialisation internationale.

La balance commerciale bilatérale n'est pas pertinente : l'administration Trump alléguait qu'un déficit de balance commerciale avec un autre pays était nocif, notamment avec la Chine, de qui les USA importent bien plus qu'ils n'exportent. D'autres pays, notamment la Suisse, sont également sous les feux de ce reproche. Le problème est que cette critique méconnait ce qu'est véritablement le commerce international. La spécialisation implique justement que la balance commerciale d'un pays donné sera déficitaire vis-à-vis de certains pays, alors qu'elle sera bénéficiaire envers d'autres ; les deux situations étant *in fine* favorables pour le pays en question. L'absurdité de la démarche se comprend à l'aune d'un individu. Vis-à-vis de votre coiffeur, vous avez certainement un déficit commercial chronique et durable. Vous lui achetez régulièrement des coupes mais ce dernier ne vous achète rien en retour. Est-ce pour autant un problème ? Allez-vous le contraindre à vous acheter des choses pour réduire le déficit ? Certainement pas ! C'est l'essence même de la spécialisation que de ne pas avoir de balance de paiement équilibrée avec chacune et chacun. Pourtant tous en profitent : vous-même, votre coiffeur, votre dentiste, votre opérateur de téléphonie. Les déficits des flux de paiements sont en réalité inadéquats pour juger de l'utilité d'une spécialisation.

Le commerce n'est pas un jeu à somme nulle : Une seconde erreur de jugement que commettent les protectionnistes est celle de croire que le commerce entre deux pays avantage l'un au détriment de l'autre, qu'il y aurait un perdant et un gagnant. Mais c'est là le sens même de l'échange volontaire : il n'a lieu que si les deux parties en profitent. Ce n'est en revanche pas le cas lorsqu'une entreprise tente d'arracher des parts de marché à sa concurrente. Le marché du cola, qui voit s'affronter Coca-Cola et Pepsi, est en quelque sorte un jeu à somme nulle, puisqu'un « gâteau » d'une taille fixe doit être partagé entre compétiteurs. *A contrario*, la spécialisation a pour objectif d'augmenter le bien-être. Elle accroit le « gâteau » dans son ensemble, de manière à ce que tous les États participants se retrouvent dans une meilleure situation après avoir échangé. On en revient à la question posée dans le texte principal : Roger Federer doit-il ou non tondre son gazon lui-même.

Trade talks between China and the US

Discussions commerciales entre la Chine et les États-Unis : « Nous avons des discussions constructives. »
Même si, en théorie, le libre-échange présente toujours une plus-value pour les pays participants, la réalité politique est tout autre et supprimer le protectionnisme s'avère une affaire longue et fastidieuse. C'est ce qu'évoque cette caricature en jouant sur le terme « constructif ». Par discussions constructives en matière de commerce, on entend normalement que les partenaires s'entendent pour réduire les barrières commerciales. La caricature ici laisse à penser que les discussions aboutissent plutôt à la construction de nouvelles barrières commerciales.

9.5.3 Les différents niveaux de libéralisation des échanges

La libéralisation des échanges, c'est-à-dire la suppression des barrières protectionnistes entre les pays, peut avoir lieu à trois niveaux : multilatéral, régional ou bilatéral.

Commençons par le niveau multilatéral : « multilatéral » signifie que sinon tous les pays, au moins la plupart, participent au processus. Les discussions correspondantes ont lieu dans le cadre de l'Organisation mondiale du commerce (). Pratiquement tous les pays du monde font désormais partie de cette organisation. Les négociations qui y sont menées ont permis de supprimer de nombreux obstacles aux échanges durant les décennies après la Seconde Guerre mondiale.

La libéralisation des échanges peut également avoir lieu au niveau régional, on parle alors d'intégration régionale. Dans ce cas de figure, ce ne sont pas tous les pays, mais seulement certains pays ayant des relations commerciales étroites, qui sont concernés. L'exemple le plus important pour la Suisse est celui de l'UE.

Le troisième niveau est le niveau bilatéral, lorsque la libéralisation concerne deux pays ou deux groupes de pays, qui concluent le plus souvent un accord de libre-échange.

L'intégration régionale et l'accord de libre-échange sont deux réponses pragmatiques à l'avancée souvent lente de la libéralisation multilatérale. Car dans le cadre de l'OMC, tous les pays du monde ou presque doivent se mettre d'accord. On peut donc comprendre que certains pays ayant déjà des relations commerciales très intenses souhaitent aller plus vite en signant des accords bilatéraux et régionaux. À noter que ces derniers permettent certes de renforcer les relations commerciales entre les pays concernés (avantage), mais discriminent les autres (désavantage), une situation que nous analyserons à la section 9.6.1.

→ **Libéralisation des échanges**
Ensemble des mesures visant à promouvoir le libre-échange, en particulier la suppression des droits de douane et des autres obstacles aux échanges.

→ **OMC**
Abréviation d'Organisation mondiale du commerce, l'organisation internationale où sont négociés les accords commerciaux multilatéraux.

→ **Intégration régionale**
Libéralisation des échanges entre différents pays, présentant la plupart du temps une proximité géographique. Souvent, on parle seulement d'intégration.

→ **Accord de libre-échange**
Accord (le plus souvent bilatéral) visant à libéraliser les échanges commerciaux entre les États participants.

Synthèse

Division internationale du travail 9

9.5.4 L'organisation mondiale du commerce (OMC)

L'OMC est une organisation internationale sise à Genève. C'est au sein de cette institution que sont négociés les accords commerciaux internationaux qui concernent la plupart des pays du monde. En mars 2017, elle comptait 164 membres. Elle a été créée en 1994 pour couvrir trois accords:

- l'accord sur le commerce international de marchandises (dit « accord général sur les tarifs douaniers et le commerce, GATT »),
- l'accord sur le commerce international de services (AGCS, en anglais GATS),
- l'accord sur la protection internationale de la propriété intellectuelle (dit « accord sur les aspects des droits de propriété intellectuelle qui touchent au commerce, ADPIC, en anglais TRIPS »).

→ **Clause de la nation la plus favorisée**
Principe de l'OMC selon lequel la suppression d'une barrière commerciale vis-à-vis d'un État membre doit s'appliquer simultanément à tous les autres États membres de l'organisation.

Un des deux principes de base de l'organisation est celui de la « clause de la nation la plus favorisée ». Selon ce principe à caractère multilatéral, la suppression d'une barrière commerciale vis-à-vis d'un État membre doit s'appliquer simultanément à tous les autres États membres. Toute discrimination est ainsi expressément exclue. Or, comme nous l'avons vu précédemment, la libéralisation bilatérale et régionale des échanges privilégie certains États membres. Les accords correspondants sont donc en principe contraires à la clause de la nation la plus favorisée. Pour qu'ils soient autorisés, il faut donc prévoir des exceptions à ladite clause. Ces exceptions sont soumises à des règles claires, la principale étant les accords bilatéraux et régionaux doivent alors concerner l'ensemble des échanges. Ces accords a priori discriminatoires ne peuvent couvrir uniquement l'un ou l'autre produit ou secteur.

En Suisse, nous sommes tellement habitués à ce que les agriculteurs luttent contre la suppression des barrières commerciales et soient donc contre l'OMC qu'il ne nous vient souvent même pas à l'idée que les paysans des pays en développement puissent être de l'avis contraire. Ce sont eux les victimes du protectionnisme agricole, celui-ci les empêchant de bénéficier de leurs avantages comparatifs dans l'agriculture et d'exporter leurs produits vers les pays plus riches. En règle générale, les paysans des pays en développement sont des partisans de l'OMC.

« Les paysans contre pour l'OMC » – « Il reste quelques détails à clarifier. »

Accords commerciaux régionaux (intégration régionale)

L'autre principe de base de l'OMC est celui du traitement national : aucune réglementation ne doit permettre de privilégier les biens et services nationaux par rapport à ceux des autres États membres de l'OMC. Par traitement national, on entend que tout le monde doit être traité sur un pied d'égalité, les agents économiques étrangers comme les agents économiques nationaux.

Les négociations de l'OMC ont lieu dans le cadre de cycles (*rounds* en anglais), sur plusieurs années, et visent à atteindre des objectifs de libéralisation réciproque dans différents domaines. Jusque dans les années 1960, il s'agissait surtout de supprimer les droits de douane dans le cadre du GATT. Dans les années 1970, les négociations se sont étendues aux obstacles non tarifaires aux échanges. Lors du cycle dit « de l'Uruguay » (1986-1994), les négociations se sont tellement intensifiées qu'elles ont abouti à la création de l'OMC, laquelle englobe aussi les services et la propriété intellectuelle. Depuis 2001, l'OMC se trouve dans le neuvième cycle, celui de Doha.

→ **Traitement national**
Principe de l'OMC selon lequel une réglementation ne peut induire un privilège pour les produits nationaux par rapport aux produits d'autres États membres de l'OMC.

Synthèse

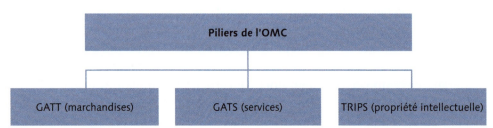

9.6 Accords commerciaux régionaux (intégration régionale)

Ces dernières années, les accords commerciaux entre plusieurs pays se sont multipliés. Les pays européens, notamment, se sont montrés très actifs, dans le cadre de l'ancienne Communauté européenne (CE) et de l'actuelle Union européenne (UE). Pour la Suisse, sise au cœur de l'Europe, ces développements sont d'une importance fondamentale. Dans cette section, nous analyserons les effets de ce type d'intégration en termes de bien-être, puis nous nous pencherons sur les différentes formes concrètes d'intégration, avant d'aborder l'histoire de l'intégration européenne.

9.6.1 Les effets de l'intégration en termes de bien-être

Si l'intégration régionale renforce le libre-échange, elle ne peut être comparée au multilatéralisme puisqu'elle ne concerne que certains pays. L'intégration est en outre synonyme de discrimination des pays qui n'en font pas partie. Dans le cas de l'UE par exemple, il y a discrimination de la Suisse et des États-Unis.

Division internationale du travail

L'intégration aboutit certes à de nouveaux échanges, mais en causant une distorsion des échanges existants. Tous les pays ne peuvent plus y participer de la même ampleur. L'effet sur le bien-être global se mesure à ces nouveaux échanges, qui doivent être plus importants que la réorientation des échanges. Celle-ci découle du fait que les biens ne sont plus achetés au producteur le moins cher, mais au producteur le moins cher de la zone d'intégration. Celui-ci est uniquement devenu le producteur le moins cher car ses biens sont désormais exonérés des droits de douane.

→ **Réorientation des échanges**
Situation dans laquelle les biens ne sont pas achetés au producteur le moins cher du monde, mais au producteur le moins cher de la zone d'intégration dont les biens sont exonérés des droits de douane.

La plus-value, en termes de bien-être, d'une intégration régionale est moins importante qu'en cas de libre-échange multilatéral, justement en raison de la réorientation des échanges précitée. Généralement, elle vaut toutefois mieux que le statu quo (maintien des droits de douane). L'impact sera d'autant plus positif que l'intégration englobe de pays et que les droits de douane d'origine étaient élevés (et donc entravaient le commerce international). Dans le cas de l'intégration européenne, on peut donc supposer que l'élargissement important des dernières années a eu un effet indéniablement positif sur le bien-être des États membres. L'UE comptant désormais 28 pays, la plus-value de la création d'échanges dépasse dans la plupart des cas la moins-value liée à la réorientation des échanges.

9.6.2 Les formes d'accords régionaux

Il existe plusieurs formes d'accords régionaux, qui vont plus ou moins loin, de la simple suppression des droits de douane à l'union économique totale. Grosso modo, on en distingue cinq selon l'ampleur de la libéralisation des échanges et de la coordination de la politique économique entre les pays partenaires qu'ils induisent. La **figure 9.4** présente leurs principales caractéristiques, de la forme la plus basique à la forme la plus prononcée d'intégration.

→ **Zone de libre-échange**
Forme d'intégration qui abolit les droits de douane et autres entraves au commerce entre les pays membres sans harmoniser les taxes vis-à-vis des pays tiers.

La forme la plus basique est la zone de libre-échange. Elle libéralise le commerce entre les États membres, généralement par une suppression des droits de douane. Chaque État membre reste libre d'appliquer à tous les autres pays la politique de commerce extérieur qu'il souhaite. La Suisse a par exemple un accord de libre-échange avec l'UE depuis 1972.

→ **Union douanière**
Forme d'intégration dans laquelle les droits de douane et les autres barrières commerciales sont supprimés pour les pays membres et où les mêmes droits sont appliqués aux non-membres.

L'union douanière est l'étape suivante. Ici, en plus de supprimer les droits de douane, les États membres définissent une politique de commerce extérieur commune, c'est-à-dire qu'ils appliquent tous les mêmes droits de douane aux non-membres. Cela simplifie grandement le commerce, dans le sens qu'il n'est plus nécessaire de fournir une preuve d'origine pour les échanges internationaux de marchandises. Dans une zone de libre-échange, la preuve d'origine est nécessaire pour éviter que les biens produits dans un pays tiers ne soient importés dans l'État membre ayant le droit de douane le moins élevé avant d'être réexportés – sans autres droits de douane – dans les autres États membres. Pouvoir renoncer à la preuve d'origine permet de réduire les frais de transaction et a donc un effet similaire à celui de la suppression de barrières commerciales supplémentaires. Jusqu'au début des années 1990, l'UE était principalement une union douanière.

→ **Preuve d'origine**
Déclaration concernant l'origine de la marchandise, le pays d'origine mentionné étant celui où le dernier traitement/la dernière transformation d'importance a été effectué/e.

Accords commerciaux régionaux (intégration régionale)

Figure 9.4
Les formes d'intégration économique

	Pas de droits de douane entre pays membres	Droits de douane communs pour les pays tiers	Mobilité des facteurs de production	Monnaie commune	Politique économique commune
Zone de libre-échange	×				
Union douanière	×	×			
Marché unique	×	×	×		
Union monétaire	×	×	×	×	
Union économique totale	×	×	×	×	×

Dans un marché unique, la libre circulation ne concerne pas seulement les biens et les services mais aussi les facteurs de production que sont le capital et le travail. Dans ce cas, on parle des quatre libertés de circulation, c'est-à-dire de la libre circulation des biens, des services, des capitaux et des personnes. À titre d'exemple, on peut citer l'UE depuis 1992.

Dans une union monétaire, les monnaies nationales sont remplacées par une monnaie commune. Cela signifie que les différents pays membres confient leur politique monétaire à une instance supranationale. Cette étape a de grandes incidences puisque le principal instrument de la politique macroéconomique, la politique monétaire, ne peut plus être définie par le pays lui-même. Sans compter qu'une union monétaire ne peut fonctionner correctement que si les États membres coordonnent leur politique économique et en particulier leur politique financière. L'exemple le plus connu est celui de l'union monétaire européenne, réalisée en 1999.

L'étape ultime est l'union économique totale, lorsque les États membres adoptent une politique commune pour les principaux domaines économiques. D'un point de vue de politique économique, il n'y a alors quasiment plus de différence avec un État-nation. Au niveau de l'UE, les discussions portent notamment sur l'ampleur de la centralisation de la politique économique, c'est-à-dire dans quelle mesure on souhaite continuer sur la voie de l'union économique totale.

La **figure 9.5** montre qu'il existe désormais dans le monde tout un réseau de zones d'intégration fondées sur une coopération et un libre-échange plus ou moins approfondis ; l'intérêt pour cette forme d'ouverture internationale reste intact.

→ **Marché unique**
Forme d'intégration dans laquelle les biens, mais aussi les facteurs de production (personnes et capitaux) circulent librement.

→ **Quatre libertés de circulation**
Libre circulation des biens, des services, des capitaux et des personnes.

→ **Union monétaire**
Forme d'intégration dans laquelle les monnaies nationales sont remplacées par une monnaie commune.

→ **Union économique totale**
Forme d'intégration dans laquelle il existe une politique économique commune.

Division internationale du travail 9

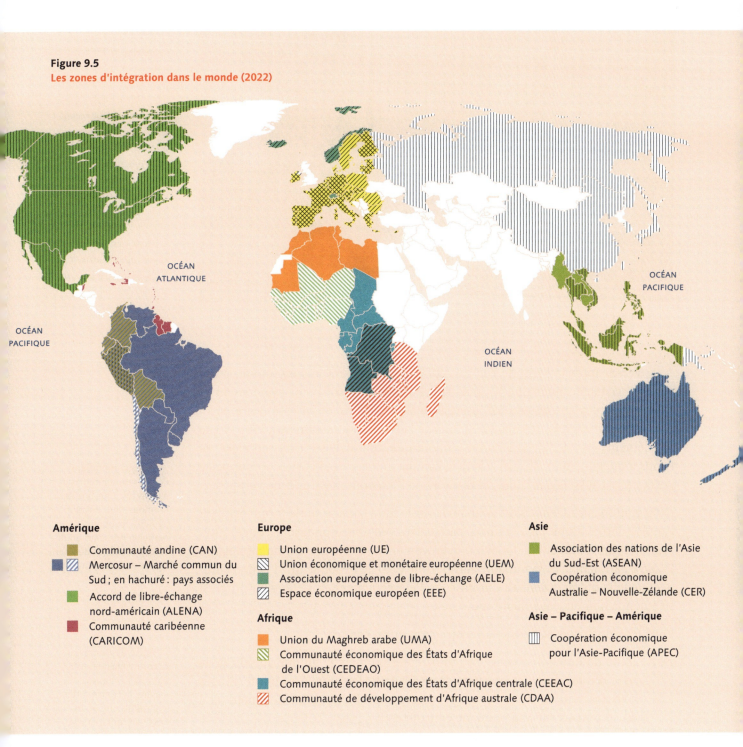

Figure 9.5
Les zones d'intégration dans le monde (2022)

Amérique
- Communauté andine (CAN)
- Mercosur – Marché commun du Sud ; en hachuré : pays associés
- Accord de libre-échange nord-américain (ALENA)
- Communauté caribéenne (CARICOM)

Europe
- Union européenne (UE)
- Union économique et monétaire européenne (UEM)
- Association européenne de libre-échange (AELE)
- Espace économique européen (EEE)

Afrique
- Union du Maghreb arabe (UMA)
- Communauté économique des États d'Afrique de l'Ouest (CEDEAO)
- Communauté économique des États d'Afrique centrale (CEEAC)
- Communauté de développement d'Afrique australe (CDAA)

Asie
- Association des nations de l'Asie du Sud-Est (ASEAN)
- Coopération économique Australie – Nouvelle-Zélande (CER)

Asie – Pacifique – Amérique
- Coopération économique pour l'Asie-Pacifique (APEC)

9.6.3 L'Union européenne

→ **Conférence de Bretton Woods**
Conférence organisée par les Alliés en 1944 à Bretton Woods (États-Unis) dans le but de définir les grands axes de la coopération économique internationale après la Seconde Guerre mondiale.

L'intégration européenne prend sa source dans la reconstruction de l'Europe après la Seconde Guerre mondiale. La légendaire Conférence de Bretton Woods, organisée en 1944, a jeté les bases d'une coopération économique équilibrée en Europe, où le traitement des nations perdantes a joué un rôle central. Après la Première Guerre mondiale, les pays vainqueurs avaient exigé des réparations (c'est-à-dire des compensations pour les dommages de guerre) déraisonnables de la part des perdants.

Accords commerciaux régionaux (intégration régionale)

Organisée en 1944, la Conférence de Bretton Woods restera comme l'une des plus concluantes de l'Histoire. Elle a jeté les bases d'un ordre économique mondial libéral après la Seconde Guerre mondiale et a notamment conduit à la création du Fonds monétaire international, de la Banque mondiale et du GATT, l'ancêtre de l'actuelle OMC. Sur la photo, c'est John Maynard Keynes qui s'exprime. Il a joué un rôle majeur lors de cette conférence

À l'inverse, après la Seconde Guerre mondiale, tout a été mis en œuvre, grâce au Plan Marshall, pour que les puissances vaincues se relèvent rapidement et soient intégrées au commercial international en général et au commerce européen en particulier. C'est notamment lors de la Conférence de Bretton Woods que les éléments-clés de la coopération économique mondiale sont mis en place : le Fonds monétaire international (FMI), la Banque mondiale et l'OMC (alors appelée GATT). C'est aussi là que la première pierre de l'intégration européenne est posée.

L'intégration européenne s'est poursuivie sur le fond comme sur la forme pendant l'après-guerre : d'une part, les pays partenaires ont approfondi leur coopération économique, d'une union douanière relativement souple à une Union monétaire. D'autre part, tant la Communauté européenne (CE) de l'époque que l'Union européenne telle qu'on la connaît ont misé sur l'élargissement en s'étendant progressivement à de nouveaux membres.

Voici les principales étapes de la construction européenne :

1957 Traité de Rome. Il a pour objectif de créer un marché unique au sein de la zone d'intégration européenne. Dans les faits, les premières trente années n'aboutissent pour l'essentiel qu'à la création d'une union douanière et à un consensus sur une politique agricole commune.

1986 Acte unique européen. Le marché unique esquissé lors du Traité de Rome se concrétise. Il s'agit de mettre en œuvre les quatre libertés, à savoir le libre échange des biens, des services, des capitaux et des personnes. Ce programme est appelé CE 92, car son objectif est de finaliser le marché unique en 1992. Cet objectif a été largement atteint.

1992 Traité de Maastricht. Également appelé Traité sur l'Union européenne, il a pour but d'instituer une Union économique et monétaire. L'euro est introduit en 1999 (sous forme de monnaie scripturale dans un premier temps, puis avec des billets et des pièces en 2002). Le traité définit également les trois piliers de l'intégration, lesquels montrent clairement que ce n'est pas seulement l'intégration économique mais aussi l'intégration politique qui sont visées. Ces trois piliers sont : (i) la Communauté européenne (CE), à savoir

→ **Banque mondiale**
Organisation internationale ayant pour but de promouvoir le développement économique, en particulier de pays en développement, et de financer les projets appropriés.

→ **Traité de Rome**
Accord conclu en 1957 entre la Belgique, l'Allemagne, la France, l'Italie, le Luxembourg et les Pays-Bas ayant notamment abouti à la création de la Communauté économique européenne (CEE), l'ancêtre de l'Union européenne (UE).

→ **Traité de Maastricht**
Accord conclu en 1992 par lequel les membres de la Communauté européenne (CE) d'alors jettent les bases de l'Union économique et monétaire. Ce processus aboutira en lancement de l'euro en 1999.

Division internationale du travail 9

les trois accords économiques conclus entre les membres, (ii) la Politique étrangère et de sécurité commune et (iii) la coopération policière et judiciaire en matière pénale, par exemple dans le cadre de l'Accord de Schengen. La Communauté européenne (CE) devient l'Union européenne (UE).

1997 Traité d'Amsterdam. Cet accord renforce l'intégration politique. Il vise à créer un espace commun de sécurité et de liberté. Le Traité d'Amsterdam complète et renforce le Traité de Maastricht, notamment sur les aspects non économiques.

2001 Traité de Nice. Son objectif est d'adapter les institutions pour faire face à l'élargissement à l'est. Il aurait dû être complété par la Constitution européenne, mais le projet correspondant est rejeté en France et aux Pays-Bas en 2005. Cela dénote le malaise des États membres vis-à-vis d'un renforcement des institutions européennes, dont on craint qu'il ne se traduise par un transfert croissant des compétences nationales vers Bruxelles.

2007 Traité de Lisbonne. Après la non-ratification du traité établissant une constitution, les États membres s'accordent sur un traité modificatif. Celui-ci, moins vaste que prévu, englobe cependant plusieurs adaptations de taille des institutions comme la mise en place d'un président du Conseil européen pour un mandat de cinq ans maximum ou l'institution d'un Haut représentant de l'Union pour les affaires étrangères et la politique de sécurité (soit un ministère des Affaires étrangères avec son propre corps diplomatique). Signé en 2007, le traité entre en vigueur en 2009.

→ **Accord de Schengen**
Traité européen relatif à la collaboration en matière de sécurité intérieure et par lequel, notamment, le contrôle des personnes a été aboli aux frontières intérieures.

Synthèse

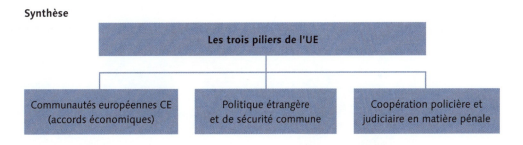

Parallèlement au renforcement et à l'élargissement de l'UE, on assiste en Europe à la mise en place d'une zone d'intégration limitée au libre-échange, l'AELE. Créée en 1960, l'AELE n'englobe plus que quatre pays étant donné que la plupart des autres États membres ont intégré l'UE. Ces pays sont la Suisse, la Norvège, l'Islande et le Liechtenstein.

1993 voit la création de la zone d'intégration la plus récente, l'Espace économique européen (EEE). Il s'agit de mettre en place un marché unique entre l'AELE et l'UE. Trois des quatre pays de l'AELE, la Norvège, l'Islande et le Liechtenstein, rejoignent l'EEE. La Suisse, elle, refuse d'y adhérer en votation populaire en 1992.

L'autre chemin, comme précisé en introduction, est l'élargissement de la zone d'intégration. En voici les principales étapes :

1957 Fondation de l'Espace Économique européen par la République fédérale d'Allemagne, la France, Italie, Pays-Bas, Belgique et Luxembourg (6).

1973 Premier élargissement par l'intégration de la Grande-Bretagne, du Danemark et de l'Irlande (9).

1981 Adhésion de la Grèce (10).

→ **AELE**
Abréviation de « Association européenne de libre-échange ». Cette zone de libre-échange a été instituée en 1960 pour faire contrepoids à la Communauté européenne (CE) de l'époque.

→ **Espace économique européen (EEE)**
Union économique qui élargit le marché unique européen à trois des quatre États membres de l'AELE : l'Islande, la Norvège et le Liechtenstein.

Accords commerciaux régionaux (intégration régionale)

1986 Adhésions de l'Espagne et du Portugal (12).

1995 Adhésions de l'Autriche, de la Finlande et de la Suède. Changement de nom en Union Européenne. On parle désormais de l'UE des 15.

2004 Adhésions de l'Estonie, Lettonie, Lituanie, Malte, Pologne, Rép. Slovaque, Slovénie, Rép. Tchèque, Hongrie et Chypre (UE des 25).

2007 Adhésions de la Bulgarie et de la Roumanie (UE des 27).

2013 Adhésion de la Croatie (UE des 28).

2016 La Grande-Bretagne décide, par référendum, de sortir de l'UE. Ce retrait provoque un remaniement gouvernemental. La nouvelle première ministre initie le processus le 29 mars 2017 pour une sortie accomplie finalement en 2020. C'est la première fois dans l'histoire de l'intégration européenne qu'un État décide de sortir de l'Union.

La **figure 9.6** présente l'état actuel de l'intégration européenne.

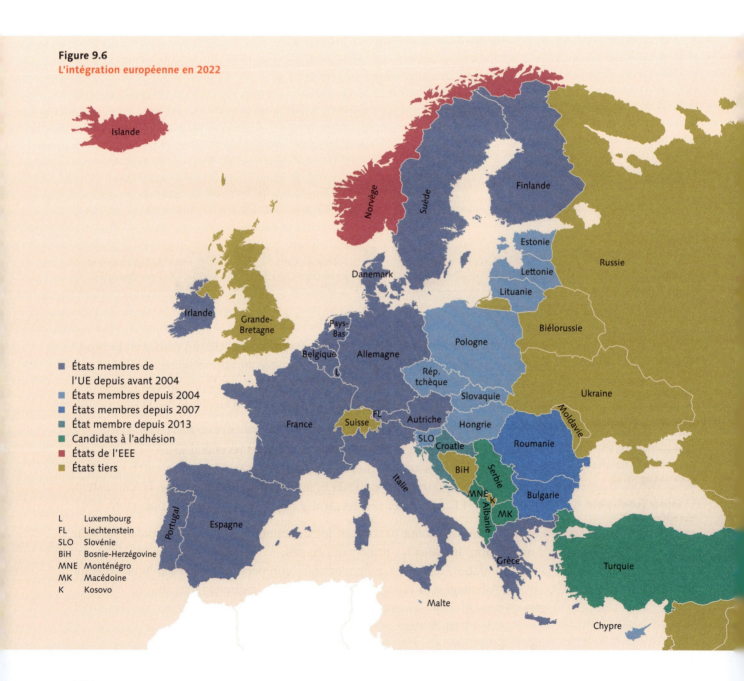

Figure 9.6
L'intégration européenne en 2022

9.7 La politique économique extérieure de la Suisse

Petit pays, la Suisse a très tôt misé résolument sur la division internationale du travail. La part des échanges dans le PIB helvétique est donc élevée et la somme des importations et des exportations correspond aujourd'hui à environ 100% du PIB. Quant aux investissements internationaux des entreprises suisses, ils sont encore plus importants.

→ **Politique économique extérieure**
Mesures visant à préserver les intérêts économiques d'un pays vis-à-vis de l'étranger.

L'un des objectifs prioritaires de la politique économique extérieure de la Suisse est d'assurer cette forte interconnexion mondiale par le biais d'accords. Nous allons nous pencher brièvement sur l'orientation stratégique fondamentale de la politique économique extérieure de notre pays avant d'étudier en détail ses relations avec l'UE, qui est de loin notre partenaire commercial le plus important.

9.7.1 Une Suisse largement tournée vers l'international

La Suisse est un petit pays qui ne possède que très peu de ressources naturelles. Dans ces conditions, elle n'aurait pu atteindre, seule, qu'un niveau de bien-être limité. Si elle compte aujourd'hui parmi les pays les plus riches de la planète, c'est parce qu'elle a réussi à intégrer très tôt l'économie mondiale, puis à y asseoir durablement sa position.

Pour évaluer l'interconnexion internationale d'une économie, le mieux est de regarder ses exportations. Et plus précisément la part des exportations dans le PIB, ce qui permet de procéder à des comparaisons internationales. La **figure 9.8** présente ce chiffre et son évolution pour la Suisse et trois pays de référence.

Figure 9.7
Part des exportations en % du PIB (1970-2021)

Source : OCDE

La politique économique extérieure de la Suisse

En Suisse, la part des exportations dans le PIB est très élevée.

Les exportations suisses représentent environ les deux tiers du PIB ; c'est donc une part considérable des biens et des services produits en Suisse qui est exportée.

En comparaison internationale, ce ratio est élevé, sans toutefois être exceptionnel, comme en témoigne la comparaison avec l'Allemagne. Aux États-Unis, la part des exportations dans le PIB est bien plus basse, ce qui ne signifie pas pour autant que l'ouverture économique de ce pays est moindre. Les grands pays ont en effet un marché intérieur bien plus important, ce qui leur permet de se spécialiser davantage à l'intérieur de leurs frontières. Toutes conditions égales par ailleurs, ils exporteront donc toujours moins que des économies plus petites.

La **figure 9.7** ne permet pas seulement d'effectuer des comparaisons. Elle nous livre également une information intéressante : dans les pays sous revue, la part des exportations dans le PIB augmente avec le temps. Cela signifie que ces dernières décennies, la hausse des exportations a été plus importante que la hausse du PIB et donc que la division internationale du travail progresse.

Les échanges de biens et de services ne sont pas les seuls à croître, les échanges de capitaux – la mobilité du capital – aussi. En Suisse, ce chiffre reflète également l'incroyable interconnexion mondiale de l'économie helvétique : il n'y a pour ainsi dire aucun autre pays qui affiche une part d'investissements directs à l'étranger plus élevée que le nôtre.

9.7.2 La politique suisse d'intégration

Les relations économiques de la Suisse et de l'UE sont très étroites : les exportations vers l'UE représentent 51 % des exportations suisses, pour plus de 113 milliards de francs annuels. Du côté des importations, 70 % des biens qui entrent en Suisse viennent de l'UE, ce qui représente un montant annuel de 142 milliards de francs. Pourtant, l'intégration économique de la Suisse est bien moindre que celle des autres pays européens. Compte tenu de l'importance de l'UE pour le

Division internationale du travail 9

commerce extérieur suisse, le positionnement de notre pays vis-à-vis du processus d'intégration européen est l'une des priorités – si ce n'est LA priorité – de la politique économique extérieure de la Suisse. Pour l'Union européenne aussi, il existe un intérêt économique à approfondir les relations avec la Suisse, car notre pays est le deuxième pays d'exportation de l'Union après les États-Unis.

Comment les relations entre la Suisse et la Communauté européenne, puis l'Union européenne, ont-elles évolué? Voici les principales étapes:

1972 Accord de libre-échange pour les marchandises (hors agriculture) avec la CE. Cet accord restera longtemps la principale étape de l'intégration européenne de la Suisse. Il crée une zone de libre-échange entre l'AELE et la Communauté européenne de l'époque.

1992 Rejet de l'adhésion à l'Espace économique européen (EEE) en votation populaire. Avec ce refus de la population suisse de signer l'accord sur l'EEE, il devient évident que la Suisse prendra un autre chemin que les autres pays européens, y compris des autres pays membres de l'AELE, lesquels signent l'accord. Ce sera ce qu'on appelle la « voie bilatérale » : la Suisse a désormais pour objectif de signer des accords sectoriels dans les différents domaines où elle et l'UE ont des intérêts communs. Ce qu'elle fait depuis 1992 avec un certain succès.

2000 Acceptation des Accords bilatéraux I. Il s'agit d'un ensemble de sept accords sur la circulation des personnes, le transport terrestre, le transport aérien, la recherche, les marchés publics, les produits agricoles et les obstacles techniques au commerce. D'un point de vue économique, l'Accord sur la libre circulation des personnes est le plus important. Il donne aux citoyens suisses et européens un accès sans entraves aux marchés suisse et européen de l'emploi.

2001 Rejet de l'initiative « Oui à l'Europe ». Avec le refus de cette initiative visant à lancer les négociations pour une adhésion à l'UE, celle-ci sort pour un temps de l'ordre du jour politique.

→ **Accords bilatéraux I**
Accords entre l'UE et la Suisse négociés en 1999 et entrés en vigueur en 2002, après le rejet de l'adhésion à l'EEE en 1992. Il s'agit d'un paquet de sept accords dont un consacré à la libre circulation des personnes.

La Suisse n'exporte pas seulement des biens comme des montres, des machines ou des médicaments, mais aussi des services, touristiques par exemple.

2004 Acceptation des Accords bilatéraux II. Ce deuxième paquet de mesures comprend neuf accords, dont trois principaux. Deux portent sur des dossiers intéressant l'UE, à savoir l'accord sur la fiscalité de l'épargne et l'accord sur la lutte contre la fraude. Accepté par le peuple en 2005, le troisième, l'accord sur la participation de la Suisse à la coopération de Schengen/Dublin en matière de sécurité, est amené par notre pays sur la table des négociations (renforcement de la coopération policière, judiciaire et dans le domaine de l'asile).

2009 Acceptation en votation populaire de la reconduction de l'accord sur la libre circulation des personnes et de son extension à la Roumanie et à la Bulgarie.

2014 Acceptation par le peuple suisse de l'initiative « Contre l'immigration de masse ». La décision menace la libre circulation des personnes et crispe les relations avec l'UE. Fin 2016, le Parlement suisse décide de mettre en œuvre l'initiative en renforçant la protection des travailleurs indigènes, une mesure controversée qui est compatible avec la libre circulation des personnes.

2021 De 2014 à 2018, la Suisse a tenté de négocier un accord-cadre avec l'Union européenne. Par cet accord, la Suisse aurait directement appliqué le droit UE en accédant au marché commun, et confierait à un tribunal arbitral indépendant la résolution des conflits entre l'UE et la Suisse. Or, face aux résistances politiques internes rencontrées, le Conseil fédéral a dû, en mai 2021, se résoudre à abandonner les négociations sur l'accord-cadre et revenir à une stratégie fondée sur des accords sectoriels.

→ **Accords bilatéraux II**
Accords entre l'UE et la Suisse destinés à compléter les Accords bilatéraux I. Cet ensemble de neuf accords règle notamment la coopération en matière de sécurité dans le cadre de « Schengen-Dublin » (entrée en vigueur 2008).

Division internationale du travail 9

RÉSUMÉ FONDÉ SUR LES OBJECTIFS D'APPRENTISSAGE

1 La balance des paiements

Toutes les transactions internationales d'un pays sont enregistrées dans sa balance des paiements, les entrées de capitaux dans le pays dans les entrées, et les sorties de capitaux vers l'étranger dans les sorties. La balance des paiements comprend trois balances partielles : la balance des transactions courantes, le compte de capital et le compte financier.

La première recense toutes les transactions relatives à des biens ou des services. Le compte de capital répertorie les transferts unilatéraux, sans contrepartie, qui ne concernent pas le revenu courant. Le compte de capital, enfin, enregistre les achats et les ventes d'investissements au sens large.

2 Mondialisation

Les échanges mondiaux de biens, de services, de capitaux, de personnes et de savoir ont fortement augmenté ces dernières décennies. Du fait de cette mondialisation de l'économie, la division internationale du travail englobe plus de personnes que jamais.

3 Avantages comparatifs et division du travail

La division du travail repose non pas sur les avantages absolus, mais sur les avantages comparatifs.

Même un pays qui présente dans tous les domaines un désavantage absolu en matière de productivité peut retirer une plus-value de sa participation à la division internationale. Il se spécialisera alors dans les activités où ses coûts d'opportunité sont les moins élevés par rapport aux pays plus riches, car c'est là qu'il dispose d'un avantage comparatif.

4 Taux de change

En Suisse, le taux de change est défini en divisant la monnaie nationale par la monnaie étrangère, c'est-à-dire le franc par l'euro par exemple.

La politique monétaire a un impact direct sur les cours de change, car elle modifie la quantité relative de monnaie nationale par rapport aux autres monnaies. À court terme, une politique monétaire expansionniste provoque par exemple une dépréciation de la monnaie.

5 Les coûts du protectionnisme

Ouvrir ses frontières pour participer au commerce international, c'est renforcer son bien-être, que le pays en question exporte ou importe un bien ; à l'inverse, tout droit de douane réduit le bien-être car les recettes liées aux droits de douane ne compensent pas complètement le coût que représente, pour les deux parties, l'entrave au commerce ainsi générée. Les obstacles non tarifaires aux échanges limitent eux aussi le bien-être.

La politique économique extérieure de la Suisse

6 Économie politique et protectionnisme

Il est difficile de supprimer les mesures protectionnistes pour des raisons de politique économique, car elles sont défendues par des groupes d'intérêt bien organisés (les producteurs nationaux) qui seraient les perdants temporaires d'une telle suppression. Les gagnants de l'ouverture d'un marché (les consommateurs principalement) ont, eux, plus de mal à s'organiser et à se mobiliser.

7 Les niveaux du libre-échange

La suppression des barrières commerciales s'effectue sur trois niveaux : multilatéral (concerne tous les pays), régional (concerne certains pays) et bilatéral (concerne deux pays). Le multilatéralisme constitue clairement la meilleure option, mais est souvent difficile à mettre en œuvre d'un point de vue politique. Également appelé intégration, le libre-échange régional a un impact positif par les nouveaux échanges qu'il permet entre les membres de la zone d'intégration concernée (création d'échanges), et un impact négatif en raison de la réorientation des échanges qu'il provoque (souvent, ce n'est plus le producteur le moins cher au niveau mondial qui est privilégié). Lorsque la zone d'intégration englobe de nombreux pays, ce sont généralement les effets positifs qui l'emportent.

8 Les formes d'intégration économique

L'intégration peut prendre différentes formes selon l'ampleur de la collaboration entre les pays concernés. Ces formes sont (de la moins à la plus intense) : la zone de libre-échange (suppression des droits de douane entre États membres), l'union douanière (droits de douane communs vis-à-vis des pays tiers), le marché unique (libre-échange des biens et des services, mais aussi des capitaux et des personnes), l'union monétaire (monnaie commune) et enfin l'union économique totale (politique économique commune).

9 L'intégration européenne

L'UE est la zone d'intégration la plus importante du monde. Elle s'est fortement développée ces dernières décennies, d'une part en approfondissant la coopération entre les États membres (elle est passée d'une union douanière à un marché unique puis à une union monétaire), et d'autre part en s'agrandissant (élargissement à de nouveaux États ; aujourd'hui l'UE regroupe 28 pays).

10 La politique économique extérieure de la Suisse

La politique économique extérieure de la Suisse a pour but d'ouvrir les marchés, principalement par le biais d'accords conclus dans le cadre de l'OMC (multilatéralisme), mais aussi par le biais d'accords bilatéraux avec les principaux partenaires commerciaux du pays. S'agissant de l'UE, de loin le principal partenaire commercial de la Suisse, la politique économique extérieure vise à simplifier et à renforcer les relations commerciales au travers d'accords bilatéraux sectoriels.

9 Division internationale du travail

NOTIONS FONDAMENTALES

Balance des paiements →246
Balance des transactions courantes →246
Compte de capital →247
Compte financier →247
Investissement direct →247
Investissement de portefeuille →247
Mondialisation →249
Chaîne de valeur →250
Avantage comparatif →252
Avantage absolu →252
Droit de douane →256
Obstacles non tarifaires aux échanges →256
Quotas →257

Obstacles techniques aux échanges →257
Principe du Cassis de Dijon →257
Libre-échange →257
Politique commerciale →258
Libéralisation des échanges →260
OMC →260
Intégration régionale →260
Accord de libre-échange →260
Clause de la nation la plus favorisée →261
Traitement national →262
Réorientation des échanges →263
Zone de libre-échange →263
Union douanière →263
Preuve d'origine →263

Marché unique →264
Quatre libertés de circulation →264
Union monétaire →264
Union économique totale →264
Conférence de Bretton Woods →265
Banque mondiale →266
Traité de Rome →266
Traité de Maastricht →266
Accord de Schengen →267
AELE →267
Espace économique européen (EEE) →267
Politique économique extérieure →269
Accords bilatéraux I →271
Accords bilatéraux II →272

Division internationale du travail

QUESTIONS DE RÉVISION DU CHAPITRE 9

1 a) Expliquez pourquoi la balance des paiements doit toujours être équilibrée.
b) Qu'est-ce qui caractérise les chiffres de la balance suisse des paiements en comparaison internationale ? Citez les principales balances partielles et décrivez les rubriques les plus marquantes.

2 Qu'entend-on par fractionnement de la chaîne de valeur ?

3 a) Expliquez le concept clé de l'avantage comparatif.
b) Selon vous, dans quelle production la Suisse dispose-t-elle d'un avantage comparatif et dans quelle production elle n'en a pas ?
c) De nombreux pays en développement ont longtemps suivi une stratégie fondée sur l'argumentation suivante : « Puisque nos producteurs n'ont de toute façon aucune chance face à la concurrence mondiale, mieux vaut protéger le marché domestique de la concurrence avec des droits de douane et ne s'ouvrir progressivement que lorsque les producteurs auront la taille et la compétitivité nécessaires. » Discutez cette stratégie en argumentant d'un point de vue économique.

4 « L'ouverture économique du secteur agricole est un jeu à somme nulle : ce que les consommateurs y gagnent, les agriculteurs le reperdent immédiatement en gagnant moins. »
Prenez position sur cette affirmation et argumentez en utilisant le diagramme de l'offre et de la demande.

5 Citez les avantages et les inconvénients d'un taux de change fixe.

6 Pourquoi les politiques ne s'engagent-ils généralement pas pour une suppression complète des barrières commerciales alors que celles-ci feraient baisser les prix et renforceraient le bien-être économique global ? Argumentez sous l'angle de la politique économique.

7 a) Pourquoi le bilatéralisme et l'intégration régionale sont-ils a priori contraires aux principes de l'OMC ?
b) L'intégration régionale a-t-elle toujours un impact positif sur le bien-être ? Expliquez.
c) Citez les cinq formes d'intégration économique et décrivez leurs principales caractéristiques.

8 a) Prenez position sur l'affirmation suivante : « L'objectif de la politique économique extérieure devrait être de promouvoir les exportations et de limiter les importations, puisque les importations sont déduites du PIB. »
b) Indiquez les trois grands axes de la politique économique extérieure de la Suisse.

Glossaire

Accord de libre-échange Accord (le plus souvent bilatéral) visant à libéraliser les échanges commerciaux entre les États participants.

Accord de Schengen Traité européen relatif à la collaboration en matière de sécurité intérieure et par lequel, notamment, le contrôle des personnes a été aboli aux frontières intérieures.

Accords bilatéraux I Accords entre l'UE et la Suisse négociés en 1999 et entrés en vigueur en 2002, après le rejet de l'adhésion à l'EEE en 1992. Il s'agit d'un paquet de sept accords dont un consacré à la libre circulation des personnes.

Accords bilatéraux II Accords entre l'UE et la Suisse destinés à compléter les Accords bilatéraux I. Cet ensemble de neuf accords règle notamment la coopération en matière de sécurité dans le cadre de « Schengen-Dublin » (entrée en vigueur 2008).

Action Titre dont l'achat permet à un investisseur d'acquérir une part du capital d'une entreprise ; il participe ainsi à la valorisation de l'entreprise et reçoit en contrepartie une part du bénéfice, le dividende.

Activité des banques d'investissement Activité bancaire qui consiste principalement à soutenir les entreprises dans leurs opérations financières.

AELE Abréviation de « Association européenne de libre-échange ». Cette zone de libre-échange a été instituée en 1960 pour faire contrepoids à la Communauté européenne (CE) de l'époque.

Agent économique Personne ou groupe de personnes, entreprise ou groupe d'entreprises, autorité ou pouvoir public qui effectuent des opérations économiques.

Analyse coûts-bénéfices Comparaison des coûts et des bénéfices escomptés d'une décision donnée.

Analyse d'impact de la réglementation Procédure visant à déterminer les conséquences de nouvelles réglementations sur l'économie.

Analyse de solvabilité Vérification effectuée par la banque, dans le cadre de l'octroi d'un crédit, que l'emprunteur a la capacité d'assurer le paiement régulier des intérêts et de rembourser le crédit à l'échéance convenue.

Assurance-chômage Assurance sociale garantissant un revenu aux personnes au chômage pendant leur recherche d'emploi.

Assurances sociales Assurances publiques obligatoires qui couvrent les risques sociaux et sont principalement financées par des cotisations salariales, tant par l'employé que par l'employeur.

Asymétrie d'information Situation dans laquelle l'un des participants à une transaction dispose de meilleures informations que les autres.

Autorité de la concurrence Institution étatique qui veille au bon fonctionnement de la concurrence et lutte contre les situations de monopole et les cartels.

Autorité fédérale de surveillance des marchés financiers (FINMA) Autorité chargée de surveiller les principaux acteurs de la place financière suisse.

Avantage absolu Situation dans laquelle la productivité d'un agent économique est supérieure à celle de tout autre agent pour la production d'un même bien.

Avantage comparatif Situation dans laquelle le coût d'opportunité d'un agent économique est inférieur à celui d'un autre agent pour la production d'un même bien. Pour la spécialisation, le critère déterminant est l'avantage comparatif et non l'avantage absolu.

Balance commerciale Différence entre la valeur des exportations et celle des importations. Le solde de la balance commerciale correspond aux exportations nettes.

Balance des paiements Balance enregistrant toutes les transactions internationales d'un pays et qui doit, par définition, toujours être équilibrée. Elle montre l'ampleur de l'interconnexion d'une économie avec l'étranger.

Balance des transactions courantes Composante de la balance des paiements qui comptabilise principalement les revenus et les dépenses liés au commerce de biens et à l'utilisation internationale des facteurs de production.

Banque centrale Institution chargée de mener la politique monétaire dans l'intérêt du pays.

Banque commerciale Établissement financier qui accepte des dépôts et les redistribue ensuite sous la forme de crédits. Toutes les banques, à l'exception de la banque centrale, sont des banques commerciales.

Banque des règlements internationaux (BRI) Organisation internationale établie à Bâle dont le rôle est notamment de réglementer la dotation en capitaux propres des banques. La BRI administre une partie des réserves monétaires internationales et joue à ce titre le rôle de banque des banques centrales.

Banque mondiale Organisation internationale ayant pour but de promouvoir le développement économique, en particulier de pays en développement, et de financer les projets appropriés.

Banque universelle Banque opérant dans les principaux secteurs bancaires.

Besoin Désir de combler ou d'atténuer un manque.

Bien à accès privilégié Bien faisant l'objet d'une utilisation exclusive, mais non rivale. On parle aussi de bien de club.

Bien commun Bien faisant l'objet d'une utilisation rivale, mais non exclusive. On parle aussi de ressource commune. Ce type de bien est soumis au risque d'utilisation excessive.

Bien de substitution Bien qui satisfait les mêmes besoins ou des besoins similaires.

Bien Moyen de satisfaire un besoin. En économie, la notion de bien peut recouvrir les deux notions de bien matériel et de service.

Bien privé Bien faisant l'objet d'une utilisation rivale et exclusive. La plupart des biens sont des biens privés.

Bien public Bien faisant l'objet d'une utilisation non rivale et non exclusive et dont l'offre est par conséquent insuffisante sur un marché libre.

Bien-être Surplus total généré sur un marché. Il correspond à la somme des surplus du consommateur et des surplus du producteur, ainsi qu'au niveau d'approvisionnement économique d'un pays.

Biens complémentaires Biens qui se complètent et font par conséquent souvent l'objet d'une demande conjointe. À titre d'exemple, les cartouches d'encre sont le bien complémentaire des imprimantes.

Biens homogènes Biens dont la qualité est la même et qui sont totalement substituables.

Blockchain Organisation décentralisée qui permet l'execution de paiements digitaux.

Boom économique → Haute conjoncture

Caisse de pension Institution de prévoyance d'une entreprise ou du secteur public en charge de la prévoyance professionnelle (2ᵉ pilier).

Capital humain Ensemble des compétences et des savoir-faire accumulés par les individus dans le cadre de leurs formations et de leur expérience professionnelle.

Glossaire

Capital réel Ensemble des installations et équipements utilisés pour la production de biens.

Capital relationnel Ressources que génèrent les relations humaines, donc la participation des individus au tissu social.

Capitaux étrangers Ressources d'une entreprise amenées par des personnes externes à l'entreprise.

Capitaux propres Ressources d'une entreprise amenées par ses propriétaires ou réalisées par l'entreprise elle-même sous forme de bénéfices réinvestis.

Cartel Entente qui restreint fortement la concurrence. Un tel accord peut porter sur les prix, les volumes ou les zones géographiques. On parle aussi de cartel dur.

Centime climatique Taxe modique prélevée sur chaque litre de carburant (essence ou diesel) importé. Le produit de la taxe est investi dans des projets de réduction des gaz à effet de serre en Suisse et à l'étranger.

Chaîne de valeur Succession des étapes de production qui créent de la valeur jusqu'au produit fini.

Changement structurel Modification de la structure économique d'un pays, et notamment de l'importance relative des différents secteurs de l'économie.

Choc Modification majeure, soudaine et inattendue d'une grandeur économique.

Choc de demande négatif Recul imprévu de la demande économique globale.

Chômage conjoncturel Chômage survenant en phase de ralentissement économique lorsque le nombre de chômeurs excède celui des postes vacants en raison du tassement de la demande économique globale.

Chômage d'équilibre → Chômage résiduel

Chômage frictionnel Chômage lié au délai d'ajustement nécessaire à la recherche d'un nouvel emploi (indépendamment de la conjoncture). On parle aussi de chômage naturel.

Chômage naturel → Chômage frictionnel

Chômage partiel Mesure temporaire de réduction du temps de travail ordinaire dans une entreprise en raison d'une baisse considérable des commandes et/ou mandats.

Chômage résiduel Situation économique dans laquelle le nombre d'emplois à disposition correspond au nombre de chômeurs. On parle aussi de taux de chômage d'équilibre.

Chômage structurel Situation de chômage dans laquelle les qualifications des personnes au chômage ne correspondent pas aux profils des postes à pourvoir.

Ciblage de l'inflation Objectif de la politique monétaire visant directement la stabilité des prix. En Suisse, l'objectif d'inflation de la BNS est une augmentation annuelle des prix comprise en 0% et 2%.

Ciblage du taux de change Objectif de politique monétaire visant à maintenir dans une certaine fourchette le taux de change d'une monnaie par rapport à une autre.

Ciblage monétaire Objectif de la politique monétaire visant à garantir la stabilité des prix par des interventions sur la masse monétaire.

Clause de la nation la plus favorisée Principe de l'OMC selon lequel la suppression d'une barrière commerciale vis-à-vis d'un État membre doit s'appliquer simultanément à tous les autres États membres de l'organisation.

Coefficient de Gini Mesure numérique de l'inégalité de la répartition des revenus. Une valeur de 0 indique une répartition absolument égale, alors qu'une valeur de 100 indique une répartition absolument inégale, lorsqu'une seule personne perçoit tous les revenus.

Commission de la concurrence Nom de l'autorité de la concurrence helvétique. Son champ d'action s'étend à tous les secteurs dans lesquels une concurrence est possible.

Compensation du renchérissement Augmentation de grandeurs nominales (p. ex. les salaires ou les retraites) destinée à compenser la perte de pouvoir d'achat en cas d'inflation (de renchérissement). En Suisse, ces compensations ne sont pas automatiques mais à bien plaire ou négociées.

Compte courant Compte bancaire utilisé pour effectuer des paiements.

Compte d'épargne Compte bancaire qui ne sert pas directement aux transactions financières.

Compte de capital Composante de la balance des paiements qui comptabilise tous les transferts unilatéraux, sans contrepartie, qui ne concernent pas le revenu courant.

Compte financier Composante de la balance des paiements qui comptabilise toutes les entrées et sorties de capitaux d'un pays.

Comptes de virement auprès de la banque centrale Comptes détenus par les banques commerciales auprès de la banque centrale. Ils sont considérés comme des liquidités au même titre que l'argent liquide et entrent donc dans la composition de la monnaie centrale.

Comptes Juxtaposition des dépenses et recettes effectives d'une administration publique. Contrairement au budget, qui présente les recettes et dépenses prévues, les comptes présentent des chiffres définitifs, qui ne sont disponibles qu'a posteriori.

Concurrence parfaite Situation d'un marché dans laquelle ni les producteurs ni les consommateurs n'ont suffisamment de pouvoir de marché pour influer sur les prix.

Conférence de Bretton Woods Conférence organisée par les Alliés en 1944 à Bretton Woods (États-Unis) dans le but de définir les grands axes de la coopération économique internationale après la Seconde Guerre mondiale.

Conflit d'objectifs Situation dans laquelle le fait d'atteindre un objectif empêche d'en atteindre un autre.

Conjoncture Évolution d'une économie sur le court terme. On estime la conjoncture en observant l'évolution du PIB sur un trimestre ou sur une année.

Consommation privée Dépenses de consommation des ménages.

Consommation publique Dépenses de consommation de l'État.

Convention collective de travail Convention conclue entre les organisations patronales et les syndicats pour définir les salaires et les autres conditions de travail dans une branche ou au sein d'une entreprise.

Cotisations sociales Prélèvements pratiqués sur le revenu des assurés (et non pas via le budget de l'État et les impôts), pour assurer le financement des assurances sociales.

Courbe de Beveridge Représentation graphique de la relation entre le nombre de chômeurs et le nombre de postes vacants.

Courbe de l'offre Représentation graphique du lien entre la quantité offerte et le prix.

Courbe de la demande Représentation graphique de la relation entre la quantité demandée (quantité désirée) d'un bien et le prix de ce dernier.

Courbe de Lorenz Représentation graphique de la répartition des revenus ou de la richesse dans une société.

Courbe des possibilités de production Représentation graphique qui montre quelles combinaisons de catégories de biens permettent une production maximale avec les ressources à disposition.

Coût d'opportunité Coût lié à la non-réalisation d'une action B (manque à gagner), lorsqu'on a opté pour l'action A.

Coût fixe Coût généré indépendamment de la quantité produite.

Coût privé Coût de production d'un bien à la charge du producteur.

Coût salarial unitaire Coût salarial par unité produite.

Coût social Coût global lié à la production d'un bien et qui englobe le coût des externalités.

Glossaire

Coûts de transaction Coûts liés à l'échange de biens. Ils ne correspondent pas au prix de la marchandise en question, mais aux frais supplémentaires découlant de la transaction (p. ex. coût d'information, de négociation, d'exécution ou de contrôle).

Création de valeur Valeur ajoutée lors de la production grâce à la transformation d'un bien existant en un autre bien. La valeur ajoutée correspond à la valeur du bien produit moins la valeur des intrants.

Croissance Évolution à long terme de l'économie d'un pays mesurée au moyen de la variation de son PIB réel.

Création monétaire Processus de création de monnaie par la banque centrale et par les banques commerciales.

Croissance économique à long terme → Croissance

Croissance tendancielle → Croissance

Crypto-monnaie Moyen de paiement digital qui repose sur une technologie décentralisée telle que la blockchain.

Cycle conjoncturel Fluctuations de l'activité économique globale caractérisées par la succession de phases de croissance et de stagnation et de récession.

Décalage de la politique conjoncturelle Laps de temps entre le moment où un problème conjoncturel survient et celui où les effets des mesures de politique économique prises pour y remédier se déploient.

Décision marginale Décision prise après comparaison de la valeur ajoutée d'une décision avec les coûts supplémentaires qui en résultent. Si le gain d'utilité est supérieur au coût occasionné, la décision est positive.

Déduction de l'impôt préalable Processus par lequel une entreprise déduit de la taxe sur la valeur ajoutée (TVA) qu'elle doit à l'État, la TVA qu'elle a payée sur les intrants.

Défaillance de l'État Inaptitude de l'État à corriger les allocations inefficientes d'une économie de marché (*failed state*).

Défaillance du marché Situation d'un marché incapable d'assurer une répartition efficiente des ressources.

Déficit budgétaire Solde négatif d'un budget public lorsque les dépenses excèdent les recettes.

Déficits jumeaux Existence simultanée d'un déficit budgétaire et d'un déficit commercial.

Déflation Baisse durable du niveau général des prix.

Demande économique globale Ensemble des biens acquis durant une certaine période.

Demandeur Agent économique souhaitant acquérir un bien et agissant en qualité d'acheteur sur un marché.

Dépense d'investissement Dépense d'une entreprise ou d'une collectivité publique pour l'acquisition d'un bien durable de production.

Dépenses publiques Dépenses de consommation et d'investissement de l'État.

Dépôt à terme Somme déposée auprès d'une banque commerciale pour une durée déterminée et qui n'est à nouveau disponible qu'à l'expiration de la durée en question.

Dépôt à vue Dépôt bancaire disponible en tout temps.

Dépréciation Diminution de la valeur d'une monnaie par rapport à une autre monnaie, qui a pour résultat qu'une unité de cette monnaie permet d'acheter moins d'unités de l'autre monnaie.

Dépression Forme particulièrement grave et durable de récession économique.

Déréglementation Assouplissement, voire suppression de réglementations étatiques.

Devise Capital ou avoir en compte libellé dans une monnaie étrangère.

Dictateur bienveillant (concept du) Concept selon lequel un décideur bienveillant, omnipotent et parfaitement informé cherche à optimiser le bien-être économique d'un pays.

Distorsion des prix relatifs Situation dans laquelle les prix relatifs ne reflètent pas la rareté effective des biens correspondants.

Dividende Part des bénéfices d'une entreprise distribuée aux actionnaires.

Division du travail Fractionnement du processus de production en plusieurs étapes, chacune étant exécutée par une personne ou une entreprise différente.

Droit contractuel Droit qui naît d'un contrat signé entre agents économiques.

Droit d'émission Droit négociable permettant à son détenteur de rejeter une certaine quantité de substances polluantes dans l'environnement. Les certificats d'émission de CO_2 en sont un exemple.

Droit de douane Taxe perçue sur un bien ou un service importé.

Droit de propriété Droit protégeant les biens des individus.

Durabilité Situation dans laquelle les possibilités des générations à venir ne sont pas compromises par les actions de la génération actuelle.

Économie de marché Système économique dans lequel les décisions de production et de consommation sont prises de manière décentralisée et influencées par les prix formés sur des marchés.

Économie planifiée Système économique dans lequel c'est une autorité centrale de planification qui prend les décisions relatives à la production et donc à la consommation de biens.

Économie sociale de marché Système économique fondé sur l'économie de marché dans lequel l'État procède aux redistributions de revenus et de patrimoine relatives à la politique qu'il a définie. Le but est d'atténuer les différences sociales.

Effet d'aubaine Effet observé lorsque des subventions étatiques financent des dépenses privées qui auraient été effectuées de toute manière.

Effet d'éviction (*crowding out*) Situation dans laquelle les investisseurs privés sont évincés en raison de l'augmentation des taux d'intérêt consécutive à une forte demande publique de crédits.

Effet externe → Externalité

Efficience Situation dans laquelle il n'est pas possible, compte tenu des ressources disponibles, d'accroître la production d'un bien sans réduire la production d'un autre bien. Dans un autre sens, l'efficience est la situation dans laquelle le bien-être des agents économiques est maximisé.

Élasticité Indicateur de la réaction d'une variable aux fluctuations d'une autre variable économique.

Émolument Montant payé à l'État en échange d'une contrepartie clairement définie, p. ex. l'établissement d'un passeport.

Emploi Part des personnes en âge de travailler qui exercent une activité rémunérée.

Équation quantitative Formule économique selon laquelle le PIB nominal doit correspondre à la masse monétaire multipliée par la vitesse de circulation de la monnaie.

Équilibre de marché Point de rencontre de l'offre et de la demande. L'équilibre de marché est atteint lorsque le prix du marché correspond au prix d'équilibre.

Équilibre Situation dans laquelle aucun agent économique n'a de raison de modifier son comportement.

Espace économique européen (EEE) Union économique qui élargit le marché unique européen à trois des quatre États membres de l'AELE: l'Islande, la Norvège et le Liechtenstein.

Excédent d'offre Situation dans laquelle la quantité offerte est supérieure à la quantité demandée parce que le prix en vigueur est supérieur au prix d'équilibre du marché.

Excédent de demande Situation dans laquelle la quantité demandée est supérieure à la quantité offerte, parce que le prix en vigueur est inférieur au prix d'équilibre du marché.

Glossaire

Exclusivité Caractéristique d'un bien selon laquelle un agent économique peut empêcher un autre de l'utiliser.

Exigences en matière de capitaux propres Réglementation exigeant qu'une banque détienne une proportion minimale de capitaux propres.

Exportations nettes Valeur des exportations après déduction de la valeur des importations.

Externalité Conséquence de l'action d'un agent économique sur un autre sans contrepartie monétaire. On parle aussi d'effet externe.

Facteurs de production Éléments matériels et immatériels nécessaires à la fabrication d'un bien.

Fédéralisme Système politique dans lequel les collectivités décentralisées (cantons, Länder, etc.) d'un pays conservent un degré élevé d'indépendance politique.

Financement étatique Le financement des dépenses d'un État par les recettes ou l'endettement.

Financement public durable Financement par lequel les dépenses d'un État sont couvertes à long terme (au-delà d'un cycle conjoncturel) par les recettes ordinaires.

Fonction de production macroéconomique Fonction exprimant la relation entre la quantité de biens produits dans une économie (PIB réel) et l'ensemble des facteurs de production utilisés à cette fin.

Fonds monétaire international (FMI) Organisation internationale qui vise notamment à promouvoir la stabilité du système financier international.

Formation professionnelle duale Système de formation composé en alternance d'expériences en entreprise et de formations en école professionnelle.

Frein à l'endettement Mécanisme de politique budgétaire visant à stabiliser la dette publique en tenant compte du cycle conjoncturel.

Gestion de fortune Activité bancaire consistant à gérer le patrimoine privé d'une personne conformément à ses attentes.

Grandeur réelle Grandeur économique corrigée de l'inflation.

Groupe d'intérêts Groupe non élu, plus ou moins bien organisé, qui tente d'influencer le processus politique en sa faveur. On parle aussi de lobby ou de groupe de pression.

Haute conjoncture Situation économique générale dans laquelle les facteurs de production sont hautement exploités en raison d'une forte demande. On parle aussi de boom économique.

Homo œconomicus Paradigme comportemental des sciences économiques selon lequel l'individu est rationnel dans sa prise de décision et cherche à maximiser son propre profit/intérêt.

Hyperinflation Inflation extrême. On parle en général d'hyperinflation lorsque l'inflation est hors de contrôle.

Impôt d'inflation Recettes de l'État liées à une création monétaire excessive qui génère de l'inflation. Tous les ménages et les entreprises qui détiennent des liquidités paient cet impôt du fait que cet argent se dévalorise en permanence avec l'inflation.

Impôt direct Impôt prélevé sur la base des caractéristiques individuelles (revenu, fortune) des personnes physiques ou morales assujetties.

Impôt indirect Impôt prélevé sur les transactions de marché au sens large. La TVA en est un exemple type.

Impôt Montant que paient les entreprises et les ménages à l'État sans recevoir de contrepartie directe.

Impôt progressif Impôt dont le taux fiscal s'élève au fur et à mesure que les revenus s'élèvent. Les riches sont proportionnellement taxés davantage.

Impôt proportionnel Impôt dont le taux fiscal est le même pour tous les revenus.

Incidence fiscale Effet redistributif d'un impôt. L'incidence fiscale indique quel agent économique paie effectivement un impôt.

Incitation Facteur motivant un agent économique à adopter un comportement.

Indemnités de chômage partiel L'assurance-chômage couvre un certain temps une partie (70% à 80%) des salaires des employés concernés par le chômage partiel.

Indemnité journalière Montant versé durant la période pendant laquelle une personne a droit aux prestations d'une assurance sociale.

Indicateur Donnée mesurable qui fournit des indications sur une grandeur non mesurable ou sur un état difficilement quantifiable.

Indice des prix à la consommation (IPC) Indice qui mesure l'évolution des prix d'une sélection de biens représentative de la consommation des ménages suisses. → Panier-type

Inefficacité X Situation dans laquelle un agent économique produit moins que le niveau maximal de production qu'il pourrait atteindre avec les ressources à disposition.

Inflation Hausse durable du niveau général des prix, exprimée généralement par la variation en pourcentage des prix d'une sélection de biens représentative. → Panier-type

Innovation Invention ou amélioration d'un produit ou d'une méthode de production et sa pénétration du marché.

Insolvabilité Situation d'une entreprise endettée au point qu'elle n'est plus en mesure de rembourser ses capitaux étrangers, autrement dit, les actifs sont inférieurs aux dettes.

Intégration régionale Libéralisation des échanges entre différents pays, présentant la plupart du temps une proximité géographique. Souvent, on parle seulement d'intégration.

Intérêt → Intérêt nominal

Intérêt composé Intérêt payé sur les intérêts qui ont été perçus et incorporés au capital.

Intermédiaire Fonction classique d'une banque commerciale consistant à mettre l'épargne des ménages à la disposition des investisseurs.

Internalisation Prise en charge des effets externes par l'agent à l'origine des activités impliquées. Le principe pollueur-payeur constitue un moyen d'internaliser les coûts externes générés par le pollueur et subis par les autres agents économiques.

Intrant Valeur d'un bien entrant dans la production d'un bien ou d'un service.

Investissement de portefeuille Acquisition de titres (surtout des actions et des obligations) n'entraînant pas une prise de participation majeure dans une entreprise.

Investissement direct Participation substantielle d'un investisseur national dans une société étrangère.

IPC → Indice des prix à la consommation (IPC)

Libéralisation Ouverture à la concurrence d'un marché auparavant monopolistique.

Libéralisation des échanges Ensemble des mesures visant à promouvoir le libre-échange, en particulier la suppression des droits de douane et des autres obstacles aux échanges.

Libor à trois mois en francs suisses Taux d'intérêt interbancaire des prêts à trois mois en francs suisses pratiqué sur le marché de Londres.

Libre-échange Système d'échange reposant sur l'absence de droits de douane et d'obstacles aux échanges.

Liquidité Facilité avec laquelle un titre ou un avoir en compte peuvent être transformés en espèces pour effectuer des paiements.

Liquidités Moyens financiers qui permettent d'effectuer des paiements, tels que l'argent liquide ou les avoirs en compte.

Lissage fiscal Rééquilibrage de l'imposition sur la durée.

Loi de l'utilité marginale décroissante Principe selon lequel plus on consomme un bien, plus l'utilité que procure une unité supplémentaire de ce bien diminue.

Glossaire

Loi de la demande Loi postulant que la quantité souhaitée d'un bien diminue lorsque son prix augmente, toutes choses étant égales par ailleurs.

Macroéconomie Branche des sciences économiques qui étudie les phénomènes économiques à grande échelle tels que l'inflation, les fluctuations conjoncturelles ou la croissance à long terme.

Marchandise Bien tangible qui a une existence physique.

Marché des capitaux Marché sur lequel les entreprises et l'État peuvent lever des fonds sous forme d'emprunts à long terme.

Marché financier Marché organisé où s'échangent des titres.

Marché Institution ou lieu où se rencontrent l'offre et la demande de biens, de services ou de facteurs de production.

Marché intérieur Entreprises et branches qui écoulent essentiellement leurs biens et services sur le marché national.

Marché monétaire Marché sur lequel les banques s'accordent mutuellement des crédits à court terme.

Marché unique Forme d'intégration dans laquelle les biens, mais aussi les facteurs de production (personnes et capitaux) circulent librement.

Masse monétaire Valeur totale de la monnaie en circulation, disponible comme moyen de paiement.

Mesure de stabilisation Mesure de politique économique visant à atténuer les fluctuations conjoncturelles.

Mesures du marché du travail Ensemble des mesures permettant de maintenir l'aptitude au placement des personnes au chômage et de soutenir leur réintégration rapide dans le monde du travail.

Microéconomie Branche des sciences économiques qui étudie les décisions des ménages et des entreprises ainsi que leurs interactions sur différents marchés.

Mondialisation Interconnexion croissante des économies due à la diffusion plus rapide des technologies et à l'essor du commerce mondial et des flux financiers internationaux.

Monétarisme Théorie économique selon laquelle l'inflation découle toujours d'une quantité excédentaire de monnaie en circulation.

Monétisation de la dette Financement de la dette publique par la création monétaire. Cela peut renforcer l'inflation et réduit encore la valeur réelle de la dette existante.

Monnaie centrale Somme de l'argent liquide en circulation et de l'argent placé sur les comptes de virement des banques commerciales auprès de la banque centrale.

Monnaie de référence Monnaie pivot utilisée pour la fixation des taux de change entre plusieurs pays.

Monopole naturel Situation de monopole causée par des coûts fixes de production élevés qui découragent les concurrents potentiels d'entrer sur le marché.

Multiplicateur monétaire Facteur d'accroissement maximal d'une unité monétaire créée par la banque centrale en raison de la création monétaire des banques commerciales.

Négociations salariales centralisées Négociations salariales entre les représentants des employeurs (organisations patronales) et des employés (syndicats), dont les résultats valent pour toute la branche concernée.

Niveau des prix Niveau des prix dans un pays, généralement calculé par le biais d'un panier de biens représentatif. → Panier-type

Obligation Titre attestant qu'un crédit a été octroyé à l'entreprise émettrice et donnant droit à un intérêt annuel défini et au remboursement à l'échéance.

Observation de la conjoncture Évaluation de la situation conjoncturelle actuelle par l'interprétation d'indicateurs appropriés.

Obstacles à l'entrée sur le marché Facteurs empêchant les concurrents potentiels de pénétrer un marché.

Obstacles non tarifaires aux échanges Ensemble des mesures protectionnistes (à l'exception des droits de douane) qui entravent le libre échange des marchandises, comme les quotas, les normes techniques variables ou les subventions.

Obstacles techniques aux échanges Réglementations et normes de l'État importateur qui renchérissent et donc entravent les échanges de marchandises.

OCDE Organisation de 34 pays qui se sont engagés à avoir un régime démocratique et une économie de marché. L'OCDE élabore des documents de référence sous la forme de publications et de statistiques.

Offre économique globale Ensemble des biens produits durant une certaine période.

Offreur Agent économique proposant des biens à la vente sur un marché.

OMC Abréviation d'Organisation mondiale du commerce, l'organisation internationale où sont négociés les accords commerciaux multilatéraux.

OPEP Abréviation de l'Organisation des pays exportateurs de pétrole, cartel des principaux pays exportateurs de pétrole.

Opération d'intérêts Opération de banque classique où la banque se rémunère en payant moins d'intérêts à ses créanciers qu'elle n'en reçoit de ses débiteurs.

Opération de commissions Activité bancaire par laquelle la banque fournit des services au client contre rémunération (commission).

Opération de pension Transaction à court terme par laquelle la banque centrale prête des liquidités aux banques commerciales contre la remise de titres en tant que garantie. La banque centrale reçoit un intérêt appelé taux des pensions de titres.

Opération pour compte propre Transaction bancaire consistant à négocier des titres pour son propre compte afin d'en tirer un bénéfice.

Optimum de Pareto Désignation technique du concept économique d'efficience, dénommé ainsi en l'honneur de l'économiste italien Vilfredo Pareto (1848-1923).

Optique de la production (PIB) Calcul du PIB sous l'angle de la valeur ajoutée des biens produits.

Optique des dépenses (PIB) Calcul du PIB sous l'angle des dépenses totales des ménages, des entreprises, de l'État, et de l'étranger pour les biens produits dans le pays.

Optique des revenus (PIB) Calcul du PIB sous l'angle des revenus liés à la valeur ajoutée créée (bénéfices des entreprises et rémunérations des employés).

Organisation mondiale du commerce → OMC

Panier-type Sélection de biens représentative de la consommation des ménages qui permet de mesurer l'évolution des prix.

Panique bancaire Situation de crise dans laquelle la plupart des clients d'une banque souhaitent retirer leurs avoirs au plus vite alors que la banque n'est pas en mesure d'effectuer ces paiements faute de liquidités.

Péréquation financière verticale Redistribution financière entre les différents niveaux de l'État fédéral, soit entre la Confédération, les cantons et les communes.

Perte de bien-être Diminution du bien-être due à une intervention sur le marché qui entraîne une distorsion des prix.

PIB → Produit intérieur brut (PIB)

PIB nominal Valeur totale, mesurée à prix courants, de la production de biens d'une économie.

PIB réel Production totale d'une économie, mesurée à prix constants.

Politique (conjoncturelle) anticyclique Ensemble de mesures visant à influencer la conjoncture par le biais d'une politique monétaire et budgétaire expansionniste en phase de récession,

Glossaire

et restrictive en période de forte croissance. On parle aussi de politique keynésienne.

Politique budgétaire Ensemble des mesures relatives à la gestion des recettes et des dépenses publiques.

Politique commerciale Ensemble des mesures prises par un État pour influencer de manière ciblée ses échanges internationaux. On parle aussi de politique de commerce extérieur.

Politique commerciale extérieure → Politique commerciale

Politique de marché ouvert Politique de la banque centrale consistant à acheter et à vendre des actifs (principalement des titres) pour atteindre ses objectifs de politique monétaire.

Politique économique extérieure Mesures visant à préserver les intérêts économiques d'un pays vis-à-vis de l'étranger.

Politique fiscale Ensemble des mesures permettant d'influencer la conjoncture par la gestion des recettes et des dépenses publiques.

Politique keynésienne → Politique anticyclique

Politique monétaire Régulation de l'offre de monnaie par la banque centrale. Une politique monétaire expansionniste accroît la masse monétaire alors qu'une politique restrictive la réduit.

Politique monétaire non conventionnelle Mesure de politique monétaire dont le but n'est pas d'influencer les taux à court terme.

Politique sociale Mesures qui assurent la protection sociale voulue par l'appareil politique.

Population active Ensemble des personnes âgées d'au moins 15 ans (jusqu'à l'âge de la retraite), qui sont en mesure de travailler et le souhaitent.

Pouvoir d'achat Quantité de biens qu'une certaine quantité d'argent permet d'acquérir.

Pouvoir de monopole Pouvoir détenu par une entreprise lorsqu'elle est la seule prestataire sur un marché défini et que, faute de concurrence, elle peut influencer les prix sur ce marché.

Préférence Fait de privilégier une option après avoir examiné l'ensemble des options à disposition.

Preuve d'origine Déclaration concernant l'origine de la marchandise, le pays d'origine mentionné étant celui où le dernier traitement/la dernière transformation d'importance a été effectué/e.

Prévision conjoncturelle Estimation de l'évolution économique future au moyen de modèles prévisionnels.

Prévision d'inflation Estimation de l'évolution future du renchérissement, généralement à l'aide de modèles statistiques.

Principe d'équivalence Système d'assurance dans lequel la prestation assurée correspond aux cotisations versées.

Principe de solidarité Système d'assurance qui repose sur d'importantes redistributions entre assurés.

Principe des trois piliers Organisation de la prévoyance vieillesse suisse qui repose sur trois éléments: le 1er pilier, l'assurance-vieillesse et survivants (AVS); le 2e pilier, la prévoyance professionnelle (PP); le 3e pilier, la prévoyance privée.

Principe du Cassis de Dijon Principe de reconnaissance mutuelle des spécifications techniques nationales applicable aux échanges commerciaux entre États membres de l'UE en l'absence d'harmonisation communautaire. Il doit son nom à un arrêt de la Cour de justice des Communautés européennes de l'époque.

Principe du pollueur-payeur Principe selon lequel c'est l'auteur d'une pollution qui doit réparer l'atteinte à l'environnement.

Prix minimum Valeur minimale d'un bien fixée par la loi. Le bien ne peut alors pas être proposé sur le marché à un prix inférieur.

Prix relatif Prix d'un bien par rapport aux prix d'autres biens.

Prix Unité de mesure de la rareté d'un bien.

Production de substitution Autres biens que pourrait produire une entreprise avec les ressources dont elle dispose.

Production potentielle PIB d'une économie en cas d'utilisation optimale des facteurs de production.

Productivité du travail Valeur des biens produits par heure de travail effectuée.

Produit intérieur brut (PIB) Valeur totale des biens et services produits en une année dans un pays donné, déduction faite des intrants.

Programme de clémence Levée totale ou partielle des sanctions pour les entreprises impliquées qui contribuent à mettre au jour des infractions.

Progrès technique Amélioration technologique entraînant une hausse de la productivité des facteurs de production.

Progression à froid Augmentation de la charge fiscale réelle due à l'adaptation des salaires nominaux au renchérissement (inflation), ce qui fait passer les contribuables dans des tranches supérieures d'impôt bien qu'ils ne gagnent pas plus en termes réels.

Propension à payer Concept qui qualifie le montant maximal que le client est disposé à payer pour acquérir un certain bien.

Prospérité Niveau de vie matériel au sein d'une économie.

Protection contre le licenciement Dispositions qui compliquent ou empêchent les licenciements.

Protection réglementaire de l'environnement Prescriptions de l'État prenant la forme de règles et d'interdictions destinées à limiter les activités polluantes.

Protectionnisme Mesure de politique commerciale visant à protéger le producteur indigène de la concurrence étrangère.

Protocole de Kyoto Traité international conclu en 1997 dans la ville japonaise de Kyoto et qui visait à réduire les émissions de CO_2 par la fixation d'objectifs contraignants.

Qualifications Ensemble des formations, des compétences et des aptitudes dont une personne en recherche d'emploi peut faire état lorsqu'elle postule.

Quatre libertés de circulation Libre circulation des biens, des services, des capitaux et des personnes.

Quotas (commerce international) Restrictions quantitatives des échanges transfrontaliers. Les quotas les plus fréquents sont les quotas à l'importation qui, comme le nom l'indique, limitent les importations d'un bien étranger à une quantité définie.

Quote-part de l'État Total des dépenses du secteur public et des assurances sociales obligatoires exprimé en % du PIB nominal.

Rareté relative Rareté d'un bien par rapport à la rareté d'autres biens.

Ratio de levier Taux d'endettement d'une entreprise ou rapport entre les capitaux propres et l'exposition totale (exposition totale = total des actifs).

Récession Période pendant laquelle le PIB réel diminue, les facteurs de production sont insuffisamment exploités, et le chômage augmente.

Recherche de rente Approche qui consiste à utiliser les ressources, non pour produire, mais pour atteindre une redistribution servant ses propres intérêts/en sa faveur (*rent seeking*). Le lobbying en est un exemple.

Réglementation Limitation de la marge de manœuvre des acteurs économiques par des lois et des ordonnances.

Réglementation du marché du travail Organisation du marché du travail par des lois et des règlements.

Réglementation macroprudentielle Mesures réglementaires visant à assurer la stabilité de l'ensemble du système bancaire (toutes banques confondues).

Réglementation microprudentielle Mesures réglementaires visant à assurer la stabilité individuelle de chaque banque.

Réhabilitation Dans le domaine de l'environnement, opérations généralement organisées par l'État pour supprimer une pollution a posteriori.

Rente de monopole Rente obtenue par l'agent économique qui bénéficie d'une situation de monopole (par rapport à une situation de concurrence parfaite) parce qu'il peut fixer ses prix indépendamment de la concurrence pour maximiser son profit.

Glossaire

Réorientation des échanges Situation dans laquelle les biens ne sont pas achetés au producteur le moins cher du monde, mais au producteur le moins cher de la zone d'intégration dont les biens sont exonérés des droits de douane.

Répartition des ressources Décision portant sur la manière d'utiliser des ressources limitées.

Ressources Moyens matériels ou immatériels susceptibles d'être utilisés pour produire des biens ou satisfaire les besoins des consommateurs.

Revenu de transfert Revenu, provenant le plus souvent de l'État, versé sans contrepartie directe.

Revenu disponible Revenu à la disposition d'un ménage une fois les impôts et les cotisations sociales payés et les prestations de l'État reçues.

Risque de défaut de crédit Dans le secteur bancaire, risque que l'emprunteur ne soit plus en mesure de payer les intérêts de son prêt ou de rembourser sa dette.

Risque de liquidité Dans le secteur bancaire, risque qu'une banque ne détienne pas ou ne puisse mobiliser suffisamment de liquidités pour répondre à la demande des créanciers tiers qui souhaiteraient retirer leurs avoirs.

Risque de marché Risque que la valeur des titres détenus par une entreprise qui négocie pour son propre compte s'effondre et menace sa solvabilité si elle est faiblement capitalisée.

Rivalité Caractéristique d'un bien dont l'utilisation empêche tout autre acteur économique de l'utiliser.

Rupture structurelle Modification majeure et rapide – pouvant s'apparenter à un choc – de la structure d'un secteur de l'économie.

Salaire de réserve Salaire minimal attendu par une personne. Salaire en deçà duquel une personne en recherche d'emploi renonce à accepter le poste correspondant.

Salaire minimum Rémunération minimale, légale ou contractuelle, valable pour l'ensemble d'une branche ou d'un pays.

Salaire réel Salaire corrigé de l'inflation indiquant donc la quantité de biens qu'il permet effectivement d'acheter.

Service Bien intangible qui n'a pas d'existence physique.

Signal-prix Information donnée par le biais du prix aux acteurs du marché quant à la rareté relative d'un bien.

Spécialisation Situation dans laquelle les entreprises et leurs employés se concentrent sur certaines étapes bien définies de la chaîne de production.

Spirale des prix et des salaires Mécanisme autoalimenté par lequel une hausse des prix entraîne une hausse des salaires qui se traduit par de nouvelles hausses de prix.

Stabilisateurs automatiques Recettes et dépenses publiques destinées à stimuler automatiquement la demande en cas de baisse de la demande économique globale.

Stabilisation macroéconomique Mesures de politique économique qui visent à lisser les fluctuations conjoncturelles.

Stabilité des prix Situation dans laquelle les prix de l'ensemble des biens n'augmentent (inflation) ni ne baissent (déflation) significativement.

Stabilité financière Situation dans laquelle les marchés financiers et les banques exercent leurs fonctions sans difficulté.

Stagflation Situation dans laquelle un pays est confronté simultanément à la stagnation de son économie, donc à un chômage élevé, et à l'inflation.

Stimulation de la demande Renforcement de la demande économique globale par des mesures de politique économique.

Subside Complément de salaire versé par l'État aux personnes dont le revenu provenant de l'activité lucrative ne couvre pas le minimum vital.

Surplus du consommateur Différence entre le prix que le consommateur est prêt à payer pour un bien et le prix qu'il paie effectivement pour celui-ci.

Surplus du producteur Produit de la vente d'un bien pour le producteur après déduction des coûts d'achat ou de fabrication dudit bien.

Surveillance des prix Autorité suisse de la concurrence responsable des secteurs sans concurrence, en raison soit d'un monopole naturel, soit d'une réglementation.

Système de Bretton Woods Régime de taux de change fixes qui incluait les principales monnaies de la planète et instituait le dollar américain comme monnaie de référence, lui-même étant défini par un taux fixe par rapport à l'or.

Système de capitalisation Méthode de financement des caisses de retraites par laquelle le total des cotisations versées par les assurés est investi sur le marché des capitaux, ainsi que les revenus des intérêts, pour couvrir ultérieurement le droit aux prestations.

Système de répartition Méthode de financement d'une assurance retraite selon laquelle les cotisations des assurés sont directement utilisées pour financer les prestations.

Système fiscal Toutes les lois qui déterminent comment et combien d'impôts sont prélevés dans un pays ou une région.

Taux d'actifs occupés Part des personnes actives exerçant une activité rémunérée dans la population âgée d'au moins 15 ans (jusqu'à l'âge de la retraite).

Taux d'activité Pourcentage de personnes actives dans la population âgée d'au moins 15 ans (jusqu'à l'âge de la retraite).

Taux d'endettement (de l'État) Totalité de la dette publique, mesurée en % du PIB nominal annuel du pays.

Taux de change fixe Régime de change dans lequel les cours des monnaies participantes sont maintenus à l'intérieur d'une fourchette déterminée.

Taux de change flottant Taux de change qui varie librement sans que la banque centrale tente de l'influencer par des mesures de politique monétaire spécifiques.

Taux de change Prix d'une monnaie exprimé dans une autre monnaie.

Taux de chômage Part des personnes sans emploi dans la population active.

Taux de conversion Taux auquel l'avoir de vieillesse constitué auprès d'une caisse de pension est versé à l'assuré sous la forme d'une rente annuelle.

Taux de cotisation Pourcentage du salaire assuré prélevé à titre de cotisation (prime) pour une assurance sociale.

Taux de croissance Mesure en % de l'évolution du PIB durant une période donnée.

Taux de réserves obligatoires Part en pourcentage des avoirs des clients, qui, par sécurité, doit être conservée par les banques sous forme de liquidités et ne peut être utilisée pour octroyer des crédits.

Taux d'intérêt nominal Prix payé par l'emprunteur au créancier pour un prêt d'argent.

Taux directeur Taux d'intérêt à court terme fixé par la banque centrale à titre d'indicateur de sa politique monétaire.

Taux du marché monétaire Taux d'intérêt des prêts à court terme sur le marché monétaire.

Taux réel Taux nominal corrigé de l'inflation.

Taxe d'incitation Taxe prélevée sur une activité polluante dans le but d'internaliser les effets externes.

Taxe sur la valeur ajoutée (TVA) Impôt indirect correspondant à un pourcentage de la valeur ajoutée (prix de vente moins prix des intrants) du bien en question. La TVA est économiquement supportée par les ménages.

Taxe sur le CO_2 Taxe incitative prélevée par la Confédération sur les combustibles fossiles tels que le mazout et le gaz naturel.

Glossaire

Le produit de la taxe est redistribué dans son intégralité à la population et aux entreprises.

Technologie Connaissances quant aux possibilités de combiner le travail, le capital, le sol et les ressources naturelles pour produire un bien.

Théorie quantitative de la monnaie Théorie selon laquelle il existe dans toute économie une relation proportionnelle entre l'évolution de la masse monétaire et le niveau des prix.

Titre Document qui prouve que son détenteur est le propriétaire d'une chose ou d'une créance. Au sens étroit, le mot désigne des instruments financiers négociables comme des actions ou des obligations.

Too-big-to-fail Problématique liée au fait que certaines banques sont trop grandes pour faire faillite sans menacer l'ensemble du système financier.

Traité de Maastricht Accord conclu en 1992 par lequel les membres de la Communauté européenne (CE) d'alors jettent les bases de l'Union économique et monétaire. Ce processus aboutira au lancement de l'euro en 1999.

Traité de Rome Accord conclu en 1957 entre la Belgique, l'Allemagne, la France, l'Italie, le Luxembourg et les Pays-Bas ayant notamment abouti à la création de la Communauté économique européenne (CEE), l'ancêtre de l'Union européenne (UE).

Traitement national Principe de l'OMC selon lequel une réglementation ne peut induire un privilège pour les produits nationaux par rapport aux produits d'autres États membres de l'OMC.

Tranche d'imposition Partie bien définie du revenu imposable auquel correspond un certain taux d'imposition. Dans un système d'impôt progressif, le taux d'imposition augmente avec la tranche d'imposition.

Transaction Opération d'échange économique, par exemple d'un bien contre de l'argent.

Transformation des échéances Fonction économique des banques consistant à utiliser les capitaux d'épargne à court terme pour financer des projets d'investissement à long terme.

Union douanière Forme d'intégration dans laquelle les droits de douane et les autres barrières commerciales sont supprimés pour les pays membres et où les mêmes droits sont appliqués aux non-membres.

Union économique totale Forme d'intégration dans laquelle il existe une politique économique commune.

Union monétaire Forme d'intégration dans laquelle les monnaies nationales sont remplacées par une monnaie commune.

Utilité marginale Gain d'utilité résultant de la consommation d'une unité supplémentaire d'un bien.

Utilité Unité de mesure du bien-être et de la satisfaction d'un agent économique.

Grandeur nominale Grandeur économique non corrigée de l'inflation, donc mesurée à prix courants.

Valeur réelle Bien physique, comme un immeuble ou un bijou qui, contrairement à l'argent liquide, ne perd pas de valeur en période d'inflation.

Vitesse de circulation de la monnaie Nombre de transactions effectuées pendant une période donnée avec une unité monétaire.

Zone de libre-échange Forme d'intégration qui abolit les droits de douane et autres entraves au commerce entre les pays membres sans harmoniser les taxes vis-à-vis des pays tiers.

Index

Les pages signalées en bleu renvoient à la définition des termes. Ces définitions sont réunies dans le glossaire.

accès au marché 50
Accord
 – bilatéraux I **271**
 – bilatéraux II **272**
 – commercial régional 262
 – de libre-échange **260**, 271
 – de Schengen **267**
Acte unique européen 266
Action **198**
Activité
 – des banques d'investissement **203**
 – lucrative 145
Adhésion à l'UE 271
Administration 87
AELE **267**
AGCS 261
Âge de la retraite 235
Agent économique **47**
Agriculture (secteur) 108
Allocation d'initiation au travail 155
Amsterdam (Traité d') 267
Analyse
 – coûts-bénéfices **75**
 – de solvabilité **200**
 – d'impact de la réglementation **75**
Appréciation (d'une monnaie) 182
Assurance-accidents 232
Assurance-chômage 124, **149**, 152
Assurance-invalidité 232
Assurance-maladie 232
Assurance-maternité 232
Assurances sociales **230**, 153
Assurance-vieillesse et survivants (AVS) 233
Asymétrie d'information **76**
Autorité fédérale de surveillance des marchés financiers (FINMA) **208**
Avantage
 – absolu **252**
 – comparatif **252**
AVS 233
Balance
 – commerciale **226**
 – des paiements **246**
 – des services 247
 – des transactions courantes **246**
Banque 198
 – centrale **115**
 – centrale (Bilan d'une) 169
 – commerciale **167**
 – des règlements internationaux (BRI) **206**
 – mondiale 266
 – nationale suisse (BNS) 127, 183
 – universelle **204**
Besoin **36**, 39
Bien **27**, 78

– à accès privilégié **78**
– commun **78**
– complémentaires **42**
– de substitution **42**
– homogènes **50**
– immatériels **36**, 40
– matériels **36**, 40
– public **76**
– privé **78**
Bien-être **72**
Billets en circulation 170
Caisse de pension **230**
Capital
 – (facteur de production) 105
 – humain **105**
 – réel **105**
 – relationnel **110**
Capitaux
 – étrangers **202**
 – propres **202**
Centime climatique 83
Chaîne de valeur **250**
Changement structurel **108**
Choc **114**
 – de demande négatif **122**
Chômage 20, 140, 142
 – comparaison internationale 21
 – conjoncturel **140**, 143
 – d'équilibre **140**
 – frictionnel **142**
 – naturel 142
 – résiduel **140**
 – structurel **142**
Ciblage
 – de l'inflation **182**
 – du taux de change **180**, 278
 – monétaire **181**
Circuit
 – économique élargi 53
 – économique simplifié 52
Clause de la nation la plus favorisée **261**
Commission de la concurrence **111**
Communauté européenne (CE) 262
Compensation du renchérissement **165**
Compétitivité 149
Composantes de la demande 115
Compte(s) **216**
 – courant **167**
 – de capital **247**
 – de la Confédération 216
 – d'épargne **168**
 – de virement auprès de la banque centrale **169**
 – financier **247**
Concurrence parfaite **50**
Conférence de Bretton Woods **265**
Conjoncture **113**
Conseil fédéral 125, 183
Consommation
 – privée 102
 – publique 102
Convention collective de travail **151**

Coordination des marchés 68
Corruption 75, 110
Cotisations sociales **124**
Courbe
 – de Beveridge **140**
 – de la demande **41**
 – de l'offre **45**
Coût(s)
 – de l'inflation **174**
 – de transaction **175**
 – d'opportunité **36**
 – d'opportunité – de la détention de monnaie **175**
 – privé **79**
 – salarial unitaire **149**
 – social **79**
Création
 – de valeur **98**
 – monétaire **172**, 183
Crise
 – économique mondiale 119, 144
 – financière et économique 129
Croissance 17, 98, **103**, 106, 110, 231, 17
 – durable 107
Cycle
 – conjoncturel **113**
 – conjoncturel politique **124**
 – de Doha 262
 – de l'Uruguay 262
Décalage de la politique conjoncturelle **122**
Décision
 – des individus 26
 – marginale **37**
Déduction de l'impôt préalable **229**
Défaillance
 – de l'État **87**
 – du marché 74, **76**
Déficit(s) **225**
 – budgétaire **119**
 – jumeaux **226**
Déflation **178**
Demande 39
 – économique globale 119, 122
Demandeur **27**
Démographie 235
Dépense(s)
 – d'investissement **102**
 – publiques de la Suisse 230
Dépôt
 – à terme **168**
 – à vue **167**
Dépréciation **121**
Dépression **113**
Dette publique 17, 24, 216, **225**
 – avantages de la 227
 – comparaison internationale 219
 – inconvénients de la 227
Devise **169**
Dictateur bienveillant (concept du) **87**
Distorsion des prix relatifs **175**
Dividende **198**

Index

Division
- – du travail **47**, 108
- – du travail – globale 252
- – internationale du travail 251

Dollar américain 181

Droit contractuel **74**
- – de propriété **112**
- – de douane **256**
- – d'émission **81**
- – de propriété **74**

Durabilité **107**

Économie
- – de la demande 123
- – de l'offre 123
- – de marché **66**
- – générale 26
- – planifiée **66**
- – sociale de marché **66**

Effet(s)
- – cobra 38
- – d'aubaine **123**
- – d'éviction (crowding out) **225**

Effets en termes de bien-être
- – de l'imposition 223
- – de l'intégration 262
- – des interventions de l'État sur les prix 72
- – du protectionnisme 256

Efficience **70**

Élasticité **50**, 222

Élasticité-prix de la demande 50

Émolument **220**

Emploi **17**, 20

Équation quantitative **172**

Équilibre **48**
- – de marché **48**

Espace économique européen (EEE) **267**, 271

Essor 113

État 74

Euro 254

Excédent
- – budgétaire 216
- – de demande **48**
- – de la balance des transactions courantes exprimé en % du PIB 248
- – d'offre **48**

Exclusivité **78**

Exigences en matière de capitaux propres **206**

Exportations 54, 103, 120
- – en % du PIB 269
- – nettes **103**, 120

Externalité **76**, 79

Facteurs de production **53**, 104

Federal Funds Rate (FED) 171

Fédéralisme **217**

Financement 198
- – public durable **216**

Finances publiques 216, 228

Flux
- – d'argent 53
- – de biens 53

Fonction de production macroéconomique **106**

Fonds monétaire international (FMI) **221**, 266

Formation 150
- – continue 150
- – professionnelle duale **152**, 153

Frein à l'endettement **127**

Gain intermédiaire 155

GATT 262

Gestion de fortune **203**

Grandeur réelle **176**

Groupe d'intérêts **88**

Hausse de la productivité 106, 145

Haute conjoncture **113**, 118, 226

Homo œconomicus **67**

Hyperinflation **174**

Importations 54, 103, 121
- – en % du PIB mondial 250

Impôt 124, **219**, 229
- – d'inflation **221**
- – direct **219**, 229
- – indirect **219**, 229
- – progressif 124
- – sur la fortune 229
- – sur le bénéfice 229
- – sur le capital 229
- – sur le revenu 176, 218

Incidence fiscale **223**

Incitation **37**, 87

Indemnité journalière **154**

Indicateur **117**
- – avancé 117
- – coïncident 117
- – retardé 117

Indice des prix à la consommation (IPC) **165**

Inflation **22**, 27, 182
- – anticipée 178
- – comparaison internationale 21
- – (coûts de l') 174

Innovation **68**

Insolvabilité **205**

Intégration 262
- – régionale **260**

Intérêt
- – composé **104**
- – individuel 67

Intermédiaire **199**

Internalisation **81**

Intervention (de l'État) sur le prix 72

Intrant 45, **99**

Investissement
- – de portefeuille **247**
- – direct **247**

Keynes, John Maynard 119

Libéralisation des échanges 260, 263

Libor 183

Libre-échange **257**

Liquidité(s) **167**, **171**

Lisbonne, Traité de 267

Lissage fiscal **226**

Loi
- – de la demande **41**
- – de l'utilité marginale décroissante **39**

M1 167

M2 168

M3 168

Macroéconomie **28**, 119

Main invisible 68

Marchandise **36**

Marché **27**, 47
- – des biens 39, 53
- – des capitaux **216**
- – du crédit 27
- – financier **198**
- – intérieur 127
- – monétaire **171**
- – unique **264**

Maslow, Abraham 40

Masse monétaire **167**, 120

matières premières 110

Mesure(s)
- – de stabilisation **129**
- – du marché du travail **154**

Microéconomie **28**

Mondialisation **249**, 269

Monétarisme **181**

Monétisation de la dette **228**

Monnaie 166
- – centrale **167**
- – de référence **181**

Multiplicateur monétaire **171**

Négociations salariales centralisées **148**

Nice, Traité de 267

Niveau des prix **164**

Objectif
- – de taux de change 180
- – d'inflation **182**

Obligation **199**

Observation de la conjoncture **116**

Obstacles
- – non tarifaires aux échanges **256**
- – techniques aux échanges **257**

OCDE **75**

Office régional de placement (ORP) 154

Offre 44

Offreur **27**

OMC **260**

OPEP **68**

Opération
- – bancaire 201
- – de commissions **203**
- – de pension **186**, 188
- – d'intérêts **202**
- – pour compte propre **203**

Optique
- – de la production (PIB) **100**
- – des dépenses (PIB) **100**
- – des revenus (PIB) **100**

Ordre économique 66

Organisation
- – mondiale du commerce (OMC) 260
- – patronale 88

Panier-type **164**

Panique bancaire **205**

Pays
- – émergents 112
- – en développement 75, 252, 112

Péréquation financière verticale **218**

Perte de bien-être **72**, 222

PIB
- – nominal 98
- – réel 98, 172

Index

– suisse 19, 102
Politique
   – active 138
   – agricole 88
   – anticyclique 118, 122
   – budgétaire **111**, 221
   – commerciale **258**
   – conjoncturelle **118**, 127
   – (conjoncturelle) anticyclique 118
   – de croissance 107, 125
   – de la formation 111
   – de marché ouvert **169**
   – d'intégration 271
   – du marché du travail 111, 151
   – économique extérieure 111, **269**
   – environnementale 82
   – fiscale **115**
   – fiscale expansionniste 120
   – fiscale suisse 128
   – monétaire **115**, 120
   – monétaire de la Suisse 127, 183
   – monétaire expansionniste 121
   – monétaire non conventionnelle **179**
   – monétaire restrictive 169
Pouvoir
   – d'achat **164**
   – de monopole 76
Préférence **42**
Preuve d'origine **263**
Prévision
   – conjoncturelle **117**
   – d'inflation **184**
Prévoyance
   – individuelle 233
   – professionnelle 233
   – vieillesse 233
Prime d'assurance-maladie 165
Principe
   – d'équivalence **234**
   – de solidarité **234**
   – des trois piliers **233**
   – du Cassis de Dijon **257**
   – du pollueur-payeur **81**
Prix **68**
   – minimum **72**
   – relatif **68**
Production de substitution **46**
Productivité 148
   – du travail **105**, 125
Produit intérieur brut (PIB) 17
   – comparaison internationale 19, 103
Progression à froid **176**
Progrès technique **107**
Propension à payer **39**
Prospérité **17**
Protection
   – contre le licenciement **149**
   – de l'environnement 81
   – de l'environnement relevant de l'économie de marché 82
   – de l'environnement volontaire 82
   – réglementaire de l'environnement **80**
   – sociale helvétique 232
Protectionnisme **69**, 256
Protocole de Kyoto **82**
Pyramide des besoins 40

Qualifications **142**
Quatre libertés de circulation **264**
Quotas **257**
Quote-part de l'État **216**
Rareté relative **66**
Ratio de levier **202**
Récession **113**, 118, 173
Recettes publiques (formes de) 219
Recherche de rente **84**, 85, 88
Réglementation **74**
   – du marché du travail **147**, 148
   – du temps de travail 148
   – macroprudentielle **206**
   – microprudentielle **206**
Réhabilitation **80**
Relations économiques informelles 75, 112
Réorientation des échanges **263**
Répartition des ressources **68**
Repli 113
Réserve monétaire 247
Ressources **27**
   – naturelles 106
Retraite 233
Revenu(s)
   – disponible **119**
   – du capital (balance des) 247
   – du travail (balance des) 246
Ricardo, David 252
Richesse 68
Risque(s) 204
   – de défaut de crédit **205**
   – de liquidité **204**
   – de marché **205**
Rivalité **78**
Rupture structurelle **109**
Salaire 149
   – de réserve **146**
   – fixe 146
   – minimum **148**
   – réel **146**
Schéma macroéconomique 106, 113, 143, 173, 231
Secrétariat d'État à l'économie (SECO) 139
Secteur (secteur économique) 108
Service **36**
Signal **69**
Signal-prix 69
Smith, Adam 69, 251
Source de croissance 104
Spécialisation **166**, 250
Spirale des prix et des salaires **177**
Stabilisateurs automatiques **124**
Stabilisation macroéconomique **226**
Stabilité
   – des prix **17**, 22, 164, 183
   – du système financier 206
   – financière **17**
Stagflation **177**
Stimulation de la demande 118
Subside **155**
Subvention 257
Surplus
   – du consommateur **71**
   – du producteur **71**

Syndicat 88, 146
Système
   – bancaire 206
   – Bretton Woods **181**
   – de capitalisation **233**
   – de répartition **233**
Taille du marché 251
Taux
   – d'actifs occupés **125**
   – d'activité **138**, 145
   – de change 180
   – de change fixe 255
   – de change flottant 255
   – de chômage **20**
   – de chômage – comparaison internationale 20
   – de chômage standardisé 139
   – de conversion **235**
   – de cotisation **155**
   – de croissance **103**, 114
   – d'endettement **216**
   – d'endettement (de l'État) **25**, 216
   – de réserves obligatoires **171**
   – d'intérêt nominal **178**
   – d'intérêt réel **178**
   – directeur **171**
   – du marché monétaire **171**
Taxe
   – d'incitation **81**
   – sur la valeur ajoutée (TVA) **229**
   – sur le CO_2 **83**
   – sur les produits de luxe 224
Technologie **105**, 107, 251
Théorie quantitative de la monnaie **173**
Titre **169**
Too-big-to-fail **207**
Traité(s)
   – d'Amsterdam 267
   – de Lisbonne 267
   – de Maastricht **266**
   – de Nice 267
   – de Rome **266**
   – européens 266
Traitement national **262**
Tranche d'imposition **176**
Transaction **27**
Transfert(s) **53**, 54
   – courants 246
Transformation des échéances **200**
Travail (facteur de production) 105
TRIPS 261
Union
   – douanière **263**
   – économique et monétaire 266
   – économique totale **264**
   – européenne (UE) 260, 262
   – monétaire **264**
Utilité **39**
   – marginale **39**
Valeur réelle **175**
Vitesse de circulation de la monnaie **172**, 173
Zone
   – de libre-échange **263**
   – d'intégration 262, 264

Crédits des illustrations

Illustration de couverture : Jean Augagneur, www.augagneur.ch
p. 12, 14 : Pierre Cuony, www.pierrecuony.ch
p. 32, 34 : Compagnie des Montres Longines, Francillon S. A.
p. 36 : ullstein bild – ddp
p. 38 : www.wallsofthewild.co.uk
p. 43 : Chappatte in *Le Temps*, ©2007
p. 47 : Fotografie Philip Letsch
p. 49 : Frank and Ernest, ©2004 Thaves
p. 62, 64 : Aline Fournier, www.lafouinographe.com
p. 66 : Frank and Ernest, ©2005 Thaves
p. 70 : Chappatte in *International Herald Tribune*, ©2005
p. 82 : Chappatte in *Le Temps*, ©2007
p. 89 : Frank and Ernest, ©2008 Thaves
p. 94, 96 : Étienne Delacrétaz, www.etiennedelacretaz.com
p. 100 : Getty Images ; Stella
p. 108 : ullstein bild – Köhler
p. 109 : Keystone ; Eddy Risch
p. 110 : Frank and Ernest, ©2009 Thaves
p. 112 : Chappatte in *NZZ am Sonntag*, ©2006
p. 120 : Alain Herzog
p. 125 : Frank and Ernest, ©2003 Thaves
p. 129 : Chappatte in *NZZ am Sonntag*, ©2013 Zurich
p. 134, 136 : Morges Région Tourisme
p. 142 : Frank and Ernest, ©2007 Thaves
p. 144 : ullstein bild
p. 148 : Jean Augagneur
p. 150 : Frank and Ernest, ©2006 Thaves
p. 154 : PPUR, Marc Bachmann
p. 160, 162 : Humard Automation SA
p. 166 : iStockphoto ; sanjagrujic
p. 171 : Frank and Ernest, ©2009 Thaves
p. 178 : Frank and Ernest, ©1980 Thaves
p. 181 : Chappatte in *International Herald Tribune*, ©2007
p. 183 : Keystone ; Alessandro Della Bella
p. 194, 196 : Banque cantonale vaudoise, BCV
p. 205 : Keystone ; Andy Rain
p. 207 : Chappatte in *International Herald Tribune*, ©2009
p. 212, 214 : Urs Wyss, www.avocado360.com
p. 216 : Frank and Ernest, ©1995 Thaves
p. 220 : Frank and Ernest, ©2005 Thaves
p. 221 : Keystone ; Yoshiko Kusano
p. 224 : ullstein bild – Imagebroker.net
p. 227 : ©AlpTransit Gotthard AG
p. 234 : Chappatte in *Le Temps*, ©2016
p. 236 : iStockphoto ; DisobeyArt
p. 236 : Jean Augagneur
p. 242, 244 : CERN
p. 253 : Keystone ; EMPICS Sport
P. 255 : Chappatte in *Le Temps* ©2011
p. 259 : Chappatte in *International Herald Tribune*, ©2007
p. 261 : Chapatte in *Le Temps*, ©2003
p. 266 : IMF Archives, www.imf.org
p. 270 : ullstein bild – Imagebroker.net
p. 271 : Pascal Gertschen, www.pascalgertschen.ch